Friederike Müller-Friemauth, Rainer Kühn · Diesseits

Reihe KURVEN

Friederike Müller-Friemauth
Rainer Kühn

Diesseits

Säkulare Religion für eine neue Welt

Edition Konturen
Wien · Hamburg

Diversität und Gleichbehandlung sind uns sehr wichtig, doch Texte sollen leicht lesbar und gut verständlich sein. Wenn daher häufig die feminine Schreibweise verwendet wird, meinen diese Begriffe immer alle Geschlechter. Unser Ziel bei dieser Kompromisslösung bleibt immer, deutlich zu machen, dass uns alle Menschen am Herzen liegen.

Bibliografische Information der Deutschen Bibliothek
Die Deutsche Bibliothek verzeichnet diese Publikation in der Deutschen Nationalbibliografie, detaillierte bibliografische Daten sind im Internet über http://dnb.ddb.de abrufbar

Umschlagbild: Archimedischer Punkt. Quelle: Alamy, unbekannter Künstler.

ISBN 978-3-902968-77-7

Druck: Druckerei Berger, 3580 Horn
Printed in Austria

Inhalt

Ein neues Lied, ein besseres Lied
O Freunde, will ich euch dichten!
Wir wollen hier auf Erden schon
Das Himmelreich errichten.

Es wächst hienieden Brot genug
Für alle Menschenkinder,
Auch Rosen und Myrten, Schönheit und Lust,
Und Zuckererbsen nicht minder.

Ja, Zuckererbsen für jedermann
Sobald die Schoten platzen!
Den Himmel überlassen wir
Den Engeln und den Spatzen.

Aus: Heinrich Heine,
Ein Wintermärchen

Intro

Eine Zeitenwende ist ausgerufen – nur weiß niemand, wie man Zeit wendet. Wir sollen unser Denken ändern, und Selbstbild sowie Verhalten gleich mit. Doch die Forderungen verhalten sich umgekehrt proportional zu den Vorschlägen, wie das gehen soll. Der Zustand des Planeten, die globale Wirtschaft und die internationale Politik nötigen uns gleich zu mehreren Transformationen, während parallel dazu im Westen die Skepsis gegenüber „dem“ System wächst. Eine Klimakatastrophe zeichnet sich ab, und mit ihr der Umbau der Gesellschaft, genauso wie Migrationsbewegungen neuen Typs. Auch deswegen muss die Europäische Union umgebaut werden. Der Kapitalismus soll gerechter und nachhaltiger werden. Akteure wie China sind kalkulatorisch klüger und strategisch vorausschauender ins westliche Handeln einzubeziehen. Amerika verändert immer schneller das Gesicht, das es Europa zeigt, und insgesamt wird die Welt, so scheint es, auch weiterhin stark von Einzelpersonen geprägt. Es ist ein Fehlurteil, stillschweigend darauf zu vertrauen, dass freiheitlich-demokratische Strukturen den Machtfaktor von Einzelpersonen langfristig relativieren. Populismen in der gesamten westlichen Welt lassen diesen Schluss nicht zu, ganz zu schweigen vom Beginn einer Ära, in der Krieg wieder zum Mittel realer Politik geworden ist – und das im fortschritts- und friedliebenden Europa.

Menschen hören auf Menschen und folgen Menschen, nicht Programmen, Argumenten, abstrakten Werten oder Politsprech. Pandemie und Krieg haben das erneut eindrücklich in Erinnerung gerufen, obwohl der Westen derlei nicht gern hört. Haben wir nicht die Vernunft erfunden? In dieser Gemengelage sind Europäer nach wie vor der Ansicht, es läge in der Natur des Menschen, Geschichte zu haben. *Zukunft durch Herkunft* lautet unser Credo – die Vergangenheit hat uns zu denen gemacht, die wir heute sind, und in dieser Gestimmtheit machen wir uns auf in eine Transformationsgesellschaft. Diese Sichtachse beschränkt unseren Blick nach vorn, und aktuell stockt hier der europäische Ideenfluss. Die gedankliche Paralyse ist offenkundig: Funktioniert das noch? Genügen vergangene Erfahrungen noch für gegenwärtige Fragen? Woher in der aktuellen Krisenkaskade Innovationskraft und Zukunftsbilder nehmen? Darf sich unsere Schöpfungskraft auch auf noch nicht Dagewesenes beziehen? Und falls ja, heben wir dann ab – oder geht so Zeitenwende?

Als Zukunftsforscher interessiert uns die geistige Mechanik der Kontinentaleuropäerinnen, wenn wir durch zeitbedingte Umstände in eine nächste Umlaufbahn unserer Entwicklung geschleudert werden. Wenn wir lernen müssen, Überzeugungen, Werte und Glaubenssätze einer nächsten Inventur zu unterziehen. Die erste veranstalteten die alten Griechen, die zweite Immanuel Kant und die dritte steht vor der Tür. Willkommen ist sie nie. In der Regel fassen sich einige wenige Menschen ein Herz und machen Vorschläge, weil evolutionär der Stresspegel steigt – aber nicht aus ideeller Liebelei, sondern aus praktischer Not. Und diese trägt in unseren Tagen mehrere Namen, vor allem aber den Stempel „Ökologieproblem".

Wir sind der Ansicht, dass die dritte Aufklärung eine spirituelle sein wird. Der Grund: Wir brauchen eine andere Beziehung zur Welt; zu allen Formen des Seins, denen die Erde eine Heimat gibt. Das Spektrum reicht vom Stein über Pflanze, Tier und Mensch bis zur Maschine. Es umfasst Leben und Tod, Bewusstsein und Nicht-Bewusstes, Natur und ihre Gesetze, wie wir sie kennen, sowie Natur und Gesetze, die wir noch nicht kennen – und die wir selbst erschaffen werden. Es umfasst Wirklichkeit und Möglichkeit, alle denkbaren und heute undenkbaren Potenziale: des Diesseits. Der Zustand der Welt versiegelt in unseren Tagen in rasendem Tempo die Option, unseren Glauben noch in einem Überweltlichen anzusiedeln. Wie im Übergang vom Mythos zum Logos die alten Wächterfiguren des Humanen wie Zentauren oder Sphingen verschwanden, so stehen wir am Beginn einer Ära, in der das Jenseits von uns abrückt – und sich das Diesseits zu einer völlig neuartigen Pracht, Vielheit und Gestaltbarkeit aufspannt. Sogar Leben wird mehrdeutig; und es zeigt extreme Verwundbarkeit. Zurecht kommen wir damit bisher nicht. Wir finden dieses Spektakel atemberaubend und erzählen unsere Beobachtung dieser Ereignisse hier in ersten groben Zügen nach.

Dazu ergänzen wir in diesem Buch unser europäisches Bild von Geschichte um eine Nuance: Es liegt gleichfalls in der menschlichen Natur, Geschichten zu haben. Und eine Erzählung – neudeutsch „Narrativ“ – als verbindende, transformative Brücke ins Morgen, die vor uns liegende Herkulesaufgaben erden und uns motivieren könnte, haben wir nicht. Im Gegenteil, bei diesem Thema schlagen viele die Hände über dem Kopf zusammen. Zum einen, weil man das Wort von der säkularen Religion schon aus geschichtshygienischen Gründen lieber tabuisiert. Welcher Ismus ist nicht schon als säkulare Religion dechiffriert worden – droht nun das nächste geistlich geboosterte Gesellschaftsprogramm? Auch konsumistische Agenden füttern Vorbehalte eines halbseidenen Mentalgewerbes. Insbesondere die amerikanische Version des Kapitalismus war nie zurückhaltend, wenn es darum ging, schnöden Gebrauchsgütern eine sakrale Aura zu verpassen. Stehen bestimmte Tech-Marken nicht für den Eintritt in ein neues Paradies? Ganz zu schweigen von der vitalen Lebenskunst-Industrie, die den modernen Individualismus perfekt bedient und ein profanes Quantum Trost für inzwischen fast jede Gemütslage parat hat. Sind säkulare Religionen nicht längst da?

Das hängt davon ab, wie weit man die Anspruchsinflation dieser Wendung mitzugehen bereit ist. Ein Argument gegen eine zeitgemäße Aufstufung spiritueller Substanz können wir jedenfalls nicht erkennen. Seit wann sprechen Gedankengebilde und Fakes gegen geistige Entwicklung? Zum anderen: Eine neue große Erzählung – in Wissenschaftskreisen sorgt dieses Ansinnen höchstens noch für Unterhaltungswert. So etwas macht man einfach nicht. Wir sind inzwischen weiter, außer einer Blamage ist nichts zu erwarten. Klug, erwachsen und weise geworden, wissen wir, dass es inklusive Rahmenerzählungen nicht mehr geben kann, weil die Welt zu heterogen, zu „komplex“ geworden ist, um sie noch auf einen Plot bringen zu können. Derlei brauchen nur – Kinder. Und selbst ihnen kontert solche Versuche in sogenannten All-Age-Romanen und -Filmen der blonde, arische Giftzwerg Draco Malfoy lakonisch, höchstmöglich angewidert, aber zeitgeistig voll auf der Höhe: „Träum weiter, Potter!“

Das tun wir, unbeeindruckt, nicht überzeugt. Und zwar mit Traumsequenzen aus Europäisch-Vorvorgestern, die wir aufnehmen, drehen und zeitgenössisch wenden. Es ist eine historische Binsenweisheit, dass sich machtvolle Dynastien, große Reiche und erfolgreiche Kulturen noch nie des Beginns ihrer Degeneration bewusst waren. Verfall schreiben wir Feinden zu, angeblich übergroßen Problemen oder auch der Natur, vielleicht Gott, es gibt mehrere geeignete Kandidaten für dieses Ritual. Dass der wirkliche Gegner der eigene, in schnellem Maße abnehmende Geist ist, gehört nicht zu dieser Runde. Zumeist reden die Eliten einfach weiter von ihren Pulten herunter, während die Reihen der Ungläubigen anschwellen, neue Kulte entstehen, Sprachverwirrung und Chaos wachsen. Nahezu alle heiligen Texte erzählen von solchen Kipppunkten; in ihren Spätphasen kriegerisch und gewalthaft. Genau diese Zeitstimmung empfinden im Westen viele Menschen, und weniger, so scheint es, werden es nicht.

Wir schreiben in diesem Buch gegen einen der vielleicht größten Irrtümer der Menschheitsgeschichte an: die Ablehnung der Religion und der spirituellen Dimension als einer anthropologisch untilgbaren Möglichkeitsbedingung für unser Überleben, genauer: für die Bewältigung der Überlebensfrage. Ohne Unterlass müssen neue Lösungen her für unbekannte Probleme, und die Voraussetzungen für diese Fähigkeit zur Bewältigung sowie für unseren Willen dazu heißen Hoffnung und Zuversicht. Der Grund für die Ablehnung: Religion gilt als Phänomen, das durch wissenschaftliche Methoden, rational und empirisch, nicht zu beweisen sei, deshalb wissenschaftlicher Forschung nicht wert und in der säkularen Moderne prinzipiell nicht (mehr) hinreichend plausibel. Alle diese Einwände halten wir für falsch; im frühen 21. Jahrhundert sind sie zuminsdest kontrovers. Der Sozialphilosoph Charles Taylor gibt zum Thema Religion eine praktikable Orientierung vor:

„Wenn man sie mit den großen historischen Bekenntnissen gleichsetzt oder sogar mit dem expliziten

Glauben an übernatürliche Wesen, scheint sie tatsächlich Anhänger verloren zu haben. Doch wenn man eine große Vielfalt von spirituellen und halb spirituellen Überzeugungen hinzurechnet [...], kann man tatsächlich geltend machen, die Religion sei so präsent wie eh und je.“[1]

Diese Orientierung beinhaltet eine Unterscheidung, die weiterhilft: Mag sein, dass Religion im traditionellen Sinne schwindet, könnte eine Reformulierung lauten. Oder dass die Leute keine Lust mehr haben auf institutionelle Kirche. Doch das bedeutet nicht, dass Religion heute weniger relevant wäre oder sogar prinzipiell, als Haltung dem menschlichen Leben gegenüber oder als Bedürfnis einer geistigen Rückbindung, in der Modernisierung verschwinde. In diesem hilfreich verengten Spektrum zwischen schwacher und starker Anti-Säkularisierungsthese bewegt sich dieses Buch. Stimmungslage und zahlreiche geistliche Phänomene in westlichen Gegenwartsgesellschaften decken solche Beschreibung seit Jahrzehnten. Individualistisch zugeschnitten: von Agnostizismus über Ökumene bis zu parallel zunehmenden, selbst zusammengeschusterten Heilslehren à la „Jedem seine eigene Religion“ – anything goes. Solcherlei möge praktizieren, wer wolle; nichts muss, alles kann, wird dann seitens des traditionelleren Publikums häufig kommentiert, schließlich herrscht das Toleranzgebot. Die leise Disqualifizierung, die in solch scheinbarer Großmütigkeit mitschwingt, hat jedoch keinen zeitgemäßen Grund mehr und wird genau deswegen von spirituell Suchenden entspannt ignoriert. Auch hier: Die Lager spalten sich ab.

Der unbeirrte Einspruch religiös Musikalischer gegen eine scheinmoderne spirituelle Ent-Bindung, gegen geistige Folgen von Verwissenschaftlichung und Technologisierung, das ist längst kein reiner Glaubensstreit mehr. Auch wenn Taylor und andere Diskutierende ihn genauso führen: Konkurrenten zum traditionellen Glauben sind längst „neuwissenschaftlich“ satisfaktionsfähig geworden. Hier sprechen nicht mehr Theologie oder Geisteswissenschaften, sondern junge, nichtkanonische Wissenszweige, die auf anderen Erkenntnisprämissen beruhen und in nichtwestlichen Denktraditionen wurzeln. Das Fundament spiritueller Orientierung könnte etwa der menschliche Organismus selbst sein, seine physikalisch-biologische Verfasstheit, so eine Vermutung. In ersten Graden wird das überprüfbar und belegbar; damit beschäftigen wir uns. Dabei stammt diese Position keineswegs nur aus den Gefilden der üblichen Verdächtigen wie Kybernetik oder Neurowissenschaften, sondern vor allem aus den vor rund einhundert Jahren grundrenovierten kanonischen Naturwissenschaften, allen voran aus der Physik.

Nahezu alle Quantenphysiker der ersten Stunde zeigten sich von der Bedeutungsschwere ihrer fremdartigen Durchbrüche – von einer Wissenschaft *maximaler Relevanz* (kosmische Grundprinzipien) *ohne erkennbaren Sinn* – magisch angezogen. Wie funktioniert Relevanz ohne Sinn? Unter dem losen, fantastischen Kleid des Glaubens entfaltet sich mit zunehmender Geschwindigkeit und Substanz eine geistige Zwischenwelt, welche die Zukunft des Menschen in gleicher Weise beherrschen könnte wie Gravitation und Fliehkraft den Lauf der Erde. Von den traditionellen Lordsiegelbewahrern westlicher Glaubensmaximen zur Kenntnis genommen wird sie bis heute nicht – im Windkanal dieser Dynamik blüht bislang vor allem die Esoterik.

Genau das ist einer der Gründe, warum die etablierten Wissenschaften dieses Gelände meiden: Man will sich nicht die Hände schmutzig machen. Lieber den Komfort der eigener Bias-Strukturen noch ein Weilchen auskosten als sich den Ruf ruinieren, es eilt ja nicht. Nur weil wir das verantwortliche geistige Gesetz für diese Mikrodimension noch nicht kennen – *bloß, weil wir es noch nicht gefunden haben* – und vorerst nur seine Effekte messen können; nur weil es offenbar Naturgesetze unbekannten Typs gibt, mindert das nicht die Tatsache, dass kein anderer Faktor solchen Einfluss auf das Leben der Menschen vom frühesten Altertum bis auf den heutigen Tag ausübt wie Quellen reinen Sinns, bekannt unter den Labeln „Glaube“ als persönliche Weltanschauung, „Spiritualität“ als Erleben von Weltübersteigendem und „Religion“ im Sinne semantisch geschlossener Glaubenssysteme. Und kein anderer hat so reichlich beigetragen zum Wachstum von Kultur und Zivilisation – was wir gerade jetzt wieder gut gebrauchen könnten. Achtung

Logik: Nicht-Wissen ist nicht gleichbedeutend oder gar identisch mit Nicht-Existenz! Und als Argument ein Totalausfall.

Menschen sind zeitliche Wesen, die lernen. Selbstverständlich mag sich auch Tausende Jahre nach der ersten Überlieferung der religiösen Grundintuition diese immer noch als Täuschung erweisen. Genauso gut könnte sie sich als bloß vage empfundene Vorwegnahme eines Merkmals herausstellen, das dem menschlichen Bewusstsein konstitutiv zukommt. Das wäre eine echte geistige Disruption, und die Heimat für diese Varianten von Umbrüchen heißt seit jeher Europa. Eines seiner Länder, das gern als eines von Dichtern und Denkern posiert, könnte dabei hilfreich sein – wenn es will. Unser Gegenstand ist also ein geistiger, kontinentaleuropäischer Moonshot. Und um den zu realisieren, brauchen wir mehr als Herkunft. Wir brauchen einen deutlich umsichtigeren, zeitlogisch expansiveren Blick auf unsere Abkunft: Verständnis, Erinnerung und Interesse an unserer zeitlichen Frühe. Wer sind wir Menschen und wo kommen wir her? Erst mit nächsten Antworten auf die geistliche Grundfrage unserer Existenz – auf zeitgemäßem, wissenschaftlich anschlussfähigem Grund – werden wir weiterkommen auch mit substanziellen neuen Einsichten in das, wo wir derzeit stehen und wohin wir wollen. Und wie wir uns entlang dieser Achse dann auch orientiert führen können.

Nicht als Historikerinnen, sondern als Zukunftsforscher machen wir die Probe aufs Exempel und laden die Leserin ein nachzuvollziehen, was bei diesem Gedankenexperiment herauskommt: eine neue Welt. Wir wechseln die Parole aus: Statt *Zukunft durch Herkunft* plädieren wir für eine *Zukunft durch Abkunft.* Es geht um eine Geschichte darüber, woher wir kommen. Der Kompass: die Verpflichtung auf eine ökologische Weltgesellschaft, die unter dem Dach einiger weniger, dafür für alle Menschenkulturen glaubhafter wie glaubwürdiger Grundüberzeugungen und zutiefst sinnhafter Wahrheiten alle Gruppen von Homo sapiens sapiens in einer naturerhaltenden Lebenspraxis vereinen kann. Wir schreiben eine Erzählung für die unterschiedslos durch unsere Gattung laufende Verbundenheit im Verständnis dessen, was es heißt, ein Mensch zu sein. Eine solche re-ligio brauchten wir bisher nicht, deshalb hat nie jemand systematisch nach ihr gesucht.

Das heißt aber nicht, dass die Rückbindung in diesseitigem Glauben neu wäre. Um nur in der Moderne zu bleiben: Von Comte über Nietzsche, Bateson, Blumenberg bis Foucault, Rorty oder Luhmann gibt es einen unverwüstlichen Tribe, der bei aller Heterogenität immer wieder neue Breschen ins logozentrisch-monokulturelle Gelände schlägt, um sowohl von angloamerikanischer wie kontinentaleuropäischer Seite aus geistliche Bindung anders zu vermessen. Während sich einige dabei auf klassische Themen und Ausgangspunkte konzentrieren, entwerfen andere neuartige, mitunter schwergängige Terminologien, um das perspektivische Fundamentalproblem überhaupt anzeigen zu können: eine hochkomplexe Vorformatiertheit dessen, was wir stolz Vernunft nennen. Hier geht es jedoch nicht um das Übliche: ideengeschichtlichen Aplomb plus einige praktische Konsequenzen. Wir brauchen nicht noch mehr Belesenheit, sondern konkrete Vorschläge – wissenschaftlich-gedanklich neue Pfade, soziale, politische, ökologische. Die Prämisse: Eine gleichgültige, normativ nivellierte, „nachmetaphysische" Welt ist für das biologische Wesen Homo sapiens sapiens nicht lebbar, keine Option. Das ist keine These, sondern unser Alpha – und in säkularen Gesellschaften hochkontrovers.

Weniger kontrovers sind die planetarischen Auswirkungen der modernen spirituellen Verflachung, ob Ungleichheit oder Ungerechtigkeit, längst reale postfaktische Verhältnisse oder ökologische Verhängnisse. In unseren Tagen können wir eine nächste Vision von Homo sapiens sapiens als ein Exemplar konturieren, das über den seelisch verschrumpelten Vernunftmenschen bisheriger Statur hinausdenkt, sich über ihn zu erheben lernt und geistig flügge wird. Wir binden die Grundintuitionen unserer Ahnen an heutige Wissensbestände an, indem wir unser tradiertes geistig-geistliches Mindset mit dem Status quo im frühen 21. Jahrhundert verheiraten – beispielsweise mithilfe der modernen Naturwissenschaften. Wir vergewissern uns aber auch Positionen aus Philosophie und Sozialwissenschaften, holen Gegenstimmen großer Köpfe ein bei Immanuel Kant, und zeitgenössisch weiter: bei Konzeptvorschlägen von Charles Taylor, Jürgen Habermas und Yuval Noah Harari. Vor allem aber blicken wir auf junge Wissenschaftszweige.

Eine Warnung jedoch: Zur Profilierung dieser Geschichte müssen wir ganz konkret das praktizieren, was zeitgeistig zwar alle Spatzen von den Dächern pfeifen, aber bisher nicht in die Tat umgesetzt wird: neu und anders denken. Mitunter wird es geistig also turbulent – allein schon deswegen, weil am Pazifik eine technologiegetriebene Konkurrenzerzählung entsteht. Teile der europäischen Eliten sind davon längst durchdrungen, vor allem Expertenkulturen. Die beiden Pole bilden kein bloßes Wettbewerbsverhältnis (eine unentschuldbare Untertreibung), sondern bezeichnen einen geistigen Existenzkampf. Dieser läuft bisher freilich verdeckt. Der Sieger wird die Definitionsmacht über die spirituellen Horizonte des künftigen Menschen davontragen. Die Frage ist schon lange nicht mehr: „Disruption der Religion: Ja oder Nein?“, sondern nur noch: „Von wem?“

Das hat sich im alten Europa allerdings noch nicht herumgesprochen. Die zuständigen Wissenschaftsbereiche zeigen sich selbstbewusst desinteressiert. Wollen wir als Europäer unsere aufklärerische Tradition im spirituellen Bereich wahren – und erst *darauf aufbauend* auch wieder im kreativ-innovativen Bereich, im ökonomischen, politischen und, ganz allgemein, in einer zukunftsfreudig-aufgeschlossenen, zuversichtlich-sozialen Blickachse –, brauchen wir ein aufgestuftes Verständnis unserer geistigen Verhältnisse. Unser Vorschlag zielt in Richtung eines erneuten Anbaus unserer Vernunft; einer horizonterweiternden Unterscheidung zwischen Vernunft und Bewusstsein. Dazu bedarf es fundierter, nächster geistiger Ansprüche: Wir haben inzwischen für die gesamte Erde zu sorgen, nicht nur für uns! Eine auf Dauer gestellte Wahrheitsanbetung, Zahlen-Daten-Fakten-Rituale, angeschlossen an altreligiöse Traditionen, technologische Visionen und autosuggestiven Optimismus werden für die Sicherung unserer intellektuellen und schöpferischen Flughöhe nicht reichen.

Odenthal im Juni 2022

Alpha. Das Narrativ in Kurzform

Eine nächste Geschichte vom Menschen also – Anfang einer dritten Aufklärung und anderen Rückbindung. Wie Homo sapiens sapiens sich selbst, sein Leben und seine Einbettung in die Welt heute wahrnehmen, erfahren und reflektieren könnte, wo er neue Sinnquellen suchen und vor allem finden könnte: Das sind Beginn und Grundvoraussetzung für ein nächstes ökologisches Weltverhältnis in inklusivem planetarischem Maßstab. Die Aufgabe: Vernichtung der Option einer deökologisierten, transformativ gescheiterten Welt.

Europa will gerade nicht

Den Anspruch auszuformulieren reicht aus, um zu erahnen, was heute der zentrale geistige Job ist; einer, der gerade verweigert wird. Wenn es intellektuelle Anti-Trends gäbe – geistige Entwicklungen, die aus der Zeit zu fallen scheinen –, dann hieße einer davon re-ligio. Wen interessierts? Die Pandemie ist die perfekte Probe aufs Exempel: Glaubensfragen sind die, die nicht gestellt werden. Dass beispielsweise während einer globalen Seuche mit weit über 100 000 Toten allein hierzulande die Kirchen den Totalausfall ihres Markenkerns regelrecht inszenieren würden, hätten viele Menschen nicht für möglich gehalten, ob gläubig oder nicht. Darüber hinaus – ist das überhaupt durchschaubar: Warum ist Glaubenssubstanz in westlichen Gegenwartsgesellschaften reine Privatsache (so der Euphemismus für tabu)?

Wir sprechen als Mitglieder einer der säkularsten Gesellschaften der Erde, des Länder-Clusters Westeuropa. Das Wort säkular zeigt es an: Rückbindung haben wir inzwischen scheinbar abgelegt, Transzendenz nicht mehr nötig. Prozessieren wir damit nicht Autonomiegewinne, erobern wir dadurch nicht neue Freiheiten? Aufklärerisch Gesinnte sehen diesen Prozess häufig in Summe positiv: als Indikator für Emanzipation oder Reifung, zumindest als Toleranzfortschritt. Oder, in verzagterer, womöglich auch bloß realistischerer Gemütslage, als Lauf der Welt: unaufhaltsam.

Wir nicht. Uns erscheint dieser Prozess als Indikator auf dem Weg eines geistigen Verfalls, eines zivilisatorischen Rückschritts; als Ausdruck einer gestörten Fähigkeit zur mehrdimensionalen, zwischenmenschlichen und interkulturellen Teilnahme an der Ereigniskette, die wir Leben nennen. Wir messen und artikulieren Fakten, die sich in Ereignissen niederschlagen, aber keine Erfahrungen – nicht nur, weil uns dafür die Worte fehlen. Der Tod etwa ist in modernen Gesellschaften abgedrängt und findet im Alltagsleben der Menschen nicht mehr statt. Hätte unsere Auseinandersetzung mit Vergänglichkeit eine andere Qualität, hätten wir in der Pandemie kaum staatlich verordnetes, einsames Sterben in Klinikbetten – um willen des Gemeinwohls – hingenommen; und weil das die Angst vor dem Tod nur weiter triggert, weitgehend dethematisiert. Nicht zuletzt: Die meisten können sich unter Glauben etwas anderes, als in den etablierten Semantiken abgebildet, auch gar nicht vorstellen.

Diese Kombination aus geistlicher Armseligkeit und soziokultureller Verstärkung von Dehumanisierung wird zum Dauerzustand. Das inzwischen unüberschaubare Portfolio der individuellen Kleinrederei solcher Seelenverzwergung beispielsweise gehört dazu, etwa der eigenen Belastung im situativen Reflex („wird schon"); die dräuende Achtsamkeitspflicht in bürgerlichen Milieus („bleibe im Moment"); die Durchhalteparolen der Wirtschaftseliten („der deutsche Pessimismus muss ein Ende haben, Dystopien bringen uns in Teufels Küche") und so weiter. *Toxic Positivity* nennen Psychologen das Phänomen. Sie normalisiert eine Situation, die nicht normal ist, und überdeckt den emotionalen Ausnahmezustand. Das Exerzitium: Gewöhnung, denn mit der Zeit verliert sich das Gefühl für die Zumutung, die diese Pandemie und der Umgang mit ihr eigentlich bedeuten. Die Pandemie hat uns gelehrt, unser Bewusstsein über Humanität zurückzubauen und langsam unmerklich zu entleeren; und die direkt darauffolgenden Bilder des europäischen Krieges, wie unlebbar das im Grunde alles ist.

Bewusstsein ist für uns die zentrale Kategorie einer säkularen Religion; wir kommen darauf zurück. Es „sitzt" in Gehirn *und* Körper, eine erste Regel; Bewusstsein ist verkörpert. Insbesondere unser Gehirn neigt ihm keineswegs zu, im Gegenteil. Wir entfalten es nicht automatisch – dafür ist es zu aufwendig und energiezehrend. Unser mentaler Apparat interessiert sich für Automatismen und Routinen, damit die Reflexion Pause machen kann, so läuft der evolutionäre Weg, neurowissenschaftlich vermessen. In der Antike wurde Bewusstsein zum ersten Mal subjektiv gefeiert: Die alten Griechen haben im Zuge ihrer philosophischen Inventur um 500 v. Chr. kapiert, was für ein geniales Tool das ist: *Hot stuff*. Aber Bewusstsein ist wie ein Muskel. Wird er nicht benutzt, gefordert, strapaziert, verkümmert er. Unser biologisches System braucht Bewusstsein nicht zwingend im Alltag, es wird erst zugeschaltet, wenn Stress aufkommt. Wenn wir es nicht einsetzen – und falls der Stress nicht reicht, geht das auch absichtsvoll-kulturell, wie bei der Gymnastik –, dann dämmert es weg. Bewusstsein kann verfallen.

Es ist der evolutionsbiologisch jüngste Regulator im menschlichen Survival-Kit: Damit haben wir den heiklen, hoch unwahrscheinlichen Sprung geschafft aus der Vorzivilisation, mit Krankheiten und Massensterben, Sklavenhaltung, Fron und Gewalt, in die Zivilisation. Biologisch ist Bewusstsein der aktive Schutzpatron – also ein Patronus (J. K. Rowling) – von Homo sapiens sapiens, ohne ihn gäbe es uns wohl nicht mehr. Wir werden anhand der mythischen Wächterfigur der Sphinx aufzeigen, was genau er bewacht. Wenn wir uns zugrunde richten wollen, strategisch dehumanisieren, dann müssen wir das tun, was wir gerade praktizieren: das Bewusstsein sedieren durch Optimismus-Sprech, eine Anbetung des Faktischen und Gefühlsentzug. Ein selbstreferenzielles geistiges Massaker auf Raten.

Dystopisches Geraune? Nun, Optimismus aus Prinzip ist Realitätsverweigerung. Für *Europa*^{2} ist er eine Manifestation geistiger Degeneration – die europäische Aufklärung hat dies aufwendig herausdestilliert. Er erzeugt eine spezifische Form kollektiver Blindheit. Anstatt nach Art eines „aufgeklärten Katastrophismus“ (Jean-Pierre Dupuy) Angst- und Widerstandsenergien zu schüren, die zum Handeln motivieren, gleitet das Kollektiv in einen selbstüberzeugt-frohgestimmten, doch dumpfen Blindflug ab, dass schon nichts passieren werde beziehungsweise „uns schon etwas einfällt". Dies gilt insbesondere für die Narrative zu künstlicher Intelligenz und Ökologie, prägt aber genauso weite Teile der politiknahen Wirtschaftsdebatte.

Wenn wir uns die Kipppunkte nicht vor Augen führen, keinen strategisch-systematisch Denkaufwand leisten, lassen sich gefährliche Entwicklungen nicht mehr aufhalten. Das gilt für Technologie und Klimawandel genauso wie für unsere geistige oder spirituelle Zukunft: Entwicklungslogisch positiv deutbare Datensätze und Zeitreihen sind nicht gleichbedeutend mit einer für das menschlich-biologische System – generell für Überleben – günstigen Situation. Sich erfolgversprechend entwickelnde Daten sind nicht das Gleiche wie resilientes Leben. Gute Aussichten nicht das Gleiche wie Hoffnung. Netzwerke nicht das Gleiche wie reiche Beziehungen. Hier klaffen Abgründe an Bewusstlosigkeit.

Verquerer Optimismus-Sprech liefert weder human tragfähige noch würdige Gründe für Lebensmut und Zuversicht. Um Unterschiede geistig überhaupt realisieren zu können, brauchen wir unseren Patronus. Ohne bewusstes Kalibrieren von Menschlich-Allzumenschlichem ist alles grau, ein Brei aus Details, Ähnlichem und Gleichem, Unterschiedlichkeit häufig nicht mehr als Erbsenzählerei. Wenn wir humanes Bewusstsein – eine hochspezifische „Biorationalität", die über die Einhaltungen von Lebensbedingungen wacht – verabschieden, werden Hoffnung, Lebensmut und Zuversicht zu Durchhaltekomfort. Je erlebnisintensiver das Entertainment, desto besser die allgemeine Stimmung. Nur: Für Grundvertrauen in die Welt reicht das nicht.

Bewusstsein als Rückbindung an uns als Menschen

Unsere nächste Geschichte ist keine Historie, kein Märchen und auch kein Glaubenspamphlet, sondern Fürsprache; das Bewerben einer anstehenden, das heißt wissenspolitisch möglichen wie situativ erforderlichen Bewusstwerdung. Ein Plädoyer. Wir werfen einen ersten Vorschlag ins religiös-musikalische Restpublikum, wie Rückbindung jenseits von Glaubenssystemen zu denken wäre: in Form eines zeitgemäß-wissenschaftsbasierten Narrativs über Bindung und Beziehung. Damit entern wir spirituell das Diesseits. Von solchen Vorschlägen bräuchten wir Dutzende: was Europäer im frühen 21. Jahrhundert sich angesichts ihres zivilisatorischen Niveaus mittlerweile erlauben können, zu erkennen, zu erhoffen und damit auch erfolgreich zu bewältigen; und was wir selbst intuitiv erkunden und aufsaugen müssten, wenn wir unserem Denken, Glauben und Tun vertrauten.

Der erreichte westliche Lebensstandard ermöglicht aufgrund der Wissensbestände, die er inzwischen angehäuft hat, eine fundamental andere Wahrnehmung von uns selbst als Individuen, als Gesellschaft, als Gattung und von Lebewesen generell, als unsere historische, vor allem religiöse Überlieferung nahelegt, die zu wissen glaubt, was Gott uns „aufgegeben" hat. Wir stehen längst nicht mehr unter dieser Ägide – bloß wollen wir das nicht wahrhaben. Die Kluft zur Vorgeschichte ist riesig geworden und das macht uns eine Höllenangst. Wenn die Hölle aber nicht mehr existiert, woran kalibrieren wir dann unsere Angst? Auch hier: Abgründe. Erste Hilfe derzeit: ignorieren, wegsehen, anderes beleuchten. Insbesondere die moderne Technik macht es möglich und bietet immer „immersivere" Ablenkung.

Das sich hier in ersten Vorzeichen aufbauende spirituelle Vakuum des Westens ist der heimliche motivationale Treiber dieses Buches. Was tun Europäer, wenn ihr Sinnfundament wegbricht? Maschinen bauen nicht, Denken ankurbeln schon eher; derlei interessiert Zukunftsforscher. Dieses Loch „frisst" Zuversicht, Lust auf Neues und Führungslegitimität auf. Wie wollen wir die zeitgeistige Situation des Westens bewältigen und steuern: In welchem Geist, welchen Überzeugungen, welcher Zukunftserwartung; wie die Kakophonie der globalen, kulturell diversen Stimmen zu überlebensförderlichem Handeln bündeln? Wir halten beispielsweise die überall aufflammenden Identitätskonflikte für Vorboten dieser geistigen Entleerung, aber sie sind nicht die einzigen. Unsere Erzählung ist der Versuch einer ersten *Wiederauffüllung*.

Dabei erscheint das vorgestellte Narrativ auf den ersten Blick rein okzidentaler Art, womöglich sogar eurozentristisch – und tatsächlich stellen wir das europäische Selbstverständnis des Menschen in den Mittelpunkt dieser Erzählung. Was sich aber zeigen wird: Das Ergebnis berührt alle alten Weisheitstraditionen, Religionen, spirituellen Lehren, die wir bisher kennen, wenn auch in unterschiedlichem Maße; es berührt zwischenmenschliche Tiefe. Insbesondere spiegelt es asiatische Muster. Es führt uns direkt zurück zu den gemeinsamen Anfängen auf der eurasischen Kontinentalplatte, die sich kulturell erst vor knapp drei Jahrtausenden in West und Ost aufspaltete.

Bezogen auf die Evolution des Menschen, sind das Peanuts – bloß sieht der Okzident das entschieden anders. Für Europa sind diese knapp zwei Dutzend Jahrhunderte alles, was zählt: seine Welt. Der Rest ist aus dem kulturellen Gedächtnis getilgt. Das ist nicht nur sinnfrei, sondern evolutionsbiologisches Harakiri: Wir töten unsere Abkunft ab. Zu Schlagzeilen aufgeplustert, hieße eine der Thesen: „Wir lassen unsere Ahnen ein zweites Mal sterben." Im übertragenen Sinne schneiden wir uns von uns selbst ab, sagen uns von uns los, versündigen uns an unseren Vorfahren. Und an genau diesen performativen Akt binden wir uns zurück und zeichnen das auch noch normativ aus.

Die Weisheitslehren auf diesem Planeten wissen um diesen Schatten des Westens; darum, dass „wir nur sind, weil ihr seid" (Ubuntu und viele andere). Unser Schatten ist eine Art Loch im humanen Sein: Wir schauen durch den tiefsten menschlichen Punkt einfach hindurch. Menschen sind verbunden – und zwar nicht nur horizontal, gemeinsam, zusammen, in üblicher soziologisierender Verzwergung der Sachlage, sondern auch in der Tiefe, durch die Zeit, jenseits der Zeit. Zeitlogik ist das Herz der Zukunftsforschung – deshalb ist diese Facette der Menschheit für uns elektrisierend. Und gleichzeitig die Stelle, wo eine völlig neuartige Qualität von Hoffnung aufblitzt. Beziehung und Bindung sind das, was unser Leben ausmacht, und alles, was uns von unserem Leben bleibt: ihre Qualität, Substanz und die Tiefe unserer Begegnungen, ihr Gehalt und ihr Potenzial an Liebe und Trost, ihre Fähigkeit, immer wieder aufs Neue Zukunftsglauben zu schöpfen, Weltvertrauen zu stiften. Wenn wir auch sonst nichts haben: Wir haben einander, bleibend. Auch der Tod löst nicht dieses Band.

Eine letztlich unkalkulierbare Idee von Gott – mal gnädig, mal strafend, mal erlösend – brauchen wir in diesem Bewusstsein für eine helle Seele nicht mehr. Geistig sind wir voneinander nicht trennbar, nie trennbar, und dessen können wir uns mittlerweile versichern, wenn auch vorerst nur näherungsweise, ganz irdisch: empirisch und belegbar. Bisher waren wir zu einer Beta-Version von Hoffnung verdonnert, angewiesen auf eine übermächtige Figur, die uns in einem tiefenmanipulativen Pakt durch eine Vernunftgabe an sich gebunden hat und von der wir nicht loskommen. Leisten wir uns also einen nächsten Anfang. Es ist bereits alles da, was wir dazu brauchen.

Die Rolle von „Wissenschaft 21"

Was diese Perspektive und Wertung ermöglicht – das Sprungbrett *zurück* auf diese atemberaubende, vorzeitlich okzidental-orientale erbaute Aussichtsplattform –, ist der erreichte Stand der Wissenschaft im frühen 21. Jahrhundert. Wir schließen durch sie an etwas Uraltes wieder an, eine Rückkopplung. Allmählich beginnen wir, jetzt auch in demjenigen perspektivischen Korridor, den westlich-aufgeklärte Menschen bislang einzig für tragfähig, seriös und „valide" halten – nämlich im Korridor von Rationalität und Empirie –, diejenigen Elemente, die uns im Nichtstofflichen auszumachen scheinen, tatsächlich zu finden, zu beobachten, zu messen. Mit anderen Worten: Wir kommen nicht umhin, Belege für eine, wenn auch noch auf unklare Weise, „real" identifizierbare geistige Dimension von Homo sapiens sapiens zur Kenntnis zu nehmen, weil Fakten auf den Tisch kommen.

Dieser neuartige Typus von Fakten ändert alles. Unter anderem wird damit eine für Europäer einschlägige Grundunterscheidung des westlich-„abendländischen" Selbstverständnisses vom Menschsein in Bezug auf seinen Zugriff auf Welt abgeräumt: diejenige zwischen Glauben und Wissen. Von alters her gilt: Religiöse, spirituell orientierte Menschen *glauben*, säkulare oder auch agnostische, atheistische Menschen *wissen*, gehen rational an die Welt heran und möchten für das, was sie akzeptieren, gute Gründe, am liebsten Beweise. Glaube sei von seiner Bestimmung her, quasi definitionsgemäß, etwas wesentlich *anderes* als Wissen, so das traditionelle Credo.

Weg damit, zurück zum Start. Beide Zugänge haben die gleiche Wurzel: Sie bilden lediglich zwei unterschiedliche geistige Weisen des menschlichen Weltzugangs. Sie sind auch keine Gegensätze, sondern eine kulturspezifische Konstellation. Grob gefasst, lautet unsere Position, dass Glaube über Wissen steht: Er ist evolutionär der Pionier. Er basiert auf einer logisch mehrwertigen, breiteren, komplexeren Sinnebene; deshalb sind Mythen so „reich". Und genau deshalb kann sich Glaube des Wissens *bedienen, um seine Grundlagen zu klären.* Genauer: Wir wenden einen geistigen Teilaspekt – das evolutionär jüngere Wissen – auf einen anderen, älteren geistigen Teilaspekt – in Gestalt des Glaubens – selbst wieder an. Solche selbstreferenziellen Gedankenfiguren, spiralförmig und in sich weiterdrehend, sich in neue, vertiefende Dimensionen hin fortentwickelnd, werden uns öfters begegnen. Wir nennen sie autologisch.

Derlei funktioniert selbstverständlich nicht sachlogisch (zirkulär!), sehr wohl aber zeitlogisch: Etwas Nächstes wird mit Früherem konfrontiert. Beides ist eindeutig unterscheidbar, weil es nacheinander folgt; daran ist nichts unlogisch. Da aber unser Weltbild wie unsere Geistes- und Sozialwissenschaften bis heute praktisch ausnahmslos sach- und soziallogisch operieren[3], praktizieren das nur wenige. Heißt: Das Marketing unseres eigenen Tribe ist unterirdisch. Dabei können wir auf diesem Wege unsere Glaubenssätze aufklären! Und sie verschwinden dabei nicht etwa – Glaube ist ein anthropologisches Datum –,sondern sie stufen sich unendlich weiter auf. Jedenfalls dann, wenn unser Bewusstsein wach ist, wenn es tut, was seines Tuns ist, und nicht in seinem biologischen Unterschlupf degeneriert.

Zwischen Glaube und Wissen spannt sich ein verwickeltes Kontinuum, das wahrzunehmen uns sehr schwerfällt. Alles in uns sträubt sich dagegen, denn unsere religiöse Kultur ist mit der kreativen Erfindung von zwei angeblich unzusammenhängenden, radikal getrennten Polen gestartet und hat darauf aufbauend eine stahlharte Präferenz gebildet. Diesen Polen entsprechen zwei Menschenarten; einerseits die Gläubigen, die als normative Abspaltung eng zusammenhalten, und andererseits die Anhängerschaft von logischem Denken, von Wissenschaft, Forschung und methodischem Erkennen. Vor 2500 Jahren begann sich der Glaubenssatz, dass nur in Letzterer die Zukunft liege, als eine Prämisse im kollektiven Unbewussten einzunisten. Wir meinen diese Ursprünge bis in heutige Wissenschaftsdispute hinein wiederzuerkennen, etwa rund um Positionen der sogenannten Kommunitaristen. Überleben und Leben geschieht seit Anbeginn unseres kulturellen Gedächtnisses in der Community, der Gemeinschaft, der Familie und Verwandtschaft. Im alten Hellas entstand ein neues Sprachspiel: Diese der Sozialität Fernbleibenden wurden *idiotes* genannt. Das Denkmuster ist unserer Gattung in die Wiege gelegt, es hält und wird periodisch immer wieder rekultiviert.

Beide Fraktionen sind hier innerhalb der westlichen Kultur völlig orts- und zeitunabhängig gemeint, in reflexivem Modus gibt es sie seit der Antike überall. Aus diesen – zu Anfang ganz praktischen, weil einfachen, intuitiv verständlichen und herrlich unterkomplexen – Startlöchern des Gruppendenkens kommen wir nur leider bis heute nicht heraus! Und da wir uns für unsere Frühe nicht interessieren, bekommen wir die hochproblematischen sozialen Kontaminationen beider Pole auch nicht mit: Sie sind verseucht mit Macht, mit Über- und Unterordnung: Die zweite Gruppe ist der ersten überlegen. Wir können die intrinsische Verquickung mit Statusspielen im Nachhinein bloß nicht mehr lösen. Beispiel: Zum Philosophen, also initiiert in die seit der Antike normativ präferierten Peers der Logos-Anhänger, wurde man in der Antike dadurch, dass man sich von den *bárbaroi* abgrenzte. Die Barbaren waren diejenigen, die keine richtige – griechische – Sprache hatten und deshalb als kognitiv unterbelichtet galten. Sie gehörten schlicht zur falschen Rotte. Im Volksregal liegen solche ganz unten. Wer hier Migrationsdebatten assoziiert, liegt goldrichtig. Sollten wir diese geistige Mechanik nicht allmählich ändern?

Der Preis: Was es zu gewinnen gibt …

Aber wir entwickeln uns weiter. Die Evolution hat weder Ziel noch Zweck, doch wir sind damit stetig „unterwegs“ zu etwas anderem, zu einer nächsten, veränderten Version von uns selbst; und auf dieser Abenteuerreise zeigen sich erste, starke Indikatoren dafür, dass das, was Menschen in sehr unterschiedlichen Sprachen, Semantiken, Bildern, Erzählungen und Ritualen an verschiedenen Orten und zu verschiedenen Zeiten glauben, konvergiert mit dem, was wir mit fortgeschrittener Forschung und Technik anfangen können zu messen – also auf das, was wir allmählich faktisch wissen. Nicht Glaube konvergiert also auf Wissen (das ist Sektenhabitus), sondern Wissen auf Glauben. Die Wissenschaftlerinnen stoßen immer häufiger auf Erkenntnisse, die sie in anderer Gestalt, Formulierung, sinnlicher Verpackung schon einmal woanders bemerkt haben, in Weisheitslehren oder alten Quellen.

Das bringt sowohl die Gläubigen in Verlegenheit, die auf überweltliche, „meta"-physische Bedingungen des Menschen verweisen, als auch Wissenschaftler, die darauf pochen, dass die Akzeptanz von etwas, das nicht belegbar ist, dem gesunden Menschenverstand widerspreche, letztlich unvernünftig sei. Es bringt überdies – und das ist für unsere Gegenwart weitaus brisanter – die Wissenden mit ihren uralten Statusspielen gegenüber den eng aneinander Gebundenen, den Gläubigen, in substanzielle Bedrängnis. Denn die bindungspolitischen Systemrevoluzzer, die eine andere soziale Bindung einfordern, denken in der gesamten westlichen Welt nicht mehr daran, die Rolle der *bárbaroi* und *idiotes* zu spielen. Folgerichtig fangen sie an, bisher nie legitimierte Anführer zu wählen, entwickeln Wut und Hass gegenüber den längst durchschauten „Arroganzeliten" und verlassen das konsentierte System. Wir nennen das „Identitätskonflikte" – eine beschönigende Bezeichnung *für einen Krieg, der gesellschaftlich* schnell existenziell werden könnte. Mit anderen Worten: Die aktuelle Sackgasse entlarvt beide Positionen als minderwertige Formen von Glauben wie Wissen.

Wir glauben, dass sich der Westen das nicht mehr lange leisten kann. Und weiter, dass ein erfolgreicher Stopp ohne einen neu konsentierten, potenziell für alle Vertreterinnen und Vertreter unserer Spezies annehmbaren Glauben nicht funktionieren wird. Wenn wir nicht zügig auf die längst mögliche geistige Höhe kommen, werden sich westliche Gesellschaften in der Breite zerstreuen. Hier gerät ein verborgener blinder Fleck der westlichen Soziologie ins Scheinwerferlicht: Ist menschliche Beziehung tatsächlich abhandelbar in einer Unterscheidung zwischen Tradition und Moderne (Fortschrittsideologie)? Zwischen Gemeinschaftsbindung qua Sitte und Religion versus instrumentellen Kalkülen einer rationalen Gesellschaft? Zwischen vorzivilisatorischem Embryonalstadium und vernünftigem Reifestadium einer Menschheit, das der Westen in vollem planetarisch-universalistischem Glanz repräsentiert? Was müssen unsere Vorfahren über Jahrtausende für bedauernswerte Tröpfe gewesen sein, eingemottet in ihren Gebräuchen und unreifen Glaubenssystemen?

Die nicht zu überschätzende Leistung dieser Sorte von „Gesellschaftstheorie" liegt auf der Hand: Die jeweils Jüngsten unserer Gattung sind grundsätzlich die zum gegebenen Zeitpunkt maximal hochgetunte Sonderedition der Spezies. Soziologie als Gottwerdung des Menschen mit westlich-akademischen Mitteln – stimmt diese Story mit unserer Umgebung noch überein? Werden Natur und Welt uns Menschen gegenüber tatsächlich stetig freundlicher? Wird das große Ganze kontinuierlich vernünftiger, technologieaffin-besser, kontrollierbarer – und somit zufriedenstellender, menschlicher? Nimmt unsere Zukunftshoffnung, Rückschläge eingerechnet, insgesamt zu? Sind wir kollektiv und langfristig auf dem Weg in eine gesündere, gute, für alle beglückendere Zeit?

Sicher, einige sehen das so. Aber nicht alle. Zumindest wäre zu ergänzen, dass Signale für eine Erosion solcher Überzeugungen, Indizien für soziale Oberflächlichkeit und seelische Verarmung gleichfalls zunehmen. Wenn *diese* Strömungen die Oberhand gewinnen, ist jeder Transformationsdiskurs obsolet. Politisch korrekt heruntergespielt, heißt die rhetorische Kostümierung dieser Degeneration Polarisierung oder Spaltung, in nacktem Politsprech Bürgerkrieg. Die Weak Signals dazu liefern seit einigen Jahren vor allem unsere westatlantischen Freunde.

Was sich in dieser enggeführten Sichtachse abzuzeichnen beginnt, ist eine Alternative: die Option eines säkularen Glaubens, der sich – in entwickeltem Bewusstsein, langfristig und strategisch – zu einer re-ligio an uns selbst als Beziehungswesen systematisieren lässt. Allein der Umstand, dass wir uns anschicken, Neu-Glauben selbst strategisch-gedanklich zu organisieren, ist im umfänglichsten Sinne neu; auch dafür steht die Rede von der Zeitenwende. Wir explorieren heute geistig „anders" tief und gehaltvoll, was Menschen sind und was sie ausmacht, und stoßen dabei *zu naturwissenschaftlich in ersten Graden nachweisbaren Fundamenten unserer spirituellen Orientierung* vor.

Diese Einsicht gehört zu einer nächsten Aufklärung, die hier ins Blickfeld zieht. Sie sitzt auf den Schultern von Kant und seinen zu allen Zeiten streitbaren Vor- und Nachfahren, kann heute aber in Horizonte eindringen, die damals unvorstellbar waren. Sie differenziert die Vernunft nicht mehr immer weiter aus, sondern fängt an, ihre Maßlosigkeit zu kontrollieren. Während Kant die ungeheuren Möglichkeiten des Vernunftgebrauchs in früher Euphorie gefeiert hat, haben wir gelernt, dass unsere Ratio nicht nur Anlass zu Parties geben, sondern in gleicher Proportion zu totalem Zivilisationsbruch und dem Rückbau von Leben führen kann. Wir verbeugen uns mit diesem Buch vor seiner großartigen Idee, über eine Selbstaufklärung unserer Gattung unser Wissen und damit auch unsere Grenzen, sowohl geistiger wie physischer Art, stetig zu erweitern und dieses Unterfangen zu einem zeitlosen, ja überzeitlichen Projekt zu machen. Das ist der schon lange ausgerufene Preis, der noch immer zu gewinnen ist. Wir treiben ihn weiter hoch.

Mit unserem Diskussionsangebot befinden wir uns deshalb *nicht* in der Epoche der Moderne, sondern diesseits wie jenseits von ihr: zwar natürlich biologisch in ihr *verortet*, aber in unserem Bewusstsein nicht in ihr *gefangen*. Diese Differenz ist von entscheidender Bedeutung. Erst allmählich bemerken wir sie überhaupt: dass wir unsere Selbstverständigung mittlerweile in eigenmächtig justierter Ausrichtung anlegen und weiterführen können; dass wir damit beginnen können, auch jenseits, ja *unabhängig* von unserem Epochenrahmen das inklusiv-expansive Zukunftsbild einer planetarisch akzeptablen, terrestrischen Sorge auszumalen.

… und was zu verlieren

Unsere Werbekampagne für diese historisch junge Kompetenz konturiert auch noch etwas anderes, nämlich eine mögliche Zukunft genuin europäischen Denkens. Es gibt in diesem Themenkomplex innerhalb des Westens eine Bruchlinie: Der kantische Zugriff eines als insistierende Selbstaufklärung angelegten säkularen Projekts unterscheidet Europäer radikal von Nordamerikanern. Die USA haben eine andere Entscheidung getroffen, deren spiritueller Ehrgeiz ist techno-religiös. Dort wird man künftig den Verstorbenen dank seines Datenmaterials als Chatbot wiederauferstehen lassen, mit visuellem Avatar. Trauernden mit digitalen Fakes virtuelle Sinnangebote dafür zu unterbreiten, in der Vergangenheit zu verharren, nennen Expertinnen toxisch und vergleichen die Situation mit einem Süchtigen, der mit der Droge kurzfristig Druck verringert. Hier manifestiert sich in ersten Zügen eine, an Bewusstseinstiefe bemessen, stark reaktionäre Diesseitsreligion: Angebetet wird das Datum, das Faktische, das von jeder geistigen Substanz Entbundene – ein, in der dortigen Kultur, legitimer Nachkomme aus Säkularisierung und Tech-Visionen.

Das menschliche Verhalten anderen gegenüber ist jedoch von den jeweiligen Vorstellungen darüber geprägt, was die anderen für uns „in Wahrheit" sind, jenseits des bloßen Körpers. Das gesamte Konzept menschlicher Liebe wird sich in dieser Version einer Diesseitsreligion drastisch verändern, denn hier ist *Technologie* die Antwort auf das existenzielle menschliche Bedürfnis nach Glück in und durch Bindung. Derlei gehört von alters her nicht zum Antwortverhalten Europas. Dort also sitzt der Gegenspieler, und das ist für die Allianz des Westens ein Schock. Derzeit versuchen wir, ihn einfach auszusitzen, und hoffen, dass diese Situation keiner durchschaut.

In dieser vertrackten Konstellation wurzelt nicht nur die Wichtigkeit, sondern erst einmal die Dringlichkeit, warum Europa eine eigene Diesseitsreligion braucht. Die Vorstellung von der künstlichen Intelligenz als einer bedingungslos treuen Freundin, die uns umsorgt und die tote Tochter ersetzen soll, erzeugt bei den meisten Europäern keine Vorfreude, sondern Grauen. Der Grund: Die Bindung der Gattung an sich selbst – unser Niemals-von-den-anderen-getrennt-werden-Können – wird damit gelöst. Amerikanische Serienformate wie *Devs* oder die Technik-Fabel *Black Mirror* spiegeln diese Evolution in Einzelfacetten derzeit vielleicht am eindrücklichsten wider. Das Mantra in der amerikanischen

Serie *Soulmates* beispielsweise lautet: „Du verdienst es, geliebt zu werden“; ein treffendes Motto für die explodierende Sinnindustrie und ihre Technologies of the Mind. Wenn wir im Technischen das Faktische umdeuten und seelisch verfremdet wieder auferstehen lassen, wird unser Tiefenbewusstsein erst versehrt und dann überflüssig. Für Europäer jedenfalls gilt auch künftig die bislang unverlierbare Empfindung: Ohne diese Tiefe nähme auch, wenn der Mensch dank Technologie die ganze Welt gewönne, seine Seele Schaden.

Hier erhaschen wir einen Blick auf die andere Seite des seit der Aufklärung ausgeschriebenen Preises: die Kosten. Als Autoren stehen wir fest in der kontinentalen, spirituellen Tradition und wenden uns explizit und entschieden gegen die Weggabelung, die unsere westlichen Verwandten wählen. Ihr Preis ist für uns unbezahlbar. Unsere nächste Geschichte setzt den Gehalt unserer älteren Tradition gegen eine nur scheinbar schöne neue Welt; gemäß europäischer Wahrheit ist sie eine schreckliche. Entwickelt sie sich gemäß ihrer Anlage fort und wird sie in der kulturellen Evolution des Westens Sieger, eliminiert sie die *Conditio humana*, wie wir sie kennen. Ein Weltenbruch: Es begänne ein für uns Kontinentale spirituell totes Zeitalter.

Vorschau

Die Leserin muss dieses Buch nicht zwingend von vorn nach hinten beziehungsweise vollständig lesen – obwohl ein Erzählfaden gesponnen wird. Erzählungen sollen ja auch inspirieren. Zentrale Aussagen in den Abschnitten sind jeweils schattiert hervorgehoben. Zur Orientierung:

- In den *Vorgeschichten* beleuchten wir unsere Abkunft, soweit das heute noch möglich und hier erforderlich ist.
- *Menschengeschichten* sind Erzählungen über Homo sapiens sapiens auf der breiten eurasischen Kontinentalplatte. Darüber, wie sich Ost und West ihre orientalische beziehungsweise okzidentale Identität zu Beginn unserer Zeitrechnung zurechtgelegt haben: Bravourstückchen menschlicher Weltbewältigung.
- *Vernunft- und Bewusstseinsgeschichten* sind Kapitel für Connaisseure: Hier wird es scheinbar regellos, wuselig,

da wir unseren großen geistigen Nebelwerfer, die okzidentale Vernunft, gründlich aufmischen – mit nachher anderer Ordnung.

- *Religionsgeschichten* nähern sich dem heißen Kern einer europäischen Diesseitsreligion, nämlich unserem Verständnis von Bindung und Beziehung: Eurasierinnen wissen von Anbeginn, dass einzig zählt, ob wir in der Lage sind, uns innerlich zu berühren. Das ist unser gemeinsames Verständnis von humanem Sinn. Asien praktiziert das eremitisch und – gegenüber dem Ich abgrundtief misstrauisch – in Form der Abblendung von Bewusstheit; der Westen soziopolitisch und wissensorganisatorisch. Aber das ist Kleinkram.
- Die *Wissenschaftsgeschichten* nehmen etwas mehr Raum ein und switchen in den akademischen Diskurs: Wir sichten Stellungnahmen wichtiger Diskutanten im Feld. Je nach Interesse mögen die begrifflichen Vorkehrungen zu Beginn sowie die Synopse am Ende des Kapitels ausreichen, um den Stand der Dinge zu erfassen.
- Die abschließenden *Zukunftsgeschichten* wagen erste Ausblicke in eine praktische Religion des Diesseits, der weltlich-planetarischen Sorge. Insbesondere spezifizieren wir hier die ökologische Komponente: Welchen Beziehungsmodus genau erforderte eine reale ökologische Welt?
- Im *Extro* begleiten wir die Leserin aus dem Thema und weisen auf einige wahrscheinliche Irritationen solchen Denkens hin.
- *Omega* verweist ins Übermorgen. Falls die Menschheit den Weg einer vorsichtig anzusteuernden Weltgesellschaft mit extraterrestrischen Ansprüchen ins Auge fasst: Welchen Typus von Religion hätten wir dann zu erwarten? Oder anders gefragt: Wie sieht sie aus, die Zukunft des Glaubens?

Vorgeschichten

Wann es anfing, kann niemand sagen. Wir haben uns daran gewöhnt zu glauben, dass unsere Wurzeln wenige Jahrhunderte vor Christus vergraben liegen – jedenfalls erzählt man uns das seit Jahrzehnten. Dieser Beginn hat auch einen Namen: Achsenzeit; eine Wortschöpfung des Philosophen Karl Jaspers. Eine Achse hat zwei Seiten: Jaspers hat diese Zeit so getauft, weil es ca. 500 v. Chr. zu einer Weggabelung zwischen Orient und Okzident kam, zwischen Asien und Europa. Die Kontinentalplatte fiel in diesem Zeitraum geistig auseinander, weil der westliche und östliche Teil jeweils eine andere kulturelle Grundentscheidung getroffen hat, wie es weitergehen sollte. Der Begriff steht seitdem im Zeichen des Anfangs unserer westlichen abendländischen Kultur. Er bezeichnet unsere Geburtsstunde. Aber stimmt das?

Bevor wir uns das Ritual der achsenzeitlichen Erzählung näher ansehen, verweilen wir kurz bei der sie anstoßenden, vorlaufenden Zäsur, denn diese ist interessant, dunkel und verwirrend. Offenbar ist damals etwas Einschlägiges passiert, sonst hätte nicht eine derartig tiefgreifende, kulturbegründende Zeitenwende stattgefunden. Es ist keine allzu gewagte These zu behaupten, dass irgendeine Not, der evolutionäre Stress überwältigend groß gewesen sein, das menschliche Maß überschritten haben muss, sonst wäre es nicht zu den zwei neuen, kulturell extrem schnell hochdrehenden Parallelwelten gekommen. Was war da los? Was könnte dieses Übermenschlich-Weltenumstürzende gewesen sein?

1 Das dunkle Zeitalter

Unsere historischen Kenntnisse über den Zeitraum zwischen ca. 5000 bis 500 v. Chr. sind dürftig. Es ist die Zeit der frühen, beginnenden Zivilisation in dem Sinne, dass erste Vorformen von „Staaten“ aufkamen, erste institutionelle Verfestigungen (König, Verwaltungsbürokratie etc.), um die „neolithische Revolution“ kollektiv zu organisieren. Kurz gesagt: Nomaden wurden zu Viehzüchtern und Ackerbauern. Diesen frühen Bevölkerungszentren widmet sich die frühgeschichtliche Forschung von der Kultivierung und Zähmung von Pflanzen und Tieren über die erste Sesshaftigkeit als Folge von Domestikation bis zu Bewässerung, Ackerbau und Siedlungsbau, was einen Schub an Wohlergehen, Ernährung und Lebensstandard bedeutete. Die frühen Städte waren Magneten, die aufgrund ihrer Kultur und ihrer Chancen Menschen anzogen. Die neuere Forschung zeichnet noch ein anderes, wenig erbauliches Bild dieser Zeit, das nicht wahrscheinlicher, belegbarer oder das Gegenteil ist, sondern einer zweiten Wahrheit gleicht.

Frühe Staaten hatten mit Aufgaben zu kämpfen, die auch jeder heutige Staat hat, für die es damals aber noch keine Traditionen, Erfahrungen, Techniken und zivilisierte Mittel gab: Die Bevölkerungen stabil halten, die Menschen ernähren, für Sicherheit sorgen – vor einigen Jahrtausenden bedeutete das etwas vollkommen anderes als heute. Frühstaaten mussten einen Großteil ihrer Bevölkerung erst einmal erbeuten, es war schließlich noch keine „da“. Dass sie blieben, realisierte man durch Knechtschaft. Das dichte Zusammenleben hatte Krankheiten und kontinuierlich neue Epidemien zur Folge, die Menschen starben früh und in Massen. Folglich musste die Reproduktionsrate, staatlich organisiert, hoch sein. Domestikation, die wir reflexhaft mit Tieren und Pflanzen verbinden, wurde auf Menschen angewandt: auf Sklaven, Untertanen und vor allem Frauen. Geburten waren schließlich Bedingung für den Erhalt der Gruppe, ansonsten starb die Bevölkerung aus. Das Zwangsunternehmen Staat nutzte zudem jede Form unfreier Arbeit: Kriegsgefangene, Zwangsarbeiter, Tempelsklaven, gekaufte Sklaven, Zwangsumgesiedelte in Arbeitslagern, Sträflinge – für den Bau von Stadtmauern, Straßen, Kanälen, im Bergbau, in Steinbrüchen, bei der Holzgewinnung, beim Bau von Monumenten, beim Weben der Wolltextilien und natürlich in der Landwirtschaft war diese Form der Bewirtschaftung von Menschen unabdingbar. Noch bei Aristoteles findet sich die Wertung dieser Art von kollektiver Organisation: Der Sklave sei, wie das Pflugtier, ein Arbeitsinstrument. Frühstaaten waren aus diesen und weiteren Gründen, wie Kriegen, Dürren, Überschwemmungen, höchst fragil, anfällig für Zusammenbrüche. Zum Kernauftrag solcher Konglomerationen gehörte, effektiv und effizient Ruhe herzustellen, bei Strafe des Untergangs.

Der Politologe und Anthropologe James C. Scott hat diesen mehrere Jahrtausende dauernden Albtraum in einer Studie auf Basis akribischer Quellenforschung konturiert – unsere Herkunftsgeschichte, allerdings als alternative Erzählung zur großen Zivilisations- und Fortschrittsgeschichte, in deren Traditionslinie sich auch die Storyline der Achsenzeit einreihen wird. Für das antike Griechenland terminiert er den letzten Schwerpunkt von 1100 bis 700 v. Chr.: Palastzentren wurden in dieser Zeit aufgegeben, zerstört oder niedergebrannt, der Handel ging zurück, die damalige Linearschrift B verschwand. Die Gründe bleiben vage, spekuliert wird über eine dorische Invasion, den Einfall von Seevölkern des Mittelmeeres, Trockenheit, Krankheit. Jedenfalls: Macht man sich die extreme, ständig wiederkehrende Dezimierung der Bevölkerungen bewusst, die Seuchen, Versklavungen, Kriege, Hungersnöte sowie den Einsatz von Gewalt seitens der Eliten, „dann haben wir ein ‚dunkles Zeitalter‘ von epischen Ausmaßen unter den ‚geschichtslosen‘ Völkern vor uns, das von der Geschichte selbst unbemerkt blieb“.[4]

Diese Erzählung weicht ab, sie unterläuft die Norm. Unabhängig vom fachlichen Stellenwert dieser Genealogie, die hier kein Thema ist, bietet sie eine Perspektive auf die Epoche vor der Achsenzeit an, die wir festhalten: Zumindest teilweise mögen sich hier Ursachen und Erklärungen dafür erhellen, warum sich die anschließende griechische Klassik in solcher Herrlichkeit von ihrer Vorzeit abhebt. Die Kulturgründung im alten Griechenland ist in jedem Fall auch eine Antwort auf geistige Nöte, die ihr vorausgingen. Und natürlich hatte sie Vorbereiter – etwa 1200 v. Chr. im alttestamentarischen Moses und um 800 v. Chr. im spartanischen König Lykurg. Beide stellen erstmals dem bislang göttlichen oder dämonischen Schicksal das vom Menschen gehandhabte Gesetz gegenüber. Zarathustra ergänzt die dualistische Entgegensetzung von Gut und Böse (geboren 797 v. Chr.), Homer (geb. um 800 v. Chr.) widerlegt in seiner epischen Darstellungskunst die ewige Wiederkehr des Zeitlichen und strukturiert sie stattdessen in ein Gestern, Heute und Morgen.

Die neue Zeit verläuft ab jetzt zielgerichtet; und einer seiner Helden, Odysseus, sagt zum ersten mal „Ich".[5] Darauf folgen hintereinander die Reihen der Dichtungen und Philosophien, die unsere Wurzel definieren (Parmenides, Aischylos, Herodot, Sokrates, Demokrit, Platon, Aristoteles etc.). Das Bemerkenswerteste daranist: Diese Explosion an kultureller Energie und Kreativität vollzieht sich zeitgleich auf der gesamten Kontinentalplatte – in Griechenland, Indien und China (Laotse, Mahavira, Buddha, Kung-Futse, Bhagavad Gita, Mo-ti etc.). Bloß zogen alle Regionen aus dem Erlebten andere geistige Schlüsse. Wir Okzidentalen haben uns für Absichern entschieden: ein festes Fundament zu setzen und damit das Chaos der Welt zu bannen. Willkommen in der Ära der Logik!

2 Vergessene Familie

In den damaligen Erzählungen ist das Bewusstsein der gemeinsamen, identischen Herkunft aller Völker, aller Kulturen noch lebendig. Europa etwa war eine Asiatin, ein halbgöttisches Mädchen aus dem Nahen Osten. Die Interpretationen gehen auseinander, wer sie genau war – Tochter des Sonnengottes Apollon oder des phönikischen Königs Agenor. Im Mythos vom Raub der Europa durch den Göttervater Zeus nahm dieser die Gestalt eines Stieres an und verschleppte sie übers Mittelmeer nach Kreta. Dort gab er sich ihr zu erkennen und heiratete sie. Diese symbolisch geschilderte Entführung könnte sich um das fünfte bis dritte Jahrtausend v. Chr. abgespielt haben – jedenfalls begründen die beiden Europa: der Vater der griechischen Götter und eine asiatische Schönheit.

Wir werden im Fortgang unserer Geschichte diese Vermengung oder Kombination – die Geburt des geistig-spirituellen Rahmens von Europa aus einer Kreuzung des Weltverständnisses von kontinentaler West- und Ostregion – als Auftrag deuten: als Verpflichtung auf eine viel reichere, immens gehaltvolle Tradition geistiger Tätigkeit, aus der wir stammen und die uns bestimmt – und *die beide Seiten fortan systematisch vereinseitigt haben.*[6] Eine asiatische Überzeugung beispielsweise lautet, dass das, was im Gestern gesagt wurde, manchmal bedeutungslos ist, weil sich etwas verändert hat und man heute anders wahrnimmt. Aber es *kann* wichtig sein, da die Dinge sich wandeln, ergänzen, vermischen; nicht nebeneinanderstehen, sondern ineinandergreifen, die Welt reich und schön machen, wie eine tausendblättrige Lotusblüte. Es wäre beispielsweise absurd, das Ausatmen als das Gegenteil des Einatmens zu bezeichnen, hier geht es um Kontinuen. Wir Westler sehen das anders: Wir ergänzen nicht, wir unterscheiden. Das spiegelt auch unsere chronologische Zeitphilosophie wider: Die Gegenwart löst die Vergangenheit ab, die Zukunft wird die Gegenwart überwinden. Durch Christus wurde dies nach der Achsenzeit zur universellen Regel: „Eure Rede aber sei: ja, ja; nein, nein. Was darüber ist, das ist vom Übel." (Matth. 5:37)

Während die Sichtweise der riesigen asiatischen Kulturregion (vgl. Abb. 1) in Konstellationen hineinführt, in unendliche, mäandernde Relationslandschaften, würdigen wir im kleinen Tribe der ersten Abspalter das Resultat der binären Logik: den Begriff. Wir bringen die Welt auf eine eingrenzbare, identifizierbare Gestalt – in der Sache und in der Zeit. Aristoteles hat daraus die Pfeiler unserer Logik gezimmert und zementiert: unverbrüchlich, in strenger Kraft, bis heute durch nichts zu erschüttern. Logische Prinzipien wie der Satz vom ausgeschlossenen Dritten (es gilt die Aussage selbst oder ihr Gegenteil, aber nichts anderes Drittes) oder der Satz vom Widerspruch (etwas kann nicht zugleich sein und nicht sein) garantieren, dass der scheinbar natürliche Drang des menschlichen Denkens, Dinge identifizieren zu wollen – dies ist X und nichts anderes –, ein solides, ontologisches Fundament erhält. Die Welt *ist* so.

Daher kommt es, dass Relativität seit jeher dem rationalen Zeitgenossen verdächtig erscheint. Stattdessen: Gebote, Verbote, kategorische Imperative, Formeln, Regelwerke und Standards. Sie sichern das verdinglichende, identifizierende Denken, das Sachen mit sich selbst immer wieder kurzschließt. *X muss X bleiben*, das ist der Auftrag unseres Weltbildes – unser Geist braucht das, um die Welt als

Abb. 1: Die Narukawa-Weltkarte
Sie stellt die Kontinente in unverzerrtem, von Effekten der Kugeldarstellung bereinigtem Maßstab dar. Es ist hilfreich, sich die geografische Relation der beiden geistig-kulturellen Kontrahenten bewusst zu machen. Der „Okzident" ist im Vergleich zu Asien zunächst winzig, vor dem Hintergrund der transatlantischen Westerweiterung gleichzeitig jedoch extrem expansiv. (Quelle: narukawa-lab.jp)

konstant und sicher zu erfahren. *Deshalb* denkt der Westen in Prinzipien, sie stabilisieren Zeit. Das Unterscheiden bindet uns konstitutiv an lineares Denken, an eine bestimmte Logik, an ein bestimmtes Verständnis von Kausalität, das Wahrscheinlichkeiten überdeterminiert – denn zu analysieren und *dann zu wissen*, dass etwas wahrscheinlich ist, heißt, die *Dynamik zu kennen*. Und dann können wir fördern, ermächtigen oder hemmen. Dadurch wird das Nächste kalkulierbar. Solche Manöver, die die Komplexität der Welt auf einzelne Nullpunkte reduzieren, sind aus unserer Sicht rational: *Sie stiften Sicherheit in einer unsicheren Welt.* Und so haben wir das Chaos besiegt.

Unsere kleine Psychoanalyse des Okzidents offenbart noch einen weiteren springenden Punkt: Wir kommen damit auch kontinuierlich weiter! Diese Perspektive, die unser Verständnis von Grund auf prägt, erscheint uns logisch, weil sie systemimmanent angelegte Prämissen immer nur anders, immer präziser, „besser" in Geltung setzt. Wir bewerten die Welt entlang dieses Maßstabs. Im Westen können wir gar nicht anders, als uns zu entwickeln oder zurückzufallen.

Zwischendurch mag Stagnation für eine gewisse Zeit auch eine Option sein, jedenfalls keine gute. Vom Prinzip her sind wir im Wandel *voran*. Aus diesem in sich verflochtenen, komplexen Gewebe aus vorbewussten Grundentscheidungen und kulturellen Wertsetzungen entspinnt sich in der Moderne die Kategorie Fortschritt; und in ihrem Gefolge Emanzipation, Freiheit, Demokratie, Menschenrechte und so weiter.

Über die letzten 2000 Jahre haben wir in diesem Geiste so manche Hürde genommen und stehen als Gattung kurz davor, die Erde zu verlassen. Eine gigantische Erfolgsstory, ohne Zweifel. Speziell Fernwest verbindet mit ihr eine Wertsteigerung *in der Entwicklungsqualität selbst* – ein anti-asiatischer Gedanke. Viele in Asien nutzen ein anderes Realitätsschema, wenden aber keinerlei Energie auf, es zu erklären; Logik erscheint ihnen uninteressant. Asien hat seit der Spaltung eine unbestechliche Intuition für die zahllosen Fehl- und Kurzschlüsse, die sich der logische Okzident schulterzuckend leistet. Intellektuelle Spielchen sind *unser* Hobby. Ein Beispiel:

Dass das Unwahrscheinliche rational nicht zu erklären ist, teilen als Überzeugung alle, Orient wie Okzident. In sogenannten „primitiven" Kulturen haben die Menschen deshalb versucht, Unwahrscheinliches rituell, durch magischen Zauber zu bannen. Nun ist der Westen inzwischen „zivilisiert" und versucht etwas anderes: Unwahrscheinliches selbst zu eliminieren. Es ist irrational, stiftet existenzielle Unsicherheit. Wenn es uns gelingt, nur noch zuzulassen, was in durchschaubaren, rational einschätzbaren Kausalketten als Ereignisfolgen einzig nur sein kann, entern wir eine sichere, prognostizierbare, planbare Welt – Sicherheitsproblem gelöst. Solche Ereignisfolgen können wir heute immer präziser beschreiben, bis hin zur Mustererkennung durch künstliche Intelligenz. Das bedeutet, unsere Umwelt immer besser zu verstehen, zu kalkulieren und damit zu beherrschen. Hier liegt die Wertsteigerung von Entwicklung als solcher, genau da wollen wir hin!

So etwas wie eine Corona-Pandemie gäbe es künftig nicht mehr, auch keinen unerwarteten Krieg; wir wären in der Lage, sie „kommen zu sehen" (was immer das technologisch bedeuten mag), uns darauf vorzubereiten, nicht mehr überrascht zu werden. Wer kann das in den Dauerkrisen unserer Tage nicht wollen? Das Schicksal zu besiegen, langsam und geduldig den Zufall zu eliminieren! Spirituell gewendet: die Evokation einer verlorenen Frühe, das „Geschick" unserer Ahnen – unsere Wurzel hier auf Terra, in Bios und Humus, von Geburt bis Grab – im Bewusstsein der Gattung zu löschen. Für viele gilt: Das wäre großartig!

3 Erinnerungsfrüchte

Asien lächelt zu dieser Storyline höflich und wendet sich ab. Versuchen wir, diese Position zu übersetzen. Weltzustände sind wahrscheinlich *und* unwahrscheinlich. Beides gilt; sie bilden Komplementärzustände – wie Einatmen und Ausatmen. Zu behaupten, das Wahrscheinliche sei rationaler als das Unwahrscheinliche, ist ungefähr so, als würde ein Mathematiker behaupten, er könne mit positiven Zahlen genauer rechnen als mit negativen Zahlen, weil nur das Positive rational sei, während das Negative irrationale Komponenten enthielte. Das stimmt zwar, doch mit beiden Zahlenarten kann man gleich gut rechnen. Unwahrscheinliches und Wahrscheinliches sind aus asiatischer Sicht gleich gültig. Während der Westen mit immensem Aufwand eine verdeckte, abgedunkelte und perfekt selbstimmunisierte ontologische Wertentscheidung in sein Weltbild eingelassen hat (gehört zum Job der Vernunft, dazu kommen wir noch), zuckt der Osten darüber nur die Achseln. Die Existenz von Unwahrscheinlichkeit ist eine genauso wichtige, wertvolle – *heilige* – Tatsache wie die Wahrscheinlichkeit. Argument: die Existenz des Menschen. Zum Beispiel. Und dann ist Asien mit dieser grotesken Idee aus dem Westen auch schon fertig.

Vor allem in den modernen Systemwissenschaften, Naturwissenschaften und der Gehirnforschung wurden zahlreiche Anläufe unternommen, aus diesem geistigen „Kerker-Universum" (Michel Foucault) auszubrechen. Wir wissen oder reflektieren nicht, aber wir *spüren* die Mauern, die uns umgeben, die wir allerdings selbst gebaut haben. Viele Menschen praktizieren ihr Leben heute in genau dieser Hinsicht deutlich anders als noch vor, sagen wir, dreißig Jahren, mit unübersehbaren Anleihen in Richtung Osten. Derartige kulturelle Trends in Ernährung, Bewegung, Ästhetik und Spiritualität sind inzwischen Standards moderner Lifestyles: vietnamesisches Essen, Yoga oder Karate. Als Manager meditieren ist statusrelevant, Psychosomatik boomt, ganz zu schweigen von Hypes wie Achtsamkeit, Eigenzeit, Digital Detox und so weiter. Mäandernd zwischen beiden Perspektiven, wird erkennbar: *Von sich aus* logisch ist hier gar nichts. Der Westen jedenfalls ist erstarrt in alten Bahnen – alles nur „Trends" – und unterstellt, dass das jeweils Heutige dem Vorangegangenen überlegen sei. Selbstverständlich: Kaum jemand verteidigt noch ernsthaft einen starken Fortschrittsbegriff, bloß gelten die Maßstäbe unserer Entscheidungen nahezu ungebrochen im traditionellen Muster weiter. Man nimmt nur den Mund nicht mehr so voll.

Das Dementi, das dabei seit jeher vorgenommen und hinter die Kulisse geschoben ist, wird uns noch beschäftigen: Fortschritt bedeutet immer auch Fortschreiten, ein Wegschreiten vom Ursprung, und damit einen „positiven Epochenbegriff".[7] Und weil wir streng linearlogisch denken, nämlich überdeterminiert *sach*logisch, ist „Ursprung" bei uns von vornherein zeitlogisch verkürzt: aus und vorbei, abgeschlossen, hinter uns. Das Konnotationsfeld der kausalen Ursache dominiert den Begriff total, kurz: Sachlogik sticht Zeitlogik. Im Mindset des Westens ist es unmöglich, präziser: undenkbar, geistig ausgeschlossen und sanktioniert, den unermesslich großen Reichtum jener Wirklichkeit, aus der wir als Gattung stammen, die Frühe vor der Kulturgründung unserem Leben zugrunde zu legen. Ursprung kann niemals dauernde Gegenwart sein, weil seine zeitlogische Bedeutung gelöscht wurde. Er kann nicht transparent werden, nicht duchscheinen auf das Heute; er ist das *Davor*. Das heißt aber auch, dass er uns nicht mehr tragen kann. Wenn wir Westler fortschreiten, lassen wir etwas hinter uns. Wir legen es ab, weil wir weiter sind – Bleibend-Verbindendes ist nur moralisch, die Ebene von Normen, Werten, Glaubenssätzen der gerade in Geltung stehenden Tradition. Das Frühere, Vortraditionelle, das Menschlich-Allzumenschliche, das Band der Spezies, hat nicht den gleichen Wert wie die geltenden Gepflogenheiten, der Zeitstil oder sogar das Nächste, das noch höherwertiger sein wird als das Heute.

Wenn Westler „Ursprung“ sagen, bezeichnen sie eine Evokation. Gottes Schöpfung ist *das* Beispiel dafür: Schließlich haben wir von ihm gelernt. Eine Schöpfung (creatio ex nihilo) macht etwas neu, sie bringt etwas ins Sein, erfindet etwas, setzt etwas noch nicht Dagewesenes in die Welt. Dass Ursprung etwas bereits seit Anbeginn der Zeit Daseiendes bezeichnen kann, das immer da ist – für uns ein fremdartiger Gedanke.[8] Weil im Fortschrittsbegriff viele problematische, perspektivisch-metaphysisch verdunkelnde Konnotationen mitschwingen, wechseln wir im Folgenden zum Begriff der Evolution – in einer entwicklungslogisch näher qualifizierten Weise (vgl. Kap. 19).

An zahlreichen Phänomenen solcher Art wird erkennbar: Wir haben den langen gemeinsamen Weg vergessen, den wir mit Asien gegangen sind. Dabei konstituieren gewisse Grundstrukturen des Subjektiven beide Seiten, auch uns. Der Impetus unserer Geschichte lautet: Nur wenn wir dieses Erbe, unseren Ursprung, geistig einholen, werden wir in der Lage sein, die Aufgaben der Zukunft zu bewältigen: Zeit erneut zu wenden. Ein verdrängtes Erbe ist nicht behandelbar. Es rächt sich irgendwann – kehrt zurück, verzerrt, fast immer gewaltsam, verschafft sich Gehör, zunächst biologisch-ökologisch, dann technologisch, zuletzt gesellschaftlich-politisch. All das ist bereits sichtbar.

Wir schauen uns deshalb zunächst an, wie der okzidentale und orientalische Weg ursprünglich aussahen, um solchen Niedergang zu verhindern. Wie haben beide das geschafft?

Menschengeschichten

Die Okzidentalen scheinen das dunkle Zeitalter der Frühgeschichte doch wahrgenommen zu haben. Für uns zumindest hatte die grandiose Kulturleistung der Griechen wohl zum Ziel, diese Weltenkatastrophe zu bannen: Ihr Angebot konnte nicht nur eine Zeitenwende einleiten, sondern machte einen zivilisatorischen Sprung möglich – und schuf dafür die geistige Basis. Menschliches Zusammensein musste wieder lebbar gemacht, dem Leid und Schrecken der Vergangenheit entrissen, ihm irgendwie *Sinn verliehen werden.* Die Mythen, die unsere Religion verarbeitet, zitieren diese Alpträume noch an: Es gab einmal ein Paradies, darin liegt Hoffnung. Es gab einmal ein furchtbares, urplötzlich-erratisches Durcheinander an Gruppen, Stämmen, Völkern, mit Konflikt, Krieg und Kampf, ohne Verständigung und Verständnis, die Sprachen fielen auseinander. Es gab einmal unerwartbare Katastrophen, eine unbarmherzige, lebensfeindliche Natur, die Gewalt kosmischer Energien, Hunger und Sintflut.

Bevor wir zur bis heute geltenden okzidentalen Lösung für die damalige Weltbewältigung kommen, ein Blick auf Asien: Was war dessen Antwort auf das Chaos?

4 Die asiatisch-andere Weisheit

Der Orient ist die Sache direkt angegangen, ohne Umwege. Die Überzeugung: Ausflüchte funktionieren bei dieser Sache nicht und kosten nur unnötig Energie. Schmerz und Leid entschlossen, klar und unmissverständlich ins Zentrum der spirituellen Lehren zu stellen, ist die kulturelle Grundentscheidung dieser Region. Leiden gilt dort als universal, nicht nur in Ansehung des Menschen, sondern auch in Ansehung des Kosmos, des All-Einen. Die Erfahrung des Blinden, Dunklen, Chaotischen, Schmerzlichen der Natur ist ein unüberwindliches Datum, *Notwendigkeit,* um zu wachsen, zu höchstem Bewusstsein aufzuschließen zu können. Wir sind Teil der Natur, also leiden und sterben wir, Punkt.

Jedes Wesen kann seine eigene Tiefe kennenlernen, dies ist ohne Schmerz jedoch nicht möglich. Leiden ist menschlich, tierisch und kosmisch. Aller Schmerz kommt vom Sein, und auch für den Menschen führt kein anderer Weg zu einem glücklichen, zufriedenen Leben, als das Leiden zu *bestehen* – das ist der *job to be done*.

Dass diese Perspektive anfänglich auch dem okzidentalen Westen geläufig war, spiegelt sich noch in der Schöpfungsgeschichte des Alten Testaments: Gott macht durch die Schöpfung „aus dem Nichts" einen Teil seines Wesens leidend; später konkret in seinem Mensch gewordenen Sohn. Er unterwirft sich selbst dem Werden und Schmerz, damit die Kreatur möglich sei. Dies ist eine zum Osten durchaus ähnliche Idee: Durch Gottes Schöpfung breitet sich aus einem dunklen chaotischen Grunde zunächst durch die Natur, unverständlich und nichtsittlich, ein Prinzip zum eschatologisch entfalteten Gott aus, der eine eigene Zeit stiftet. *Selbst Gott muss da durch!* Er faltet die Natur aus, um sich in der Welt leidend aus der Nacht der Bewusstlosigkeit zur Helle zu ringen und im Menschen zu ruhen. Eine altindische Vorstellung nicht klärbarer Herkunft bezeichnet genau das:

Gott schläft im Stein
Träumt in der Pflanze
Atmet im Tier
Und erwacht im Menschen[9]

Diese Überzeugung ist die alte, gemeinsame Quelle. Hier lohnt es sich, etwas im Hinterkopf zu behalten: Das verfolgte Prinzip verläuft quer durch das Kontinuum zwischen Totem (Stein) und Lebendem (Mensch). Jedenfalls haben wir letztlich einen anderen Weg genommen; im Alten, mehr noch im Neuen Testament ebenfalls dokumentiert. Die Entscheidung lautet, das eigene Denken umzujustieren, und zwar mit Hilfe der Rätsel der Sphinx. Es scheint so, dass diese Rätsel den Grundstein jeder Kulturbildung legen: Was ist der Mensch? Erstmals am Beginn der Neuzeit hat Immanuel Kant diese Frage wieder aufgeworfen. Wir sind der Ansicht, dass wir sie heute wieder stellen müssen. *Was wir brauchen, ist eine nächste, dritte Inventur* – etwas Vergleichbares zu dem, was die alten Griechen erstmalig durchgeführt haben.

Sie fragten sich angesichts ihrer dunklen Geschichte, aber auch vieler neuer, verunsichernder Entwicklungen in ihrem Umfeld, wo sie aktuell stünden. Wo sie herkommen, was sie sind, wer sie sein wollen, und was jetzt zu tun ist. Wenn Weltbilder zerbrechen, ist das die beste Idee, die es bisher gab. Nutzen wir sie also erneut, nun auf heutigem Niveau.

Was haben wir selbst für eine Entscheidung getroffen? Was daran stellt sich inzwischen als problematisch heraus? Was hätten wir stattdessen machen können? Und sind wir heute in der Lage, das nachzuholen?

5 Okzidentale Grundentscheidung: Werten

Wenn der Schrecken überhand nimmt, muss etwas passieren, sonst löst sich Kultur auf, zerfällt von innen. Wie lassen sich Jahrtausende andauernde Traumata geistig bewältigen? Die Option, die wir gewählt haben, besteht in der Setzung und Festlegung eines ontologischen Wertgefälles: der Unterscheidung in ein Besser oder Schlechter, ein Wahr oder Unwahr, in Himmel oder Hölle, Gut oder Böse und so weiter. Ein Pol ist höherwertiger als der andere – mit Polen kennen wir uns aus. Die Welt ist in sich verschieden, nichts ist gleich, und dieses Unterscheiden wollen wir professionalisieren, ihm haben wir uns verschrieben. Wir möchten in diesem Lernprozess herausfinden, was die Welt im Innersten zusammenhält, wie, und am Ende auch, was dasjenige ist, der Teilbereich oder die Ebene, die es erlaubt, das große Ganze in den Blick zu nehmen *und dadurch im Griff zu behalten.* Soll heißen: Wir robben uns über diese Binarität immer näher an das Beste heran. Was ist für diesen Zweck am meisten wert? Was wäre das Optimale, Ideale, Perfekte? So etwa lautet das Programm.

Nun ist das insofern nicht einfach, als die Welt ein solches Wertgefälle von sich aus nicht zeigt. Beispielsweise lehnen die Asiaten (oder indigene Völker und Afrikaner) diese Grundidee ab – sie halten sie für fatal, für ein Verhängnis, einen Schritt in den Untergang. „Die Welt ist nicht in sich verschieden, im Gegenteil, wir sind alle eins.“ Wie haben wir also eine so kontroverse Entscheidung, eine Setzung aus dem Nichts heraus, akzeptabel zu machen?

Dieser Trick ist nicht leicht plausibel zu machen – und zwar nicht deshalb, weil er selbst kompliziert wäre. Er ist im Gegenteil kinderleicht und extrem simpel, aber: Er widerspricht unserer erlernten Logik diametral. Er erscheint verrückt. Genau das ist das Charakteristikum der Fragen der Sphinx. Es sind Rätsel, weil es darauf keine „wahre", rationale Antwort gibt. Antworten, die sie akzeptiert, müssen vielmehr *für Menschen* nachvollziehbar sein – dann ist sie in Maßen sogar tolerant. „Verkopften" Rationalisten hingegen beißt sie ihre Problemzone einfach ab. An dieser Stelle ist erneut wichtig, etwas in Erinnerung zu behalten: Kultur ist genau deswegen grenzenlos. Sofern sie nur dem Menschen gerecht wird, kann die Welt, die sie schafft, *jede vorstellbare Form annehmen*. In logozentrischer Tradition ist das ein Satz aus dem Tollhaus; dazu später mehr.

Was also haben wir erfunden – wir, die Okzidentalen? Der Trick lautet: Wir bilden das Wertgefälle, das wir in der Ordnung der Dinge suchen – etwa Wahrscheinliches, Segmentierbares, Kausallogisches, Technisches am Positivpol, Unwahrscheinliches, Unzusammenhängendes, Chaotisches, Biologisches am Negativpol – einfach auf unser eigenes Suchen ab. Wir finden das, was wir suchen, und suchen das, was wir finden. Dieses Manöver entspricht am ehesten einem Möbiusband (vgl. Abb. 2). Eine solche Schleife ist „nicht orientierbar", man kann also nicht zwischen unten und oben oder zwischen innen und außen unterscheiden. Auf Kognition übertragen: Man appliziert eine Denkungsart so wieder auf sich selbst, dass sie sich zwar im Gedachten selbst abbildet (man könnte meinen: spiegelt), trotzdem – wie es bei einer klassischen Spiegelung, einer einfachen Symmetriebildung der Fall wäre – *nicht* mit sich selbst identisch ist. Solche seltsamen, extrem komplexen, *un*logischen Formen sind für Menschen als Gedankenfiguren höchst bedeutsam, wenn auch wissenschaftlich bislang kaum erforscht.[10] Hier liegt keine einfache Symmetrieabbildung vor, sondern eine komplexe – eine Art gebogene Symmetrie, genannt Chiralität.[11]

Wir verwenden für solche Typen hochkomplexer Selbstverhältnisse den Sammelbegriff der Autologie. Autologische Prozesse bilden „etwas" in zumeist undurchschaubarer

Abb. 2: Möbiusband
Diese Schleife ist intrinsisch unendlich aufstufbar: zwar in sich geschlossen, aber unbegrenzt in ihrem Möglichkeitssinn, in Komplexitätsgrad und Gehalt, in Radius und Tiefe. (Quelle: Adobe)

Art auf sich selbst wieder ab, bezeichnen also eine Dimension der Logik. Diese Dimension unterliegt allem, was wir im Westen bislang als Logik bezeichnen. Bedeutet: Damit wechselt eine der untersten tektonischen Platten der okzidentalen Kultur ihr Gesicht und wird radikal fremd.

Dieses kreative Potpourri aus Willkür, Glaube und Nachweisbarem hat einen Haken: Seine subdimensionale Logik entspricht in keiner Weise unserer kulturell ausgeflaggten Logik. Es spiegelt vielmehr etwas ganz anderes, Fremdartiges wider. Es ist sogar in mehrfacher Hinsicht das *Gegenteil* dessen, was Aristoteles mit seinem mühevollen Axiom-Tiki-Taka, mit richtig versus falsch, gut versus böse und so weiter, ein für allemal ausschließen wollte und was unser geistiges Selbstverständnis fundiert. Denn Okzidentale denken – so lautet die Norm – erkenntnisorientiert: analytisch, unter Zuhilfenahme des sachorientierten Verstandes, in Teil-und-Ganzes-Verhältnissen, linear, kausal und zielorientiert kontrollierend. Soll heißen: Unsere Logik basiert auf etwas komplett Unlogischem, etwas Irrem.

Das ist das Komplizierte, nicht die autologische Inversion als solche. Der Trick selbst ist im Grunde banal: Wenn ich eine rote Brille aufsetze, ist die Welt eben rot, das ist nicht schwer zu verstehen – ganz egal, wodurch sich Rot im Detail ergeben mag. *Jede* Kultur hat eine solche Brille gebaut, doch der Grad der Verzerrung, die unsere Brille eicht, ist unvergleichlich. Und der weiteren Kulturbildung obliegt fortan die Aufgabe, unmittelbar nach und ab der Gründung diese magische Weltsetzung zu vertuschen. Das dafür auserwählte Instrument, der große Nebelwerfer der westlichen Welt, ist unser Verstand.

6 Erfindung des Hauptwerkzeugs

Zur allmählichen Verfertigung unseres wichtigsten Tools in den Anfängen seiner Nutzung (vor geistigen Turbulenzen haben wir gewarnt!) starteten die alten Griechen mit einfachen Mitteln. Am Anfang stand der Logos, dann folgte der νοῦς (nous), vom Verb νοεῖν (*noeín*, denken). Lateinisch ging es weiter mit intellectus, mens, ratio, ingenium, bis zum auseinandernehmenden Verstand und schließlich zur in der Moderne nochmals hochgerüsteten, inzwischen auch neurowissenschaftlich zusatzqualifizierten Vernunft. Der zergliedernde Verstand arbeitet ihr vor, steht aber unter ihr. Sie bezeichnet den Höchstanspruch des menschlichen Erkenntnisvermögens, das zentrale Mittel unserer geistigen Reflexion. Auf diese langwierige und mühevolle Anstrengung sind wir Westler mit Grund stolz. Sie hat uns eine technologische Zivilisation, die uns in Sachen Vorankommen – in unserem Verständnis davon – zur bislang führenden Kultur auf diesem Planeten gemacht hat. Awesome.

Die Vernunft als Werkzeug ist in sich so formatiert, dass es die ontologischen Wertgefälle zwischen den Dingen der Welt konstruiert, dann analysieren und für unseren sicherheitssuchenden Geist fruchtbar machen kann. Sie ist Mittel der Wahl und Kern unserer Autologie. Durch sie ist der Beobachter das Beobachtete, steckt sozusagen im Phänomen „mit drin". In der Bias-Forschung rangiert solcher Vernunftgebrauch unter dem Label „Confirmation Bias". Die okzidentale Kultur begeht den Bestätigungsfehler. Man sieht nur, was man sieht beziehungsweise kennt – und dies nicht nur ständig, kriecht diesem Bias sozusagen permanent auf den Leim, was jede andere Kultur genauso macht, sondern *feiert und adelt ihn*. Der Westen hat dies zum heiligen Prinzip erkoren und evoluiert es immer weiter fort, strategisch, methodisch, systematisch – und zwar unbewusst, das heißt unkontrolliert. Die ursprüngliche kulturelle *Entscheidung*, die zu dieser Präferenz geführt hat, lautet: *unseren Leid verursachenden Bios abzustoßen;* also die Aspekte, die Asien gerade ins Zentrum stellt. Sie sind kulturell weggearbeitet, im anthropologischen Sinne vergessen.

Was genau ist das für eine Entscheidung? Eine Bewertung von Zeit. Für Denken, Reflektieren, Reden und Handeln gibt es mehrere Möglichkeiten, wie wir mit dem umgehen wollen, was wir *nicht mehr* denken, reflektieren, bereden und behandeln. Mit anderen Worten: Im Grunde jeder Kultur liegt eine Entscheidung darüber, wie sie mit Zeit umgeht; mit dem Vergessen sowie der unheilbaren Wunde, der unstillbaren Angst vor dem Tod. Was ist Zeit? Sphinx-gerecht umformuliert: Was bedeutet euch Vergänglichkeit? Oder auch: Wie geht ihr um mit Geschichte? Wir *erinnern* uns schließlich immer wieder daran beziehungsweise werden erinnert, dass der Mensch stirbt.

Die Sphinx ist der Auffassung, dass beides unmittelbar miteinander zusammenhängt, Sterben und Erinnern, Vergänglichkeit und reifes Bewusstsein. Welche Möglichkeit wir bei der Beantwortung dieser weltenbegründenden beziehungsweise kulturbegründenden Frage bevorzugen, dazu weist uns niemand an. Es handelt sich dabei um eine unentscheidbare Frage, die entschieden werden *muss*. Kulturen tun das aus freien Stücken, *aber sie kommen nicht umhin, es zu tun*; eine Schleife. Wir stecken in dieser Verpflichtung fest, können sie aber autonom gestalten – kein Paradox! Also: Welche Möglichkeiten haben wir?

1. Eine Option ist die biologisch-natürliche: Wir vergessen etwas, kümmern uns nicht mehr um das, was gestern war. Diese Variante kann man kulturell triggern, zum Beispiel dadurch, dass man Tod und Leben strikt trennt, mit Tabus arbeitet, Zwei-Welten-Theorien produziert, Diesseits und Jenseits gegeneinander ausspielt. Damit kann man *im* Leben den Tod abblenden; eine Technik, von der wir intensiv Gebrauch machen; Amerikaner noch

mehr als Europäer. Während andere Kulturen, etwa die alten Ägypter, Lebende und Tote gerade miteinander ins Gespräch bringen, separieren wir beide, religiös gedeckt („Lass die Toten ihre Toten begraben; gehe du aber hin und verkündige das Reich Gottes“, Lukas 9:60). Die Diffusion beider Sphären – anlässlich von Trauer, Unfall, Unheil – ist gestattet, doch sozial denormalisiert.

2. Eine andere, sozusagen vermittelnde Form sind Ritualisierungen, Zeremonien, wiederkehrende Feiern wie Weihnachten oder Hochzeitstage, aber auch Karneval oder Maifeiern. Wir bauen Erinnerung in kulturell-symbolische Praktiken ein, was langfristig in einer Kultur, die Vergangenes *ablegt*, dazu führt, dass wir allmählich vergessen, wofür die Praktik einmal stand.
3. Für uns zentral ist eine weitere Möglichkeit, genuin unsere, denn wir haben sie erfunden. Hier kommt unsere Entscheidung zum Tragen, dass die Dinge auf der Welt einen unterschiedlichen ontologischen Wert haben. Der ist jedoch nicht festgelegt, also legen wir ihn selbst fest: Wir deuten unser Sein in der Zeit, das Vorher und Nachher so, dass wir Zeit- und Sachlogik kontaminieren. Wir verschränken beide und schließen sie kurz. Wir können freihändig *bestimmen,* dass das, was früher war, weniger wert ist als das, was danach kommt. Wir können *bestimmen*, dass das, von dem wir nicht wissen, woher es kommt, minderwertiger ist als das, von dem wir wissen, woher es kommt (Kausalität). Wir können *bestimmen*, dass das, was „bloß subjektiv“ ist; also nur Möglichkeit, ausgedacht, vage, Delirium, ein ungewisses Vielleicht; nicht annähernd heranreicht an das, was wir belegen und messen können, was wahr ist, Wirklichkeit, noch dazu präzise. Fiktiv ist schlechter als real. Unsere Wissenschaften laufen nicht über den Möglichkeitssinn, sondern über den Wirklichkeitssinn. Wer Visionen hat, möge zum Arzt gehen, und so weiter. In solchen ontologischen Fundamentalbewertungen sind wir zu Hause, hier findet der okzidentale Kürlauf statt.

Warum ist der jeweils zweite Teil dieser seltsamen Vergleiche besser? Weil er eine Lernkurve unserer Vernunft repräsentiert! Die Rationalität hat etwas durchdrungen. Wir haben etwas verstanden: *das wir in seinem So-Ssein allerdings vorher selbst festgelegt hatten,* aber das ist abgedunkelt. Analytisch in dieser Weise Verarbeitetes ist „besser“ als analytisch Unverarbeitetes. Ersteres ist rational, Letzteres irrational. Und: Unser Denkwunder zahlt auch noch ein auf ein Weiter, generiert also den Fortschrittsimpuls gleich mit! Wer bietet mehr?

Dieses bizarre, irgendwie auch grandiose kulturelle Spektakel des Westens ist logisch und unlogisch zugleich, aber nicht paradox – denn Logik kann sehr Verschiedenes meinen, ganz unterschiedliche Ebenen umfassen. Wir kennen bisher nur zwei (Pole), kodieren unbeeindruckt binär, immer weiter, das macht vieles Heutige so schwierig und kontra-intuitiv. Solche extrem verwickelten Verhältnisse, die wir selbst nicht mehr durchschauen, weil die Kulturleistung, die sie hervorgebracht hat, unsichtbar gemacht wurde, nennen wir komplex. Ein Buzzword unserer Zeit, das wir nötig haben, denn solche Verhältnisse fallen uns immer häufiger auf.

Lernkurve 21: Offensichtlich ist unsere Logik nur eine von – wie vielen? Unendlich vielen bereits existenten? Unendlich vielen existenten, aber uns noch unbekannten? Unendlich vielen erst zu realisierenden: das heißt unvorstellbaren, weil von uns womöglich unbegrenzt ausdenkbaren? Das wissen wir noch nicht. Fakt ist, dass wir am Anfang stehen von Konzepten aus Mathematik und formaler Logik zu sogenannten „mehrwertigen“ Logiken. Was wir vorerst einzig gesichert festhalten können: Die Vernunft erkennt Vernünftiges nur an, wenn sie es selbst operationalisiert hat; sie hatte es sozusagen unter ihren Fittichen – das reicht. So funktioniert okzidentale Autologie. *Weil* wir qua rationalem Denken etwas durchgearbeitet haben, hat das Ergebnis den Status Vernunft verdient. Wir schließen also das Werkzeug mit der Sache kurz, das ist des okzidentalen Pudels Kern.

Da wir anfangs unentscheidbare Fragen entschieden haben, ist es jedoch „logisch“ und war letztlich nur eine Frage der Zeit, bis uns auffiel, dass eine „Mehrwertigkeit“ von Wahrheit oder Logik völlig normal, ja zwingend ist. Die getroffene Entscheidung ist schließlich eine willkürliche Setzung, kontingent. Hier *kann* gar nichts ein für alle Mal feststehen: Man hätte anfangs auch anders entscheiden können! Die Antwort muss bloß passen, und zwar zu uns. Sie muss menschengemäß sein, gattungsgemäß und in Homo sapiens sapiens-Kulturen funktionieren. Wie bei der Sphinx, gibt es hier zwar ein organisches Fundament, aber sachlogisch nicht die eine Wahrheit. Was es indes gibt, ist ein Problem. Und wenn man genauer hinschaut, gleich eine ganze Kaskade davon.

7 Problem No. 1: Die Magie der Vernunft

Was wir fortlaufend ablegen, weil wir qua Vernunftgebrauch über es hinaus gelangen, ist minderwertig. Und da sich dieser ganze Prozess aufschaukelt und beschleunigt, legen wir nicht nur immer schneller Dinge ab, fordern Neues, wollen weiter, sondern belegen die alten Dinge auch noch mit Scham oder Abscheu, suchen Distanz: Von Blutorgien, Gewaltexzessen und Zeremonien sogenannter Primitiver über mittelalterlichen „Aberglauben" bis hin zu dem, was der Philosoph Günther Anders bereits in den 1950er Jahren die „prometheische Scham" nannte.[12] Wir schämen uns vor den Fähigkeiten einer Technik, die uns selbst zu überragen droht (Beispiel: Dystopie einer starken künstlichen Intelligenz).

In unseren Tagen kippt etwas. In der gegenwärtigen, vorerst letzten Episode des westlichen Menschen bricht das okzidentale Konzept: Wir fangen an, mittels von der Vernunft ersonnener Artefakte – technisch – gegen uns selbst zu arbeiten und merken das sowohl ökologisch als auch geistig; und zwar daran, dass wir Angst bekommen vor unseren eigenen rationalen Werken. *Deswegen* erleben wir diese Flut negativer Zukunftsbilder. Mit Blick auf die westliche Technologieentwicklung gilt: Dystopien sind *logisch*. Die KI-Debatte ist das bislang prägnanteste Beispiel dafür: Wir treten innerlich zurück vor einer Maschine, die größer zu werden droht, als wir selbst sind.[13]

Was genau passiert? Es scheint so, dass unsere kreative Erfindung dessen, was wir Vernunft nennen, aus sich her-

Abb. 3: Francisco de Goya, Der Schlaf der Vernunft gebiert Ungeheuer, Capricho Nr. 43, Radierung Madrid (Public domain via Wikimedia Commons. https://commons.wikimedia.org/wiki/File:Ydioma_universal.jpg)

aus Bedeutungs- und Wertebenen erschafft, die nicht vorgesehen waren; Nebenprodukte, die wir gar nicht wollten. Ihr verdeckter fiktiv-kreativer, imaginärer Kern wird *mit* produktiv – und zwar unkontrolliert. Aus Sicht von Menschen, die vergessen haben, was sie anfangs gemacht haben, geschieht etwas Magisches: Vernunft gebiert Resultate, die gar nicht ihrer – scheinbar doch strikt rational-logischen – Wurzel entsprechen! Zum einen, weil das Fundament unserer Vernunft nicht rein rational und logisch ist, sondern auch reine Willkür. Und zum anderen, weil sich ihre Mechanik aufgrund der Autologie, über die sie läuft – nämlich die eigenen Resultate immer weiter zu rationalisieren, denn Rationalität ist ja logisch –, ständig verändert und beschleunigt. Wir werden später auf diese Seltsamkeit zurückkommen: Teile werden wichtiger als „ihr" Ganzes. Vernunft kann den tiefsten Abgrund an Unvernunft gebären: Dieser Gedanke ist gemäß unserer, von Aristoteles zementierten, zweiwertigen Logik undenkbar. (Francisco de Goya hat das gemalt, vgl. Abb. 3. Wir schließen uns der Deutung des Politologen

Wilhelm Hennis an, der mit Blick auf das Gesamtwerk des Malers der Überzeugung war, es handle sich bei dieser berühmte Grafik um die Aussage „Der Traum einer universellen, projekteschmiedenden Vernunft gebiert Ungeheuer".[14])

Der Mechanismus entwickelt sich also zu etwas anderem. Das ist trotzdem logisch, denn er unterliegt der Zeit und wirkt auch über die Zeit. Vernunft ist *Menschenwerk.* Dadurch, dass immer schneller und immer mehr als minderwertig abgelegt wird, verändert sich fortwährend der Kernbestand dessen, was jetzt als vernünftig gilt, und erst recht, was morgen als vernünftig gelten wird. Die Vernunft selbst ist in jedem Augenblick eine andere, nächste – zeitlich logisch! Bloß, dass sie Zeit nicht „kann", sie sachlogisch überformt, sie „nichtet". Das, was Zeit macht, was sie ausmacht: die kosmische Bedingungsdimension von Organik, Leben und Leiden, wird von der Vernunft *in sachlich fixierbare Gewissheit transformiert.* Und dafür haben wir sie schließlich erfunden! Damit ist Zeit aus den Vernunftergebnissen getilgt. Der Name dafür: Wahrheit. Die ist immer unumstößlich, zeitlos. Übersetzt für den Teil, der abgespalten wurde: tot.

Unsere Vernunft wirkt über die Zeit auf sich selbst wie ein Katapult, das die eigene Funktion und Leistung immer höher und weiter schleudert und sich dadurch in Reichweite, Strenge und Anspruch potenziert. Und zwar nicht nur in Welten, in denen noch nie zuvor ein Mensch gewesen ist, sondern womöglich auch in solche, in denen es Menschen gar nicht mehr geben kann, *weil das Biologische zurückgebaut wird.* Sie potenziert immer intensiver, stärker, häufiger und mehr Monströses, Unvernünftiges, Furchterregendes mit: das, was unter der Titanschicht eingegrabener, weggesperrter Zeit dräut. Dieser Horror bezieht sich natürlicherweise auf alles Zeitliche: Lebewesen, Organisches, mit der Welt Verwobenes, das atmet, verdaut, stirbt und wieder zu Erde wird. Das ist gelöscht. Diesen Effekt hatten wir nicht bedacht – *denn er entfaltet sich erst mit der Zeit.* Die destruktiven Potenziale unseres Logos konnten wir zu Beginn tatsächlich nicht sehen.

In dieser Blindstelle lauert ein für Menschen katastrophisches Moment; die versehrte Natur zeigt es an. Der eigentliche Name von Homo sapiens sapiens lautet Homo stultus: „Bewusstseinsbiologisch“ ist er ein Kretin. Die Sache mit der Biologie lässt sich indes heilen, und zwar auf zweierlei Weise: Man überarbeitet entweder die Vernunft oder schafft den Bios ab. Die Speerspitze moderner Menschen hat sich längst entschieden und entwirft den pazifisch „transzendenten Menschen“[15] neu. Der denkt gar nicht daran, Geistigkeit als Unterwerfungsritual unter eine natürliche, offenkundig suboptimale Wirklichkeit des Leidens zu akzeptieren – dagegen steht seine neue Transzendenz auf. Und erst hier, am späten Punkt dieser Geschichte, wird auch die Ökologiefrage wirklich verständlich: ihr Stocken, die Sackgasse, in der wir uns befinden. *Eine grüne, natürliche Erde ist für den Menschen, der in der neuen Welt in Fernwest im Entstehen ist, nicht mehr erforderlich.* Das war sie zwar bisher, für die Beta-Version von uns, aber sie wird es für den Homo deus der exklusiven kalifornischen Techno-Line nicht mehr sein. Die räumliche Option des Planeten Erde war doch nur der Anfang! (Klimawandel? Kein Grund zur Panik, Greta. Du verstehst das bloß noch nicht, aber du bist ja auch Europäerin.)

Europa arbeitet geistig auf Hochtouren daran, das glauben zu können. Freilich: Das Räderwerk kreischt, die Reibung ist hoch, der Apparat blockiert. Aber sonst haben wir bisher nichts.

8 Problem No. 2: Der Körper

Das Ereignis der Achsenzeit, das auf okzidentaler Seite die Vernunft hervorgebracht hat, verstehen wir in unserer Erzählung als geistig-spirituelle Kastration: Seit Beginn unseres Kulturwerkes versuchen wir, denjenigen physisch-psychischen Lebensbereich des Menschen abzuspalten, der körperlich-seelischen Schmerz und Leid verursacht. Asien will lernen, diese Grundbedingung organischen Lebens zu „meistern“, für uns soll sie einfach nur weg. Unsere amerikanischen Freunde sind hier noch ehrgeiziger: Sie wollen sie grundsätzlich eliminieren. Ist dieser Bereich losgelöst, gibt es keinen Schmerz mehr: Das ist die *Verheißung*. Ein sozialer Zustand, der das dauerhaft prozessiert, ist *Erlösung*, und der real-irdische Endzustand das *Paradies*. Das Profil derjenigen Diesseits-Tech-Spiritualität entsteht gerade am Pazifik.

Was genauer mit unserer Erfindung des Logos, wie wir die europäische Vernunfttradition im Folgenden zusammenfassend bezeichnen, in die Welt kommt, ist der kulturbegründende Versuch einer Entkörperlichung des Menschen. Rotten wir das Leid aus, hat sich auch unser Bios im Wesentlichen erledigt. Die USA sind darin nur deutlich forscher als wir. Ursprung und Motiv sind Schmerz: eine zum frühzivilisatorischen Zeitpunkt bereits seit Ewigkeiten andauernde Erfahrung von Qual, Fron, Gewalt und Leid. Die verliert sich seit Menschengedenken in einer nicht mehr rekonstruierbaren Frühe; zumindest in den Jahrtausenden unmittelbar vor der Gründung des okzidentalen Weltbildes. Der Logos ist unsere Antwort auf dieses Leid. Jeder substanzielle spirituelle Neuanfang hat hier seinen Anker zu werfen: unsere seelische Überdeterminierung von Schmerz und Leid, wie wir sie seit 2.500 Jahren aus nackter Angst prozessieren, in eine weltlich-realistische, gesunde Balance zu bringen; Leid und Glück wieder natürlich auszutarieren.

Kleines Problem: Im christlichen Westen gibt es Glück hier unten gar nicht! Das sitzt „oben". Weltlich ist nur sein Gegenteil zu haben. Der englische Begriff für Schmerz, *pain*, stammt etymologisch von *poena* ab, Strafe – ein Hinweis, ein geistiger Sprung in die äußere Welt, von der man sich vorstellen kann, dass sie eine Verletzung oder ein Defizit verursacht. Soll heißen: Wenn seelisches Heil hier nicht sein kann und weltlich das Leid regiert, sitzen wir spirituell ganz schön in der Patsche.

Vielleicht erhellen sich bei der Leserin allmählich die extrem verwickelten, mitunter magisch anmutenden Grundregeln dieses undurchsichtigen Spiels; und auch, warum der Gedanke dezidiert säkularer Rückbindung, eines tiefen Diesseits, in unseren Tagen brisant wird. Warum ist es so schwer, aus diesem Spiel auszusteigen? Ganz einfach: weil sich Rationalität und Objektivität, die Kernkompetenzen unseres Hauptwerkzeugs, nicht widerlegen lassen. *Die Vernunft ist auf vernünftigem Wege nicht demontierbar.* Mit herkömmlicher Wissenschaft beispielsweise ist hier nichts auszurichten. Vielleicht „hilft“ eine ökologische Katastrophe, aber auch das ist nicht ausgemacht. Diese könnten wir technisch eindämmen und ansonsten weitermachen wie bisher; das ist aktuell das wahrscheinlichere Szenario.

Aber: Das Rettende wächst auch! Wissenschaft besteht nicht mehr nur aus alten Zöpfen, sondern auch aus brandneuen Gewerken. Auf der Klaviatur nichtkanonischer Disziplinen lässt sich manche Neukomposition wagen; etwa ein Kabinettstückchen über humane Somatik, das die Körper-Seele-Kodierung pulverisiert. Das würde uns sehr helfen. Beispiel: Das Forschungsgebiet der Epigenetik ist noch jung. Die epigenetischen Veränderungen, die durch Extremerfahrungen belegbar sind, bezeichnen keine Sequenzänderung der Buchstaben der DNA – die hier beforschte Kausalität ist nichtlinear und hochkomplex –, sondern es geht um chemische Veränderungen, die beeinflussen, *in welche Richtung die DNA letztlich übersetzt wird.* Durch diesen Prozess entstehen die Proteine in unserem Körper, auch im Gehirn. Proteine sind zentrale Funktionseinheiten; sie bestimmen zum Beispiel, welche Nervenzellen aktiv sind, welche nicht und in welchem Maße, und das beeinflusst schließlich unser Verhalten.

Diese sogenannte „epigenetische Signatur“ wird an folgende Generationen weitergegeben. Über Fragen von Intensität, Ausmaß, Reichweite und Ähnliches können wir noch keine Aussagen treffen. Bei Forschungen über posttraumatische Belastungsstörungen, etwa von Kriegsheimkehrern, können diese Merkmale bis zur dritten Generation nachverfolgt werden. Wie epigenetische Veränderungen genau vererbt werden, ist allerdings unbekannt. In jedem Fall ist dieser Modus multifaktoriell: Wenn beispielsweise eine Mutter großem Stress ausgesetzt ist oder die epigenetische Signatur von ihren Eltern geerbt hat, verändert das auch die Art und Weise, wie sie mit ihren Kindern *umgeht*; folglich gibt es hier einen mehrdimensionalen Zusammenhang von Genetik und Umwelt.

Jedenfalls können wir inzwischen als nahezu gesichert annehmen, dass unser psychischer und habitueller Umgang mit Schmerz und Leid *somatisch inkorporiert ist.* Traumatische Erlebnisse verändern unsere Erbsubstanz.[16] Welche

Effekte ein Jahrtausende andauerndes kollektives Trauma (oder ein langjähriger Krieg) in unserem Erbgut und Geist angerichtet hat, wissen wir hingegen nicht. Und es interessiert uns auch nicht. Im Gegensatz zum Orient haben wir die Unvermeidbarkeit von Schmerz, seine quasi ontische Relevanz, nie akzeptiert. Schmerz ist für den Okzident spirituell kein anthropologischer Grundbestand. Er definiert die Conditio humana nur im weltlichen Vorstadium, in der vorläufigen Beta-Version des humanen Seins, aber nicht vollumfänglich. Das ist nicht Mensch, das kann weg – die logische Vorbedingung dafür, im Westen überhaupt auf die Idee kommen zu können, den Bios technisch zu überformen. (Übrigens: *Deshalb* sind Sphinx und Kollegen ausgestorben. Sie haben vor dieser Kulisse kapituliert.)

9 Problem No. 3: Beziehungen

In der europäischen Ideengeschichte hat es immer wieder Anstrengungen gegeben, diesen gesamten Komplex des „Wegarbeitens“ in den Fokus zu rücken. Eine der herausragendsten stammt aus dem Bereich der Wirtschaftstheorie: die Kapitalismuskritik von Marx und Engels. Beide haben die autologischen Mechanismen unserer Kultur durchschaut – und sind dagegen Amok gelaufen. Ihr Credo: Wir müssen uns dringend mit den Dingen und der Welt befassen, wie wir Welt „herstellen“! Denn wir machen nicht nur Artefakte, sondern die Artefakte machen auch uns! In einer berühmten Formulierung des Philosophen Walter Benjamin: „Die Dinge blicken zurück.“ Zwischen uns und der Welt herrscht Wechselseitigkeit auf tiefster Ebene, nämlich auf der *unsere Biologie begründenden*; aber das können wir eben nicht sehen. Marx interessierte sich speziell für die Vergesellschaftung dieses Zusammenhangs, denn die Art unseres Wirtschaftens zerstöre diesen. Und das wiederum erzeugt nicht nur eine unmenschliche Wirtschaft, sondern eine Art Anti-Gesellschaft: Wir kontaminieren unser einigendes Band.

Genauer: Die Körper der Menschen „machen“ materielle Objekte. Daraus werden Waren, daraus Geld und daraus Kapital. In einer kulturell gerahmten Wirtschaftsform, die die menschliche Körperlichkeit als Problem betrachtet, liegt der Zweck des Ganzen darin, Versorgung und damit körperliche Sicherheit zu gewinnen und über die aufeinanderfolgenden Formen hinweg das erste Ergebnis beständig zu verbessern, zu multiplizieren. Jeder zivilisatorische Akt ist eine Überschreitung des Körpers, die im Einklang steht mit seinen Bedürfnissen: Mauern bauen, um Schutz zu erhalten; domestizieren, um zu ernähren; einen Stuhl bauen, um vom Körpergewicht zu entlasten; fantasieren und komponieren, um von Angst zu befreien oder Freude zu steigern. Wir bewältigen Schmerz, indem wir ihn bearbeitend reduzieren, meistens mit Hilfe von Artefakten. Das macht die Wirtschaft: Sie „befriedigt Bedürfnisse", indem sie immer neue Produkte anbietet.

Aber: Mit jeder neuen Phase zieht sich die Linie des Ursprungsbezugs immer weiter von der menschlichen Quelle zurück – bis die Kluft zwischen Artefakt und Schöpfer so groß ist, dass sie weder real noch durch einen Wahrnehmungsakt überbrückt werden kann. Das Kapital auf dem Konto des global tätigen Konzerns im Steuerparadies ist in seiner Quelle bei den chinesischen Wanderarbeitern oder den Näherinnen in Bangladesch nicht mehr erkennbar. Die Wechselseitigkeit ist unterbrochen. Diese Verschiebung in der Struktur des menschlichen Schöpfungsprozesses ist für Marx eine Verwerfung innerhalb der menschlichen Gattung; Indiz dafür, dass die ursprüngliche Beziehung zwischen Empfindung und Selbsterweiterung – zwischen Schmerzempfindung, die ein Bedürfnis und dann eine kreative Schöpfung zur Folge hat: einen Stuhl zum Sitzen, Kleidung als Körperschutz – zerstört wurde.

Diese ursprüngliche Beziehung ist jedoch Grundidee und Motiv nicht nur für Arbeit, sondern auch für Zusammenhalt, für Gemeinschaft, für soziale Beziehungen generell. Was Marx bereits zu seiner Zeit beobachtete: Das kapitalistische System zerstört Beziehungen. Und: Für mehr Menschen *erzeugt* Arbeit und Produktion Leid, als sie für nur wenige Schmerz und Leid *mindert*. Die Bilanz ist negativ und damit sinnlos. Menschen wollen in Beziehung sein, und diesem Bedürfnis möchten sie am liebsten auf der ganzen Welt Resonanz verschaffen. Sinn macht für uns, Empfindung im gesamten Netzwerk der Welt zu verbreiten und dadurch Vereinzelung, Privatheit, Atomismus, Probleme der Empfindung, Schmerz und Leid zu bewältigen. Weltlich ist das das Einzige, was wir haben.

Menschen empfinden eine schier unstillbare Gier auf die Innerlichkeit der Welt, schwerpunktmäßig anderer Wesen und insbesondere unserer eigenen Gattung. Man kann das als Empathie herunterpsychologisieren, aber es ist mehr als ein kognitives Merkmal. Filme, Soap-Operas, Fernsehreportagen, Blogs, Webcam-Aufnahmen, Klatschkolumnen, Zeitschriften – wir lechzen danach, in die Köpfe anderer Menschen hineinzukommen, die Welt von der Innenseite ihrer Schädel aus zu betrachten, die Erfahrungen anderer zu verschlingen. Womöglich ist das Motiv ganz einfach: Säugetiere kommen aus Säugetieren. Tiere kommen aus Tieren. „Menschen kommen aus Menschen."[17] Wir *sind* die anderen. Die afrikanische Spiritualität hat das vielleicht am besten verstanden. Des Menschen Glück auf Erden ist es, in Beziehung zu sein.

„Gesetzt, wir hätten als Menschen produziert: ..." – diese berühmte Formel aus den Pariser Heften von Marx ist Aufschrei gegen die drohende Sinnlosigkeit und Bedeutungslosigkeit kapitalistischer Arbeitsverhältnisse, Mahnung *und Rückbindung*: re-ligio an den menschlichen Bios. Sie dockt an etwas an, das wir irgendwann abgeschnitten haben. Vielleicht hat das eine Zeit lang sogar funktioniert – doch bereits mit Blick auf das 19. Jahrhundert warnen Marx und Engels: Das System schwankt.

10 Neue Wissenschaft: Undenkbares vermessen

Die Spuren der Verwüstung, mit denen unser Logos den gesamten Erdball überzieht, sind von Anfang an *das* Megathema der Moderne. Die zunehmend bedrohliche Situation hat aber auch ein Gutes: Je präziser wir unsere gegenüber uns selbst verheimlichte Kulturpathologie konturieren, umso klarer wird, was fehlt.

Für dieses Defizit, quasi den Elefanten im Raum, haben wir in unserer Geschichte bis hierher die Vernunft in Haftung genommen: Was fehle, sei ein Verständnis des Rationalen eingedenk unserer organischen Existenz. Zur wissenschaftlichen

Frage des 21. Jahrhunderts könnte damit werden: Was genau *ist* die Basis von organischer Existenz, Bios und Leben? Hier müssen wir erneut einen Schritt in unvermessenes Gelände wagen, eine Definition von Leben haben wir nämlich noch nicht – zum Ärger der Informatikerinnen. In der Kybernetik kursiert seit Jahrzehnten der nur halb ironisch gemeinte Spruch: „Gib mir eine operationalisierbare Definition von Leben und ich baue es dir." Dabei verfügen wir durchaus über Modelle und Vorstellungen von Leben, bloß „stimmen" sie nicht, logischerweise: Unsere wissenschaftlichen Erkenntnisse sind Produkte der Vernunft, und in diese sind Fiktion und Glaube eingekapselt, der Bios erscheint verdreht und verkürzt. Wenn man anfängt, empirisch nachzumessen, erlebt man mitunter sein blaues Wunder.

Zahlreiche versteckte Annahmen, die sowohl unsere Vernunft als auch unsere Intuition prägen, sind inzwischen zumindest teilweise empirisch widerlegt. Sie werden zwar, wie das sprichwörtliche tote Pferd, immer weiter geritten, aber der Galopp geht allmählich in Trab über. Beispiele:

- Materie sei der Grundbaustein allen Seins. – Vielleicht. Das ist nicht ausgemacht. Einige behaupten, das sei Energie (Hoheitsforschungsgebiet der Quantenphysik), und Materie lediglich eine Manifestationsform von Energie. Aber es gibt alternative Deutungen – und womöglich konvergieren diese irgendwann, sind nur unterschiedliche Beschreibungen für gleiche Phänomene. Die Unterscheidung zwischen Materie und Energie ist unklar, vergleichbar mit dem Welle-Teilchen-Dualismus: Licht kann als Teilchen und als Wellen beschrieben werden. Eine aktuelle Deutungsalternative: Die Kernteilchen der Protonen und Neutronen erhalten ihre Eigenschaften durch komplizierte Wechselwirkungen ihrer Bausteine, der Quarks und Gluonen. Physiker verstehen nur zum Teil, was dabei vor sich geht. Beim Versuch, immer näher hinzuschauen, entstehen umso mehr Gluonen, je größer die Energie der Untersuchung wird. Einige Theoretiker vermuten am Ende der Kettenreaktion einen neuen, unbekannten Zustand – einen *Materie*zustand?
- Das Ganze bestehe aus Teilen, die es ausmachen. – Nicht unbedingt. In quantenmechanischen Experimenten lässt

sich ein Objekt in Teilobjekte zerlegen, *besteht aber nicht aus ihnen.* Noch dazu lässt es verschiedene, begrifflich eigentlich unteilbare Teilungen zu. Solche Objekte sind ein Ganzes, das nicht „zerstückelbar" ist. Uns kommt es nur so vor, weil bei der Zerlegung in Teile das Objekt seine Ganzheit verliert. Das bedeutet aber nicht, dass das Objekt seine Teile „ist"! Ein Atom etwa „ist" kein System aus Kern und Elektronen, sondern man findet schlicht nur Kern und Elektronen, wenn man das Atom zerstört. Was es „wirklich" ist, wissen wir nicht. Übertragen: Womöglich „ist" die Welt also nicht die Vielheit ihrer Objekte, sondern sie zerfällt nur in diese Vielheit – für menschliche Beobachter.

- Das Ganze sei grundsätzlich mehr, größer oder wertiger als seine Teile. – Nicht unbedingt. Es gibt das Phänomen des „mereologischen Dominantenwechsels" (Ontologie, Logik, Mathematik), bei dem die Teile größer und wichtiger werden als ihr Ganzes. (Wir haben dieses Phänomen in Kapitel 7 bereits am Prozessieren von Vernunft in der Zeit gestreift.)
- Die Ursachen von Ereignissen lägen in den Bausteinen; die Ursachen makroskopischer Objekte in ihren Einzelelementen. – Nicht unbedingt. Handlungen und Willensakte sind offenbar mehr als Effekte atomarer Zustände. Die makroskopischen Zustände eines physikalischen Systems, etwa sein psychologischer Zustand, können seine Zukunft manchmal besser vorhersagen, als eine noch so detaillierte Beschreibung dessen materiell-atomaren Fundaments es je könnte. Das Phänomen wird als „emergente Kausalität" bezeichnet.[18] Dass eine Folge nicht auf eine Ursache, sondern auf den Zufall oder eine Art Evokation zurückgeht, ist in unserer Logik nicht abbildbar. Auch hier scheint es um bislang unbekannte Formen von Wirkungsenergie zu gehen.
- Wahrheit und Beweisbarkeit seien zwei Seiten einer Medaille. Sie treten immer zusammen auf, weil sie sich gegenseitig bedingen. – Nicht unbedingt. In einigen Fällen mathematischer Kausalität bedingen sich Wahrheit und *Un*beweisbarkeit. Dabei liegt Letztere an einer selbstbezüglichen Bedeutung. (Wenn X beweisbar wäre, würde

seine schleifenartig strukturierte Bedeutung sich umwenden und es unbeweisbar machen, und dann wäre die experimentelle Beobachtung Y nicht widerspruchsfrei, was sie aber ist, wie empirisch belegt.) Der Mathematiker Kurt Gödel war Spezialist für solche Fälle. Seine These: Jedes konsistente und kohärente System von Axiomen ist unvollständig, und obwohl es wahr sein kann, hängt seine Wahrheit doch von etwas außerhalb dieses Systems ab.

Und so weiter. Die Liste solcher Exempel der „Neuwissenschaften 21" ist inzwischen beachtlich. Befunde dieser Art laufen auf den vorerst nur in sehr groben Linien konturierbaren Weltbildbruch, den wir hier spirituell vermessen, aus unterschiedlichen disziplinären Richtungen bestätigend zu. Dabei häufen sich die Belege, dass *eine unklare Form von Energie,* die einen engen Zusammenhang mit menschlich-geistiger Energie aufweist, *den Weltzustand beeinflusst;* und dass unser bisheriges Verständnis von Kausalität offenbar einer vereinfachten Wissenschaft entspringt. Damit verlassen Jahrtausende alte Intuitionen aus Mystik, Kabbala, Gnosis, Alchimie und Esoterik die unwissenschaftliche Schmuddelecke und entern empirisches Gelände.

Dass Europa zu dieser Sensation – beziehungsweise zu den zahlreichen Sensatiönchen, die gefühlt im Wochentakt auf wissenschaftlichen Schreibtischen landen – beharrlich schweigt, ist schwer zu fassen. Über den geistigen Zustand des Kontinents sagt das mehr aus als jede Statistik über Forschungsbudgets oder Patente; in anderen Weltregionen erzeugt die Situation Innovationsmanie. In jedem Fall ist der Übertrag dieser Erkenntnisse auf die menschliche Lebenswelt, ein substanzielles Denken des anderen, für Europa schwer: Wir müssen uns dazu außerhalb der Norm stellen, unsere Welt mit anderen Augen sehen, unsere Vernunft austricksen, sie überbieten. Der entsprechende „Anbau" wird uns noch beschäftigen. Was wir dafür zuallererst brauchen, ist ein anderes Selbstverhältnis: dass wir das überhaupt *können* und dürfen. Ohne eine Neubestimmung des Menschen kommen wir hier nicht weiter.

11 Neue Weisheit: Die Sphinx verstehen

Damit sind wir wieder beim Rätsel der Sphinx mit der von ihr vielfältig verklausulierten Frage: Was ist der Mensch? Wir haben schon gesehen, dass die Sphinx uns fordert: Fragen stellt, auf die es in der jeweiligen Gegenwart noch keine vorgestanzten, etablierten Antworten gibt; daher „Rätsel". Was wäre, wenn die Sphinx uns gar keine Rätsel aufgibt? Wir haben dieses Wesen bisher mystifiziert, indem wir so getan haben, als ob wir es nicht verstehen *können* (magische Figur, gehört einer anderen Seinsform an). Vielleicht ist sie stattdessen ein Produkt der menschlichen Vorstellungskraft, die Normüberschreitung triggert! Eine coole, hochintelligente Idee, uns geistige Artefakte ersinnen zu lassen, mit denen wir *mit Denken über unser gegenwärtiges Denken hinauskommen.* Ein Seelenturbo, der dazu zwingt – bei Strafe des Untergangs ihrer Dialogpartner –, auf unbekannte Fragen Antworten zu finden, die neu sind, *im Rahmen der Menschenwelt jedoch plausibel und förderlich.*

Nur in diesem Rahmen ist die Sphinx tolerant: Dass Ödipus ihr Rätsel korrekt beantwortete und dem Tod entrann[19], liegt womöglich daran, dass er ein tiefes Verständnis dafür hatte, was Menschen sind – das reicht. Vielleicht wären auf viele ihrer Rätsel mehrere Antworten möglich? In jedem Fall gilt: Transhumanisten hätten bei ihr keine Chance. Sie ist eine Wächterfigur, und was sie bewacht, ist das Leben. Ein *Zwitter*wesen aus Mensch und Tier, das die Organik inklusiv repräsentiert, mehreres umfasst und sich bis in die Antike hinein Tod und Degeneration qua Bewusstlosigkeit, also kulturellem Versagen, entgegenstellt. Von solchen Wesen gibt es mehrere (vgl. Abb. 4). Ihre Rätsel und Aufträge gemahnen an das Memento mori, an die Untilgbarkeit des Bios. Diese Frontstellung ins Zentrum gestellt und literarisch ornamentiert zu haben, begründet die bis heute unbändig starke, fantastische, auratische Macht des Mythos. Mit ihm verschwand auch diese Front.

Unsere Lehre aus den Rätseln der Sphinx lautet: Wir sollten anerkennen, dass jeder Versuch, menschliche Tätigkeit – etwa unser Denken – von seinem biologisch-physikalischen Vorstellungshintergrund zu säubern, Empfindung zu beschneiden, Leid zu leugnen, unsere Abkunft aus Natur und

Abb. 4: Lapith im Kampf mit einem Zentauren. Süd Metope, Parthenon, ca. 447–433 v. Chr., British Museum Im Mythos gibt es eine Vielzahl von Wächterfiguren, Europa liebte Tier-Mensch-Zwitter. Der Kentaur ist halb Mensch, halb Pferd, lebt versteckt auf den Höhen des Parnass und geht seinem Auftrag nach: Wachen. Wenn er dies ungehindert tun darf, hört und sieht man ihn nicht, mythische Helden haben sich friedlich mit einigen von ihnen unterhalten. Wer sie bei ihrem Daseinszweck jedoch stört, bekommt Ärger. Kentauren stehen für pure, physische Gewalt – sie schleudern, zertrümmern, werfen mit Gebirgen um sich und tragen Namen entsprechend ihrer jeweiligen Kernkompetenz (Schmeißer etc.). (Quelle/Fotografie: Adam Carr, Wikimedia Commons, https://commons.wikimedia.org/wiki/File:Ac_marbles.jpg)

kosmischer Welt zu relativieren oder zu bestreiten, bedeutet, die Conditio humana abzuschaffen. Um dies zu akzeptieren, müssen wir jedoch nicht den Schmerz feiern, sondern nur den alten Rat der Sphinx berücksichtigen und auf heutige Weise, also zeitgemäß, kulturell endemisch werden lassen. Beispiel: Psychologie und Medizin. Menschliches Empfinden erwächst aus sinnlichen, emotionalen und kulturellen

Erfahrungen, die Muster formen. Diese beeinflussen ihrerseits unsere Vorstellungs- und Sprechakte, sind selbst aber nicht mehr rekonstruierbar. Mit dem Anerkennen unserer – gattungsspezifischen wie individuell-biografischen – Frühe, von Urerfahrungen, lässt sich an den Grundfesten der Medizin rütteln.

Der Sinngehalt einer Erkrankung oder eines Symptoms für den Patienten etwa ist einschlägig für seine Gesundung, weil die persönliche Bedeutung dieser Krankheit, *die ihm selbst nicht bewusst ist*, für ihren Verlauf relevant ist. Die klassische Medizin lässt den Bedeutungsgehalt von Krankheit für den individuellen Patienten in ihren objektivierenden Studien einfach weg. Placebo-Effekte, auch Homöopathie, sind nicht unbedingt Magie oder Esoterik, sondern womöglich eine Art Selbstregulierung durch unbewusste Erinnerungen. Die homöopathischen Kügelchen selbst bewirken nichts, aber der Erfolg einer homöopathischen Behandlung könnte die Folge einer intersubjektiven Dynamik mit der *behandelnden Person* oder auch einer autosubjektiven *Selbst*behandlung der Patientin sein, in der Erinnerung und Fantasie eine erhebliche, doch unbewusste Rolle spielen.

Zu diesem Komplex gibt es viele verblüffende Forschungsergebnisse, jedoch wenig umsichtige Deutungen. Es ist vorstellbar, dass Scheinschwangerschaften bei Säugetieren eine Art Körperdenken symbolisieren: Womöglich kann auch das Nerven-, Hormon- oder Immunsystem Wünsche und Ängste ausdrücken. Und womöglich vereinnahmt unser körperlicher Zustand beziehungsweise seine Verfasstheit unsere Wahrnehmung, Empfindung, Sinne, Sinnlichkeit *und unseren geistigen Sinn*, rahmt ihn. Diese Forschungsgebiete sind Neuland, deuten aber an, dass Unerklärliches, „Übersinnliches“ ein Minderbewusstsein, eine Denkverweigerung, ein geistiges Defizit oder gar eine Degeneration anzeigen könnte. Magie ist der Name für ein – jeweils gegenwärtiges – Unvermögen im Denken, eine vorläufige Überforderung; mehr nicht.

Die Sphinx ist für eine genuin humane Weisheit eine so grandiose, symbolisch plakative Figur, weil sie als Mischung aus Mensch und Tier den Menschen kommunikativ in diese natürliche Sphäre sozusagen zurückversetzt, ihn in Richtung seiner Wurzeln wieder heilsam entgrenzt – in seine anthropologische Frühe. Sie steht für die Quelle und mahnt: Eine für den Menschen heile, heilige und glückliche Zukunft schöpft substanziell aus dieser Abkunft.

Für den Job von Warnung und Sanktion brauchen wir heute also ein funktionales Äquivalent. Das nehmen wir jetzt unter die Lupe: Wir rüsten unsere Vernunft auf.

Vernunftgeschichten

Unsere traditionellen Wissenschaften sind im Grunde der rastlose Versuch, die Natur – oder das, was wir analytisch separierend dafür halten – in die von der Fachausbildung gelieferten Begriffsschubladen hineinzuzwängen; und diese fußen auf dezisionistischem, kontingentem Grund. Mit Blick darauf wurden seit der griechischen Antike Fantasie, Imagination und Leidenschaften, der gesamte lebendige Kontext von Wahrnehmen und Empfinden, der Vernunft untergeordnet. Der Wissenschaftstheoretiker Thomas S. Kuhn nannte die beständig wechselnden, aufeinander folgenden Schübe solcher Versuche, die etablierten Begriffsschubladen immer wieder aktualisierend zu befüllen, „Paradigmen".[20] Was wir hier als Wissenschaft in den Blick nehmen, fokussiert jedoch keinen solchen Paradigmenwechsel, sondern plädiert für die Grundrenovierung des gesamten logozentrisch versklavten Systems. Die Idee einer rationalen Durchdringung der Welt ist sinnvoll; auch das Staunen, die Neugierde, das Wissen-Wollen, das am Anfang stand – all das bleibt. Was jedoch vonnöten ist, ist kein nächstes B folgt A und C folgt B *in alter pränormativer Logik*, sondern ein wieder reicherer, *organisch* wertiger Rahmen unserer geistigen Aktivität. Den gab es zuletzt vor Homer. Das Problem ist also der Logos selbst.

Wir brauchen einen modernen, zeitgemäßen Bewusstseins-Frame für unseren Bios; das ist die Aufgabe. Wir behalten dafür den Logos zwar bei (conditio sine qua non, kulturbegründend), sprechen ihm jedoch die Bedeutung eines tragenden Fundaments ab. Wir sind und bleiben Europäer – und kalibrieren ihn daher lediglich „herunter". Soll heißen, er steht ab jetzt unter der Ägide des organischen Lebens.

Bevor wir unser okzidentales geistiges Hauptwerkzeug neu ausrichten – was genau soll es machen und wie soll es das hinbekommen? –, kümmern wir uns zunächst um eine zeitgemäße Job Description. 2.500 Jahre nach Beendigung des dunklen Zeitalters können wir es wagen, anspruchsvoller zu werden: Nicht nur seine Maßlosigkeit soll es regulieren, unsere Existenz sichern, sondern auch Darüberhinausgehendes. Können wir auf vernünftigem Wege das menschliche Glück mehren? Getrieben durch ökologischen Stress, entwickeln wir allmählich geistige Aspirationen, die unsere Vernunft allein niemals hätte emporkommen lassen, doch ab jetzt zu ihrem Aufgabenprofil gehören. Damit es im rationalen Gebälk unter diesen neuen Voraussetzungen nicht knirscht, muss umgebaut werden.

12 Wechsel der Stellenbeschreibung

Was ist die künftige Aufgabe des Logos? Er hat – zusätzlich zum Alltagsgeschäft – die Horizonte mit zu rekonstruieren, aus denen unsere theoretische Einstellung, Begriffsbildung, Bewertungsachse, Sinnkonstruktionen, rationalen Erkenntnisse hervorgehen. Nicht, um die Resultate noch besser zu machen, die Welt noch genauer zu verstehen, sondern um eine deutlich *weiter gespannte zeitliche* Perspektive zu erschließen, die uns ermöglichen soll, unser Bewusstsein hinter dem logischen Treiben zu lokalisieren: Von wo aus sprechen wir, blicken wir, handeln wir gerade? In welcher Perspektive stehen wir aktuell in der Welt? Vorschlag: Die Bearbeitung, „Be-Handlung“ von Zeit setzen wir an die Stelle von Gott.

Der Logos soll uns Distanz verschaffen, uns zurücktreten lassen – indem er die weggesperrte Zeit befreit. *Keinesfalls* also von einem Punkt, der außerhalb der Welt läge, von einem transzendenten, „ewigen“ Ort aus, sondern *in* eine irdisch zu vermessende Dimension *hinein*, in unsere menschliche Vorstellungskraft (vgl. Abb. 5), um unsere bisherige weltliche Entwicklung in weltlicher Perspektive zu justieren und unsere künftige Entwicklung daran zu fiktionalisieren. Wenn wir nicht über unsere Evolutionszäsuren hinausdenken (rückwärts wie vorwärts), können wir die Zäsuren selbst hinsichtlich ihrer Effekte auf unseren Bios nicht in Perspektive bringen, nicht bewerten – so logisch und einfach ist das. Wir können keine Ereignisse bewältigen: Katastrophen, „Störfälle“, „Disruptionen“, all die Buzzwords, die unsere aktuelle Selbstverständigung prägen. Eine „Permakrise“, wie wir Heutigen sie empfin-

Abb. 5: Archimedischer Punkt
Archimedes setzt den Hebel an der Weltkugel an. Der griechische Mathematiker und Physiker formulierte als erster das Hebelgesetz und damit die theoretische Grundlage für die spätere Entwicklung der Mechanik. Sein Hebel war rein weltlicher Art: Neugierde und Fantasie. (Quelle: Alamy, unbekannter Künstler)

den, ist die logische Konsequenz aus einem Weltkonstrukt der Statik, Konstanz, Stabilität. Biologisch gesprochen: einer toten Erde. So gibt es kein Werden, so behandeln wir auch unseren Planeten und so stirbt er. Wenn Werden keine relevante Kategorie ist, wird jede Regung, jede Dynamik, jedes „Lebenszeichen des Werdens" umgehend zu einer Überforderung – so geht Anti-Resilienz. Von dieser Panikwelle sind wir derzeit erfasst.

Der nächste Logos soll Zeiten vermitteln und zusammenspannen, erst dann können wir die *Muster erkennen, in denen Leben stattfindet* – herausfinden, was zwischen Lebewesen abläuft, was Leben *ist*. Der Logos steht ab sofort *in der Zeit*, nicht mehr außerhalb. Wir haben ihn lediglich chronologisch vermessen, gemäß seines ontologischen Formats in eine „rationale Ordnung", in Linearität gebracht. Mit Dimensionen der Zeit können wir jedoch spielen; das ist der aktuell wichtigste logische Job. Aus der Linearität kommen wir inzwischen in jedem Fall heraus. Die amerikanische Geologin Marcia Bjornerud nennt ein Logos-relevantes Format, das nicht linear angelegt ist, „Tiefenzeit"[21] und bezeichnet damit einen „Pfad durch die Zeit", auf dem wir „generationenübergreifende Allmenden" ersinnen und ein gemeinschaftliches Erbe des Planeten Erde zu einem zukunftsgerichteten Sog vereinen können. Zum Beispiel. Für so etwas brauchen wir zwar zwingend Vernunft, aber eben nicht nur.

Wir bringen also unserer Vernunft das zeitliche Element in seiner gesamten ursprünglichen Breite zurück. Wenn wir Vernunft zeitlos oder zeitreduziert konzipieren, wendet sich die Vernunft über die Zeit gegen uns. Das ist logisch, denn Vernunft läuft in der Zeit. Sie verdrängt, worin sie ist, und kann deshalb Langfrist-Dynamiken nicht bemessen. Hier hat unsere Vernunft einen riesigen blinden Fleck. Als zeitliche Wesen geistig so zu tun, als ob Zeit keine Rolle spiele, ist auf Dauer jedoch tödlich – „Sein zum Tode" nannte Heidegger das. Wir wollen daher ab jetzt die imaginären Hintergründe ausleuchten, aus denen etwas hervorgegangen ist und die wir nicht mehr einfach ablegen und sogar abwerten: Sie sind und bleiben da. Mit Blick auf unseren Bios kommen wir niemals „weiter", dazu müssten wir erst transhumanistisch werden. Wir wollen den Logos wieder heilen und den fehlenden Teil ergänzen, der in der Transformation vom Mythos zum Logos zerschellte. Damals verloren wir unsere wichtigste Dimension geistiger Heimat.

Säkulare Religion ist eine erneuerte, zeitgenössisch überarbeitete, moderne Rückbindung an diese Hintergründe. Aus den Spuren der Frühe speist sich *Lebendigkeit als solche*: mit neuen Motivationsströmen, aus denen unsere organische Energie stammt, in denen unsere Quelle liegt; Kreativität, Schöpfungskraft, Lebensfreude, immer etwas anderes machen, Mut zur Erfindung. Die längst eingesetzte Ausdörrung dieser Quelle greift erkennbar über auf dasjenige, was „nur noch" aus ihr hervorgeht – ein entmenschlichendes Wirtschaftssystem, das Sinn und Zweck verliert, Innovationsstau, Ideen- und Alternativlosigkeit, soziale Lethargie, Phlegma und Verharren im Status quo, Perspektiven einer zerbrechenden Welt, dystopische Moden und psychische Probleme.

Mit seinem neuen Tätigkeitsprofil – einer Zusatzqualifikation als Wächter über unsere biologische Bedingtheit – gewinnt und verliert der Logos Eigenschaften, insbesondere zwei:

- Zum einen nimmt der Logos ab sofort gezielt das Zwischen ins Visier, das Körper und Geist gemeinsam begründen, und das unsere Welt bildet; genauer: über das wir *wahrnehmen*. Über die seelische Dimension unserer Sinne wissen wir praktisch nichts. Da unsere körperlich grundgelegte intentionale Einstellung gegenüber dem Außen nicht tilgbar ist, muss Vernunft – beispielsweise bei der Erkundung sogenannter Naturgesetze – diese Dimension berücksichtigen, einbeziehen. Natur und Geist, Körper und Seele und so weiter sind untrennbar. Es war die Quantenphysik, die ihre Pioniere dazu *zwang*, das zu realisieren: Gierig auf diese Art von Erkenntnis war keiner von ihnen. Wir messen immer biologisch, das letztlich relevante Messgerät ist unsere Wahrnehmung, egal, wie die Labortechnologie aussieht. Dieses Zwischen konstituiert jeden Beobachtungsgegenstand mit, es „verschmiert" ihn (mehrdeutige Messergebnisse), auf diese Weise „machen" wir unsere Realität. Diese empirisch gesicherte Erkenntnis kommt zum renovierten Logos neu hinzu: Die Vernunft überwacht das; genauer, die spezifische Art und Weise, wie der Mensch Welt wahrnehmend schafft (dazu Kap. 15).

- Zum anderen legt der Logos seinen kolonialistischen Habitus ab. Die Idee, sich der eigenen Hintergründe anzunehmen, das Unbewusste zu ergründen, ist uns Westlern durchaus geläufig und Teil unserer Wissenschaftstradition. Aber: Wir versuchen das bisher, um etwas „herauszubekommen". Wir wollen es lesen; wissen, was das Unbewusste ist, und es dann besetzen. Am klarsten war hier Freud („wo Es war, soll Ich werden"). Das ist gleichbedeutend mit seiner Auslöschung, denn indem wir es zu analytisch Bewusstem machen, *ersetzen* wir es durch Erkenntnis. Die Vernunft löst Nicht-Vernunft ab – das gilt uns als vernünftig, denn, wie skizziert, Rationalität

ist ontologisch höherwertig als Irrationales, Nicht-Gewusstes oder Fantasie, und wir schreiten mittels dieser Wertung fort, wir legen ab.
Eine biologisch gehaltvolle Vernunft arbeitet jedoch nicht kolonialistisch, sondern explorativ und inklusiv. Sie reichert an. Sie surft auf und in den Hintergründen, die sie durchflutet. Sie zergliedert oder fragmentiert weder, noch reduziert oder mindert sie fantastische Überschüsse. Sie erkundet stattdessen Zusammenhänge, Kontexte und Konstellationen und mäandert darüber weiter. Der Grund: Diese neue Vernunft kann Zeit. Ein zeitlogisch informierter Logos weiß um die Verschiebungen, die sich durch Perspektivwechsel untilgbar ergeben: *Wechselt der Kontext, ist die zeitvergessene, rein sachlogische Analyse aus dem Davor irrelevant.* Die überkommene Routine „zeitfreien" analytischen Zergliederns lässt der neue Logos fallen.

Unsere evolutionsbiologisch nur imaginär zu erschließenden Hintergründe, die Abkunft, die Frühe unserer Existenz, ist das überzeitliche Zentralfeld, in dem wir stehen, sind Lebensfülle, Inspiration, seelischer Reichtum. Dieses Feld ist „ewig", solange es Menschen gibt. Wie können wir diesen geistigen Raum anzapfen für das Sich-Nähern an noch nicht gehobenen Sinn? Wir wollen unsere Hintergründe nicht lesen (nicht möglich), aber sie in menschlichem Sinne nutzen und katalysieren. Thomas Mann prägte in den Josephsromanen für dieses Bewusstsein die hilfreiche Formel eines „Segens von unten"[22]: Wir heiligen uns mit der Anerkennung dieses Feldes ohne jede Hybris selbst, würdigen uns als lebendige Wesen, indem wir ernst nehmen, was wir sind. Fortan gehört es zum Auftrag des Logos, diesen Segen von „biologisch unten" zu sichern. Er ist die erste Vernunftvariante, die spirituell grundiert ist. *Er produziert Wissen – auf Basis von Glauben.*

Um diesen Segen zu sichern, muss er noch etwas anderes ablegen – einen entscheidenden, furchtbaren Habitus, der uns seelisch das Wasser abgräbt.

13 Ab ins Archiv

Werfen wir zunächst einen Blick darauf, wie der Logos bisher gearbeitet hat. Wenn es stimmt, dass dieser große Nebelwerfer des Okzidents von seinem Ursprung her – vom Motiv, warum wir ihn erfunden haben – dem menschlichen Bedürfnis dient, ein Leben in existenzieller Urangst zu überwinden, entspringt er einem *Instinkt*: indem er die Bedingungen und Gründe für diese Angst eindämmt, ihre Trigger entzaubert, sie auf eine Wahrscheinlichkeit von null Prozent bringt, ausrottet und damit Lebenssicherheit herstellt. Von tierischen Instinkten unterscheidet er sich kaum, seiner Natur nach ist er defensiv, er verteidigt uns Menschen gegen Gefahr und Tod. Vernunft ist die evolutionär späteste und letzte Version tierischer Instinkte; eine Intuition Nietzsches.

Bisher wollten wir mit unserer Rationalität zunächst über unsere Angst herrschen (Selbstberuhigung), dann über unsere nächste Umgebung (Gruppe), dann über größere Reichweiten, Natur und Materie (Technik), dann über andere (Kolonisation) und so weiter. Aktuell ist das Weltall dran. Wir Okzidentalen haben es mit diesem Programm weit gebracht und es geschafft, uns gegen die Übermacht des Unverfügbaren immer „besser" zu wehren. Wobei besser und schlechter hier bemessen sind am Logos-Prinzip selbst als einem autologischen Konzept, das die Urteilsmaßstäbe für das, was es leistet, immer gleich mitliefert. Die Resultate des Logos *nicht* zu nutzen – nur darum geht es bisher –, ist sündhaft, unmoralisch Dieses Verhalten wäre nicht nur irrational, sondern gefährdete in einer rationalistischen Kultur potenziell auch alle anderen.

Wir haben schon angerissen, wie sehr in unserer Kultur Moral und autologische Vernunft ineinandergreifen, konvergieren, ja häufig zusammenfallen. Es ist die Rationalität, die uns vorgibt, was gut ist. Nehmen wir das Beispiel Gewalt: Unsere Vernunft muss zwingend jede gewalthafte oder richtiger: gewalthaft *erscheinende* Verhaltensweise penibel sanktionieren, ihre eigene Gewalthaftigkeit stets unsichtbar machen. Walter Benjamin hat sich darüber so maßlos wie berechtigt aufgeregt. Gewalt ist zwar unmoralisch, und es ist daher unvernünftig, sie zuzulassen – bloß ist die sie kontrollierende Vernunft selbst gewalthaft: Der Logos unterdrückt aufgrund seiner biologischen Blindstelle massiv menschliche Aggression sowie jede Form überbordender Gefühle. Sofern es um Menschen geht, ist Gewalt aber *unvermeidlich* im Spiel, daran ändert alle Vernunft nichts.

In seltenen Fällen und dann mit schockhafter Aufmerksamkeit, etwa bei Kindesmissbrauch, Rassismus, Folter und Ähnlichem, wird das sichtbar – auch wir haben Zonen manifester Gewalt, nur müssen diese umgehend skandalisiert werden. Außer appellativer Moral sind wir hier blank, das ist logisch: *Es gibt kein effektives geistiges Tool gegen unseren Bios.* Aus der Transformation von manifester Gewalt in Latenz besteht die Kulturleistung: in einem durch steten Entzug von Bewusstsein erzeugten, im mentalen Untergrund gehaltenem Rauschen. „Kommt immer mal wieder vor, sind aber Ausnahmen. Zu bestaunen ist hier ein verdecktes, sinnloses Gebet, ein Gebot des Vergessens in Gestalt einer heimlichen Beschwörungsformel in vernünftelndem Gewand. Heimlich beschwörend, denn würde der Logos in seiner ganzen manipulativen Gewalt erkennbar, unterliefe er seinen eigenen Auftrag. Eine narzisstische Kränkung, die wir uns in dieser Tiefe definitiv nicht leisten können, würde die Vernunft zerstören. Sektorales Vergessen gehört deshalb zum Funktionieren unserer bisherigen Beta-Version von Vernunft zwingend dazu.

Der Auftrag für die bisherige, insbesondere moderne, höchst erfolgreiche Vernunft lautete deshalb: die Dinge unter Kontrolle bringen, vorausberechnen, messen, unwahrscheinlich machen und dadurch unterwerfen, beherrschen. Dabei muss Gewalt unbewusst gemacht und exzessive Emotion verhindert werden – beide Risiken sind für dieses geistige Regime untragbar. Funktioniert das gut, kommt keiner auf dumme, hinterfragende Gedanken, so das Kalkül. Unser alter Logos baut dadurch systematisch Lebensfreude ab. Wir leisten, produzieren, strengen uns an, wollen weiter und hoch hinaus, erschaffen Technologien und neuartige Materie, ackern und arbeiten, aber es ist immer weniger klarer, *warum und wozu eigentlich.* Diese Unsitte müssen wir dem in Geltung stehenden Logos dringend austreiben: ab ins Archiv damit. Ist der lebendige Impetus getilgt, um dessen willen wir überhaupt etwas investieren, uns anstrengen, in Vorleistung gehen, wird über die Zeit die Sinnlosigkeit dieser Anstrengung immer offensichtlicher. Das okzidentale Loch im menschlichen Sein, wovon wir eingangs schrieben, durch das der Westen einfach hindurchsieht, und das andere spirituelle Lehren so beziehungsreich füllen, zieht wie ein Strudel seelische Nährstoffe ab.

Die Kosten für eine scheinbar gesteigerte Souveränität gegenüber Tod und Zufall; für die mühsam und in kulturell unvergleichlicher Strenge geistig erwirtschaftete Kalkulierbarkeit von Scheitern, Misserfolg, Krankheit, Unfällen und Katastrophen; für die inzwischen technologisch immens hochgerüstete Kalkulation von Wahrscheinlichkeiten und Mustern; für die allmähliche *Eliminierung der Tragik des sterblichen Menschen*, sie heißen Lebensfülle, pralle Zeit, Glück, emotionaler Reichtum. Religiös Ansprechbare erleben eine „alt-rational" unerklärliche Implosion von Sinn. Stellt sich die Frage, wie der Logos das Kunststück eigentlich fertigbringen soll, das zu stoppen. Was genau macht er dafür?

14 Vornehmste Aufgabe: Die Funktion der Sphinx weiterführen

Die neue Zuständigkeit des Logos haben wir bereits geklärt: Er kann gern seine Sicherungsaufgabe beibehalten, soll dabei dem Leben aber nicht selbst ans Leben wollen – und ab jetzt genau umgekehrt den Bios bewachen; seine Sicherungsarbeit praktizieren *um willen* des Bios. In aufgerüsteter Version ist er Zulieferer für unser Glück und schließt dafür einen Pakt mit der Vorstellungskraft. Er schließt Möglichkeit an Wirklichkeit an und entert die fiktiv-fantastische Welt des menschlichen Geistes – die war bisher zugesperrt. Beide arbeiten fortan daran, Voraussetzungen und Möglichkeiten eines geeigneten Lebensraumes und Lebenskontextes, einer humanen Kultur und Moral zu entwerfen. Der Logos „biorationalisiert" das Diesseits, wird Rationalisierungsprinzip des menschlichen Wirklichkeits- *und* Möglichkeitssinns. Er soll die Bedingungen eines begehrenswerten Lebens ausfantasieren – kurz, *den Bios dadurch für uns immer erträglicher, lebbarer machen,* unsere Beziehungs- und Bindungsqualität vertiefen, unsere Hintergründe, unsere Abkunft immer wieder neu entfalten, indem er sie stetig auf die Höhe der Zeit hievt, andauernd ins Zeitgemäße übersetzt und so unendlich maximiert.

Die Wissenschaften des Logos beispielsweise beinhalten ab sofort immer auch Science-Fiction. Die Funktionslogik, die das ermöglicht, ist im Grunde einfach – aber, diesen unkomfortablen Effekt kennen wir schon, erneut extrem kontra-intuitiv. Wir hatten die entsprechende Logik im Kontext von Marx und Engels gestreift, nämlich dass die Dinge und Artefakte, die Menschen erschaffen, auf sie zurückwirken oder zurückschauen. Das sehen wir uns nun genauer an: um zu verstehen, woraus dieser zweiseitige Prozess genau besteht und, im folgenden Kapitel, wie variantenreich er funktioniert. Denn hier sitzt die Zentrale des neuen Logos. Zunächst die Bestandteile dieser Mechanik:

1. Die Projektion eines Bedürfnisses – konkret oder abstrahiert – in ein Artefakt (Brille zur Verbesserung des Sehens, Stuhl zur Entlastung vom Körpergewicht bis hin zur Druckerpresse, damit sich Menschen über Raum und Zeit hinweg verständigen können) sowie
2. die Rückprojektion der den Körper entlastenden Kraft des Objekts, der dadurch selbst umgestaltet wird.[23] Plakativ: Unnötigerweise Brille zu tragen, lässt die Sehkraft schwinden – genauso, wie die Erfindung von Sehgläsern einen immensen kulturellen Hebel bedeutete. Denn wir verändern uns in diesem Prozess des Artefakte-Machens kontinuierlich mit.

Die Pointe: Ohne (2) wäre (1) sinnlos, denn das Sehbedürfnis in Gläser zu projizieren ist überflüssig, wenn nicht jemand die Brille aufsetzt, dadurch besser sieht und etwas vorher nicht Gesehenes in den Blick nimmt. Die Rückprojektion ist nicht nur ebenso wichtig wie die ursprüngliche Projektion; *auf Zeit gesehen, ist sie ungleich wichtiger,* denn wir projizieren dadurch, dass wir transformiert worden sind, künftig andere, *nächste* Bedürfnisse!

Unser biologisch gehaltvoller, aufgestufter neuer Logos wird diese Zweiseitigkeit unseres Umgangs mit der Welt deshalb kontrollieren; genauer: auf ihr proportionales Verhältnis achten. Er soll nicht mehr, wie bisher, das Unplanbare ausschalten, den Zufall eliminieren und letztlich in einer Art technologisch-transhumanistischem Sprung den Tod besiegen, sondern einen tief im weltlichen Geschehen eingebetteten Auftrag erfüllen: unser verloren gegangenes, vergessenes Bewusstsein für diese Zweiseitigkeit wieder neu entfachen. Er soll darüber wachen, dass wir immer berücksichtigen, dass wir in die natürliche Umwelt ontisch eingebettete Wesen sind, die durch ihre Umwelt geprägt, ja geradezu gemacht werden, und dass dies ein unlösbarer Zusammenhang ist. *Zerstören wir die Welt, zerstören wir uns* – bisher ist das nicht mehr als eine Weisheit vom Kalenderblatt. Unser nächster Logos soll uns erziehen, geradezu dahingehend züchten, hier maximal aufmerksam zu werden. Unsere neue Vernunft erweitert unser Bewusstsein über unseren allzu menschlichen Weltbezug. Sie holt die Weisheit des Mythos zurück: Achte die Quelle! Das ist ihre vornehmste Aufgabe. Eine ökologische Welt ist ohne das Wiedererinnern dieses verdrängten Wissens nicht möglich. Hier liegen Würde und spirituelle Hoheit einer erneuerten Vernunft. Sie tritt damit in die Fußstapfen der Sphinx und bewacht unser humanes Selbstverhältnis.

15 Wichtigste Aufgabe: Vorstellungskraft feiern

Und wie stellt der neue Logos das an? Welche Skills bringt er mit, um seinen Job gut zu machen? Kommen wir zurück auf unsere menschliche Fähigkeit, zu schöpfen, kreativ zu sein, Dinge herzustellen. Dabei gibt es Artefakte, die in einer Kultur nur dann funktionieren, wenn die Tatsache verdeckt bleibt, dass sie um eines Bedürfnisses willen erdacht und erfunden wurden. Und es gibt Artefakte, für die das Gegenteil gilt. Wie wir Menschen zu der von uns gemachten Welt stehen, definiert unser Selbstverhältnis. Wir können es eigenmächtig eichen, dafür brauchen wir jedoch ein Bewusstsein: *Tiefenschärfe der Wahrnehmung*. Im alten Logos funktioniert das nicht.

1. Am einen Extrempol stehen Artefakte, die überreal erscheinen – sie sind „wirklicher“ als der Mensch. Das ein-

drücklichste Beispiel dafür sind Götter; Artefakte, die selbst handeln, lebendig zu sein scheinen, uns jedoch weit überragen. Ein von Gott eingesetzter König etwa ist sakrosankt, symbolisch unangreifbar – unterstellt, er gedenkt entsprechender Kodizes wie etwa der vier Kardinaltugenden. Hier gibt es kein Merkmal oder Abzeichen, das auf Menschlichkeit verwiese.

2. In mittlerer Position liegen die meisten Artefakte des Menschenlebens. Es besteht kein Zweifel an ihrer Realität, ihrer Kraft oder ihrem Nutzen, etwa Kleidung, Sprache, technische Dinge, aber sie sind doch nicht überreal in dem Sinne, dass sie nicht ohne große Anstrengung als gemacht erkannt werden könnten. Sie funktionieren am besten, wenn wir uns das nicht ständig vor Augen führen, aber vollständig verbergen können diese Dinge ihr Produziert-Worden-Sein nicht. Hier gibt es immerhin allgemeine Abzeichen des Menschlichen, wenn auch keine persönlichen; im wirtschaftlichen Sektor zum Beispiel Marken, eine Corporate Identity oder Ähnliches
3. Und dann haben wir noch den anderen Extrempol von Artefakten. Diese „funktionieren“ nur und ausschließlich dann, wenn wir uns im Klaren darüber sind, dass sie fiktiver Natur sind, irreal: Kunstwerke. Sie demonstrieren geradezu, dass sie geschaffen sind. Die Tatsache, dass Gedichte, Filme, Gemälde, Sinfonien erdacht worden sind, ist uns gegenwärtig. Diese Artefakte sind persönlich gezeichnet, mitunter konkret signiert, und manche Objekte sind so eng mit ihrem Schöpfer verbunden, dass wir sie direkt so bezeichnen: Dies ist ein Picasso, ich höre Mozart, sie trägt Gucci.

Unsere Zivilisation hat infolge des sichernden, kalkulatorischen und zufallsfeindlichen Auftrags des Logos eine genuin menschliche Fähigkeit – womöglich unser charakteristisches Gattungsmerkmal – unattraktiv gemacht: nämlich das eigene Tun und Lassen „biobewusst“ zu bewerten und kulturell werden zu lassen (also in der eigenen Gruppe zu ritualisieren). Genau dafür stehen erste Völker, indigenes Wissen, der Mythos. Der alte Logos wird nicht nur immer mächtiger, er wird auch selbstmächtig: Dank seiner schieben wir uns *immer nä-*

her an Position (1). Wir machen Sachen, die uns nahezu göttlich erscheinen: Wir sind bald auf dem Mars ...! Die bereits zitierte „prometheische Scham" des Menschen vor seinen eigenen Artefakten, die den Philosophen Günther Anders umtrieb, ist Label und Symptom dafür. Wir dunkeln den irrealen Herkunftscharakter dessen, was wir tun, immer weiter ab – dass ausnahmslos allem, was wir anfangen, eine Vorstellung, eine entlastende, uns entgegenkommende, bedürfniskompensierende Fantasie, die Projektion einer körperlichen Regung oder Absicht zugrunde liegt, eine *Fiktion*. Und wenn wir dieses Bewusstsein nur gründlich genug dekonstruieren, werden symbolische Praktiken und Rituale albern und langfristig überflüssig. So etwas machen die Wilden, die Unzivilisierten, die *bárbaroi* mit ihren seltsamen Gebräuchen – wer Gemeinschaft und Beziehung so wichtig nimmt. Wir jedoch haben derlei nicht mehr nötig.

Eine direkte Konsequenz dieser Pathologie sind immer härtere Vergegenständlichungen von Sachen und Lebewesen. Wir machen alles und jedes zu dingähnlichen Objekten. *China* will dies, *die EU* macht das, *der Staat* braucht jenes; überall Akteure. Jüngste Stilblüte dieser Pathologie ist die Debatte um eine starke, irgendwann die Menschen überflügelnde künstliche Intelligenz – als ob die Maschine größer sei als wir. Es ist dieses Sprachspiel, das unsere Logos-bedingte Selbstverschiebung in Richtung Position (1) notorisch verdeckt: Objektivierung und Verdinglichung suggerieren Faktizität, und eine Subjekt-Prädikat-Objekt grammatikalisierende Struktur unserer lateinstämmigen Sprachen befeuert das. Wir erzielen inzwischen in unserer zweiseitigen Projektionsarbeit, in der unsere Objekte uns selbst rückverändern (vgl. Kap. 14), so unerhörte Überschüsse in den referenziellen Möglichkeiten dieser Objekte, dass die Bilanz von Projektion und Rückwirkung ins Groteske kippt. Dieses Missverhältnis ist so extrem, dass wir beginnen anzunehmen, das Artefakt *selbst* verfüge über jenes Vermögen, einen solchen Überschuss an reziproker Wirkung über die Projektion zu erzeugen.[24] Der Bedeutungsüberhang, den die zweite, uns rückverändernde Seite erzielt, ist so schwer, dass sie die erste, bedürfnisgetriebene Hälfte quasi auffrisst.

Dem gesamten Schöpfungsakt wohnt damit eine Dynamik zu stetig wachsender Macht der Objekte inne. Wir sind mental unterwegs auf einer Rutschpartie nach (1), betreut und beschleunigt vom Logos: Wie in einer Lawine gefangen, stürzen wir immer mehr in Schieflage, vom Bewusstsein von uns selbst als lebenden, bedürftigen, abhängigen, versehrbaren, vorstellenden Organismen weg. Die Dinge fangen auf gruselige Weise an zu herrschen, daher wird in Debatten über solche Themen häufig Goethes Zauberlehrling zitiert, dem seine heraufbeschworenen Helfer über den Kopf wachsen.

Dieses völlig aus dem Lot geratene Missverhältnis hat eine europäisch umjustierte, neu geeichte Vernunft wieder in Proportion zu bringen – genau das ist ihr Job. Sie überwacht biosabhängige Bewusstseinstiefe. *Sie schiebt alles in Richtung (3)* und führt uns damit immer wieder vor Augen, wie menschlich-gemacht all das ist, mit dem wir uns umgeben; genau so, wie es seinerzeit die Sphinx gespiegelt hat. Kapitalismus, Sprache, Religion, Staat, Geld, Wirtschaft, Geschichte, Technologie, sogar unser Verständnis von Natur (vgl. Kap. 39): All dies sind Selbstmystifikationen, Artefakte, die keinerlei Realität haben – außer in unserem Kopf. Wenn wir das vergessen, werden unsere Artefakte mächtiger als wir. Geld beispielsweise ist eines der absonderlichsten, magischsten Artefakte der Menschenwelt: bedrucktes Papier, an das alle glauben und über das heute die globale Ökonomie läuft. Rationale Magie – der kosmisch-kluge Vulkanier Spock wäre fasziniert.

Die neue, geistig zusatzqualifizierte, bewusstseinserweiternde Vernunft überdeterminiert Position (3). Wo sie nur kann, feiert sie die Macht der menschlichen Vorstellungskraft und hebt sie hervor: Alles ist wert, von uns in seiner Geschaffenheit, in seiner Gemachtheit und Künstlichkeit erkannt, anerkannt, gewürdigt, weiterentwickelt, verändert, auf eine nächste Stufe gehoben zu werden. Wenn wir Position (3) als biologische Normalität, als den gegebenen Zustand der Welt akzeptieren, fangen wir an, Werden zu lernen. Erst dann kann die Angst vor Unerwartbarem allmählich schwinden – denn *wir* waren das ja immer! *Wir* haben etwas gemacht, verändert, neu bewertet! Wie falten wir diesen Segen, *das zu können*, von unten immer weiter aus? Daran wird kalibriert. Ohne Zeitlogik kein evolutionäres Bewusstsein, und ohne dies keine Glaubensmöglichkeit an das, was wir alles aus uns machen können – Zukunftsglaube, Hoffnung, Lebensmut, Vertrauen in die Welt.

In dieser neuen Denkroutine gewinnen wir Macht – weil das Selbstvertrauen in unsere Quelle wächst. Aber diese neue Macht ist anti-hierarchisch. Sie ist noch nicht logisch durchdrungen, nicht vernünftig, vorerst nur renitent und politisch heikel (vgl. Kap. 38). *Wir fangen an, Unter- und Überordnung gegen eine tiefwärts orientierte, intransitive Ordnung, die zu unserer Abkunft „will" (biohumane Motivation), auszutauschen.* In unseren Tagen erstarkt dazu eine erste sich unterhakende Phalanx aus Widerständigen, die nicht mehr bereit ist, die scheinbar unvermeidliche Konsequenz okzidentaler Hierarchie zu tolerieren: seelische Ohnmacht und Entzug von Freude. Eine solche Revolution hatten wir noch nicht; gesellschaftlich ist die Situation brisant. Wir brauchen, um sie zu bewältigen, eine biorational aufgestufte, gedankliche Durchdringung von Beziehungsmacht. Was ist Menschen möglich, wozu sind sie imstande?

16 Dringlichste Aufgabe: Selbstmächtigkeit lernen

Geschichte, lehrt die neue Vernunft, lässt sich nicht mehr sachlogisch und chronologisch rekonstruieren: was geschehen ist, als blanke Ereigniskette. Solche Rekonstruktionen erzählen unvermeidlich *auf Basis* blinder Flecke hinsichtlich des Bios, ohne Erfahrungsanker. Sie reihen einen stabilen Nullpunkt an den nächsten. Vernünftig – im vervollständigten Sinne – beurteilen können wir Geschichte nur dann, wenn die abkunftsverankerte Zeit, die intentionale Einstellung, das Wohin und Wozu in der Situation; wenn Fantasie, Motive unserer Entlastung, etwas zu erleichtern oder zu erweitern, die Sehnsucht nach mehr physisch-psychischer Reichweite, Bedürfnisse; wenn all das, *um dessen willen wir* überhaupt *etwas angezettelt haben*, in die Erzählung mit einfließt (Geschichten). Welcher Art unsere Selbstermächtigung genau war, was wir uns zugetraut haben, aus seinen bisherigen Angeln zu heben.

Menschliche Selbstmächtigkeit und Bewusstseinsgrade variieren; zu verschiedenen Zeiten waren wir unterschiedlich gut darin, das zu tun, was uns gemäß ist, was wir können, was uns als Lebewesen voranbringt und glücklicher macht. Zurückliegendes etwa war für uns mitunter immens reicher, voller, prächtiger, beglückender und wertvoller als die Periode, in der wir heute leben. Diese Sichtachse verläuft zeitlogisch *nicht* chronologisch und steht außerhalb jeder Linearität und traditioneller Vernunft. Mythische Geschichten spiegeln genau das wider: Zeit erscheint dort opak, verdreht, aufgehoben. Hier liegt auch die Faszination von Geschichte: Wenn sie so erzählt wird, ist sie spannender als jeder Marvel-Film. Sie kann uns über Potenziale, Besseres, Höheres, Wertigeres belehren, über einen Fortschritt, der *hinter* uns liegt. Für die moderne Rationalitätsgeschichte ist das nicht nur absurd, sondern ein Schlag ins Gesicht, eine Blamage – die Aufklärung einer Lüge. Klassisch-rationale Fortschrittsgeschichte ist ein Fake. Sie darf keinesfalls so gesehen werden; und wenn das doch einmal passiert, hat es traumatische Effekte.

Eines der letzten Male, wo genau das in der westlichen Welt geschah, war zu Zeiten des amerikanischen Genozids an indigenen Völkern. Hunderte von amerikanischen Männern schlossen sich in dieser Zeit indianischen Gesellschaften an, statt in ihrer eigenen zu bleiben. Sie verschwanden in die Wälder und kamen nie wieder nach Hause. Das Grenzland war voll von Menschen, die übergelaufen waren, indianische Frauen heirateten und ein Leben außerhalb der Zivilisation führten. Sie eiferten den Indianern nach, wurden von ihnen adoptiert und kämpften in einigen Fällen sogar an ihrer Seite. Das Gegenteil geschah so gut wie nie: Indianer liefen nicht über, um Mitglieder der weißen Gesellschaft zu werden. Emigration fand von der zivilisierten zur Stammesgesellschaft statt, und der Westen konnte sich diese radikale Ablehnung der Gesellschaft beim besten Willen nicht erklären. Dieses ganze Geschehen warf heikle und grundstürzende Fragen zur vermeintlichen Überlegenheit der westlichen Gesellschaft auf. Schließlich kam hier die *höherwertigere* Kultur daher – das war die okzidentale. Was sollte man davon halten, wie kommentieren, dass deren Vertreter bei erstbester Gelegenheit aus der Zivilisation desertierten?

„Obwohl von ihren Freunden freigekauft und mit aller denkbaren Behutsamkeit behandelt, um sie [d. s. die zurückgeholten Weißen, d. A.] davon zu überzeugen, bei den Engländern zu bleiben, sind sie schon nach kurzer Zeit von unserer Lebensart angewidert ... und nutzen die erstbeste Gelegenheit, um wieder in die Wälder zu entkommen" (Zitat von Benjamin Franklin). „Tausende Europäer leben bei den Indianern, und es gibt nicht ein einziges Beispiel für einen Ureinwohner, der freiwillig Europäer geworden ist. Der soziale Zusammenhalt der Indianer muss etwas derartig Faszinierendes gehabt haben, das bei Weitem alles übertraf, dessen wir uns rühmen konnten" (französischer Emigrant namens Hector de Crèvecoeur, 1782).[25]

Diese Episode war eine steile Lernkurve: Wenn wir Westler sehen, was bei uns wirklich los ist, begehen wir kulturell Fahnenflucht. Die Überläufer erlebten zum ersten Mal eine selbstmächtige Kultur – und in deren Spiegel ihre eigene Bewusstlosigkeit im Umgang mit sich selbst, kulturelle Ohnmacht, seelische Verarmung. Die strenge Hierarchie unserer kulturellen Welt steht dem diametral entgegen; sie ist die *Problemursache*. Unter allen Umständen muss daher verhindert werden, dass die spirituellen Kosten der westlichen Art, Beziehung zu denken, sie *in Über- und Unterordnung einzukerkern und kleinzumachen,* vollumfänglich ins Bewusstsein dringt. Mit ungezielter, horizontaler Macht, mit voller, reifer Beziehung kann und will der Okzident nichts anfangen: Sie ist *die* Bedrohung.

Bedeutet: Es ist nicht rational, den modernen Menschen den Verlust an humaner Substanz, den der Westen ihnen qua Macht und Herrschaft seit jeher zumutet, offen unter die Nase zu halten. Die aus pazifischer Richtung vor uns auftauchende neue Verheißung ist *deshalb* für Verantwortungseliten des gesamten Westens ein Angebot, das ernsthaft erwogen sein will: mit Hilfe von Technik durch die Abschaffung des Bios *vollständig hindurchzugehen* – dadurch werden Leid und Frust über ein „kleines", ohnmächtiges Leben besiegt. Auch wenn sich mancher denken mag, denen graue vor nichts: Es ist immerhin ein Angebot. Wir haben keines.

Jedenfalls müssen wir unser okzidentales Gedankenwerk offensichtlich gut immunisieren. Aber wofür haben wir unseren geistigen Nebelwerfer? Wir dunkeln also ab: Das leistet die epistemische Position (1). Dem steht unser hier beworbenes Credo einer runderneuerten europäischen Vernunft monolithisch entgegen: *Es ist unvernünftig, sich seelisch zu verzwergen.* Es bekämpft die Eitelkeit des Etwas-Geworden-Seins, des regressiven Kinderträumchens, wir seien bereits erwachsen, in Selbstabschaffung lägen Ehre und Würde. Unsere kontinentale widersprechende Weltdeutung verlangt vom lebenden Menschen keinerlei Fortschritt. *Du bist gut – so, wie du bist.* Stattdessen feiert sie die – den Menschen charakterisierende – Selbstwirksamkeit, seine gattungseigene Potenz, frühzeitlichste Bedingungen in Handlungsmacht umzuwandeln und auf diese Weise zu heben, dass wir ihnen Rechnung tragen können. Genauer: Sie adelt die genuin humane, in reifem Stadium biosbewusste Schöpfungskraft, die uns von allen anderen Lebewesen unterscheidet, historisch zum ersten Mal in vollem Umfang. Menschen haben gemeinsam, im Verbund aller, in beziehungsorganisierter Form, die Macht, die Welt aus den Angeln zu heben. Diese Macht abzuschaffen, bedeutet Selbstabschaffung, seelischen Tod. Und auch unsere Zukünftigkeit erschließt sich aus dieser Quelle: An Nietzsche anklingend formuliert: Wir sollen endlich zu denjenigen werden, die wir eigentlich zwar schon immer sind, die wir aber bisher aus Angst vor unserer eigenen Courage verleugnet und abgespalten haben.

Darin, ein solch couragiertes Leben zu wagen, liegt humane Würde. Sein Spross ist die Seele: Sie wächst im Bewusstsein gemeinsamen Könnens. An spirituellen Führungspersönlichkeiten lässt sich das geistige Empfinden ablesen, die ganze Welt, alle Wesen in ihr zu umfangen und zu spüren (Mahātmā, Sanskrit, „große Seele“). Eine Seele ist, je expansiver, je mehr Anschluss sie findet an jedes zeitgenössische Du, Mensch, Tier, Pflanze, heiliger Berg, desto größer. Seelen durchdringen einander, sind unendlich dehnungsfähig, Widerspruchsfreiheit spielt hier keine Rolle. Seelen können parallel an mehreren Orten sein und gleichzeitig verschiedene Blickwinkel einnehmen, das meint menschliche Verbundenheit. Seelische Spannkraft ist grenzenlos – und grenzenlos mächtig. So intoniert, ist intransitive Macht Evolutionstreiber und Sprungbrett in eine ökologische Welt.

In dieser Welt sind wir uns selbst und allen anderen Wesen Katapult. Wir spiritualisieren durch dieses Selbstverhältnis unsere Evolution, gewinnen Macht über sie durch ein Eintauchen in ihr Prinzip: „heiligen“ das Werden, boostern es mit menschlicher Energie und Schöpfungskraft. Solche Formulierungen sind keine postmodernen Orakelsprüche, sondern die Ableitung eines nächsten Menschenbildes aus der Wiederverortung unserer Gattung in ihrer Abkunft: Ergebnis logischer, fortgeschrittener, angewandter Autologie. Und das macht uns stolz und stark.

17 Existenzielle Aufgabe: Hoffnung schöpfen

Die kalifornische Begeisterung von der Überwindung des Humanen liegt womöglich nicht nur am Selbstverständnis der neuen Welt. Es könnte hier um ein interessantes, allzumenschlich-psychologisches Phänomen gehen; dass wir Menschen, ohne uns das einzugestehen, tiefe Angst vor unserem eigenen springenden Punkt haben: vor dem, wozu wir imstande sind, unserer Selbstmächtigkeit. Auch dafür steht das Bild des Archimedes, der die Welt aus den Angeln hebt: Menschen können – vielleicht – alles: qua Geisteskraft Welten schaffen. Vorsichtig formuliert, verstellen die jüngsten Wissenschaften dieser Perspektive nicht gerade die Sicht.

Womöglich haben wir uns deswegen am Anfang erst einmal weniger Erschreckendes zum Festhalten ausgedacht und einen Spiegel kreiert, einen „Reflektor“, um diesem Punkt nicht direkt ins Auge sehen zu müssen. Der fiktive Referent Gott hat *uns* gemacht, *er* ist der übergroße Schöpfer, wir können in Deckung gehen und sind nur seine Geschöpfe. Das entlastet. Eine vergleichbar komfortable spirituelle Kuschelecke werden wir nie wieder bekommen, und das ahnen wir. Die Kalifornier erhalten sie für uns, Gott darf bleiben –und sie sind erkennbar genervt, dass wir uns nicht dankbarer zeigen. Wer mit Menschen aus dem Valley spricht, merkt das: Sie verstehen einfach nicht, wie Europa die neuesten Entwicklungen so gleichmütig hinnehmen kann, wo unsere Emotionslosigkeit herkommt, die stumme

Blauäugigkeit, mit der wir all das Disruptive nur zur Kenntnis nehmen. Statt aus dem Häuschen zu geraten, drucksen wir herum. Der heimliche Grund: Wir stecken zwischen Baum und Borke. Unsere aktuelle geistliche Komfortzone der Bewusstseinsverweigerung – den alten Logos – aufgeben wollen wir auf keinen Fall, aber das, was die Kalifornier zu bieten haben, kommt auch nicht infrage:

- *Problem No. 1:* Durch die maschinelle Maximierung rationaler, datenbasierter Prognosen versuchen Teile der Tech-Elite, Künftiges vorherzusagen und damit *Sinn zu setzen*. Da unsere Intuition von der Bedeutung unserer biologischen Frühe, der Beginnlosigkeit von Leben und Bewusstsein, systematisch getilgt wird („Singularität ab 2045" und so weiter), gilt: Sinnvoll ist, was rational ist. Man kann Zahlen, Daten und Fakten, treffsichere Prognosen, sprich: Objektivität, nicht widerlegen. Eine kybernetische Gesellschaft unterwirft sich dem Algorithmus nicht aus Kleinmut oder Dummheit, sondern aus Vernunftgründen. Der Code kann Sachlogik einfach besser als wir, unfehlbar – *the machine rocks!*

Damit werden wir Menschen frei, das Gebotene zu wählen.[26] Ist Sinn erst auf objektive Logik reduziert – ist Sinn logisch-vernünftig –, ist dieses Verhalten sinnvoll. Achtung Logik, immer wieder: Das ist kein Paradox! Ist aus Logik Zeit erst herausgekürzt, ist dieser Satz sachlogisch stimmig. Wahrheit ist dann ein für alle Mal unumstößlich fixierbar. Warum sollten wir das nicht anerkennen und dementsprechend leben? Ersetzen wir also Sinn durch Objektivität. Gegen Sinn jedweder Art sind wir aber machtlos. Menschen können sich gegen Sinnhaftigkeit nicht wehren. Wenn Sinn durch Objektivität erzeugt wird, ist der Mensch spirituell tot. Insofern entsteht am Pazifik in ersten Konturen eine in unauslotbare Tiefe reichende hoffnungslose Welt – und darauf reagieren wir schmallippig.

Europa ist noch nicht willens, das Problem klar zu benennen, glücklicherweise aber auch nicht, es tonlos zu akzeptieren. Denn bei Strafe unseres ökologischen Untergangs sind wir heute dazu verdammt, unserer Schöpfungskraft ins

Auge zu sehen: *Wir* müssen diese Welt anders machen, sie wieder auf ein rechtes Maß bringen. Wie wir Europäer bemerkt haben: Gott ist inzwischen weitergezogen (deus absconditus). Er wird das nicht für uns tun. Unsere amerikanischen Freunde haben das Problem gar nicht: Sie ziehen Gott hinterher, mit ihm weiter hinaus – und deshalb ist etwa die Sache mit der Ökologie diesseits *secondary*.

Sofern uns diese Zusammenhänge klar werden, haben wir nichts zu befürchten: Dieses Wissen immunisiert uns gegen ein Kapern des Humanum, denn unsere runderneuerte, diesseitige, säkular-kontinentale Hoffnung ist von anderem Kaliber. Im Begriff Humanität steckt „humare“: bestatten, beerdigen, begraben. Wenn wir humanes Leben reflektieren, sind wir unweigerlich mit Erde, Humus, Schmutz konfrontiert. Menschen sind Staub, Blut und Dreck, und indem wir unsere Nächsten begraben, ihren Körper unter die Erde bringen, sind wir dazu verdammt, dem Tod standzuhalten – erst einmal dem der anderen. Dass wir uns an sie erinnern, ihre Wünsche tragen, ihre Anstrengungen übernehmen und sogar verdoppeln, in ihrem Sinne weitermachen, ist die menschliche Art und Weise, Vergänglichkeit zu bewältigen und auszuhalten. Wir praktizieren das in und durch zeitüberspannende Bindung. Darin liegt Hoffnung – und zwar eine zutiefst menschliche, gattungsbezogene, geerdete; eine wirkliche und dadurch wahre, denn sie wurzelt in den Leben der Menschen, die wir lieben. Den Tod besiegen wir nicht physisch, sondern nur spirituell: Das ist der Einsatz, um den alte und neue Welt ringen.

- *Problem No. 2:* Kalifornierinnen – und viele Apologeten auch bei uns – arbeiten daran, menschliche Existenz vom *Humanen* zu trennen. Unsere technologische Entwicklung erzählt genau diese alternative, grundlegend optimistische Geschichte. Sie ist wirklich, nicht bloß möglich, lässt sich beweisen. Erfolge gibt es en masse, und sie zieht keine weinerlich-verzagten Bedenkenträger hinter sich her, die auf die Bremse steigen – wo wir doch alle Energie brauchen, um anstehende Probleme zu lösen, innovativ zu sein und letztlich auch als altes Europa mit in die neue Welt einzuziehen. *Hope is for pussies.*

Kontinentale hingegen zählen auf jene, die vor uns waren, und auf die, die nach uns kommen – Hoffnung liegt in beiden Richtungen. Unsere Zuversicht ist also tatsächlich überindividuell, aber nicht übersinnlich. Und sie ist nicht denkbar ohne Angst. Schmerzlos funktioniert sie nicht: Wir übernehmen Lebensprojekte von denen, die vor uns waren, gerade eingedenk des Leids, das sie auf sich genommen haben, damit es uns gibt und es uns besser gehen möge als ihnen. Dabei ist uns bewusst, dass wir dem Leid dieser Welt grundsätzlich nicht entkommen können, dass auch wir Leid erfahren werden, *aber nicht dazu verurteilt sind, es zu akzeptieren.* In genau diesem Spalt des Bewusstseins ist Hoffnung beheimatet – vollständig irdisch, diesseitig. Eine andere Welt ist möglich, trotz Menschheitsgeschichte als Katastrophengeschichte.

Aber da ist kein Fortschritt! Wir sind hier, um zu suchen, nicht um zu finden. Das Evolutionsprinzip heißt Sich-Anstrengen ohne Ziel, nicht irgendwann Urlaub im Paradies. Der Weg ist das Ziel, weht es von Ost herüber.

Hoffnung
ist nicht die Überzeugung,
dass etwas gut ausgeht,
sondern die Gewissheit,
dass etwas Sinn hat,
egal wie es ausgeht.
Vaclav Havel[27]

In diesem Unterschied wächst ein Abgrund inmitten des Westens. Die von uns erzählte Gegengeschichte steht nicht auf Seiten des Wirklichkeitssinns, sondern des Möglichkeitssinns. Unser neu-europäisches Menschenbild ruht in der Überzeugung, dass Homo sapiens sapiens nicht nur von Vernunft und Erkenntnis lebt, sondern auch von Berührungen, Liebe, der Resonanz der anderen und den ewig gleichen menschlichen Wünschen und Sehnsüchten für das Morgen. Ohne Letzteres ist der Rest egal.

Wir möchten zum Ende dieses Abschnitts die Gestalt eines solchen „wiederentdeckten“, werdenden Menschen, wie er sich für den spirituellen Frontaufbau gen West zuerst einmal selbst verstehen lernen müsste, noch einmal in vollem biologischem Ornat erstrahlen lassen; auch, um die Tiefe des Abgrunds zwischen neuer und alter Welt zu illustrieren. Die Neurowissenschaftlerin Siri Hustvedt hat klare Worte dafür gefunden, *was der Mensch ist*. Aber Vorsicht: Okzidentale erkennen heute daran kaum mehr Strahlendes, gar Erhebendes. Unsere spirituelle Tradition arbeitet seit zwei Jahrtausenden dagegen an. Amerikaner, vor allem aber Transhumanisten, widert es geradezu an. Die vorwiegend kalifornischen Anhänger des postbiologischen Menschenbildes vollziehen derzeit den nächsten, analogen Sprung zu dem erstmals kulturbegründend vollzogenen der Pilgrims, als diese Europa verließen und gen Westen segelten. Kalifornien bestätigt in unserer Zeit die Identität Amerikas im Transhumanismus neu, beglaubigt damit seinen eigenen Traum und bedient sich dazu der Anorganik. Das Folgende wollen sie mit diesem Schritt endgültig hinter sich lassen und uns alle davon erlösen.

„*Wir Menschentiere nehmen die Welt auf verschiedene Weise in uns auf, beim Essen, Kauen und Atmen. Wir nehmen sie mit den Augen, den Ohren, der Nase auf, und wir schmecken sie mit der Zunge und spüren ihre Beschaffenheit auf unserer Haut. Wir urinieren und defäkieren und erbrechen uns, und wir weinen und spucken und schwitzen und menstruieren, produzieren Milch und Sperma, scheiden Vaginalsekrete aus und Rotz. Unsere Haut bildet die Grenze um uns herum, aber sie ist durchlässig, kann durchstoßen werden, sie ist durchdringbar. Wir küssen und dringen auf vielerlei erotische Weisen in andere Menschen ein, wir kopulieren, und aus manchen körperlichen Verschlingungen entstehen Kinder. Und wenn eine Frau ein Kind gebiert, stößt sie es aus ihrem Körper heraus. Das Neugeborene tritt mit Blut und anderen Flüssigkeiten beschmiert in die Welt ein. Die Plazenta, die Nachgeburt, sickert schlammig aus der mütterlichen Vagina heraus. Und wir alle sterben. Unser organischer Körper verwest, löst sich auf und verschwindet dann aus der Welt.*

Lassen sich diese natürlichen Prozesse von unserem Denken und unseren Wörtern trennen?“[28]

Bewusstseinsgeschichten

Zuletzt stand das Thema Bewusstsein zu Hippie-Zeiten prominent auf der sozialen Tagesordnung. „Am Morgen ein Joint, und der Tag ist dein Freund" – die Leute ließen sich eine Menge einfallen, um zu neuen Horizonten vorzudringen. Doch was ist das überhaupt: Bewusstsein?

In unserer westlichen Tradition ist die Eingrenzung nicht einfach: Der Begriff changiert. *Psychologinnen* reden gern von Zuständen, klassischerweise Wachen, Träumen oder Tiefschlaf, und forschen empirisch. Elaborierte Konzepte über Bewusstsein gibt es hier nicht. Darüber hinaus sind wir dualistisch geprägt, das heißt, wir grenzen Bewusstsein von irgendetwas ab. Wir unterscheiden – Bewusstsein zum Beispiel von Schlaf, Delirium, Demenz oder Lebensstadium (etwa Embryo), und oft scheint dieses Ritual definitorisch schon auszureichen. Die Sache wird weiter verkompliziert durch eine Reihe von Einflussfaktoren mit unklarem Realitätsgehalt, die unausgesprochen mitschwingen und nur in der *theologisch-philosophischen* Auseinandersetzung manifest werden: Konnotationen aus Begriffsfeldern wie menschlicher Geist, Seele oder auch – unmittelbar biblisch – allgemein Heiliger Geist, denn der Leib komme erst durch den Geist Gottes zum eigentlichen Leben (1. Mose 2 etc.). Hier steht Begriffsarbeit im Zentrum. Doch egal, wie wir das nennen: Ohne das Dispositiv Gott geht in der konzeptionellen Debatte nichts; auch, wenn es nicht genannt wird. Es bildet den Frame. Bewusstsein verweist auf *Höheres*: etwas über oder außerhalb der Physik, in jedem Fall außerhalb der klassischen Physik, der materiellen Welt, etwas, das den Menschen veredelt und ihn überragt. Und das funktioniert auch in säkularer, „wissenschaftlicher" Spiegelung ohne Gott: Dann läuft der Verweis eben auf das irdisch Ideale hinaus, das Optimum, das geistig Höchstmögliche. Denn mehr als Bewusstsein geht nicht.

Schlenker zur *naturwissenschaftlichen* Debatte: Sie ist in unserem auf Empirie versessenen Zeitalter derzeit der Platzhirsch und läuft auf einen binnensektoralen Streit der

Fakultäten hinaus. Die einen (Global Neuronal Workspace Theory) behaupten, Bewusstsein entstünde durch eine bestimmte Art der Informationsverarbeitung. Schafft es eine Information auf die zentrale „Informationstafel", die Großhirnrinde, haben die anderen Hirnbereiche also Zugriff darauf, dann ist die Information bewusst – ansonsten machen oder können wir viele Dinge (zum Beispiel schnell auf einer Tastatur tippen), ohne zu wissen, wie wir das zustande bringen.

Die anderen (Integrated Information Theory) behaupten, dass ein System über umso mehr Bewusstsein verfügt, je mehr Informationen es integrieren und vielfältig verarbeiten kann. Bewusstsein ist hier von vornherein quasi eingearbeitet und in seinem Grad abhängig von der informationellen Komplexität. Jede erlebte Erfahrung mit ihren grundlegenden Eigenschaften – etwa, dass sie intrinsisch ist, nur für ihre Besitzerin existiert, in der Zeit passiert, sich von anderen Wahrnehmungen unterscheidet und so weiter – lässt sich *nicht* in Einzelphänomene zerlegen. Die Messgröße Phi erfasst den numerischen Wert des im System inhärenten Bewusstseins. Ist Phi gleich null, fehlt dem System ein Gefühl seiner selbst. Das menschliche Gehirn besitzt ein sehr hohes Phi. Bewusstsein ist laut IIT durch eben diese äußerste systemische Integriertheit in den Gesamtorganismus in Maschinen nicht nachbaubar.

Und dann gibt es noch zwei weitere Theorien, die diskutiert werden: Laut der Predictive Processing Theory ist bewusste Erfahrung die Diskrepanz zwischen den Vorhersagen, die unser Gehirn laufend über die Welt produziert, und dem real registrierten Input. Nur, was den internen Prognosen widerspricht, erlangt Bewusstseinsstatus – Irritation sticht. Der praktische Kern dieses Zugangs heißt Erwartungsmanagement, denn enttäuschte Erwartungen erfordern den hohen Aufwand der Bewusstseinsbildung, und unser Denksystem möchte genau das möglichst gering halten. Bewusstsein ist extrem energieaufwendig und damit ineffizient. Die Theorie des Aufmerksamkeitsschemas wiederum geht von einem Modell seiner selbst aus, über das unser Gehirn verfüge. Gemäß dieser Idee bringen Hirnprozesse unterschiedliche Signale aus der Außenwelt sowie aus dem Körperinneren auf einer Art Radarschirm zusammen – und was dort nicht erscheint, bleibt unbewusst.

Wir gehen auf diese Diskursspektren hier nicht ein. Insbesondere die naturwissenschaftlichen Erklärungsangebote geben für unser Interesse kaum etwas her, da sie Bewusstsein im Wesentlichen dadurch erklären, dass seine neuronalen Korrelate identifiziert werden, also diejenigen neuronalen Strukturen, die ihm zugrunde liegen. Für unsere Zusammenhänge ist das ohne Belang, neuronales Wissen erklärt nicht den intrinsischen Antrieb. Bewusstsein entspricht hier häufig idealtypisch der üblichen Verkürzung auf wissende, strukturell immer besser messbare Reflexion im Kopf. Nach einem irgendwie tragenden, anspruchsvollen somatischen Bezug wird kaum gefragt.[29]

Bevor wir uns dieser Dimension zuwenden und herauszufinden versuchen, was Bewusstsein bedeutet, wozu es gut ist, was es genau macht und wie, betrachten wir auch hier zunächst den metadisziplinären Status quo. Was wird derzeit als Bewusstsein quasi „inhaltlich" (semantisch) gehandelt?

18 Ich bin Ich

Der Kern unseres allgemeinen Verständnisses und Gebrauchs von Bewusstsein ist weitgehend unbestritten: irgendetwas mit Reflexion, Denken und Metaperspektive; das Ich-Bewusstsein, ein selbstreflektiertes Verständnis in der Perspektive der ersten Person. Dies ist der Fokus, der breite Übereinstimmung stiftet. Das mittelhochdeutsche Wort *bewissen* zeigt den geteilten Sinnhorizont etymologisch an, „Wissen über etwas habend" (lat. conscientia, Mitwissen). Bewusstsein gilt unserer Kultur maßgeblich als Effekt des Logos. Die Vernunft erlaubt uns Menschenwesen, selbst überhaupt *wissen zu können,* kognitiv *in Reihe und Struktur zu bringen*, was der Verstand spiegelt; was wir gerade wahrnehmen, wie es uns geht; sinnliche Zustände zu bewerten, genauso wie Erinnerungen und Erwartungen, mentale Zustände. Die Vernunft trägt das Potenzial zu Bewusstsein in sich: Als vernunftbegabte Wesen sind wir der Anlage nach unserer selbst bewusst. Nachvollziehbarerweise interessiert das die Gehirnforscherinnen kaum, bloß forschen sie unleugbar in genau diesem Frame – mit Konsequenzen für ihre Deutungen.

Unser Logos arrangiert das Mentale in gültigen Zusammenhängen, zieht Schlüsse, erkennt Bedeutungen, baut Regeln oder Prinzipien darauf auf. Er ist der Rahmen, aus dem beinahe alles Weitere folgt – unter anderem Bewusstsein. Dadurch werden wir uns klar über uns, *es zeigt uns das alles an,* lässt es einsichtig werden – ein spätes Produkt menschlichen Denkens. Das Ich wiederum ist dafür die Vereinigung und Verengung, quasi das Brennglas, das all dies bündelt. Sein Wissen sei unhintergehbar – es „setzt sich selbst". „Ich bin Ich" (Fichte): Denke dich selbst! Damit ist auch gleichzeitig wiederum die Vernunft erzeugt.[30] Bisher gilt: Wir können den Logos zuschalten oder mitarbeiten lassen und geben uns damit die Chance, uns geistig selbst zum Gegenstand zu nehmen. Praktizieren wir das, so die etablierte Erzählung, fließt automatisch Bewusstsein zu. Alle Wissenschaftsdisziplinen handhaben das so, nur konzentriert sich jede auf andere Facetten. Zusammengenommen bewirkt all dies bewusstes, in elaborierter Form reflektiertes, vernunftbegabtes Sein: unser bewusstseinsfähiges Ich. Dies macht den Unterschied zum Tier.

Dieses Gesamtpaket, so speziell die *geisteswissenschaftliche* Ergänzung, ist eine Draufgabe Gottes, ein Zusatzgeschenk („Bonus-Track", wie Douglas Hofstadter ironisierend formuliert[31]), das er nur *uns* gemacht hat; metaphysisch gewährtes Privileg, nicht Biologie. Zwar haben auch höhere Säugetiere in gradueller Abstufung etwas, das sie beispielsweise lernen lässt, Werkzeuge zu nutzen, Fehler nicht zu wiederholen, beste Lösungen herauszufinden und so weiter; auch das mag Bewusstsein heißen. Bei einigen Affenarten wurde Metakognition entdeckt, auch höhere Säugetiere können über das eigene Wissen reflektieren. Und es mehren sich Berichte über Empfindungen, die in die Nähe dessen rücken, was Freud das „ozeanische Gefühl" nannte (Affen betrachten im Rudel den Sonnenuntergang, Anthropologen beobachten Verhaltensweisen, die einen rituellen Umgang mit Grabstätten toter Artgenossen nahelegen, vgl. Abb. 6 und Ähnliches[32]). An unsere Edelvariante reicht all das nicht

Abb. 6: Affen am Grab
Oben: Ein erwachsener männlicher Schimpanse wirft einen Stein, schleudert einen Stein (Boé, Guinea-Bissau) und schlägt einen Stein (Comoé GEPRENAF, Côte d'Ivoire). Unten: Landschaft in Boé, Guinea-Bissau: in einem hohlen Baum angehäufte Steine, ein von Schimpansen angehäufter Steinwurfplatz und zwischen Stützwurzeln angehäufte Steine. (Quelle: Kühl et al. 2016, S. 2, vgl. Anm. 32.)

heran, allein der Fakt der Kulturbildung zeigt an, dass bei uns mehr im Spiel ist. Auch Kulturphilosophie und Teile der Sozialwissenschaften operationalisieren daher Bewusstsein als Bonus-Track. In der Philosophie des 20. Jahrhunderts wurde zwar eine Menge investiert, um die metaphysische Grundannahme zu säkularisieren (von Heidegger über Wittgenstein und Ryle bis zu Derrida)[33], doch diese zumeist sprachanalytischen Bemühungen verändern kaum etwas an der dominanten Diskursanlage – die Storyline steht.

Uns geht es hier jedoch um Bewusstsein aus der Innensicht, nicht um die externe Perspektive eines Beobachters. Dazu sind zwei Abgrenzungen nötig: Zum einen meint dies keine Introspektion. Haben wir zum Beispiel Bauchschmerzen, verfügen wir zwar über eine privilegierte introspektive Empfindung dieses Schmerzes, die nur uns bewusst ist. Das bedeutet aber nicht, dass wir aufgrund dieser Unmittelbarkeit auch *wüssten*, was die Schmerzursache ist (Grippe, Blinddarm, Gallensteine, Leistenbruch bis hin zum Herzinfarkt). Introspektives Bewusstsein ist kein reflexives Vollbewusstsein in dem Sinne, dass es die Bedingungen von Fassbarkeit, Deutlichkeit oder sachlicher Identifikation implizierte. Um herauszufinden, was ich eigentlich habe, ist eine externe Expertise vonnöten. „Authentische" Introspektion ist für ein klares Bewusstsein mitunter sogar hinderlich. Das Tiefenbewusstsein der asiatischen Mediation zeigt das an; hier sind wir im Deep Dive – *gewollt* ohne Reflexion. Diese Abgrenzung beleuchtet ein für uns wichtiges Merkmal von Bewusstsein: Wir lehnen seine Färbung durch Vernunft nicht ab, sehr wohl aber deren definitorische und wirkungspraktische Dominanz etwa im Ich-Bewusstsein.

Zum anderen meinen wir auch keine Bewusstheit; also nicht das konzentrierte Streben nach Gewahrsein im momentanen Denken und Fühlen, einen auf das punktuell zusammengezogene Hier und Jetzt feinjustierten Fokus, wie traditionell überlieferte Geistesübungen ihn anstreben. Bewusstheit hat immer mit Lenkung und Achtsamkeit zu tun – wir sind jedoch auf der Suche nach einer genuin menschlich-geistigen Einheit, Nicht-Spaltbarkeit, Nicht-Lenkbarkeit, auf der Bewusstheit *beruht*, die Bewusstheit erst ermöglicht. Nur ein bewusstes Wesen kann seine Aufmerksamkeit auf etwas richten, das für es geistig *grundsätzlich* bedeutsam ist. Wir möchten also das soeben hervorgehobene Merkmal von Bewusstsein, das Asien für zentral hält, retten und für unseren Frame umformen, indem wir beide „matchen". Unsere gedankliche Entscheidung lautet, die logozentrisch gesetzten Hierarchiestufen von Bewusstsein und Vernunft zu tauschen. *Vernunft ist ein Tool des Bewusstseins, nicht umgekehrt.* Damit ändert sich die Erzählung.

Um den logozentrischen Fehlschluss von vornherein zu unterbinden, bauen buddhistische Traditionen oder das hinduistische Yoga personale und soziale Identifikationen (Ich) systematisch zurück. Das, was unserem Logos entspricht, soll hier gerade verhindert und durch Konzentration verunmöglicht, abgeblendet werden. Denken stört. *Beide* Positionen: Logos – als kontrollierte Reflexion, Weltzugewandtheit *durch* Denken – und konzentrierte Wachheit *ohne* Denken *miteinander zu verbinden*, also die beidseitige Vereinseitigung zu überwinden und eine Art von in menschlichem Bewusstsein eingebetteter Reflexion zu grundieren, wurde bisher noch nie versucht. Dieses Experiment hat nirgendwo auf dem Planeten eine regional-kulturelle, geospirituelle Grundlage, daher lag es bisher nicht nahe.

Durch die Globalisierung sich vermischende Kulturen legen diese Idee jedoch nahe; sie beginnt, sich von selbst aufzudrängen. Genauso empfinden wir das: Sie liegt in der Luft als vage Erinnerung an das, was wir auf unserer Kontinentalplatte schon einmal hatten – freilich in noch nicht elaborierten Vorstufen reiner Möglichkeit, zu denen *der Strom der Zeit uns nun evolutiv drängt* (wir kommen im Folgekapitel darauf zurück). Genauer interessiert uns die Verbindung von Logos – Wort-Vernunft-Geist, auch Wissenschaft – und dem spezifisch asiatischen Zugriff auf Geist, dem ein schwer artikulierbarer, kosmischer, unteilbarer Einheitsglaube zugrunde liegt. Westler könnten auch sagen: eine besondere Kraft der Evolution.[34] Verdeckt und schrittweise zeigt sich dieser asiatische Einheitsglaube auch bei uns: in dem kybernetischen Versuch, psychische Phänomene in materiellen Modellen zu simulieren, denn auch dies geschieht auf Basis eines völlig unklaren Einheitsglaubens. Für Ingenieure spielt er bloß keine Rolle.

An dieser Stelle ist noch eine weitere wichtige Erklärung fällig: Wir unterstellen keinen hintergründigen Fluchtpunkt der Welt (Eschatologie). Die „Einheit“ des hier angesprochenen Glaubens läuft noch nicht einmal auf eine bestimmte Richtung hinaus. Die Evolution hat kein Ziel, keinen Zweck, kein sachlogisch-finalistisches *telos*. Aber: Möglicherweise hat sie ein *zeitlogisch*-finalistisches! Hier liegt die Kern einer säkularen Religion. Der Unterschied gründet im Verständnis von Evolution und Zeit; und zu dessen Ausleuchtung brauchen wir zwingend die jüngeren Wissenschaften.

19 Evolution

Etwas plausibler wird dieser unvertraute Gedankengang, wenn man sich an der quantenphysikalischen „Umkehrung von Seinsverhältnissen“ orientiert: Für die moderne Physik gilt Werden, nicht Sein. Der Physiker Henri Poincaré, der Albert Einstein tief beeindruckte, hat diese in ihrer Struktur nicht einfache Umkehrung anschaulich an einer gedanklichen Drehung von Ding und Beziehung illustriert. Wir leben bisher in dem Glauben, am Grund des Seins seien Dinge oder Materie, Moleküle, Atome, Elektronen oder Protonen. Die bisher letzte Entdeckung in dieser Reihe heißt Higgs-Teilchen. Konzeptionell im Vordergrund steht dabei die Materie, und erst dann kommen die Verhältnisse, die die Materie in eine Ordnung bringen – matter *first*, relations *second*.

Poincaré betrachtet das genau andersherum. Er sieht die Regeln der Welt nicht darin, objektive Wahrheit beziehungsweise die Wahrheit der Objekte zu realisieren, die letztendlich Realität ausmachten, sondern *verbindliche, solide, dauerhafte Beziehungen zu ermöglichen.* Daraus bestünde die Welt: Und Bestand geben ihr nicht die Dinge, sondern die *Ordnung* der Dinge. In dieser Wendung liegt eine gedankliche Revolution. Sie fundiert zwar die Quantenphysik, in unseren geistigen Verhältnissen jedoch betreiben wir bis heute einen gigantischen Aufwand, um nicht zur Kenntnis nehmen zu müssen, was das bedeutet – und zwar nicht nur für die Wissenschaft, sondern auch für uns Menschen, unser Denken und Selbstverhältnis.

> „*Man könnte sagen, die Wissenschaft sei nur eine Klassifikation, und eine Klassifikation kann nicht wahr, sondern nur bequem sein. Es ist aber wahr, dass sie bequem ist; es ist wahr, dass sie es nicht nur für mich, sondern für alle Menschen ist; es ist wahr, dass sie für unsere Nachkommen bequem bleiben wird; und es ist endlich wahr, dass dies nicht zufällig sein kann. Kurz gesagt, die einzige objektive Wirklichkeit sind die Beziehungen der Dinge, aus denen die Harmonie der Welt hervorgeht.*“[35]

Wir formulieren um: ... in denen wir eine Harmonie der Welt *suchen*. Ob es eine gibt, wie Poincaré behauptet, sei dahingestellt, wir würden jedenfalls zu gern eine finden, und das lässt uns suchen. Mehr können wir dazu im Augenblick nicht sagen. Die Quantenphysik ist die bisher illustrativste Analogie zu demjenigen Modus von Denken, Vernunft und Glaube, den wir hier konturieren, denn in dieser Disziplin hat die wissenschaftliche Wahrnehmung *grundsätzlich* die Natur eines kreativen Aktes an sich. Für klassische Wissenschaften ist das eine Absurdität. Das dadurch fundamental veränderte Verständnis von Wahrscheinlichkeit etwa führt zu einem strikt futuristischen Begriff – er ist nur mehr Möglichkeit einer ganz *bestimmten* Gegenwart, keine kontextfreie Aussage mehr. Wäre die Gegenwart anders, wäre auch der „Zukunftswert" dieser Wahrscheinlichkeit anders. Wahrscheinlichkeit fingiert (!) durch ihre radikale Fokussierung auf Situation und Kontext die absolut spezifische Art und Weise, wie die Dinge zum Zeitpunkt *t* geordnet sind und zusammenhängen; ein Wissen also, für das es *keine Vergangenheit* (!) gibt. Es beinhaltet – weil Wahrscheinlichkeitsangaben ja eine Art Prognose vornehmen – deshalb logischerweise immer „fantastische" Gehalte. Wahrscheinlichkeit wird so zu einem quantifizierenden Ausdruck dessen, *wohin der Strom der Zeit evolutiv drängt*.[36]

Dass Zeit überhaupt irgendwohin drängen könnte, entspringt selbstverständlich unserer Fantasie. Wir denken hier auf Basis eines Modells, *wie immer*, bloß müssen die neueren Naturwissenschaften ihre Modelle ausweisen – im Unterschied zu „Wissenschaften" der traditionellen Vernunft, die ihre Autologie für sich behalten. Unsere Kernidee einer *Spiritualisierung des Evolutionsgeschehens* lässt sich darüber (und erst an diesem Gedankenpunkt) präzisieren: Was wäre, wenn diese kryptische, zeitdynamisierte Kraft der Evolution eine reine Funktion darstellte; ein imaginäres, quasi virtuelles, für Menschen *geistiges* Prinzip, demgemäß nicht das Finden die Entwicklungsgeschichte voranbrächte, sondern das Suchen (unendlich: in der Zeit)? Des Menschen Geschick – seine geistliche Aufgabe – wäre eine überzeitliche Fahndung nach ihm gemäßem, immer gemäßerem Potenzial, das ja beständig im Werden ist, überall, zu jedem Zeitpunkt. Unser Auftrag lautete: immer weitermachen mit Suchen.

Dem entspräche die Option einer dynamischen, geradezu auf Entwicklung geistigen Selbstbehandlung, die wir immer weiter aufstufen könnten, bis sie Formen und Eigenschaften annimmt, die bei ihren bescheidenen Anfängen unvorstellbar waren. Evolutionäre Prozesse blieben in diesem Vorstellungsmodell wie gehabt blind und richtungslos, ohne Fluchtpunkt, würden *aber* oder *nur* – je nach euphorischer oder relativierender Wertung – eine bestimmte Art des Werdens von sich aus wahrscheinlicher machen. Was sie genauer förderten, ist das Ausprobieren von Gestaltungskonzepten, die *für uns funktionieren* (das ist alles!) und dann als Nahrung für eine höhere Struktur dienen können.[37] Der Gedanke ist im Grunde nicht schwierig, bloß einmal mehr extrem kontraintuitiv. Eine geradezu manisch findungsversessene, wahrheitsorientierte, ziel-, erfolgs- und leistungsorientierte Gesellschaft kann ihm nur verständnislos gegenüberstehen. Ist nicht überall *telos*? Wollten wir es nicht bis zum Höchsten und Besten bringen? Sind wir Gott das nicht schuldig?

So *war* das. Womöglich gibt es in Menschengeschichten aber gar kein *telos*! Womöglich ist das Wichtigste abhandengekommen: Vor lauter Zielen achten wir nicht mehr hinreichend auf die subtilen Veränderungen unseres Weges. Das lässt sich auch in eine andere, vertikalisierende Bildsprache übersetzen, die uns Westlern vertrauter ist. Während okzidentale Kultur und Religion die Welt bisher auf etwas potenziell Höheres zurückführen (Ideen, Gott: top-down), darüber *meta*physisch beziehungsweise idealistisch und perfektionsorientiert wurden, entwirft die Evolution (der Weg des Werdens: bottom- up) alles aus sich heraus auf etwas Höheres *hin*: von simpelsten Formen, dem Unten, zu mehr Komplexität, Strukturreichtum, qualitativem Wachstum. Ein Limit beziehungsweise *telos* setzen hieße, das Spiel beenden: Sein zum Tode.

Noch anders, zeitlogisch formuliert: Bisher versetzen wir uns als Okzidentale automatisch auf den imaginären Standpunkt von Gott oder einer Idee und schauen von diesem überzeitlichen Optimum auf den müden Abklatsch dieses Ideals in unserem weltlichen Gewerk hierarchisch und *sachlogisch (!)* herab. „Alles nicht perfekt!" Ein unterkomplexer Fehlschluss. Für dieses Dauer-Einrasten der generalisierenden, sachlogischen Vogelperspektive sorgt unser mentales Hauptwerkzeug, der hierarchisierende Logos. Kommen wir hingegen „aus" der Evolution, von unserer Frühe her, schauen wir nicht von oben in höherem Wissen herunter, schon gar nicht sachlogisch, sondern immer nur zeitlogisch von unserer Frühe herauf. Damit relativieren sich alle Eichungen „von oben“: Gott, Utopien, Visionen, Absichten, Wünsche oder, in Alltagsversion herunterkalibriert: Prinzipien, Pflichten, Gebote, Regeln, Gesetze, Normen, Standards. Wir wollen künftig in Perspektive unserer Abkunft bleiben als zeitliche Wesen. Die Sichtachse ist biorational geeicht, ausbalanciert.

Plädoyer unserer Erzählung: die Anreicherung unserer angestammt-privilegierten, vernunftzentrierten Sachlogik mit in der westlichen Kultur völligverdrängter Zeitlogik. Das ist alles. Wir lassen nichts weg, sortieren nichts aus, sondern nehmen etwas hinzu und wechseln dadurch von Exklusion zu Inklusion. Folge: Eine *Meta*physik wird nicht mehr benötigt. Was soll das auch sein? Je weiter wir auf dem Feld mehrwertiger Logik voranschreiten – das heißt, je mehr wir lernen, dass es neben Sachlogik noch Soziallogik, Zeitlogik, Schleifen und anderen ontologischen *fancy stuff* gibt –, entpuppt sich Metaphysik als sinnfreier Begriff. Auch Immaterielles wie Zeit ist schließlich physikalisch erfassbar; ziemlich wahrscheinlich ist alles, was auf Erden „ist“, physikalisch irgendwann erfassbar. Dass wir noch nicht wissen, wie, ist kein Argument dagegen.

Aber: In der hier beworbenen Perspektive, in unserer Geschichte, ist der Begriff der Metaphysik trotzdem achtenswert, keinesfalls herabsetzungswürdig! Wir haben sie gebraucht, wir hatten sie über zwei Jahrtausende bitter nötig, und sie hat uns gute Dienste geleistet. Metaphysik war eine erfolgreiche gedankliche Krücke für eine Zeit, in der wir den enormen Komplexitätsgrad autologischer, in sich verwickelter Verhältnisse, dem wir uns erst allmählich annähern, noch nicht bewältigen konnten. Wir haben einfach ein *telos* unterstellt, sodass wir uns mit der verwirrenden Autologie des Werdens nicht herumschlagen mussten – was uns ohnehin überfordert hätte. Evolutionär betrachtet, wollen wir inzwischen jedoch weiter. Und dazu müssen wir etwas verändern.

Zwischenfazit: Was bedeutet dieser Vorschlag?

Womöglich ist menschliche Geistes- und Schöpferkraft ein unendliches Verschieben von Proportionen. Womöglich ist das ihr Zweck. Neue Fragen wären: „Kaufen" wir einer diffus-allgemeinen Energie des All-Einen Lebendig-Menschliches, Geistiges „ab"? Womöglich erobern wir im Laufe unserer Gattungsgeschichte stetig neues, tieferes, bewussteres Gelände, auf dem wir unsere Wirkungskraft ausprobieren und potenzieren können; und zwar nicht *gegen* unsere Evolution, sondern *mit ihr* und *durch sie* – in einer, durch neuere Wissenschaftserkenntnisse nahegelegten, vielleicht irgendwann verstehbaren „Parallelaktion" von universeller Energie und menschlichem Geist? Das ist der heiße Kern unserer Geschichte: eine Spiritualisierung der Evolution, die zwar von irdischem Leben ihren Ausgang nimmt, den Grundimpuls setzt, aber womöglich einem kosmischen, raumzeitlichen Maßstab folgt. Beispiel: Erreichen wir über das Erlernen von Zeitlogik eine geistige Reichweite, die uns tatsächlich zu einer extraterrestrischen Gattung qualifizierte, also unsere räumliche Expansion quasi natürlicherweise zur Folge hätte? Das ist echte Zukunftsforschung. Wir arbeiten daher bis auf Weiteres mit einer methodisch systematisierten Fiktion. Sehen wir mehr, passen wir das Konzept an.

In diesem Horizont könnten wir Evolution *selbst* (!) geradezu züchten. Hier ist alles zu erwarten, von Zeitpunkt zu Zeitpunkt neu Unvorstellbares, weil das Unvorstellbare mit jedem unserer Schritte weiter wegrückt und sich dabei fortwährend potenziert. Die entsprechenden – zeitlogisch für uns allerdings noch extrem undurchsichtigen – Gedankenfiguren stellen die modernen Naturwissenschaften inzwischen zur Verfügung, man muss sie allerdings zur Kenntnis nehmen. Die damit vor uns liegenden Möglichkeiten haben wir gestreift (Kap. 5): Kultur ist genau deswegen grenzenlos. Sofern sie der geistigen Konstitution des Menschen gerecht wird, kann die Welt, die sie konstruiert, jede vorstellbare Form annehmen.

20 Bewusstsein

Das Kuriose an dieser evolutionären Logik ist, dass es dabei um ein Erinnern geht; um eine Uralt-Weisheit. Uns fällt im frühen 21. Jahrhundert etwas wieder ein. Diese Idee kam in der westlichen Kultur schon einmal kurz zu Wort, hat sich vom Mythos gerade noch in unser Zeitalter hinübergerettet: das Wissen darum, dass *alles fließt*. In der darauf folgenden Neuorientierung unseres Denkens – der Gründung des Okzidents in der Achsenzeit – haben wir sie „vergessen“ und in Richtung eines unverständlich-dunklen Mythos justiert.

Inzwischen können wir an unsere alte Weisheit wieder anschließen: an unsere eigene beginnlose menschliche Frühzeit. Solange wir uns nicht technisch überformen, qua Selbstverhältnis irdische Sterbliche bleiben, ist sie unverlierbar. Zwar liegt diese biologische Quelle uneinholbar zurück, aber unsere kulturelle Entwicklungslinie lässt sich in verwandelter, bewusster Zeitlogik mit dieser Wurzel wieder vereinen. Und erst nach diesem umwegreichen gedanklichen Vorarbeiten und Aufräumen können wir klarer sehen, *was Bewusstsein eigentlich ist.* Wenn wir spirituell weiterkommen wollen, hängt davon alles ab. Was also macht Bewusstsein, wie macht es das, und was *ist* es letztendlich?

1. Was *macht* Bewusstsein?
   Wir bauen mit einer zeitlogisch unterwiesenen Beziehungsstiftung zwischen Vormals und Heute, zwischen unserer Abkunft und der Moderne, geistig an und lassen unser Denken strukturreicher werden. Wir nehmen einen spirituellen Auftrag an, potenzieren unserer Anlage und nehmen dazu etwas Altes wieder auf, einen vom Logos als störend entwerteten Geistesrest, integrieren ihn in unser zeitgenössisches Denken. Eine autologische Bewegung also. Dadurch gewinnen wir geistige Substanz, aber kein bloßes *Mehr* an Wissen, das man erarbeiten, das man sammeln müsste. Vielen erscheint dies mittlerweile sinnvoll und befriedigend; es fühlt sich richtig an. Soll heißen: Das ist ganz offensichtlich kein Werk des Logos. Was wir hier tun: *Wir bereichern uns seelisch an uns selbst.* Diesen Mechanismus nutzen wir fortan strategisch.

Genau das praktiziert Bewusstsein. Tagesgeschäft: Dank seiner können wir in unserer Existenz als Menschen immer tiefer „in uns selbst" graben, ohne ein Außerhalb nötig zu haben; uns immer besser verstehen. Diese Aktivität hat zwei Richtungen: Bewusstsein kalibriert, bildlich gesprochen, hinter der Kulisse alles, was geschieht, am Frühstadium; das ist Auftrag 1. Es *wertet* – als geistiger Instinkt – beharrlich und unbeirrbar entlang unserer biologischen Natur. Je gründlicher, feinfühliger diese abgleichende Tiefbohrung ausfällt, je mehr das Bewusstsein „seine Blende öffnet", desto mehr geraten wir in die Lage, das zu überwachen, was wir bereits wissen, was wir denken und tun, und unausgewogene, inhumane Entgleisungen zu bemerken. Das ist Auftrag 2 – und Trainingseffekt von Auftrag 1. Beides sind Kontrollen, die sich gegenseitig bedingen. Dabei greifen Phylogenese und Ontogenese ineinander. Insbesondere gilt: Der zweite Effekt ist ohne den ersten nicht möglich. Wir können unsere Gattung biopolitisch nicht überwachen, wenn wir die frühzeitliche Achse, unsere Abkunft, nicht wahrnehmen; wenn wir uns nicht klar machen, was der Mensch ist.

Zu den Hauptaufgaben des Bewusstseins gehört es, darauf zu achten, dass der Logos das Bewusstsein und ganz prinzipiell den Bios nicht kapert und okkupiert; sich nicht selbstständig, „sein eigenes Ding" macht. Das kann er nämlich meisterlich, hier liegt die bisherige Traditionslinie. Und deshalb wurzelt in den Hauptaufgaben des Bewusstseins eine Fundamentalkritik von dem, was wir Westler Logik nennen – und damit, was wir gerade tun.[38]

Abgesehen von akuten Krisen, ist eine der größten Gefahren der industrialisierten Welt der monströse Kern westlichen Denkens: In der Rolle eines Welteningenieurs Freiheit und Notwendigkeit insofern kurzzuschließen, als mit treffsicheren Verhaltensvorhersagen möglich und zu Steuerungszwecken nutzbar werden. Diese Prognosen erlauben solche Angebote, zu denen wir selbst *von Natur aus geneigt sind, ohne es zu wissen.* Soll heißen: Unsere Verhaltensmuster werden gemessen, bestimmte davon als wahrscheinlich erkannt, diese prognostiziert und mit entsprechend passenden Angeboten unterfüttert; die *erwartete Verhaltensantwort quasi ausgelöst* (Vorbild Pawlow'scher Hund). Wie durch ein Wunder treffen wir als Kunden oder Wählerinnen dann immer häufiger auf genau das, was wir uns auch gewünscht hätten, wenn uns vorher jemand gefragt hätte. Menschen werden auf diese Weise langfristig immer mehr das wollen, was ihnen angeboten wird. Die Freiheit der Wahl wird damit zunächst unmerklich eingeschränkt und dann stückchenweise auf tiefster Ebene eliminiert. Oberflächlich gelten weiterhin Demokratie und Wahlfreiheit: du *musst* ja nicht wählen oder kaufen.

Darin liegt eine potenzielle humane Katastrophe – *nicht in Verhaltensmessungen oder Prognosen als solchen!* In logozentrisch verengtem Denken wie unserem sind Beschreibungsmuster wie unseres allerdings nur eines: technologiefeindlich, denn diese Version schließt beides kurz und keiner merkt etwas. Der informationstechnologische Verweis auf den Komfort einer datenbasierten Gesellschaft wird problemlos darauf hinweisen können, dass wir letztlich zu jedem Angebot immer auch Nein sagen könnten. An der westlichen Oberfläche der Welt – ohne Tiefenbewusstsein – ist das nicht nur korrekt, sondern auch empirisch beweisbar. Tech-Eliten nutzen diesen Bias systematisch aus: Solche Schwarzmalerei sei mentales Vorgestern, Pessimismus, und bei der Mehrheit der gegenwärtigen „Verantwortungseliten" ist nicht entscheidbar, ob sie dieses rhetorische Spiel nicht durchschauen wollen oder können. Hier bestehen Interessenkonflikte mit hoher Sprengkraft.

Dem hintergründigen Beginn einer Anti-Zivilisation, einer „biopolitisch" totalitären Gesellschaft, ist mit der bisherigen Schmalspurversion von Vernunft jedenfalls nicht beizukommen, an dieser Stelle implodiert jede Möglichkeit argumentativen Überzeugens. Hier zeigt sich ganz praktisch die Dringlichkeit einer Aufstufung von Vernunft mit Hilfe ihrer Kontrolle durch „evolutionsreflektiertes" Bewusstsein. In der Erkenntnis dieser Verhältnisse liegt aber auch etwas zutiefst Faszinierendes und Beglückendes: Auf diesem Plateau standen wir schon einmal! Wir kehren heim. Wir können und dürfen nun endlich unsere eigene alte Weisheit anerkennen, würdigen und für Heutiges nutzen, in dieser Heimat *waren wir schon* – Bloch irrt.[39] Zu uns gehörige, quasi vorzeitliche Mythen berichten davon, und auch aus der griechisch-römischen Antike gibt es zahlreiche, freilich zur damaligen Zeit schon dem kulturellen Vergessen anheimestellte Dokumente eines solchen „seinsbewussten" Verständnisses der Welt. Soll heißen: Wir beheimaten uns endlich wieder in unserer eigenen Tradition. Auch das bedeutet in unserer geistigen Situation der Zeit Bewusstseinserweiterung.

2. Und *wie* praktiziert unser Bewusstsein das?
   Ab jetzt geht es um die Objektivität der Dinge *und* um die Relativität der Ordnungen. Wir haben uns bewusst gemacht, dass Dinge und Ziele, verkürzt formuliert, nicht nur „nicht alles" sind, sondern womöglich „noch nicht einmal das" – meint: ein unwichtiger Teil, spirituell schlicht irrelevant, nichtig. Die Objektivität der Dinge hilft uns Menschenwesen geistig kein bisschen weiter. Dieses Bewusstseinslevel markiert eine neue, deutlich anspruchsvollere und *endlich auch für eine komplexe Welt angemessene Mögichkeit* für vernünftiges Denken. Als Aufstufung ist sie aber keine Leistung des Logos, sondern unseres Bewusstseins, *das sich des Logos bedient*. Das ist der Arbeitsmodus.

Noch einmal wiederholt: Der hier markierte evolutionäre Entwicklungssprung ist nicht allein durch ein Mehr an Denken möglich, durch ein in der Vernunftmechanik lediglich expansives Besser, durch eine Intensivierung des immer Gleichen, jetzt plus Bias- und Neuro-Forschung, sondern nur durch eine Zusatzqualifizierung von strukturreicherer, komplexerer Art: durch bewusstes Denken. Bewusstsein ist keine Metakognition! Als konzentrierte, fokussierte Wahrnehmung ist es ontologisch *höherwertiger* als Denken. Es ist intelligenter: lat. intellegere (von inter: dazwischen und legere: sammeln, wählen, lesen); kein Produkt von Wissen, sondern etwas, das *zwischen* oder *unter* den Zeilen des Denkens liest und liegt. Vorerst müssen wir hier metaphorisch bleiben. Es ist zweifellos eine geistige Energie, die wir bislang – im Gegensatz zum konkret-produktiven Denken – noch nicht messen können. Was wir jedoch messen können, ist die *Wirkung* des Bewusstseins auf Gehirn und

Denken (zu diesen brisanten Forschungen vgl. Kap. 26). Und, eine weitere Kuriosität von ersten wissenschaftlichen Erkenntnissen auf diesem Gebiet: Die Stille von Denken ist ein Sprungbrett für Bewusstsein. Möglicherweise auch eine Voraussetzung. Vielleicht eine Funktion. Alles Zukunftsforschung.

3. Zur Kardinalfrage: Was also *ist* Bewusstsein?
   Uns Westler hilft am meisten, Dinge begrifflich auf den Punkt zu bringen (künftig auch Relationen, wir kennen deren Naturgesetze bloß noch nicht). Bewusstsein ist ein – wir vermuten: genetisch inkorporierter – Kontrolleur unseres Gesamtzustands, unseres psychosomatischen Selbstverhältnisses. Er macht uns reif, kräftig und widerstandsfähig gegenüber Störungen und steht im Dienst des Lebens, des Überlebens. Was unsere automatisierten Zellreparaturen von sich aus schaffen, etwa Wunden heilen zu lassen, eine Krebsoperation oder Amputation verkraftbar zu machen, besorgt das Bewusstsein auf geistig-energetischer Ebene. Bewusstsein ist die geistige Immunantwort von Homo sapiens sapiens auf die Welt.[40] Es „sorgt“ dafür, dass wir hinsichtlich unseres Selbstverhältnisses als Menschen nicht wegdämmern, einschlafen, dass wir wach, Menschen bleiben. Nur dann funktioniert Evolution: Wir müssen im Werden bleiben. Bewusstsein bewacht das Leben. Es ist ein Wächter, ein genuin humaner Instinkt. Was es nicht vermag: sich wehren, wenn es willentlich-absichtsvoll dekultiviert wird. Als Survival-Kit ist es unschlagbar, hat bisher ausnahmslos funktioniert, aber es stirbt ab, wenn wir es nicht wollen.

Bizarre Weisheit des Bewusstseins: Menschen können unendlich klug und produktiv sein, geistig rege, schöpferisch, und trotzdem ihr Menschsein vergessen. Die Sphinx verkörperte diese Weisheit im Weltlichen, das war ihr Daseinszweck, eine symbolische Entäußerung, genauso wie sämtliche mythischen Wächterfiguren um dieses bewussten Wissens willen existierten. Bloß sind sie inzwischen abgetreten und ihren Job kann nicht die Vernunft übernehmen (vgl. Kap. 14)! Hier kommen wir nicht um eine Änderung unserer Geistesarchitektur herum und setzen deshalb Bewusstsein über Vernunft. Wir sind von Anfang an bewusstseinsfähige Tiere, weil unser Organismus sofort gelernt hat, dass eine stabile, balancierte, sozusagen gesunde Welt nicht existiert. *Deshalb* hat er Bewusstsein entwickelt – und das, eine weitere disruptive Kleinigkeit unserer Geschichte, haben daher hochwahrscheinlich alle Lebewesen. In Graden selbstverständlich. Das Bewusstsein steht immer auf der Seite irdischen Lebens: Es erlaubt uns, durch seine Verwobenheit in Sinne und Wahrnehmung, als verkörperlichte Sorge, Ein- und Anpassungen wegen Ereignissen vorzunehmen, die uns die Welt andauernd zumutet: Gefahr, Zweifel, Enttäuschungen, Trauer, Irrtümer, Überraschungen, Krankheit.

Für nüchterne Geister: Bewusstsein ist das Ergebnis evolutionären Lernens. Unser Organismus setzt von vornherein auf Leid, nicht auf Glück, und *unser okzidentaler Logos arbeitet seit jeher genau dagegen an.* Er will kein Leid, Punkt. Nicht das allmähliche, etwa technische Auslöschen von Leid, sondern das erfolgreiche *Bestehen* von Leid ist die Voraussetzung für Glück: indem wir ständig Bedeutung kalibrieren, Schädigungen ausbügeln, Notlösungen erfinden, Auswege suchen und Sackgassen vermeiden, uns aus der geistigen Todeszone heraushalten, Verlorenheit und Verzweiflung wegarbeiten. Das zu erkennen, dazu brauchen wir Bewusstsein. Es ist gleichzeitig Glutkern der viel beschworenen Resilienz.

Zwei Ergänzungen aus Zukunftsforschungssicht

(1) Was es im Kontext dieser Überlegungen vielleicht zu entdecken gibt (Hypothese), ist ein bisher übersehenes biologisches Element in Zusammenhang mit unserer lange qualvoll erfahrenen Leidensgeschichte der Frühzeit; etwas, das unser Bios allmählich entwickelt hat, um sogar unsägliches Elend für uns irgendwie überlebbar, durchhaltbar zu machen, vielleicht sogar evolutionär auszunutzen. Bewusstsein mehrt unsere Überlebenschancen. Selbstverständlich: Wir bewegen uns hier im spekulativen Bereich. Wenn sich erhärten sollte, was die Epigenetik im Kontext ihrer Forschungen zur Traumaverarbeitung zutage fördert, ist denkbar, dass

sich unser Organismus nach Jahrtausenden unvorstellbarer körperlicher und seelischer Qualen durch die evolutionäre Entwicklung eines „Bewusstseinsorgans“, eines mentalen Aufpassers, an das weltliche Desaster angepasst hat.

Eine zukunftsforscherisch angelegte Anthropologie hätte unter anderem die Abkunft eines Homo sapiens sapiens zu explorieren, der im streng physikalisch-biologischen Sinne einstmals *ein ganz anderer* war.[41] Das ist einerseits banal – vorher war er ein Menschenaffe, lehrt uns Darwin, dann Homo ergaster, Homo erectus und so weiter –, andererseits unerhört. Doch inwiefern sollte er *als* sapiens vorher anders gewesen sein? Nun, wir können ab jetzt innerhalb unserer Gattung differenzieren! Und mehr als das. Unser zukunftsforscherisches Verständnis evolutionärer Abfolge hat sich von Darwin weit entfernt, aber nicht emanzipiert – ohne ihn würde es unsere Position nicht geben. Er bleibt Fundament, wir haben unser Bewusstsein jedoch erweitert: Wenn wir uns als Lebewesen selbst beobachten, sind wir heute nicht mehr auf den ersten Anlauf, seinen Pionierversuch angewiesen; und damit auch nicht mehr auf seine zunächst geistig recht ernüchterte, weil sehr grobe und völlig willkürliche[42] Unterscheidung irgendwelcher Gattungen und Spezies (womöglich ist der Unterschied Affe-Mensch der uninteressanteste).

Damit eröffnet sich ein riesiger Horizont an Eventualitäten. Womöglich ist unser Bewusstsein im Verhältnis zum gattungsgeschichtlichen, „darwinistischen“ Alter von Homo sapiens sapiens viel jüngeren Datums? Womöglich haben wir *deshalb* kaum Kunde von früheren Kulturen – nicht nur wegen fehlender Schrift; obwohl beides vielleicht, weil zusammenhängend, das gleiche Thema bespielt? Womöglich haben Menschen *geistige* Organe? Womöglich nicht nur Menschen, sondern in abgestufter Form auch Tiere, eventuell sogar Pflanzen? Was ist mit Steinen, angeblich toter Materie? Der japanische Shintoismus etwa steht schon immer auf solcher Position. Womöglich ließen sich Gattungsgrenzen auch – oder besser – zwischen solchen Seinsformen ziehen, die sich hinsichtlich des Intensitätsgrades unterscheiden, mit dem sie sich von rein physischen zu geistigen Instinkten aufgestuft haben? Womöglich stehen uns einige Pflanzenarten in Sachen „Bewusstseinsintelligenz“ näher als Tiere?

Spätestens hier wird es mit Blick auf das, was vor uns liegt, wild und faszinierend. Eventuell lässt sich in dieser Sichtachse konturieren, wohin sich Homo sapiens sapiens aufmacht – wozu er imstande ist, in welche Richtung er „evolutionär weist“. Ein kurzer, vager Blick in unsere Zukunft: So könnte sie aussehen, unsere Welt von morgen, die sich ganz langsam für uns auch in den nichtstofflichen Dimensionen *aufklärt* und ein unermesslich reiches und grenzenloses Kontinuum an Sein aufspannt. Wenn wir dorthin wollen, müssen wir aber lernen, anders zu denken: großzügig, inklusiv, in Kontexten und Relationen, lateral, mehrdimensional und logisch flexibel. Ökologisch.

(2) Hier ist auch ein Wort zum Thema der spirituellen Entwicklung fällig. Wohin führt uns das alles – in ein Paradies, irgendwann? Ist Bewusstsein der Lotse ins Schlaraffenland, in ultimatives Glück? Wir bezweifeln das. Die ganze Vorstellung vom Paradies ist Irrsinn.[43] Auch hier gilt, was zum Verständnis von Evolution gilt: Ideen von irgendwelchen Zielen, vom Ende, vom *telos*, sind abwegig. Die Evolution „will“ bloß voran, was im hiesigen Zusammenhang bedeutet: Jede Beschreibung, die Ausgangs- und Endzustände eicht, feinjustiert und normativ überdeterminiert, untergräbt spirituellen Sinn. DGälte eine solche Eichung, würde im Verhältnis zu unserem Entwicklungsfortschritt unsere Entwicklungsbedürftigkeit notorisch abnehmen. Wir kämen ja „immer näher ran“: Je mehr wir vorankämen, desto unnötiger würde es, weiterzumachen. Wenn es jedoch irgendein irdisches Lebewesen gibt, für das das exakte Gegenteil gilt, ist es der Mensch. Sokrates: „Ich weiß, dass ich nicht weiß“ – und je mehr ich weiß, desto bewusster werden mir mein Nicht-Wissen und meine Entwicklungsbedürftigkeit.

Vergessen wir prophetische Lehren von den letzten Dingen! Wenn der Logos ein Nebelwerfer ist – eine „kulturwillentlich“ entwickelte, epistemische Verzerrung –, ist die Eschatologie sein Ideologem, ein tiefenmanipulatives Täuschungsmanöver. Am Anfang war der Logos, und der möchte auch am Ende stehen – hier gibt es außer Machtabsicherung via Endzeitnarrative nichts zu bestaunen. Die geistig-spirituelle Entwicklung des Menschen führt uns vielleicht in neue Dimensionen, in eine andere Gattung, in heute Unvorstellbares, aber – solange wir die bisherige human-biologische Basis nicht ablegen und auswechseln – nicht an entwicklungsbegrenzende Schwellen. Bisher spricht nichts dafür, dass die irdische Evolution limitiert wäre. Also: Wenn es ein Paradies gibt, dann liegt es in einem heute noch unvorstellbaren Maximum an emotionaler Intensität; in Momenten einer Zukunft, in der wir uns staunend über das beugen, was wir geschafft beziehungsweise geschaffen haben.[44]

21 Zeit

In unseren Tagen wird Zeit von einer Prämisse, einer Bedingung zu einem Mittel. Das Sprungbrett dorthin: Wir würdigen nicht mehr nur Objekte, sondern auch die Beziehungen zwischen ihnen, und sie sind es, die das Werden „vermitteln". Das verändert unser Bewusstsein: Was können wir auf Basis der jeweils gegebenen Beziehungs- und Komplexitätsstruktur an *Höherem* entwerfen? Ein Endzustand wird in dieser Ausrichtung logisch uninteressant, denn es gibt kein *telos*, keine Grenze mehr. Ab jetzt geht es darum, permanent neu anzufangen und Relationen auszuprobieren. Damit sind wir nicht mehr in der Logik von Analyse und Zielbestimmung, von gestern nach morgen, sondern von dauergegenwärtigem *Spiel* und Homo ludens. Genau dafür und deshalb verschieben wir unser Selbstverständnis als Artefakte-Macher in die Sphäre der Kunst, des Imaginär-Irrealen (Richtung Position (3), vgl. Kapitel 15.)

Sollte dieser Wechsel ins Spielerische einmal nicht funktionieren, können wir fallweise immer noch auf unser altes Zeitmodell zurückgreifen. Wir fangen an, zeitlogisch leichtfüßig zu werden, mit Zeit zu experimentieren, eben zu spielen. Allerdings: Unsere erlernte, logisch verpflichtende Reduktion von Höherem auf Niederes, Induktion und Deduktion, stehen diesem Unterfangen im Weg. Uns ist im Praktischen das Gegenteil eingeschärft worden: Richtungsloses Herumspielen ist dilettantisch, unwürdig und dumm. Gute Nachricht in diesem Dilemma: Diese Sichtachse beginnt zu brechen, Experimentieren ist längst an der Tagesordnung.

Ablesbar wird dieser Sog der Modernisierung nicht nur in Forschung, Entwicklung, Innovation und Organisation, sondern auch gesellschaftspolitisch. Dieses Gelände können wir hier nicht ausloten. Me-too-Debatten, liberale versus illiberale Linke, Rassismuskritik und Identitätspolitik sowie die Kritik an all dem sind Hotspots dieser Aufwärtsbewegung. Die alte geistige Eichung verfängt nicht mehr. Wir bemerken: Unsere etablierte logische Einlinigkeit des Von-oben-nach-unten, des Effektiv-und-effizient-Ziele-Abarbeitens, wird kontraproduktiv und gefährlich, wo sie uns hindert, die zur höher-komplexeren Einheit passenderen Praktiken zu verwenden – uns also der steigenden Komplexität anzupassen. Wir verzwergen uns durch sie, denn das Höchste stand bislang immer schon fest: geistige Anti-Evolution. Menschen haben jedoch die Fähigkeit, bewusst selbst zu entscheiden, wonach sie suchen wollen – phasenabhängig, in wechselnder Richtung, mit verschiedenen Prioritäten. Und auch, wozu das angesichts wechselhafter Vorsätze gut sein könnte. Diese bewusste Entscheidung steht logisch *vor* jeder Zieldefinition. Bisher haben wir jedoch Letztere traditionsgemäß an den Anfang gesetzt und uns damit das bewusste Suchen nach lohnenswerten Zielen prinzipiell erspart. Wir haben unsere Ziele *abgeleitet* vom Höchsten, das war so komfortabel wie einengend, häufig gewalthaft.

Aber Menschen können mehr, und inzwischen wollen sie das auch: diverse, wechselnde und selbst gesetzte Ziele verfolgen und etwas neu bemerken, etwa ein noch unklares, vielleicht sogar breites Spektrum zwischen Mann und Frau, nicht nur unterscheiden – *wie Maschinen*. Letztere können zwar viel genauer und schneller differenzieren als wir und dabei ihre Unterscheidungen stetig verfeinern, aber sie können keine Evokation. Schöpfung ist unser Metier. Unser altes Weltbild hält uns von dieser schöpferischen Praxis ab – es ist einfach zu gut und über Jahrhunderte immer ein-logischer geworden, kondensiert und konfirmiert und somit scheinbar unhintergehbar.

Verändern wir das Spiel! Die Brisanz der Forschungsergebnisse aus Verhaltensökonomie, Kognitions- und Neurowissenschaften, aber auch Physik liegt darin, dass diese Disziplinen endlich Hinweise für Goethes Vers liefern:Getretner Quark wird breit, nicht stark. Forschungen erhellen geistige Entwicklungshorizonte, die durch unsere Bewusstseinsfähigkeit in uns angelegt sind, die viele vermutet haben – vor allem früher und in anderen Kulturen. Nun werden sie belegbar. Sie legitimieren den Anspruch auf *physisch-physiologische Nachprüfbarkeit der expansiven mentalen Orientierung* des Homo sapiens sapiens. Diese Orientierung lässt sich teilweise messen und somit Zweifel wissenschaftlich (!) ausräumen. Und in dieser Forschung taucht inzwischen immer häufiger das Thema Zeit auf; mitunter direkt.

- Daniel Kahneman und Amos Tversky haben als Kognitionspsychologen untersucht, wie viele Emotionen die Menschen bei der Lektüre von Geschichten von gerade verpassten oder gerade noch erwischten Flugzeugen entwickeln – besonders, wenn sie dann abstürzen.[45] Seltsame expansive Momente in unserer geistigen Orientierung finden sich etwa darin, dass einige Vorfälle als „knapper Ausgang" gesehen werden und andere nicht; oder dass der Tod einiger unschuldiger Menschen als tragischer empfunden wird als der anderer, und zwar auf universal gültige Weise. Diese Forschung dreht sich um eine Art Gleitfähigkeit oder Wechselhaftigkeit im Geist von Menschen. Untersucht wurde, in welcher Hinsicht wir dazu neigen, bestimmte Situationen in unserer Vorstellung in Alternativversionen ihrer selbst („inwiefern fühle ich mich damit vergleichbar" und Ähnliches) hinübergleiten zu lassen, und in welcher Weise diese Tendenzen durch subtile, kognitive Zwänge beeinflusst werden.
  Hier ist offenbar ein Zentrum dessen berührt, was es heißt, ein Mensch zu sein. Als Außenstehende zollen wir dem geistigen Spektrum menschlicher Wesen *unterschiedliche* Grade von Respekt. Wir zögern keinen Moment, einen riesigen Unterschied zu machen zwischen dem Wert des Lebens verschiedener „Ebenen" von Menschen: Stürzt

der politisch aktive Häuptling eines bedrohten indigenen Volkes ab, eine national bekannte Musikerin oder ein Tourist? Für Universalisten sind Forschungsergebnisse dieser Kategorie mindestens ein Kuriosum. Es gibt offenbar eine klare Hierarchie des Innenlebens von Menschen, und die Wissenschaft hat begonnen, sich mit dem zu beschäftigen, was hinter dieser Ordnung steckt, den unterschiedlichen Sinnzuschreibungen. Aktuell scheint es so, als seien diese intrinsisch auf Erweiterung angelegt. Bei Kahneman/Tversky: Die gefühlte Tragik des Todes der imaginären Flugpassagiere korrespondiert offenbar mit einer Art seelischer Wertigkeit, die quasi automatisch zugeschrieben beziehungsweise unterstellt wird, und wir bewerten und urteilen gemäß der „höchsten" (Häuptling oder Musikerin vor Tourist). Unser Tiefenbewusstsein kalibriert also automatisch eine biologische Wertigkeit humanen Lebens. Wir wissen bisher kaum etwas von diesem Wertungsschema. Unnötig zu bemerken, dass es in weiten Teilen moralischen Normen des Okzidents diametral entgegensteht.

- Untersuchungen von Tania Singer zum Schmerzempfinden[46] weisen in eine ähnliche Richtung. Ihre Experimente zeigen, dass Menschen zwar eine ausgeprägte Fähigkeit zum Mitfühlen besitzen, diese aber je nach Kontext unterschiedlich abrufen. Wenn bei Beobachtenden ein Gefühl der Verbundenheit vorhanden ist mit Menschen, denen Schmerz zugefügt wird, ist die Reaktion besonders stark. Das Interessante: Diese Verbundenheit kann sehr formal und abstrakt sein, hier geht es nicht um besondere soziale Nähe. Das Wissen, Fan desselben Fußballclubs zu sein, reicht aus, um Empathie auszulösen. Umgekehrt: Eine negative Erfahrung mit einer Person (jemand hat sich zum Beispiel vorher in einem Spiel unfair verhalten) sorgt dafür, dass die Beobachtung von Schmerzen kein Mitleid, sondern Schadenfreude auslöst. Mit anderen Worten: Affektive Resonanz, Empathie, ist beinahe voraussetzungslos, sie entsteht aus geringem Anlass. Es reicht, wenn wir jemand anderen, aus welchem Grund auch immer, als „ähnlich wie wir" wahrnehmen. Und wir scheinen dieses Wir zu schützen, indem wir „Regelbrecher" emotional bestrafen. Genauer: Wir schützen ein noch schwer zu bestimmendes, jeweils erreichtes „Niveau" von Menschlichkeit.

- Direkt zur Zeitbearbeitung im Gehirn hat die Wissenschaft in den letzten Jahren erhebliche Fortschritte gemacht. 2005 entdeckten Forscher die Rasterzellen im Gehirn, wofür es den Nobelpreis für Medizin gab. Zusammen mit den Ortszellen bilden diese Neurone eine Art zerebrales Navigationssystem, ein „inneres GPS". Mit diesem System ordnen wir alles, was wir erleben, erfahren und erinnern, in sogenannten kognitiven Räumen. Eine Arbeitsgruppe am Max-Planck-Institut für Kognitions- und Neurowissenschaften in Leipzig fand heraus, dass dabei nicht nur Bilder von unserer Umgebung entstehen, sondern auch unserem bewussten wie unbewussten Wissen ganz allgemein eine räumliche Struktur verliehen wird. Die Neurone des internen Navis sind höchst flexibel und nicht auf einen bestimmten Karteninhalt festgelegt. Sie kartieren alles, was uns *relevant* erscheint – auch Fiktionen, nicht wahrnehmbare Reize, also von unseren Sinnen Unabhängiges, zum Beispiel Zeitintervalle. Versuche mit Ratten haben den Mechanismus veranschaulicht: Die Forscher konnten bei der Aktivitätsmessung von Nervenzellen im Hippocampus sehen, dass hintereinander verschiedene Zellen feuerten, ganz so, als ob die Zeit ein Pfad durch den Raum wäre. Diese mentalen Karten stellen ein Grundprinzip auch menschlichen Denkens dar. Wie eine Sortiermaschine erlauben sie es uns, Lerninhalte von vergangenen Erlebnissen auf neue Situationen zu übertragen. Analogiebildungen etwa sind dafür besonders bedeutsam. Lernt ein Kleinkind, dass ein roter Apfel vorzüglich, eine Grapefruit aber bitter schmeckt, wird es später eher den roten Pfirsich probieren als die Orange: Im kognitiven Raum liegt Letztere optisch näher an der Grapefruit als am Apfel.
  Soll heißen: Wenn wir durch die uns bekannte, empiriefähige Welt navigieren, wenn wir zum Beispiel rational denken, tun wir das gemäß kulturellem Weltbild in maximal

drei Dimensionen – man sieht nur, was man sieht beziehungsweise kennt. Unser *Bewusstsein* ist jedoch nicht auf diese Anzahl beschränkt beziehungsweise nicht durch unsere kulturellen Weltbilder strukturiert. Die menschliche Kognition beruht auf multidimensionalen Räumen, die möglicherweise unbegrenzt sind; oder Schranken haben nur durch das, was uns interessiert (oder eben nicht). Für unsere Perspektive sind solche Forschungen elektrisierend, weil sie erste empirisch validierbare Links anbieten zwischen Denken und Bewusstsein. „Du bist nicht – nämlich *mehr* und *anderes* als – deine Gedanken"; dieses Mantra aus asiatischen Weisheitslehren erobert allmählich die Neuroforschung.[47]

- Eine statistische Auswertung von Unternehmensdaten über 23 Jahre ergab, dass CEOs nach dem Tod eines Vorstandsmitglieds sozial verantwortlicher handeln. Sie achten zum Beispiel mehr auf umweltfreundliche Produkte oder unterstützen wohltätige Zwecke. Der vermutete Grund: erhöhtes Bewusstsein der eigenen Sterblichkeit, das wiederum den Wunsch auslöste, mehr zum Gemeinwohl beizutragen; eine interessante Bias-Struktur. Der Effekt war am stärksten, wenn das Vorstandsmitglied plötzlich und unerwartet starb.[48]

Und so weiter. Die skizzierten Forschungen beleuchten beispielhaft ein hochspezifisches, uns „angeborenes" Bewusstsein in Bezug auf andere Menschen, auf uns als Gattung – das wir freilich auch ignorieren, verdrängen oder vergessen können. Für den Homo oeconomicus etwa ist es irrelevant. Eine Wissenschaft dafür gibt es auch nicht, die Forschung ist transdisziplinär. Es läuft hintergründig unabweisbar mit, und obwohl wir es oft nicht bemerken, lässt es sich in Experimenten und Beobachtungen ausschnitthaft anstrahlen, indirekt konturieren, herausheben, abduktiv erschließen. Wir sehen Schatten davon, kreisen – zunächst weiträumig – menschliches Bewusstsein ein, vermessen ein grobes Profil. Der gemeinsame Nenner dieser Erkenntnisse ist ohne Ort und Zeit, universal, also unabhängig vom Hier und Jetzt und auch von Kultur. Das Zeitmodell, das ihm entspricht, gleicht einem Sektor oder einer Fläche, durch die wir uns als Humanum hindurchbewegen, in der das Früher genauso anwesend ist wie das Später, alles ist gleichzeitig. Aber da wir perspektivisch schauen müssen, ist nicht alles, was immer da ist, auch jederzeit sichtbar.

Literarisch auseinandergefaltet hat dieses opak Zeitlogische Hermann Hesse:

„*Siddharta bückte sich, hob einen Stein vom Erdboden auf und wog ihn in der Hand. ‚Dies hier', sagte er spielend, ‚ist ein Stein, und er wird in einer bestimmten Zeit vielleicht Erde sein, und wird aus Erde Pflanze werden, oder Tier oder Mensch.' Früher nun hätte ich gesagt: ‚Dieser Stein ist bloß ein Stein, er ist wertlos, er gehört der Welt der Maja an; aber weil er vielleicht im Kreislauf der Verwandlungen auch Mensch und Geist werden kann, darum schenke ich auch ihm Geltung.' So hätte ich früher vielleicht gedacht. Heute aber denke ich: dieser Stein ist Stein, er ist auch Tier, er ist auch Gott, er ist auch Buddha, ich verehre und liebe ihn nicht, weil er einstmals dies oder jenes werden könnte, sondern weil er alles längst und immer ist – und gerade dies, dass er Stein ist, dass er mir jetzt und heute als Stein erscheint, gerade darum liebe ich ihn, und sehe Wert und Sinn in jeder von seinen Adern und Höhlungen, in dem Gelb, in dem Grau, in der Härte, im Klang, den er von sich gibt, wenn ich ihn beklopfe, in der Trockenheit oder Feuchtigkeit seiner Oberfläche. Es gibt Steine, die fühlen sich wie Öl oder wie Seife an, und andre wie Blätter, andre wie Sand, und jeder ist besonders und betet das Om auf seine Weise, jeder ist Brahman, zugleich aber und ebensosehr ist er Stein, ist ölig oder seifig, und gerade das gefällt mir und scheint mir wunderbar und der Anbetung würdig. – Aber mehr lass mich davon nicht sagen. Die Worte tun dem geheimen Sinn nicht gut, es wird immer alles gleich ein wenig anders, wenn man es ausspricht, ein wenig verfälscht, ein wenig närrisch – ja, und auch das ist sehr gut und gefällt mir sehr, auch damit bin ich sehr einverstanden, dass das, was eines Menschen Schatz und Weisheit ist, dem andern immer wie Narrheit klingt.*“[49]

Diese Beschreibung vereint zentrale Aspekte, die uns Westlern ein gesamtkontinentales, eurasisches Denken so erschweren: ein Zeitmodell ohne Linearität (Gleichzeitigkeit, das Durchscheinen des Ursprungs: „weil er alles längst und immer ist“); „Wert und Sinn“ in subtile Wahrnehmung zu legen (in Qualitäten der Erscheinung körperlich-sinnlich einzutauchen); tiefe Skepsis gegenüber der Ausformulierbarkeit solcher Verhältnisse in menschlichen, grammatikalisch festlegenden, Kosmos und Welt vereinseitigenden, reduktionistischen Sprachen. Die Artikulation von zeitlosem, jedwede Chrono-Logik verweigerndem Bewusstsein, das sich hier zeigt, ist für uns ein No-Go. Dass sich Bewusstsein auf seine eigene zeitliche Indifferenz zurückbeugt und *darüber* spricht – noch dazu gespickt mit kulturfremden, sprich „esoterischen“ Emblemen wie Maja und Brahman –, markiert in logozentrischer Wissenschaft das Ende jeder Glaubwürdigkeit und Reputation. Das *ist* keine Wissenschaft, das ist *Glaube.*

Okzidentale Wissenschaft ist darauf stolz. Wir haben lange dafür gebraucht, das Ritual zu kalibrieren, aufrechtzuerhalten und daher wenig Lust, es uns von Newcomern aus Modedisziplinen ruinieren zu lassen. Dabei ist der alte Koloss von Logos längst angezählt und kämpft seine letzten Runden.

22 Beziehungsintelligenz

Die genannten Forschungen, die sich mit seelischen Wertigkeitsunterschieden beschäftigen und Bewusstseinszustände vermessen, laufen auf eine natürliche Konsequenz vom Mensch-im-Werden hinaus: Die Erweiterung unseres Bewusstseins vollzieht sich über Beziehungen; über die Art, wie wir die Welt wahrnehmen und innerlich beurteilen. Ob wir jemanden für uns ähnlich halten, ob wir uns über unsere Existenzbedingungen, etwa Vergänglichkeit, klar sind, ob wir das Leiden anderer bemerken und so weiter – nicht über mehr und differenzierter wissen. Dadurch wird unsere Seele „größer“, wir handeln anders. Wir könnten unsere soziokulturellen Bedingungen also so beeinflussen, dass bewusste, geistig strukturreichere Verhaltens- und Handlungsweisen möglich werden, die eher zu uns passen, uns gemäß sind.

Hier kehrt eine alte Einsicht wieder, allerdings nun auf anderer, höherer Ebene; eine verschobene Rückkopplung. Denn das bedeutet, dass unser Denken nicht nur mit individuellen Erfahrungen zusammenhängt, sondern substanziell mit dem Wir – mit Kultur, Gesellschaft, Werten, bis hin zur uneinholbaren Frühe, und diese Codes formen wiederum unsere körperliche Existenz. Ist das nicht banal, wissen wir das nicht längst? Jein: Wir wissen es schon, allerdings nur in den Grenzen des alten Logos! Dass kulturelle Werte unser Denken prägen, ist tatsächlich banal, aber sie prägen auch unseren Bios, unser „biorationales" Denken im menschlich-weltlichen Zwischen – und das ist ungewohnt. Eine beziehungsintelligente Gesellschaft, die diese Zusammenhänge erfasst und entscheidungsrelevant machte, sind wir nicht. Im Gegenteil.

Gesellschaftlich erzeugt die energieintensive Abstoßung und Verdrängung dieser Verhältnisse zunehmend Konflikt, Protest, aber auch Stimmungstiefs. Viele Handlungsstrukturen sind schwer zu ertragen, von der Pflegesituation im Gesundheitswesen bis hin zur Dauerberieselung mit Kriegsbildern. Bei Descartes beispielsweise, einem der folgenreichsten Extremfälle von Kreativen, die Konzepte bastelten für solche Abstoßung, war die Vernunft noch ganz bei sich („Ich denke, also bin ich"), ohne jeden Kontakt zur Welt, zum Körper; mit langem Nachhall. Das wäre in einem beziehungsintelligenten Weltbild nicht möglich.

- Wie Gesellschaft – zum Beispiel geschlechtliche – Identitäten definiert, prägt zum erheblichen Teil die Weise, wie wir uns fühlen, wie wir unseren Körper empfinden, ob wir uns „gut finden" können, in welchem Möglichkeitsspektrum wir uns zeigen und anderen präsentieren. Was Scham ist.
- Was als geistig gesund gilt, bestimmt mit, was wir von unserer geistigen Performance halten. Wie wir zu uns selbst stehen – denn unser geistiger Zustand hängt von den sozialen Bedingungen „draußen" ab. Ob wir uns „aushalten" oder „von uns abspalten", ob wir konsistent auftreten oder lieber mehrgleisig fahren, abhängig von unserem Gegenüber. Der Geist lässt sich partiell ziel-

gruppengerecht segmentieren. Ob wir solche Selbstmanipulationen durchführen müssen oder sie nicht für nötig erachten, definiert unsere psychische Gesundheit. Davon beeinflusst wird jede Erkrankung und Gesundung, mit gravierenden Folgen für Sozialkontakte, Beziehungsformen und Lebenszufriedenheit einer Gesellschaft; sowie für das Thema Suizid.

- Was unter vernünftiger Medizin oder Therapie verhandelt und als legitim markiert wird, lässt uns bestimmte Ressourcen zur Gesundung nutzen, annehmen und andere verwerfen. Im Effekt: Es verweigert uns bestimmte Hilfen und bietet andere dafür an.

Gerade Themen rund um psychische Gesundheit erhalten so einen anderen Grund – mit fundamentalen Folgen für Medizin, Gesundheitsverständnis, Psychopathologie. Sich bewusst wahrzunehmen, manifestiert für den Menschen die sich je aktuell vollziehende Erfahrung aus Sicht der ersten Person, körperlich wie geistig. Sie ist nicht tilgbar und ein Konstitutivum von Leben. Wird die Diskrepanz zwischen Selbstwahrnehmung und Außen zu groß, entsteht ein existenzielles Problem. Wenn also die rational-universalistische Durchnormierung des Sozialen – das, was man eigentlich, vernünftigerweise, an sich erkennen sollte und müsste, *weil andere das (scheinbar) auch an sich wahrnehmen* – das biorationale Maß verliert; wenn die eigene geistige Spannkraft, die Macht des Observators Bewusstsein, der ganzheitlich über unseren Bios wacht, überdehnt wird (vgl. Kap. 20), lässt sich dieser entseelende Abgrund nur beseitigen, wenn man das *abstellt*. Wenn man das Leben beendet – wir können schließlich nicht individuell unser Bewusstsein abstellen, und ein entmenschlichendes Umfeld auch nicht. Je größer die Diskrepanz zwischen bewusster, biorationaler Selbstwahrnehmung und universal-sozialer Normierung, desto „vernünftiger" wird diese Entscheidung. Die aktuell populärste diagnostische Trophäe, die derart geistig Angeschlagenen verliehen wird, heißt Depression – ein immer häufiger verliehenes Label für eine Selbstverortung in der Welt, die hinsichtlich ihrer tieferen gesellschaftlichen Bedingtheit diagnosefrei bleibt, nicht beleuchtet wird.[50]

Wir blicken hier in das schwarze Loch der westlichen Zivilisation; in das, wodurch wir hindurchsehen, als wäre es inexistent. Die aufblitzende Totalität des Inhumanen ist die geradlinige Folge eines Logos, der ungezügelt und manisch, vom Bios entkoppelt, in sich kreist. Für „humane Menschen" ist *jede* bewusste Selbstwahrnehmung wahr und richtig; unwahr und falsch gibt es nicht. Du bist gut – so, wie du bist. Fließen jedoch unkontrolliert Wertungen ein, ändert sich das. Und genau das praktiziert der Westen mittels des Logos strategisch-systematisch: über das ontologische Wertgefälle, das er immer wieder neu in der Welt etabliert (vgl. Kapitel 5 und 6). Damit kalibriert sich unser Bewusstsein an einer nach *mit der Zeit zunehmend* nichtmenschlichen Kriterien bemessenen Welt, die sich gleichwohl immer rationaler und effizienter organisiert.

Wenn wir historisch Glück haben, ist das unproblematisch: Der Mehrheit fällt dieser Bruch in unserer kulturellen Tiefe nicht auf. Ein weißer Akademiker verfügt über hinreichend kulturelles Kapital, um gesellschaftlich anerkannt zu werden, und eine Heterosexuelle wird kaum anecken. Gerät hingegen in den USA ein Schwarzer auf der Straße zufällig in eine Polizeirazzia oder ein schwuler Fußballspieler unverhofft in eine Party seiner Mannschaft im Rotlichtmilieu, sieht das anders aus. Unser Logos blendet das ursächliche Hintergrundphänomen, das sich in solchen Fällen Bahn bricht, komplett aus („die Leute müssen eben Toleranz lernen!", Bildung hilft). Zwar können wir es uns nicht mehr leisten, Menschen auf Scheiterhaufen zu verbrennen, Farbige mit dem N-Wort zu belegen oder Homosexuelle umzuerziehen, aber der Logos ist kreativ, auch er wächst mit seinen Aufgaben. Scheinbar geht es hier doch nur um das Lernen von „interkultureller Kompetenz", um moderne Wertevermittlung! Verpassen wir den Jungs eine Lektion in Sachen Respekt, dann klappt es auch wieder mit Rücksichtnahme und Verständnis für den schwulen Kumpel.

Wie mehrfach angerissen: Die Stimmung im Publikum gegenüber dieser schlechten Show kippt. Immer mehr Menschen sehen und wissen, was sie davon zu halten haben, und die Bereitschaft, dies weiter zu dulden, nimmt im gesamten Westen ab. Teile der gesellschaftlichen Basis sind längst beziehungsintelligenter, operieren auf einer anderen, mehrdimensionalen, aufgestuften Bewusstseinsstufe als die Entscheidungseliten. Den Status quo postfaktischer Verhältnisse in dieser Weise darzustellen, ist selbstverständlich eine Provokation: Sind in diesen Gruppierungen nicht auch Menschen, die sich radikalisieren, die Gewaltbereitschaft zeigen, gar nicht diskutieren wollen, Demokratieskeptikerinnen und Wutbürger? Gewiss! Die interessante Frage ist jedoch, ob es heute noch ausreicht, die emotionale Absentierung dieser Leute vom System als Prekariatsverhalten und kognitive Inkompetenz, als mentale Verwirrtheit, Radikalisierung und Subversion, als Desorientierung, Verunsicherung infolge der Komplexität der Welt oder schlicht als Trotz zu bagatellisieren. Aber genau das passiert. Hier geht es offiziell – immer noch! – um bárbaroi und idiotes; die sozialen Wertungen westlicher Entscheidungseliten folgen einem 2.500 Jahre alten Programm aus den Anfangstagen unserer Kultur. „Gruppenidentität" und „Sprache" als Merkmale von Differenzierung und Exklusion haben wir im Vergleich zur Antike bloß angereichert – Schicht, Bildung, Milieu, politische Orientierung und anderes. Das Maximum an reaktiver Energie, zu dem sich Eliten bisher haben hinreißen lassen, trägt den Titel „Wir müssen ihnen besser zuhören", wahlweise auch „Wir müssen uns besser erklären".

Das ist Beziehungsverachtung par excellence. Hier werden Relationen und Bindung öffentlich geächtet – mit hohen Risiken für unser freiheitlich-demokratisches System. Der Pranger bleibt in anderer Erscheinung bestehen; und die „Anti"-Demonstrierenden (gegen Impfungen, Chemtrails, Echsenmenschen) spüren das genau. Woran diese Konstellation liegt? Die normative Ordnung des Logos mag uns vernünftig erscheinen, entspricht jedoch nicht den biologisch-konstitutiven Bedingungen von Homo sapiens sapiens, und Konflikte, die hier aufbrechen, sind historisch neu. Sie sind eine Zeitfolge – nur zeitlogisch hinreichend erklärbar: In der Menschheitsgeschichte hat es bisher solche Konflikte nicht geben *können*, weil die autologische Monstrosität des Logos zu einem Format, dessen Effekte wir erst heute soziokulturell zu spüren beginnen, noch gar nicht gewachsen war! Es ist ausgeschlossen, dass dieser Konflikttyp abnimmt, wenn wir unser Weltbild nicht ändern.

Beispiel eines klerikalen Klassikers: Wenn die Hierarchie etwas – vom individuellen Bewusstsein – Abweichendes präferiert („der Zölibat fördert die geistig-geistliche Entwicklung, ist daher ratsam und vernünftig") oder gar sanktioniert, muss das Individuum ver-rücken. Tut es das seiner psychischen Gesundheit wegen nicht, rückt es trotzdem ab: moralisch, vom angeblich richtigen, wahren Standpunkt. *Das Individuum ist Schuld.* Das ist absurd und nicht lebbar. Da die Verhältnisse insgesamt logozentrisch verkürzt sind, muss man sich für ein Begradigen solcher Verrücktheiten nur mit der Individualpartei beschäftigen; ab hier wird es therapeutisch. *Sie* muss sich im Zweifel helfen lassen, nicht der Klerus. Für die Vernünftler der westlichen Welt ist das komfortabel: So lässt sich jedes Ich-Bewusstsein „vernünftig überzeugen" – weil nur mit einem Fragment des Bewusstseins, dem vernunftbegabten Ich, überhaupt gearbeitet und kommuniziert wird. So geht institutionelle Selbstimmunisierung.

Es ist dieses Menschenbild: Homo sapiens sapiens als ein Wesen zu verzerren, das bar aller Biologie in seinem humanen Kern ein göttlicher Funke (Logos) sei, etwas Nicht-Menschliches, das wir nur in der rechten Weise identifizieren und richtig ansprechen müssten, um seine Vernunft zu erreichen. Das hat zahlreiche „universalistische" Geschichten hervorgebracht, eine inhuman ver-rückter als die andere. Bewusstsein ist hier limitiert: auf die okzidental-rationale Selbstsicht und Innensicht des Ich. Säugetiere kommen jedoch aus dem Inneren eines anderen, Menschen aus Menschen, und Bewusstsein hält hintergründig und unaufhebbar diese ursprüngliche Einbettung aufrecht, die physisch-biologische Entwicklungsgeschichte und Beziehungsstruktur von Leben aus Leben. Bewusstsein ist niemals – nur – für sich, Eigenes. Es thematisiert nicht das Innere unter unserer Schädeldecke, sondern uns als lebende, in Beziehung stehende, biologisch querverbundene Menschen: den Zwischenraum der Welt.

23 Diesseitsbewusstsein

Menschen sind kuriose Collagen, die wachsen, indem sie sich Gewohnheiten, Ideen, Stile, Ticks, Witze, Sätze, Melodien, Hoffnungen, Befürchtungen anderer einverleiben. Geist sickert in uns ein und fließt in uns in neuer, individueller Art zusammen. Unser Ich wird im Echoraum der Lebenszeit von einer komplexen, unsichtbaren Verknüpfung all dieser Einflüsse gebildet. Bewusstsein *ist* diese Verknüpfung – „Beziehungsstruktur", nicht Summe der Einzelgehalte. Zwar ist richtig und logisch, dass diese Sphäre jeden Einzelnen *inter*-subjektiv überragt, deshalb ist sie aber weder universalistisch noch überweltlich, transzendent, göttlich oder metaphysisch. Bewusstsein infiltriert die Welt, in voller Subjektivität. Es ist Verstreutes zwischen lebenden Organismen, Dingen und Leblosem und damit radikal diesseitig. (Vgl. Kap. 4: Es existiert ein geistig-energetisches Prinzip, das quer verläuft durch das Kontinuum von Leben und Tod.)

Okzidentale schreiben dieses Bewusstseinsprinzip allerdings gemäß unseres Denkens und Handelns komplexitätsreduzierend *einer* Einheit zu. Unsere kulturellen Konventionen beharren darauf, dass wir *eine* Person mit Bewusstsein sind, eine abgrenzbare, identifizierbare Entität. Das Bewusstsein sitzt demnach im Kopf – im Gegensatz zu einer Vorstellung, die *auch* die Verbindungen sieht, das Zwischen, und die Sichtweise fördert, dass Bewusstsein eine Mischung ist, etwas Verteiltes, Überlappendes. Das vorherrschende Zeitmodell bezeugt darüber hinaus gerade *nicht* das Band zwischen Lebenden, sondern betont die Trennung: das Ableben, den Tod, das Endgültig-Vergangene; das, *was wir immerzu ablegen,* weil sein ontologischer Wert im Vergleich zum Erwartbaren vermindert ist, etwas Besseres kommt. Und weil wir mit der Unterstellung eines ontologischen Wertgefälles der Welt alles in der Zeit Vergangene abwerten, ist alles Zwischen-Menschliche unendlich schwer. Beispiel Trauer: Wie können wir unsere Verstorbenen ablegen und abwerten? Da braucht es schon Storys im Format einer Wiederauferstehung, um das erträglich zu machen.

In okzidentaler Tradition sind wir Wunder des Selbstbezugs. Dahinter steht eine immense Leistung mentaler Disziplinierung – und spiritueller Verarmung. Der Preis ist ein Opfer: Wir müssen dafür unsere tiefe Angewiesenheit auf die Innenwelt der anderen, aus denen wir stammen, und unsere Liebe zu ihnen *vergessen*. Wenn wir uns entmenschlichen, werden wir wie Gott, der uns den Logos schließlich verliehen hat. Logisch ist das! Die Frage ist, ob wir noch bereit sind, diese absurde Rückbindung zu ertragen. Bewusste Beziehungsintelligenzen kämpfen gegen dieses Weltbild an: Was es heißt, ein Mensch zu sein, wird in ihrer Sichtweise zu einer differenzierenden, feinsinnigen *Aufgabe*; zum Auftrag, subtiler wahrzunehmen und herauszufinden, wie wir mit Welt und Kosmos, unserem Außen, vernetzt sind, verwoben, letztlich damit „zusammenfallen". Und wie wir *deshalb* Beziehung gerade umgekehrt immer weiter *festigen und vertiefen!* Sie explorieren keine Pole, sondern Konstellationen. Solche Menschen empfinden klar, dass aktuell viel auf dem Spiel steht und zersetzen im Zweifelsfall eher das System, als in ihrer Widerständigkeit zurückzutreten. Und auch hier: Logisch ist das! Wir müssen dringend raus aus diesem Patt.

Aber: Dafür brauchen wir geistig einen großen Sprung nach vorn. Sämtliche Weltreligionen wissen um die Bedeutung dieser Intelligenz des Zwischen, und auch wir als christlich geprägtes „Abendland" reihen uns ein in die Kette derer, die vor uns waren und die nach uns kommen. Wir erfahren dieses geistige Band der Beziehungen – wenn wir wollen, auch bewusst – insbesondere beim Tod anderer Menschen, denn unsere Haltung, unsere Gefühle dem jeweiligen Menschen gegenüber sind *unabhängig von der Veränderung seines biologischen Status*. Raum- oder zeitbedingte Zustands- oder Phasenwechsel wie der Tod brechen dieses Band nicht. Beziehungsqualitäten verändern sich nicht mit der Vergänglichkeit. Sie sind zeitlos. Und deshalb sind sie heilig: weil sie der einzige von einem Glaubenssystem unabhängige Anker wahrhaftigen, gehaltvollen, diesseitig-menschlichen Trostes sind. In Liebe können wir einen Menschen nie verlieren.

Wir tolerieren, wenn ein religiöses System das geistige Band zwischen Lebewesen göttlich überhöht, andere Präferenzen vertritt; das gefährdet dieses Band nicht. Wir nehmen das Zusatzangebot an Trost gern an. Wenn das System jedoch anfängt, auf dieses Band zuzugreifen, es zu zerstören und die Durchsetzung von Religion *auf Kosten* des Humanum offen zeigt – Bindungsverbote wie den Zölibat, Praktiken von Missbrauch, Diskriminierungen (Frauen, Andersgläubige) –, dann laufen wir Amok. Solche Kämpfe sind existenziell, immer. Verschärfen sie sich und werden sie kulturell nicht bearbeitet, enden sie tragisch. Der heutige Stand des westlichen Bewusstseins hat uns erneut in die Randzone solcher Kämpfe katapultiert: Es geht wieder los. Die kommenden Glaubenskriege werden anders sein, aber es werden Glaubenskriege sein; und sie werden getrieben nicht etwa durch Neues, durch Ereignisse. Uns wird vielmehr bewusst, in welcher Spur wir gehen, was wir hier eigentlich machen. Und was wir bemerken, lässt nur eine Handlungsorientierung zu: Sofort aufhören!

Mit dieser Erkenntnis öffnet sich Introszendenz zum tiefen Diesseits. Diese Tiefe ist zeitlicher Art. Menschen als beziehungsintelligente, beziehungsbewusst Überlebende und Vergängliche können in der Trauer das Selbst des anderen in einem alternativen, tiefenweltlichen Zustand sehen. Genauer: in einem überzeitlichen Zustand, an dem wir diesen Menschen „bemessen", dessen Gehalt und Substanz im Vergleich zum irdisch-reale Leben und zur Menschenzeit dadurch „wertig" wird.[51] Wir erkennen einen nichtweltlichen Wert von Leben, denn dieser Mensch hat mitgeholfen, die Zukunft zu bereiten. Seine Existenz hat den Weg mitgestaltet: *Unsere Existenz ebnet den Pfad.*

In der spirituellen Überwindung, „Bemeisterung" von konkreter Zeit und realem Raum, durch diesen transbiologischen Beziehungsakt liegt eine zutiefst humane, strikt diesseitige Qualität von Trost, die aus tradierter re-ligio, aus kontrafaktischer Hoffnung auf ein erlösendes Jenseits eines gnädigen Vaters, nicht zu gewinnen ist; präziser: die mit alter re-ligio nur zu erringen ist, wenn man diese Schwundstufe von *Ver*tröstungen, Unterstellung geistiger Unmündigkeit und reiner Versprechungsreligion akzeptiert; wenn es Menschen genügt, spirituell für unmündig genommen zu werden; wenn kindliche Verhätschelung reicht. Und wenn die Anspruchsinflation in Sachen Glauben so weit gediehen ist, dass man sich Alternativen gar nicht mehr vorstellen kann. Wir stehen gerade an diesem Kipppunkt.

Ergänzungen aus Sicht der Zukunftsforschung

Hier geht es um viel, Zwist ist vorprogrammiert: scharfe Unterschiede in der spirituellen Bewertung eines solchen Beziehungs- und Diesseitsbewusstseins. Einige werten es auf, andere ab. Wir Okzidentalen gehören insgesamt bislang zu Letzteren und haben dazu die Unterscheidung zwischen Glauben und Wissen erfunden. Glaube – Liebe – Hoffnung: alles im Bereich der Religion. Der mess- und belegbare *Tod* hingegen ist im Bereich des *Wissens* angesiedelt: Dass wir alle sterben, ist empirisch eindeutig und nicht strittig; dass wir schließlich in den Himmel kommen, schon. Mit anderen Worten: In Sachen Bewusstsein – dem, was uns an unsere Frühe, an unser Sein bindet; in die Richtung, wo unser Glück liegt – stümpern wir herum. Mehr schlecht als recht, hierarchisiert und machtverseucht; dies allerdings sehr selbstbewusst, denn die Eingebung dieser „Schmalspurversion" stammt ja von Gott. Bewusstsein ohne Beziehungsintelligenz, dafür mit Logos – das ist unsere Domäne, die wir verteidigen. Als Menschen sind wir vernünftige Akteure, haben ein Ich, Ziele, Absichten, Wünsche und Überzeugungen, können Dinge vorhersagen. Wir nehmen dieses Oberflächen- und Ich-Bewusstsein für bare Münze; das, was unser Geist als seine Abläufe darbietet, obwohl es dem eigentlichen Ablauf womöglich gar nicht entspricht. Unser Bewusstsein erahnt das manchmal („du bist nicht deine Gedanken"), belegbar war es – bisher – nicht. Daher haben wir es verdrängt.

Diese Geschichte weist zwei Kuriositäten unserer religio auf. *Zum einen*: Unsere Weltreligionen hängen historisch eng zusammen – das ist zwar eine Binsenweisheit, aber sie wird strategisch vertuscht. Abraham beispielsweise ist Stammvater der Juden und Muslime, Jesus ist die „große Seele" der Christen und so weiter. Die spirituellen Lehren stehen sich nahe – und überhöhen doch ihre Differenzen, anstatt das verbindende Humanum in ihnen auszuleuchten. Weltreligionen sind bislang exklusiv formatiert, nicht inklusiv, und das wird zu einem Problem, je weiter unser Bewusstsein reicht. Analogie Physik, Stichwort Krümmung der Raumzeit: In der Unendlichkeit *kreuzen sich die Parallelen.*[52] Spirituell ist nicht gerade weise, was sich die Welt auf religionssystemischem Terrain leistet.

Zum anderen: Es spricht inzwischen vieles dafür, dass der Grund beziehungsweise die Ursache, warum wir überhaupt ein Ich-Bewusstsein und Selbst-Reflektiertheit haben, Kommunikation sein könnte. Das ist alles; größere Geheimnisse gibt es hier womöglich gar nicht zu lüften. In der Gehirnforschung ist dieser Punkt umstritten und bisher nicht entscheidbar. „Für mich" ist es irgendwie, ich selbst zu sein, *weil ich anderen mitteilen will* – seit einigen tausend Jahren *kann* und *muss* der Mensch es –, wie es ist, ich selbst zu sein. Bestimmte geistige Prozesse sind für uns durchsichtig geworden, seit wir zerebral in die Lage gerieten, Sprache zu benutzen und uns anderen zu erklären: In der Evolutionsbiologie herrscht Konsens, dass die Entwicklung von menschlicher Hirnstruktur und Sprache parallel verlief. Pointe: Erklärungen des Selbst-Seins müssen weder wahr noch rational sein, sondern nur *anschlussfähig*. Sie müssen den sozialen „Kitt" stabilisieren und Beziehungsintelligenz steigern, um gemeinsam neue Möglichkeiten zu erschließen und damit Entwicklung auszulösen. Das ist alles.

Stimmt das, wäre der Logos entthront: nur Kommunikationsmethode, eine Masche, Bindung zu stärken. Vielleicht haben unsere Vorfahren Tricks gelernt, wie man andere überzeugt, dass der Säbelzahntiger naht, auch wenn man ihn noch nicht sieht, und daraus das große Ding gemacht? Vielleicht ist das, was wir Vernunft nennen, nicht mehr als ein fingiertes, wendiges, werkelndes Helferlein beim Sprechen, um evolutionär die Beziehungen zwischen uns zu verbessern, damit wir schneller und erfolgreicher zu Ergebnissen gelangen, *die funktionieren*? Uns erfolgreicher zu verteidigen? Gemeinsam etwas Neues erfinden können, „Schwarmintelligenz" ausbilden, uns organisieren? Damit würden wir effektiver und effizienter, könnten unsere Überlebenschance erhöhen, kämen voran. Im Effekt wüchse das individuelle, aber auch das kollektive Ich. Keines hätte eine „fixe" Realität oder einen „Inhalt" für sich, sondern wäre reine

Ordnung, eine Art „Beziehungsmobile aus Sinnfitzelchen". Es bestünde aus nichts anderem als den Elementen, aus denen es lernt.

Damit sind wir bei einer weiteren Inspiration unserer Story: Ich-Konstanz oder Ich-Identität wären dann reine Einbildung – die Asiaten haben das immer behauptet. Das Spektrum der Ich-Identität verschiebt sich beständig, es kommt immer etwas hinzu. Der Weg der Ich-Reflexion führt nie zum Ausgangspunkt zurück, ich bin mir nie ganz durchsichtig. Er ähnelt vielmehr einem zerbrochenen Kreis, der zwar im Ich weiter kreiselt, aber nie konsistent werden kann. Identität ein Fabel-Label aus der Logos-Ära und Kontinuität ein billiger Trick der Statistik? Aus diesem Stoff ist vielleicht unser nächstes Weltbild gewirkt. In Literatur und Künsten wird es seit jeher vermessen. Und selbstverständlich könnten wir nun sagen: Ist es im Nachhinein betrachtet nicht erbärmlich, eine Kultur mit Gott, Überwelt, ewigem Leben und Paradies von einem Liebediener namens Logos herzuleiten? Andererseits: Wer kriegt so etwas schon hin?

24 Ewig gleiche Hürden

Was heißt das nun? Wir könnten heute damit beginnen, unsere Strategien und sozialen Praktiken auf unsere biologischen Imperative abzustimmen; unsere Gesellschaften so einrichten, dass sie unsere Menschlichkeit, unseren Sinn und unser Glück befördern – spirituell vermittelt und begreiflich gemacht. Mit Blick auf die ökologische Situation ist es höchste Zeit. Wir dürfen dafür alles nutzen, was wir uns erarbeitet haben: Maschinen, Technologien, wirtschaftliches, politisches, kulturelles, physikalisch-biologisches Know-how. Wir können uns mental quasi neu kalibrieren: Der Versuch, objektiv der Dinge habhaft zu werden, bleibt bestehen, aber wir preisen von nun an Beziehungsintelligenz mit ein: Subjektivität und die Relationen der Dinge. Allerdings macht uns dieses Projekt das Vertraute radikal fremd. Selbst dann, wenn das Neue aufregend, inspirierend und attraktiv erschiene: Es stößt unsere seelische Heimat ab, solche Wissenschaft ist kontra-intuitiv, sie hebelt Glaubenssätze aus. Aber was bedeutet das? Ist ein Erkenntnisgewinn, der unsere Fundamente erschüttert, des Teufels? Ist das schlimm? Werden wir alle verrückt werden? Beschwören wir das nächste Sodom?

Mitunter hilft es, solche versteckten Ängste auszuformulieren. Wir sollten sie beachten und keinesfalls ignorieren, sondern *prüfen,* schließlich sind wir keine Optimisten, sondern Kontinentale. Solche Ängste sind menschlich, aber nicht immer klug oder richtungweisend. Und wir sollten gut überlegen, ob wir sie immer noch *aus Prinzip* zum Leitstern unseres Handelns machen wollen. Sicher, sie haben uns das Überleben ermöglicht: uralte emotionale Reflexe, die einmal sehr nützlich waren. Aber sie „ewig" fortzuschreiben ist riskant. Inzwischen sind sie Hürden auf unserem Weg, und sie werden fallen – aus einem simplen Grund: Die stoische Tabuisierung einer offenen, wissenschaftlichen Untersuchung dieser drängenden Fragen wird diese nicht einfach zum Schweigen bringen, ganz im Gegenteil. Zugegeben: Das kann dauern! Und wenn die Angst übergroß ist, lassen wir die Prüfung lieber erst einmal ruhen und tun das, was wir in solcher Situation immer getan haben: altes Denken neu beglaubigen. Der Logos rastet wieder ein. Wir könnten damit Jahrhunderte verbummeln – haben wir die übrig?

Die entsprechende Storyline läuft so: Die angerissenen Urängste werden wieder angefacht und verlängert in der vernunftzentrierten Entgegensetzung von Glauben und Wissen. Genauer, im *Gebot* dieser Entgegensetzung (die Wissenschaftsgeschichten präsentieren die zeitgeistig-aktuelle argumentative Version dafür). Okzidentale sind Denker, keine Träumer! Falls das Logos-Regime infrage gestellt würde, so die Mahnung, ginge unsere Vernunft unter und die Welt versänke im Chaos. Wir verlören alles. Die wissenschaftliche Ausdehnung des Herzens, Gespür und Intuition: geistige Instinkte, dass die gegenwärtigen Grundannahmen einfach nicht stimmen können, führe zu einer Verkümmerung des rationalen Geistes und darüber zum Rückbau von Vernunft. Dann fingen wir an zu romantisieren und ertränken in einer Flut von Gefühlsduseleien, Irrsinn und individualistischen Glaubensbekenntnissen – und landeten da, wo wir hergekommen sind. Sodom erstünde wieder auf.

Sind wir nicht längst auf dem Weg dorthin? Sind Fake News, Spaltungen und Risse nicht *das* Thema unserer Zeitläufte? Hat das Narrenschiff der Anti-Logiker nicht bereits die Taue losgemacht? Schaut euch doch nur die neuen Führungsfiguren im Westen an, die sich an die Spitze dieser Bewegung stellen und den Systemwechsel vorbereiten! Her also mit der alten Defensivparole: Jetzt erst recht! Wir brauchen den Logos *mehr denn je!* Mit den Worten von Gottfried Benn: „Dennoch die Schwerter halten."[53] Diese ganze Vernunftfraktion, zu der heute auch zahlreiche Linke gehören und damit die Progressiven spalten, spielt Aufhalter, den Katechon, und beschützt den etablierten Logos vor dem Erstarken der von alters her aufmüpfigen „Privatleute" (idiotes), denn die kann er – in seiner aktuellen, unterkomplexen, weil bios-amputierten Testversion – noch immer nicht wechseln.

Selbstverständlich ist diese Weltrettung absurd und genauso gefährlich wie das Spiel mit dem Feuer von Identität, Nation oder „we first". Aber das sagt sich leichter, als es sich glauben lässt. Aufhalter spielt man aus geistiger Not, nicht aus Spaß. Und deshalb nochmals die Klarstellung, sie war bereits Thema: Die folgende, gern übersehene Unterscheidung stellt die größte Hürde für ein Weiterkommen in diesen Fragen überhaupt dar. Wir wollen mit unserer hier unternommenen Befragung unseres Selbstverhältnisses als biologische, beziehungsbedürftige, gleichwohl denkende Wesen die Vernunft nicht *abschaffen,* sondern lediglich *in Perspektive bringen!* Das ist „der Unterschied ums Ganze". Das Erlernen von Achtsamkeit für den Bios zerstört *nicht* die Vernunft! Unsere Hypothese lautet bis zu ihrer Widerlegung, dass Wissenschaft und Wissen, wenn es nur hinreichend bewusst gehandhabt wird, zunehmend transparent macht, worauf wir als biologische Beziehungswesen existenziell angewiesen sind oder aufsetzen; worin wir in für uns Menschen unauslotbarer Tiefe gebunden sind.

Vielleicht gibt es ein universales Projekt, an dem wir alle dadurch teilhaben, dass wir leben? Womöglich existieren „Eigenwerte", die weltlicher, physischer Natur sind: mentale Funktionen oder Plätze, auf die wir Lebewesen immer wieder zurückfallen, für die es keinen Ersatz gibt, die nach Art einer Schleife überall auftauchen, ohne einen eigenen Grund auszuweisen – wie etwa Sinn? Als Organismen in eine evolutive oder kosmische Energie verschlungen zu sein, die uns hervorgebracht hat, wäre keineswegs unlogisch, im Gegenteil. Jedenfalls sind wir über die Zeiten hinaus, alternative spirituelle Aspirationen als Bedrohung anzusehen, lächerlich zu machen, mit Sprachmagie zu argumentieren und mit Rechtsnormen zu bannen. Selbstverständlich ließe sich das Land auch mit Kruzifixen ausstaffieren, wenn uns als Zauberbann gegen Ungewissheit nichts mehr einfällt – moderne Gesellschaften werden bei solchem Heraufbeschwören vergangener Zeiten langfristig jedoch nicht mitspielen.

Für Verfechter alter Religion sind das keine attraktiven Aussichten, denn damit zerfällt ihr Status. Diese Fraktion kann von anderen allerdings nicht erwarten, dass diese aufhören nachzufragen, selbst wenn die etablierte Fraktion keine Lust hat zu antworten. Und sollten ihre Argumente nicht mehr überzeugen, müsste sie das als Erste interessieren, schließlich beanspruchen sie die Lufthoheit über dem spirituellen Gelände – bisher. Die modernen Gesellschaften des Westens werden jedenfalls nicht mehr aufhören nachzubohren, ob die behauptete moralische Überlegenheit noch berechtigt ist – Wissens- und Meinungseliten stehen im gesamten Westen unter Beobachtung.

Europa kann die derzeitige Tabuisierung einer offenen, uneingeschränkten Kritik seiner Tradition weiter verfolgen, stattdessen andere Kulturen ihre Antworten auf die hier gestellten Fragen geben lassen und diese übernehmen. Das geschieht gerade und prägt den Mainstream. *Oder* Europa fängt an, seine Basis selbstverantwortlich neu zu vermessen; mit anderen zusammen, erweiternd und verbindend. Nur dann haben wir Okzidentale eine Chance, unsere Frühe nicht total zu verlieren, dafür wieder in vollem Bewusstsein, demonstrativ und stolz, in unseren eigenen Spuren gehen und *genau deshalb* die anderen glaubwürdig und respektvoll auf diesen Pfad einladen zu können.

25 Vorläufiger Lagebericht

Als Zwischenfazit eine heikle Frage: Wollen wir das alles überhaupt? Unsere Glaubenssätze validieren? Unser Selbstverhältnis prüfen? Uns einer hochnotpeinlichen Befragung unterziehen? Unser Bewusstsein erweitern? Unseren Geist erhellen? Und wer ist „wir"? Das Publikum ist gemischt: je höher der Sozialstatus, desto weniger Licht. Hier wird das alte Spiel gespielt, entwertende Diskriminierung, getarnt als analytisches Zergliedern und Unterscheiden: „Das hat jetzt keine Priorität, wir haben andere Sorgen!" Aber: Diese Taktik funktioniert immer schlechter, der Ausgang des Spiels ist offener denn je.

Wo also stehen wir? Molekularbiologie, Quantenmechanik, Kybernetik und weitere junge Disziplinen geben Hoffnung auf eine Konvergenz biologischer Gesetze mit physikalischen: Es könnte eine besondere Kraft oder Energie der Evolution geben – Evolution zeitlogisch-finalistisch verstanden, als reine Funktionslogik des expansiven Weitermachens. Vielleicht lässt sich auch von einer vergessenen, wieder zu ergänzenden Dimension von Normativität sprechen. Diese Perspektive weicht jedenfalls vom Biologismus Darwins ab – es geht nicht um Auslese oder maximale Anpassung. In der hier skizzierten Sicht können sich Gesellschaften entwickeln durch Vorbilder, Persönlichkeiten, menschliche „Trigger", Sinnstifter, die vorangehen; durch einzelne Ideen, indem diese Seismografen die kulturelle Evolution anschieben, steigern. Es muss nur menschengerecht sein, für uns passen. Fast immer sind solche Menschen Geschichten-Turbos, lassen moderne Mythen entstehen.

Das Bewusstsein entsprechender Menschen hat eine größere Reichweite als das des Durchschnitts; ein Hinweis darauf, dass es in anthropologischer Blickrichtung eine physisch-physiologisch beschreibbare Evolution des „Organs" Bewusstsein geben könnte. Genauso, wie wir fortlaufend neue Sinne entdecken[54], ist nicht auszuschließen, dass wir künftig die Dimensionen unseres Geistes – Sinn als solchen – umfänglich verstehen lernen. Diese These ist heute wissenschaftlich nicht satisfaktionsfähig; nicht, weil es dieses Organ nachweislich nicht gäbe, sondern weil wir es schlicht (noch) nicht wissen. Für heutige Wissenschaft – nicht mehr für heutige Gesellschaften! – reicht Nichtwissen begründungstaktisch als Gegenargument aus. Die Intuitionen unserer Tradition sind noch übermächtig und Wissenschaft bewegt sich überwiegend in deren Bahnen.

Unsere Geschichte läuft auf die Einsicht hinaus, dass die Erfahrung eines Körpers, seine natürlich gegebene Intentionalität von dem, wessen er bedarf, was er sich wünscht, wohin er sich bewegt, was er artikuliert, *jede geistige Aktivität grundiert* – ein harter ideengeschichtlicher Traditionsbruch. Unser physischer Zustand, seine Verfasstheit, legt sich nicht nur in die Tätigkeit unsere Sinnes, sondern auch unseres Verstandes stets hinein, inkorporiert und rahmt sie. Deshalb ist Sinn eine fundamental körperliche, richtiger: eine ganzheitliche Kategorie. Er ist „im" Zwischen der Seinsformen. Unseren menschlichen Geist grundsätzlich *eingedenk dessen* zu benutzen, nennen wir vertieftes Bewusstsein. Und wir können trainieren, auf diesen unaufhebbaren Zusammenhang zu achten, ihn geistig mitlaufen zu lassen, ihn zu würdigen – was praktisch bedeutet, ihn jede unserer Entscheidungen mit führen zu lassen. Solches Tiefenbewusstsein nimmt die körperliche Gestimmtheit wahr und in das Denken auf; das Sich-Dehnen, das Sich-Strecken, das Sich-Bewegen. Es nimmt die körperbedingte Intentionalität des Moments *ernst*.

In groben Linien ist das für uns ein *potenziell validierbares Fundament säkularer Religion* in einer ökologischen Welt. Wir binden uns an diesen geistigen, genuin humanen Horizont voller Vertrauen auf dessen Wirkungsmacht zurück und legen damit die Basis für eine grundsätzliche Neuausrichtung unseres Natur- und Weltverhältnisses. Gesellschaften mit einem „Ökologieproblem" haben Verwerfungen in den Beziehungen lebendiger Organismen mit sich und ihrer Umwelt zu bewältigen. Wenn wir uns für diese Relationspathologie nicht interessieren, etwa dafür, woher sie kommt (tatsächlich nur aus kapitalistischem Konsum und technologischem Fortschritt?), werden wir trotz kreativer Anreize und Sanktionen das Problem nicht lösen.

Für dieses mentale Wachstum müssen wir geistig jedoch arbeiten. Buzzword-Kaskaden à la „neue Aufklärung" und „Disruption" werden kaum reichen; bisher fehlt ihnen jedes

Fundament. Die notorisch frohe Botschaft unserer Gattung lautet jedoch: Wenn der Stress steigt, entdeckt Homo sapiens sapiens den Münchhausen in sich – und zieht sich am eigenen Schopf aus dem Sumpf. Für eine Gesellschaft, für die der Kahlschlag von Regenwäldern, „ökologische“ Kernenergie, das Vermüllen der Meere mit Mikroplastik und industrialisierte Massentierhaltung als normal gelten, wird das freilich kein einfacher Schritt.

Im folgenden Abschnitt wandeln wir die grundsätzlichen Fragen, ob uns das interessiert, ob und warum wir das bearbeiten sollten, in die subtilere Gretchenfrage: Wie halten wir es mit einer Religion der Zukunft? Mit der Möglichkeit, höhergestufte geistige Dimensionen zeitgemäß und spirituell zu nutzen? Alternative: Wir können uns diese Flausen auch austreiben. Einige sind schon fleißig dabei.

Religionsgeschichten

Unsere religiöse Tradition bindet uns an *meta*physisch Höheres zurück. Wir sind stolz auf unser Ich-Bewusstsein, weil wir es als Gabe Gottes geschenkt bekommen haben und innerhalb unserer Vernunfttradition systematisch weiterentwickeln. Eine solche Rückbindung erscheint uns plausibel, logisch. Sie adelt uns, schmeichelt unserem Ego. Wir sind das Salz der Erde. Als Geschöpfe Gottes stehen wir unter seiner Herrschaft und verkünden sein Wort, das erhebt uns.

Schon in unserem religiösen Zentralnarrativ geht es um tiefgelegte Statusspiele: Sind die anderen, die nicht glauben, etwa weniger wert? Neuere Forschungen rütteln unnachgiebig am Menschenbild, das hier Pate steht. Unser Ich-Bewusstsein könnte sichals Einbildung, als Überschätzung entpuppen. Zudem: Dass Menschen eine ontisch ungleiche Wertigkeit zukommen soll, ist spirituell abwegig. Was ließe sich aus der Beobachterperspektive eines *bewussten* Ich-Bewusstseins lernen – das zwar auch nichts anderes wäre als Illusionstheater, *dies aber wüsste*? An solchen Punkten stockt Wissenschaft, bisher. Und die offizielle Religion schweigt.

Für den faktenorientierten Logos ist diese rein hypothetische, aus seiner Sicht grenzdebile Verwechslung von Schein und Sein unerheblich. Einerseits lässt sich bisher noch nichts beweisen – was unter Umständen dem Nicht-Rationalen Tür und Tor öffnet. Andererseits wähnt sich unsere Vernunft *über* der Welt stehend, weil sie diese kalkulieren und beherrschen gelernt, sicherer gemacht hat. Entsprechend auf Transzendenz versessen und metaphysisch durchformatiert gibt sich unsere re-ligio: Ihre Erfolge scheinen das herkömmliche Fundament schließlich fortwährend zu bestätigen! Der Trick: Vernunft sowie die dazu passende Religion nehmen einen *höheren*, einige aus der Ideengeschichte meinen: wahnhaften Status von Homo sapiens sapiens zeitlich vorweg und machen vorauseilend ein gedankliches Prinzip daraus. Dem müssen wir nur folgen, um diesen Zustand zu erreichen. Voilà – einmal mehr eine respektable autologische Schleife.

Der Bios ist dafür nebensächlich. Kalifornische Singularisten haben berechnet, wie lange er überhaupt noch interessiert: bis 2045. Dann träte Singularität ein, das heißt, Maschinen würden Menschen überflügeln. Mit Zielen, die ab diesem Zeitpunkt ins Visier genommen werden, hat der Bios nichts mehr zu schaffen. Die kreative Energie konzentriert sich auf die Mechanismen und Techniken des Logos, der den Bios technologisch überformen wird. Teile der Gattung Homo sapiens sapiens werden beginnen, sich systematisch mithilfe von Maschinen vom naturverhafteten Bios wegzubewegen und technologisch aufzurüsten; erst physisch, als Folge auch psychisch. Wir werden aus künstlichen Archiven unsere Erinnerungen abrufen, Gedanken mit anderen teilen und uns über ein Internet der Menschen und Dinge miteinander verbinden. Eine dazu passende re-ligio wird sich finden; umrisshaft ist sie längst da.

Auf unserer Suche nach einer Kontrastfolie von religiösem Denken und Handeln zur etablierten kontinentaleuropäischen Tradition, die

- zu unserer eigenkulturellen Erkenntnisorientierung, aber auch unserem eurasisch-gesamtkontinentalen Verständnis eines biologisch inkorporierten Bewusstseins passt: die *wir* wollen können, und
- der techno-religiösen Position vom Pazifik etwas entgegenzusetzen hat,

spitzen wir die bisherige Sammlung an Elementen für eine zukunftsrobuste Religionsgeschichte zu. Wo stehen wir hier und heute in Sachen säkularer Glaube? Was sind jetzt die „Knackpunkte", disruptiven Hotspots? Worin liegt die Brisanz des Themas Religion – aktuell? Um einem alten Topos gleich den Wind aus den Segeln zu nehmen: Gedanklich nahe liegt der Verdacht, diese Brisanz ergäbe sich quasi natürlich aus unseren Zeitläuften, etwa der gegenwärtigen Krisenserie, postfaktischen Verhältnissen, steigender Zukunftsangst plus Komplexität der Welt, des Universums und dem ganzen Rest. Wächst in solchen Zeiten nicht die Sehnsucht, die Seele baumeln zu lassen? Wie die Leserin sehen wird und vielleicht ahnt, ist unsere Vorstellung humaner re-ligio das glatte Gegenteil: Sie ist eine Zumutung an westliche Gesellschaften. Zukunft in globaler Aufmerksamkeit ökologisch und kulturinklusiv zu gestalten, ist ein massives, nicht nur geistiges Arbeitspaket. Der alte Eskapismus-Vorwurf funktioniert ausschließlich im Weltbild mit klassisch transzendental-metaphysischem Plot – nur er beziehungsweise ein polar-binäres Weltbild machen die Forderung nach einem seelischen Aussteigen beziehungsweise Übersteigen logisch überhaupt möglich!

Zunächst sei jedoch nochmals auf das Gemeinsame zwischen Orient und Okzident hingewiesen, das *Gesamt-Kontinentale*, denn daraus motiviert sich unsere Geschichte. Das ausgegrabene, stark gemachte ursprüngliche Menschenbild der europäisch-asiatischen Kontinentalplatte könnte lauten: *Menschen sind die, die sich nicht genug sind – die mehr wollen.* Sollten jemals Aliens unseren Planeten besuchen, könnten sie sich über solche, die aus diesem Landstrich stammen, etwa Folgendes erzählen:

> *Dort lebt eine Teilgruppe der Gattung, die ihre Intelligenz dazu benutzt, die Grundlage ihres Daseins fortwährend durch etwas anderes zu ersetzen. Kontinentale Menschen sind unzufrieden mit dem, was sie sind – ein bemerkenswerter Tribe. Es gibt auf dem Kontinent zwei Gruppen von ihnen (Orient und Okzident), die verschiedene Strategien nutzen. Beide Gruppen, also diese Homines maxime homines, sind jedenfalls solche, die extreme Wertungen dem Leben gegenüber haben – sie pflegen Ethiken der Überschreitung (vgl. S. 295 f.). Ihre Motive kennen wir nicht (die Aliens könnten vielleicht nicht sofort unterscheiden, dass wir Westler Logos und Technik benutzen, die Asiaten Geist und Bios). Entweder plagt sie eine maßlose, unerträgliche Langeweile oder ein existenzielles Mangelempfinden, vielleicht auch eine gefühlt brachliegende Potenz, weshalb sie unbedingt und ständig irgendetwas ändern müssen. In jedem Fall schaffen sie sich beständig selbst ab, zumindest verändern sie sich. Der eine, westliche Herkunftsstamm findet heraus, was die Welt im Innersten zusammenhält, versucht, den Kosmos kognitiv zu durchdringen und sich in ihm seelisch zu entäußern. Der zweite, östliche Hauptstamm lernt, sein kosmisch-zeitliches*

Verwobensein – „Karma“ nennen sie das – zu bemeistern und die Bedingtheiten des menschlichen Lebens auf diese Weise komplett hinter sich zu lassen. Der jüngste, dritte Spross, der sich von den Westlern losgelöst hat (Amerika), erzählt zu diesem Zweck sogar eine „singularistische“ Geschichte und will mit seiner Technologie verschmelzen!
Tribes eurasischer Herkunft sind die, die aus ihrer Gattung aussteigen. Eine Spezies, die aus sich selbst desertieren will – faszinierend!

26 Was wir hoffen dürfen

Wir geraten allmählich in die Lage, die körperliche Grunderfahrung unseres Bewusstseins – ein für organische Lebewesen typisches und spezifisches Zwischen – wissenschaftlich-empirisch zu vermessen. Das ist etwa der Halbzeitstand. Es gibt damit begründete, säkulare Hoffnung auf eine künftige Rückführung geistiger Gesetze auf wissenschaftlich nachweisbare. Dass dieser Gedanke manche abstößt, liegt vor allem an dem verzwergten, traditionellen Verständnis zum Beispiel von Physik, das vermutlich die meisten bis heute teilen: Geist und Physik gelten als getrennte Sphären. Wir jedenfalls vermuten das Fundament von Bewusstsein, also die Basis, die nur in Weisheitslehren und Religionen verhandelt wird, als *in den menschlichen Organismus biologisch-physikalisch potenziell nachweisbar eingelassen.*

Ab diesem Punkt ist es förderlich, spirituelle Leader, „Genies“, und gar hochintelligente Verrückte nicht mehr als Ausnahme-Phänomene, Ab-Artige oder Wahn-Sinnige zu deuten, sondern als die uns mögliche Norm; als Potenzial, als antezipative[55] Mutation, als Ausblick auf das, was wir hoffen dürfen. Geistige Vorbilder, etwa Religionsstifter, inszenieren womöglich ein mentales Experiment, einen Griff nach geistigen Sternen, quasi einen Vorverweis auf ein natürliches, sich kontinuierlich weiterentwickelndes Leben. Ohne Kenntnis des zugrundeliegenden Evolutionsprinzips wurden diese Begabungen in der Vergangenheit für von Gott geschenkte Vorzüge oder auch Strafen gehalten. Daran ist nichts unvernünftig: Irgendwie mussten wir uns die zwischendurch immer wieder aufblitzenden Möglichkeiten des menschlichen Geistes schließlich erklären.

Das menschliche Gehirn als Ergebnis einer langen Geschichte befindet sich ständig in einem Entwicklungsstadium. Erst in evolutionärer Perspektive, die unsere Gattungszukunft berücksichtigt und einschließt, können wir außergewöhnliche Menschen überhaupt als abweichende Manifestationen eines höheren Bewusstseinszustands verstehen; und Spiritualität als – möglicherweise – auf Naturgesetzen basierend, die wir in ihrer geistigen Dimensionen noch nicht kennen, die uns jedoch zieht. Der Mangel an Beweisen scheint dieses Projekt zu widerlegen; allerdings nur für eine traditionelle, empiristisch vereinseitigte Wahrheitswissenschaft. Darüber hinaus gewinnt es täglich an Kontur.

So ist inzwischen messbar, dass bei besonders veranlagten Menschen die normale Begrenzung des Geistes erheblich überschritten wird. Formen von bewusster „Einsicht" verändern die Struktur der Gehirnzellen – Einsicht verstanden als *Wahrnehmungsweise*, die nicht momenthaft vorzustellen ist, nicht wie eine ereignishafte Erkenntnis, sondern durchdringend und dauerhaft; eine Einsicht in die Schleifenstruktur unseres Bewusstseins. Das heißt, dass sich unser Geist selbst erzeugt und fortwährend in sich selbst vertiefend abbildet. Die Kuriosität einer Veränderung des Bios durch trainiertes, reifes Bewusstsein, etwa im Zuge von Meditation, ist inzwischen ein empirisch validierbarer Fakt. Trotzdem wird er von zwei turmhohen geistigen Mauern begrenzt, verschleiert und *entgegen der Empirie entwertet*. Einerseits ist unklar, wie das Denken sich dieses – für uns offenbar nicht normalen – Zustands gewahr werden kann. Und andererseits sind Grund, Motiv, Anstoß dafür unbegreiflich, weshalb unser Denken dies überhaupt tun sollte.

Auf die erste Rätselfrage – wie kann höhere Einsicht für uns erkennbar werden? – ist das Antwortspektrum bisher zwar reichhaltig, aber noch immer einseitig. Die aus dem Orient stammende Empfehlung lautet Bewusstseinsinnenschau, geistige Konzentration. Hierbei hilft vor allem die Jahrtausende alte Erfahrung Asiens; allerdings ist uns diese Tradition nach wie vor fremd, auch wenn sich das allmählich ändert. Bestände unseres eigenen Kanons hingegen, die hier nutzbar wären, etwa frühe Thematisierungen von Selbstsorge in der Antike, werden nach wie vor gering geachtet.

Die Antwort auf die zweite Rätselfrage – wozu sollten wir mit unserer Vernunft das ganze Projekt überhaupt starten, was daran wäre vernünftig? – ist weitaus interessanter, denn dabei geht es nicht um eine Methodenfrage. Diese Replik läuft auf eine inzwischen präzisierbare Hypothese hinaus: Vermutet wird, dass eine solche „Einsicht" *ohne* rationale, Ich-bezogene Ursache geschieht, das heißt gar kein Ergebnis des Denkens *ist*. Deshalb ist die Frage nach dem Motiv sinnfrei. Menschliche Geisteskraft erscheint in dieser Sichtachse *auf Bewusstseinserweiterung hin angelegt*; der okzidental-kulturspezifische Logos ist ein ganz anderes Thema. Das heißt: Einsicht beeinflusst das Denken, aber Denken hat keinen Einfluss darauf. Hier geht es um zwei getrennte ontologische Domänen, von der eine (Bewusstsein) strukturreicher ist als die andere (Denken qua Ich-Bewusstsein).

Diese Unterscheidung ist fundamental für jede säkulare Religion. Genauer formuliert: „Tiefes" Bewusstsein, das trainierbar ist durch einen konzentrierten und fokussierten Geist, *aber nicht von einer enggeführten Rationalität logozentrischer Schule,* bewirkt eine Art Mutation in den Gehirnzellen. In der Coma Science Group an der Université de Liège hat man mit einem buddhistischen Mönch, der ca. 50.000 Stunden Meditationserfahrung mitbrachte, eine Magnetresonanztomografie (MRT) durchgeführt und ihn gebeten, sich in der Röhre in verschiedene meditative Zustände hineinzuversetzen: von „induzierter kognitiver Opazität" über eine stumpfsinnige, selbstinduzierte Lethargie bis hin zu „offener Präsenz", dem klarsten Bewusstseinszustand. In diesem mehrtägigen Experiment wurde sein Gehirn gescannt.[56] Der Mönch konnte die Komplexität seiner Gehirnaktivität zwischen beiden Extremzuständen um 20 bis 30 Prozent erweitern; weitere Untersuchungen laufen.

Diese Art der „höheren" Neuroforschung „von oben" – „höher" im Sinne von: orientiert an den Maxima unseres Geistes – steckt noch in den Kinderschuhen[57]. Der logozentrische Pfad und deshalb dominant ist Gehirnforschung „von unten", die das menschliche Gehirn gemäß analytischer Zerlegung quasi Synapse für Synapse nachbauen will. Solche Experimente wie das aus Lüttich sprechen für eine biologisch-körperliche, zerebrale Entsprechung geistiger Tiefe, denn Menschen mit jahrelanger Meditationserfahrung haben ihr Soma quasi durch Training nachweislich umgestaltet. Die Experten vergleichen den Effekt plakativ mit Muskeltraining: Häufiges Üben mache den Meister; auch wenn unser Gehirn natürlich kein Muskel ist. Eine weitere Hypothese in dieser Debatte: Mit jeder größeren Veränderung oder Abweichung vom Normal-Bewusstsein innerhalb einer Population gehe eine entsprechende Veränderung im biologischen Organismus, in der Körperlichkeit einher (Anzahl der Nervenzellen, Radius und Intensität der Aktivität, Vernetzung und anderes).

Die plausibelste Annahme für das, was da stattfindet, ist ein Zustands- oder Phasenwechsel; den kennen wir aus der Physik. Durch Nutzung von geistiger Energie steigere sich das Gehirn zu einer Aktivität, die wiederum ein erweitertes Bewusstsein *entstehen lasse*, das „die Sinne übersteigt", soll heißen: dessen Gehalte sich zumindest im sinnlichen Nachvollzug allein unseres Ich-Bewusstseins nicht decken lassen. Wenn wir eine Methode finden, die Kraft oder die Natur der psychisch-geistigen Energie zu bestimmen, die diese Einflusszone zwischen Gehirn und Bewusstsein ausmacht, wird es möglich werden, das Phänomen als solches – die strategische Erweiterbarkeit unseres Bewusstseins – nachzuweisen. Wie es aktuell aussieht, ist das lediglich eine Frage der Zeit. In diesem großen, noch weitgehend unbestimmten Feld verbergen sich völlig neuartige Qualitäten von Hoffnung.

27 Disruption No. 1: Wahrnehmung oder die Ordnung der Beziehungen

Für solche fröhliche Wissenschaft, die dem Menschen im spirituellen Möglichkeitssinne „alles" zutraut, weil sein Organismus mit den selbst gestellten Aufgaben „wächst", brauchen wir ein grundlegend anderes Verständnis von Denken – und abgeleitet davon auch von religiösem Denken. In den vorherigen Kapiteln haben wir Probleme unseres alten Denkens durch dessen Vernunftbasiertheit thematisiert sowie ein alternatives Anforderungsprofil für unsere Vernunft skizziert. Worauf sich das diesem Neustart angemessene Denken konzentrieren soll, ist noch offen.

Als Prämisse für die Beantwortung dieser Frage lässt sich jedenfalls sagen: Das das Ich-Bewusstsein flankierende Logos-Modell ist für neues Denken viel zu einseitig und unterkomplex. Immer mehr Wissenschaftlerinnen gehen beim Selbst von einer „Benutzerillusion" aus; von einer für uns evolutionär nützlichen Unterstellung identitärer Konstanz, die sich fortwährend wiederholt und vertieft, als unaufhebbare Überzeugung quasi einrastet. Wir sind die, die Ich sagen, andere Lebewesen leben einfach. Das Ich wäre damit *Ergebnis*, nicht Ausgangspunkt; ein sich selbst verstärkender Mythos, eine wirkungsvolle, lange Zeit nützliche Selbsttäuschung, auf die hereinzufallen uns einen Überlebensvorteil verschafft hat: Es macht den Alltag so viel einfacher! Wir haben uns entschieden, Sein wichtiger zu nehmen als Werden – das zaubert ein Ich herbei und erleichtert vieles. „Da kommt Frau Schmidt!", können wir sagen, anstelle von: „Da kommt die aktuelle Version dessen, was gestern die letzte Version von dem war, was ganz am Anfang die Eltern Heike Schmidt genannt haben." Genau genommen sind wir mit jeder Sekunde eine neue, andere Person, weil sich das Ich laufend umformatiert, bis zu unserem Tod mäandert. Die Schlaumeier sprechen von Entropie, aber das ist Ornament. Wir sind zeitliche Wesen. Bloß wäre das kommunikativ viel zu umständlich und aufwendig – „Frau Schmidt" ist praktischer. Künstler bespielen das seit jeher.

> *„Ein Mann, der Herrn Keuner lange nicht gesehen hatte, begrüßte ihn mit den Worten: ‚Sie haben sich gar nicht verändert.' ‚Oh!' sagte Herr Keuner und erbleichte."*[58]

Andere sind stolz auf Entwicklung, wir nicht. In Mathematik, Logik und Kunst ist längst klar, dass Gleichheit oder Ähnlichkeit nicht dasselbe sind wie Identität. Letztere ist eine sachlogische Fiktion, ein Fake. Er funktioniert einmal mehr über die Löschung von Zeit. Lebewesen haben niemals „Identität", weil sie in jeder Sekunde ein anderes sind – auch nach ihrem Tod. Über diesen gut vertuschten Trick funktioniert der Zauber. Wir stehen vor der Aufgabe, nun auch im sozialen Miteinander, in weltlichen Zusammenhängen, diese Verzerrung zu entzaubern. Da die damit zusammenhängenden Grundentscheidungen im toten Winkel liegen, fällt uns dies unendlich schwer: Das Ich ist gut darin, sich selbst immer wieder davon zu überzeugen, dass es mit ihm weit her ist –das ist ja auch sein Job.

Nun ist Denken ein *Ableger* vom Selbst, sozusagen sein Agent, und nimmt aktiv an der Konstruktion der Realität teil, über die es berichtet. Der Beobachter *ist* das Beobachtete. Denken *hat* und *erzeugt* immer weiter blinde Flecken. Unser Ich-Bewusstsein wird einerseits aus den Unterscheidungen und Erfahrungen gebildet, die es benutzt, die aber versteckt bleiben: im „Unbewussten". Und es erzeugt andererseits, weil es aus fortwährend dynamisch hinzukommenden Elementen besteht, aus denen es lernt, unvermeidlich neue unsichtbare Stellen, die sich andauernd erstmalig ergeben. Weder beansprucht Denken Vollständigkeit, es sichert nur Kommunikation und Beziehungen, noch ist Reflexion ein Mechanismus, der blinde Flecken auflösen *könnte.* Reflektieren kann jede Person nur über das, was sie kennt, weiß, erinnert, was gerade relevant ist. Zwar lässt sich immer Metakognition zuschalten: Wir können darüber nachdenken, dass und wie wir denken. Blinde Flecken kann dieses Verfahren der Vernunft logischerweise aber nur ausschnitthaft ausleuchten, zumeist spiegelt es sie bloß wider beziehungsweise doppelt sie.[59]

Wie erhellen und vertiefen wir also unser Denken in Richtung von „Einsicht", soll heißen: durch das Zuschalten und Höherqualifizieren von Bewusstsein – und das auch noch in vernünftiger Weise? Denn diese Richtung muss ein säkularspirituelles Denken auf Basis des hier skizzierten veränderten Vernunft- und Menschenbildes nehmen. In der Kognitionsforschung wird über diese Crux mithilfe der Dritten-Person-Perspektive gesprochen. Anders formuliert: Wir benötigen eine kulturelle Organisation von Perspektivwechseln.

Als Einstieg und vorläufiges Schlagwort dafür eignet sich Diversity. Genauer: Eine Wissenschaft vom Bewusstsein müsste Deckungsgleichheit schaffen zwischen mehreren Bewusstseinen mit ihren jeweiligen toten, subjektiven Winkeln; also zwischen je meinem Bewusstsein (was ich dafür halte) und der Sichtweise anderer. Wenn ich eine Farbe als Azurblau oder magisch oder irisierend wahrnehme, sollten das Dritte ebenfalls, das bedeutete dann „valide Einsicht". Damit bekommt der Begriff der Intersubjektivität einen ganz anderen, tieferen, beinahe konkretistischen Sinn: Wir wollen an das „Zwischen" zwischen Menschen heran. Wenn hier Gemeinsamkeit erzielt werden kann, wird es möglich, *die überpersonalen Strukturen, die kausal verantwortlichen Bedingungen für unsere Wahrnehmung,* herauszufinden. Wenn „Einsicht" eine spezifische, von uns bisher ignorierte Dimension der Wahrnehmung ist, brauchen wir Kenntnis über genau diese Strukturen: Hier geht es nicht um die Ordnung der Dinge, sondern der Relationen und Beziehungsgesetze, die die Weltwahrnehmung von Lebewesen bestimmt. Das ist übrigens auch die Bedingung der Möglichkeit nicht nur für ein ökologisches, terrestrisches Weltbild, sondern auch langfristig zwingende Basis für ein friedensfähiges extraterrestrisches Weltbild: Zumindest *unsere* Beziehungsgesetze sollten wir bis dahin besser kennen!

Wir können heute damit anfangen, die Ordnung der Welt, der Dinge *und* der Beziehungen zwischen ihnen, zu erkunden, die unser Bewusstsein prägt. Sie definiert die Qualität der geistigen Relationen, die uns einsinnig die Farbe [Hexcode 2e5978] als Azurblau oder magisch oder irisierend empfinden lässt. Die für Westler schwer zu akzeptierende Konsequenz daraus: Wir beforschen in dieser Perspektive nicht mehr nur die externe Faktizität der Welt „da draußen" – unsere hochgeschätzte Weltzugewandtheit behalten wir lediglich bei –, sondern ab jetzt gleichzeitig auch Intersubjektivität. Deutlicher: Subjektivität, Fiktion, reine Möglichkeit. Genau hier liegt eine stahlharte Akzeptanzbarriere.

Unser wissenschaftliches Erkenntnisinteresse expandiert damit unweigerlich, sogar vornehmlich, ins Nicht-Objektive – dabei ist Objektivität doch *das* Kernelement, der Prüfstein jeder bisherigen Wissenschaft! Wir explorieren nunmehr den „Zwischenraum unserer Bewusstseine" mit; die Beziehungsebene, also das, was uns *im Bios*, zu dem unser Geist gehört, *verbindet.* Logischerweise gelingt das nicht mehr mit universalistischen Werten, Nationalitäten, vordefinierten politischen, religiösen, sexuellen Orientierungen, denn solche altbekannten Maßstäbe für Gleichheit oder Vergleichbarkeit sind reflexiver, kognitiver, *logozentrisch vorformatierter* Art, *nicht* biologisch-gattungsspezifischer Art. Ihre Abstammung aus der Vernunft macht sie zwar nicht unbedingt falsch oder weniger relevant, aber sie sind *nur ein Teil* der – deutlich komplexeren – Wahrheit, den wir bisher fälschlicherweise zum Ganzen aufgebläht haben.

In dieser Mit- oder Zusatzbeforschung physikalisch-biologischer Ordnungsgesetze oder Ordnungsfaktoren, die uns in unserem Bewusstsein miteinander verbinden, schlägt sich die Aufstufung unseres Logos durch den Bios konkret nieder. Hier liegt der Fokus. Vorstellungskraft, Fantasie, Schöpfungsmacht, spirituelle Aspirationen, seelische Gestimmtheit sind zwar nicht „faktisch", stehen aber von nun an als Möglichkeitssinn dem Wirklichkeitssinn gleichberechtigt zur Seite. So geht Denken und Reflektieren in neuem, resilientem Modus: alles Bisherige *plus* jedwede Kriterien und Maßstäbe von Aufmerksamkeit, Konzentration, von Abneigung und Zuneigung, von allem, was unsere geistige Wahrnehmung beeinflusst. „Noise", Rauschen nennen das die Verhaltensökonomen; ein schönes Wort für etwas, das wir noch überhaupt nicht kategorisieren können.

Und im Kontrast: Was dürfen oder sollten wir ab jetzt keinesfalls mehr tun? Etwas analytisch so zergliedern, dass es für das Bewusstsein irrelevant wird. Segmentierung, Trennung, Aufteilung der Welt mindert Bewusstsein, denn je zerstückelter die Wirklichkeit, desto unwahrscheinlicher die „Einsicht", also die *Chance für eine Deckungsgleichheit mehrerer Bewusstseine im Empfinden eines Sinngehalts* – und auch das ist logisch. Betrachten wir nur die Details der Welt, sind überpersonale Strukturen, Gemeinsamkeiten, Verbindungen im Zwischen kaum mehr wahrnehmbar. Eine Separierung der Welt ist bewusstseinsfeindlich, anti-ökologisch. Einzelteile von Phänomenen lassen sich zwar prima untersuchen, sind für unser Bewusstsein aber uninteressant. Letzteres dockt an Eindruck und Empfindung des *Ganzen* an. Seelisch angesprochen werden wir nicht von einer Note, sondern von einer Melodie, nicht von einem Buchstaben, sondern von einem Satz oder Gedicht.

Aber brauchen wir diese Tiefenebenen überhaupt? Zum Überleben müssen wir essen, nicht Konsistenzen oder Aromen unterscheiden. Um Musik zu hören, müssen wir nicht die Obertonreihe kennen. Um zu sehen, müssen wir nicht über optische Täuschungen oder blinde Flecken Bescheid wissen. Ist das nicht alles völlig überkandidelt? In solche Richtung weisen die Wertungen, die biorationales Denken bei westlichen Vernunfteliten häufig provoziert. „Wenn wir sonst nichts mehr zu tun haben, können wir das ja auch noch erforschen, aber vorher gibt es Wichtigeres."

Die Klientel, die sich so äußert, ist auf ihre Weltsicht stolz. Bewusstsein, Relationen, Wahrnehmungen sind nicht materiell, konstant, identitär bestimmbar, als Fakten zu einem bestimmten Zeitpunkt *t* messbar. Sie sind im Gegenteil mäandernd, ewig dynamisch und unterwegs in neue Zustände; eher wie Wellen, aber nicht wie „das" Wasser. Was sollen wir damit anfangen? Unsere kulturelle Grundentscheidung lautet gegenteilig: Wir beforschen *entweder* das Wasser (Wellen gehören dazu, wozu die Unterscheidung?) *oder* das Land.

- Dass beim Blick auf den Strand, auf die auslaufenden Wellen am Ufer, gar nicht klar ist, ob ein bestimmter Teilbereich noch zum Wasser gehört oder schon zum Land;
- dass dieses „Zwischenreich" sehr unterschiedliche Qualitäten aufweist, die von Wassermenge, Strömungen und Wirbeln, Schaumkronen, Wellengang, Temperatur, Tageszeit und Lichteinfall abhängen; und die man nur dann wahrzunehmen vermag, wenn man die Entscheidung trifft, die eigene Wahrnehmung stetig zu verfeinern – *weil sie lohnt, verfeinert zu werden*;
- und dass all dies eine Sache der Definition ist, was bedeutet: reine Willkür,

gehört nicht zu den Fragen, die sich der Westen stellt. Das sind überhaupt keine vernünftigen Fragen!

Dabei ist die Wahrscheinlichkeit hoch, dass in der Fähigkeit, unser Denken auf die Beziehungsstruktur der Dinge zu erweitern, der Schlüssel liegt zur Bewältigung dessen, was wir Komplexität nennen.[60] Die Betrachtungsweise, für die wir hier werben: Die Welt besteht aus unendlich vielen verschiedenen Perspektiven, Seiten, Aspekten, und Orient wie Okzident befassen sich jeweils mit einem Teilbereich des Ganzen. Kulturbildung auf unserer Kontinentalplatte bestand in den letzten 2.500 Jahren darin, von zwei Schwerpunktbildungen (Kontext und Relevanz versus Objekt und Präzision) jeweils *einen* überzudeterminieren. Das können wir ändern, beide zusammenführen; und hinsichtlich der immensen Komplexitätssteigerung von globalen und ökologischen Problemlagen werden wir das auch müssen. Nächster Glaube: Wenn wir das Zwischen achten, wird Inklusion möglich, weil sich ein biologisch grundgelegtes Freiheitsverständnis öffnet, in dem sich alle aufgehoben fühlen können. Das eint unsere Gattung und stiftet das erste Mal auf diesem Planeten fundierte Resilienz.

28 Disruption No. 2: Zeit oder das Ende der Offenbarung

Eine der fundamental „welterneuernden" Ideen, die hinter diesen Zusammenhängen stehen, haben wir bereits gestreift, können dabei aber bislang nur an der Oberfläche kratzen: den Gedanken, mit dieser Art des Denkens Zeit zu bearbeiten. Wir lernen das gerade; jedoch nicht in dirigistischer Manier à la kalifornischem Denken, denn natürlich können Menschen ihre Vergänglichkeit nicht abschaffen, höchstens technologisch „faken" (Mind uploading). Aber: Wir können blinde Flecken systematisch verkleinern und uns dadurch ganz andere Horizonte erschließen; unsere Sichtachse ins Unabsehbare erweitern.

Das tun wir, indem wir unsere toten Winkel „frequenziell", in einer möglichst dichten Aufeinanderfolge von nebeneinander- und hintereinandergeschalteten Perspektiven verkleinern und, im utopischen Fluchtpunkt, *mit der Zeit* auflösen.[61] Selbstverständlich ist das nicht möglich, aber es ist die Richtung, die wir einschlagen. Dazu erforderlich wird konkret nur die Würdigung und kulturelle Förderung perspektivischer Vielfalt, das ist alles – für Logozentriker allerdings erneut ein inakzeptables Kuriosum. „Inhalt", Semantik sind also irrelevant? Unsere Antwort: nein, selbstverständlich nicht, aber grundsätzlich *unter der Ägide von Zeit*. In einer „neuen" Zeit gilt plötzlich anderes: Daran merken wir diesen Zusammenhang.

Wir achten und überbelichten dazu (1) den jeweiligen Kontext, das heißt, wir betrachten Phänomene von jetzt an grundsätzlich in ihrem Frame" von Werden. Und triggern (2) seine Variabilität durch verpflichtend, jedenfalls normiert zu ergänzende alternative Sichtweisen. Alles ist immer auch anders möglich: Kontingenz hat eine normativ-ethische Dimension. Diese salopp formulierte Transformation ist gewaltig – und sie hat umstürzende, vorerst kaum absehbare Konsequenzen. Einige hoffnungsvolle Aussichten:

- *Prozessorientierung:* Ein künftiger, kontingenzerfahrener Mensch („es ist normal, dass Perspektive gegen Perspektive steht, dass die Sichtweise sich wandelt, dass es Wahrheit an sich nicht gibt") wird nicht so leicht aus der Fassung geraten, wenn sich die Umstände ändern. Hier liegt das Geheimnis von Resilienz: Die Vorstellung von Abweichung ist an sich sinnlos, wenn die Normalität Abweichung *bedeutet*, wenn sie Werden *ist*, keine Konstanz – und erst recht kein logozentrisch inthronisiertes Normgebot dafür. Die allenthalben beklagte Verunsicherung oder Desorientierung westlicher Gesellschaften angesichts der Dynamik des Wandels lässt sich damit besser verstehen, denn die ehemals monolithische Bedeutung von Zielen, also Stabilität und Konstanz, zerbröselt. Mal gilt dies, mal jenes, scheinbar verändern sich die Dinge immer schneller. Dieser Eindruck ist jedoch nur einer sachlogischen Verzerrung unseres Blickwinkels geschuldet – weil wir Zeitlogik nicht können. Das Tempo der Welt ist seit Äonen immer gleich. In Folgelogik zu denken, heißt zu wissen, dass „alles fließt" (Heraklit). *Das* ist die Norm, nicht das Datum, der faktische Nullpunkt.

- *Lust und Begeisterung dafür:* Da wir ständig die Art unserer Weltwahrnehmung verschieben und anpassen, haben wir verstanden, dass wir nicht nur immer die Wahl haben, sondern stets auch eine Wahl treffen müssen, sonst würde Leben aufhören. Unsere Kultur könnte mit dieser Einsicht Anreize schaffen, permanent nicht nur neue, sondern biorational bessere vorläufige Endpunkte unserer Sichtweisen zu finden und allmählich entlernen, den Status quo so lange aufrechtzuerhalten, bis ein Wandel unumgänglich ist. Memo: Die Feier von Stabilität ist eine geistige Evolutionsbremse.

- *Machtfragen, Verteilungsgerechtigkeit* und so weiter: Die bornierte, genuin okzidentale Annahme, dass der Vorrat unserer Kategorien des Denkens beschränkt sei, wird sich von selbst erledigen. Das fegt das bisherige Verständnis von Macht und Herrschaft hinweg: Denn so lange es eindeutige und dauerhafte Kategorien gibt („universalistischer Geltungsanspruch"), können wir Regeln aufstellen, nach denen wir diese Vorräte an Wissen *verteilen.* Das ist beispielsweise die Grundidee von Wissensmanagement. Wenn hingegen die mentalen Ressourcen unbegrenzt sind beziehungsweise wir die Grenzen ändern können, brauchen die Kategorien nicht mehr starr zu sein. Das hat durchschlagende Auswirkungen auf unser Verständnis von Organisation, Hierarchie, Machtordnung, Anweisung, Eindeutigkeit, Exaktheit – und Politik, Wissenschaft, Religion. Statt beispielsweise nach einer Scheidung zu fragen, wer das Kind bekommt, wäre klar, dass die vorhandenen Ressourcen für alle reichen. Kindesliebe ist keine knappe Ressource. „Wenn einer gewinnt, muss einer verlieren" – ab ins Archiv damit. Beziehungen sind kein Nullsummenspiel, und verteilbar sind sie schon gar nicht.

Wir konzentrieren uns bisher auf einzelne Elemente von Gefühlen und Seelischem, das begrenzt zu sein scheint, und dividieren herum. Dabei hängt diese Anmutung von Knappheit an unserer Perspektive: einer *Isolierung* von Phänomenen, hier des Gefühls von Liebe. Solange wir an die Beschränktheit kognitiver Ressourcen glauben – eine logische Verzerrung –, werden diejenigen, die von diesen willkürlichen Regeln profitieren, nicht davon ablassen. In unserer okzidentalen Tradition ist *Macht* ein Mechanismus der Wissensordnung und der Kommunikation, mit dem Zweck, die alte Mär von der Knappheit fixer Werte im eigenen Interesse aufrechtzuerhalten und auszunutzen. Wissen ist Macht, wie es so treffend heißt – das hat jedoch nichts mit Bildung, sondern mit Glauben zu tun. Macht kann etwas ganz anderes sein: Selbstermächtigung aller *im Bewusstsein grenzenloser (!)* geistiger Schöpfungs- und Entwicklungskraft, der Kraft jederzeit möglicher Verschiebungen von Sinn und Bedeutung. Wird diese Option erfahrbar, ist diese Art von Macht kaum mehr aufzuhalten.

Wenn die Isolationsmanie aufhört, fängt Kontextinteresse an. Viele ältere Experimente legen etwa nahe, dass die Art der Informationsaufnahme, also etwa bewusst, zufällig oder situationsbedingt, darüber entscheidet, wie wir eine Information später benutzen: als ehernes Gesetz oder als Angebot. Dass die Erfassung einer Information weltbildend ist, haben keineswegs nur die Quantenphysik oder Daniel Kahneman gezeigt. Wenn man bei Sehtests die Erwartungshaltung umjustiert und die Buchstaben immer größer werden lässt, „lernen" die Probanden, besser zu sehen. Wenn wir Hunger haben, registrieren wir auf den Schriftzug „Restaurant" eher. Soll heißen, je nach körperlichem Zustand nehmen wir anders wahr. Unser Allgemeinbefinden hat direkte Auswirkungen auf die Tätigkeit unserer Sinne. Menschen, die in einen Kontext zurückversetzt werden, in dem sie sich fit und gesund fühlen, sind vitaler. Viele Studien mit Älteren belegen das.

Umgekehrt gilt auch: Gedankenlosigkeit kann man gleichfalls fördern, und das prozessiert die okzidentale Kultur. Bewusstsein lässt sich dimmen (vgl. Kapitel 18, Fußnote 34), zum Beispiel: Gemäß „Florida-Effekt" lesen Probanden Begriffe, die mit alten Menschen assoziiert werden, langsamer: vergesslich, Glatze, grau, Falte oder – Amerikaner eben – Florida. Man braucht nur einen bestimmten Kontext hervorzuheben und zu betonen, schon rastet die erlernte Geistesmechanik ein, wir vereinseitigen gemäß Erfahrung oder Tradition. Behandeln wir Informationen darüber hinaus auch noch so, als seien sie gänzlich kontextfrei, quasi neutral – was wir Westler permanent versuchen: als wahr –, *eliminieren* wir mentale Schöpfungsenergie. Der Bios kann dann keine Rolle spielen, weil X eben genau *so* ist. Und in dieser Vereingeistigung behandeln wir auch religiöse Fragen.

„Einer fragte Herrn Keuner, ob es einen Gott gäbe. Herr Keuner sagte: Ich rate dir, nachzudenken, ob dein Verhalten je nach der Antwort auf diese Frage sich ändern würde. Würde es sich nicht ändern, dann können

wir die Frage fallenlassen. Würde es sich ändern, dann kann ich dir wenigstens noch so weit behilflich sein, dass ich dir sage: Du hast dich schon entschieden: Du brauchst einen Gott."[62]

Die Ermahnung, selbst zu denken, fordert dazu auf, aus freien Stücken – bewusst – gegen die okzidentale Destruktion unserer biorationalen Glaubenssätze anzuarbeiten. Einsichtiges Denken bedeutet die Aufkündigung unseres traditionellen kulturellen Konsenses beziehungsweise Auftrags, Grenzen von Zeit, den Kontext, die Relevanz anderer Perspektiven, die unsere Erfahrung aufgrund unseres Welt- und Gattungsbezugs immer mitbedeutet und tradiert, in die Latenz zu verschieben. Alles Wissen, Denken und Werten unterliegt der Zeit, der Veränderlichkeit, und die Wissenschaft hat es irgendwie geschafft, diese für jede Sekunde unseres Lebens grundstürzend bedeutsame Erkenntnis als philosophische Kalenderweisheit in den akademischen Elfenbeinturm zu hängen und damit aus unserem Bewusstsein zu tilgen. Kontrastprogramm: Subjektivität zählt! Eine wahrheitszentrierte Wissenschaft inklusive Menschen, die etwas „besser" wissen, ist auf Basis dieser Prämisse logisch nicht mehr möglich und in tiefem Sinne inhuman.

Konkret: Was ist der spirituelle Mehrwert einer Bewältigung von Zeit? Warum sollten wir das überhaupt tun? Weil wir dann keine Offenbarungen und Prophetien mehr brauchen! Die Apokalypse des Johannes ist eine interessante Geschichte, hat aber mit Homo sapiens sapiens nichts zu tun. Unser exzessives Sicherheitsbedürfnis müssen wir an solcher Fantasy dann nicht mehr stillen; auch nicht mehr – wie in der Vergangenheit – mithilfe von Gewalt und Strafen. Und auch nicht mehr ausschließlich – wie heute – mit Geboten, Verboten, immer effektiveren, mental-hintergründigen „Technologies of the Mind", mit intelligenten Waffen und absehbar starker künstlicher Intelligenz. Sondern ab jetzt zunehmend geistig. Und wenn uns eine Situation zu heikel wird, wechseln wir einfach die Perspektive. denn die alte haben wir ja noch.

Unstrittig ist: Noch immer funktioniert das Ritual, diese Vision eines sich an sich selbst stabilisierenden Gerüsts aus menschlichen Perspektiven an die Welt als maßstabsloses „Anything goes“ zu disqualifizieren. Wo ist der objektive Maßstab? Es gibt keinen – nur Menschen! Die Willkür eines jeden Anfangs, eine zunächst abwegige Idee, lässt sich so lange logisch wenden und abschleifen, dass ihr im Fortentwickeln die Willkür allmählich abhanden kommt und aus ihr eine selbsttragende, stabile Konstruktion entsteht. Zum Beispiel, weil wir nur auf Basis dieser abwegigen Idee X bestimmte Details überhaupt wahrzunehmen beginnen und allmählich diese Idee als gar nicht mehr so abwegig erkennen, womöglich sogar als empirisch belegbar: „wahr“! Derlei ist für heutige Mainstream-Wissenschaft Münchhausen 2.0. Auch ein Narrativ, aber eines aus dem Tollhaus.

Immerhin: Wir haben die Quantenphysik. Die entstand genau so.

29 Religionskritik

Was genau legen wir mit der Perspektivverschiebung ab, der wir das Wort reden? Die Position eines Gottes, so viel ist klar. Aber was bedeutet dann noch Glaube oder Religion?

Die menschliche Neigung, das Weltübersteigende in „Systemen“ verbindlich fixierter Überzeugungen zu suchen, kanalisieren wir bisher entweder spirituell als unmittelbare Anschauung einer nichtweltlichen Wirklichkeit oder religiös als persönlichen weltanschaulichen Glauben. Der Unterschied liegt lediglich in Starrheit und logischer Geschlossenheit der jeweiligen Semantik. Solche Geschichten stellen sich umso reichhaltiger und emotional berührender dar, desto voller, größer und tiefer das Bewusstsein ist, das sich in ihnen spiegelt. Dies wiederum hängt davon ab, was in diesen Texten oder Systemen den Menschen ausmacht. Das ist der Fluchtpunkt unserer bisherigen Beobachtungen im jungen Sektor des säkularen Glaubens. Die Gretchenfrage hier: Wie hältst dus mit Bewusstsein? Oder: Was denkst du, macht einen Menschen zum Menschen?

Wir sollten dabei nicht annehmen, dass die geistigen Netzwerke, Regeln und „Relais“ *zwischen* Logos und Bios, *zwischen* Körper und Seele, *zwischen* Natur und Technik und so weiter, die wir im Verlauf unserer Evolution entdecken, Naturgesetze *transzendieren.* Ganz im Gegenteil. Was sich abzeichnet ist deren fundamentale, bisher tiefgründigste, vielleicht im humanen Sinne edelste Nutzung. Zeit also, den spirituellen Gehalt des Alten zu bewahren und auf das Niveau einer wissenschaftstauglichen Geschichte emporzuziehen, die dem heutigen Komplexitätsgrad unseres Denkens entspricht.

Unser Vorschlag für ein anthropologisches, bewusstseinsvertiefendes Kontrastprogramm berührt blinde Flecken unseres Weltbildes, die wir erhellen müssen, um voranzukommen. An dieser Stelle, wenn es um Bewusstseinsprozesse speziell im Kontext spiritueller Fragen geht, ist eine nächste Aufklärung fällig: über eine geistig-moralische Schande. Tief eingegraben liegt eine alte, humane Weisheit: Das Spektrum an irdischen Lebewesen stellt ein *Gefälle* an Bewusstseinstiefe dar, das nach oben hin – wir könnten formulieren: evolutionär – vielleicht unendlich maximierbar ist. Von uns womöglich maximiert werden sollte? Die Ameise hat nicht viel an Bewusstsein, ein Marder schon mehr; noch mehr ein Hund oder ein Affe, und am meisten Artgenossen wie Jesus, Buddha, Gandhi, Albert Schweitzer, Martin Luther King, Mandela oder Mutter Teresa. Menschen wissen das seit Urzeiten, *bei uns darf es aber nicht gesagt werden,* denn laut Bibel und unserem Recht – vor Gott – sind alle Menschen gleich (Römer 2,11). Unterschiede an geistigem Niveau und Entwicklung *innerhalb* unserer Gattung zu unterstellen, ist verboten, gilt als Sünde. Im Zweifel orientieren wir uns nach unten: „Selig sind, die da geistlich arm sind" (Matthäus 5,3). Bereits in der kynischen, später stoischen Tradition ist das grundgelegt: Uns verbinde, dass wir so weit über den Tieren stehen. Moralgefälle *zwischen* Menschen sind von da an getilgt.

Lebewesen sind aber nicht gleich. Kein Mensch, keine Kultur empfindet so. Alle Weisheitslehren versuchen, das Gegenteil zu veranschaulichen: Wir sollten ein Höchstes anstreben, und dafür gibt es Vorbilder und Heldinnen. Das hat und kann die Ameise nicht. Der kulturell implementierte Kurzschluss ist einmal mehr hochkomplex und verbindet zwei Ebenen: Strategie und ihre methodische Umsetzung. Zum einen handelt es sich um eine fatale Entdifferenzierung, eine Art Salto mortale von spirituellem Geist und biblischem Recht. Irgendwie geht beides ineinander über, hier werden zwei logisch völlig unabhängige Ebenen kurzgeschlossen: Die Gleichheit vor Gott soll Bewusstseinsgefälle einebnen. Das ist das *strategische Ziel.* Zum anderen zeigt er sich in der Überlichtung eines ganz anderen, spirituell gleichfalls extrem gehaltvollen Themas, das direkt daneben liegt: Freiheit. Sie ist der *Deckmantel für die Strategie*. Der Mensch ist ein mit Freiheit begabtes und zur Freiheit drängendes Wesen. In unserer genuin menschlichen Gleichheit sind wir frei jedoch nur *vor Gott*. Aus beidem zusammen, der Strategie und ihrem gefärbten Umhang, kommt eine erschreckende Aussage.

Weil jeder Mensch ein Bild Gottes ist (1.Mose 1,27), sind alle Menschen *in gleicher Weise* frei. Wer einen anderen Menschen nach eigenem Belieben in seinem Sosein festlegt, es einzieht oder reduziert, überschreitet – in der Sprache der Bibel ausgedrückt – die Grenze zwischen Geschöpf und Schöpfer, die Grenze dessen, was Menschen zukommt. Freiheit nach menschlichem Ermessen zu justieren, ist Hybris; der Mensch hat in diesem Sektor nichts zu suchen. Er missachte damit das gegenseitige Verhältnis der Menschen, das sich aus der gleichen Freiheit *vor Gott* ergibt. Indem er den anderen nach seinem eigenen Belieben in dessen Gegebensein festlege, verstieße er gegen den Grundsatz gleicher Freiheit. Freiheit definieren darf hier nur einer, ihre Bestimmung ist außerweltlich. Wer seine eigene Freiheit anders empfindet, individuell und autonom kalibrieren will, bricht die eherne Schablone Gottes. Er steht *in seiner Existenz gegen Gott*. Hier erstrahlt in seltener Klarheit der Charakter unseres Gottes: Er desensibilisiert unser Bewusstsein gegenüber Leben und den anderen. Am Ende steht grundsätzlich ein bios-averses Gebot.

Heißer Kern dieser Horrorgeschichte: Dass der Mensch Geschöpf Gottes ist, lässt sich übersetzen in eine negative Aussage über das Verhältnis der Menschen zueinander. Der Mensch verdankt sein natürliches Sosein *nicht* der Natur, *nicht* anderen Menschen, *nicht* der Kultur. Der Anker ist außerweltlich. Natalität, Bezogenheit, Liebe, Fürsorge, Kultur, Herzensbildung und Bewusstseinsentwicklung: alles getilgt. Logische Konsequenz: Die Inspiration großer Seelen, Heldinnen, das Sein-Leben-geben-für-eine-Idee, das Sich-etwas-Verschreiben, das Sich-freiwillig-einem-Ziel-Unterordnen – all das spielt keine Rolle.[63] Menschen, die so etwas tun, erweitern an einem feinjustierten Punkt ihr Bewusstsein. Wir bewundern solche Wesen, denn sie verschieben Grenzen. An ihnen lesen wir ab, was Menschsein bedeutet. Oder, wie wir inzwischen korrekter formulieren können: was Menschsein alles bedeuten *könnte*, wenn wir es in unserer Gesellschaft leben und spirituell entfalten dürften.

Diese unbewusst bleibende, in die tiefste tektonische Platte unseres religiösen Fundaments eingelassene Abschleifung menschlicher Freiheit hat eine immense Sprengkraft, denn sie lässt sich nicht stillstellen. Sie rumort im Untergrund. Beinahe zyklisch tritt sie in der Moderne hervor, sowohl theoretisch-philosophisch-künstlerisch wie praktisch-politisch, und sie ist nicht die einzige seelische Tiefenmanipulation, die sich rächt. Diese und andere theologische Absurditäten interessieren uns hier freilich nur am Rande. Vergegenwärtigt man sich jedoch an ihnen zusammengefasst die Art und Weise, wie wir in unserer religiösen Tradition mit unserem Bios umgehen, wie der Vergleich zwischen göttlichem Maßstab und menschlichem, psychosomatischem Konsistenzbedürfnis ausfällt, wird verständlicher, warum wir Okzidentalen in Sachen Bewusstseinsentwicklung bisher einen fulminanten Filmriss haben. An diesem geistigen Punkt sind wir blank. Die wortlose Verachtung der Westler, die manche Indigene zeigen, hat genau hier ihren Grund.

Eine solche re-ligio ist eine stille Katastrophe: Sie fußt auf Dehumanisierung. Als Kontrast: Fingieren wir kurz ein anderes Selbstverhältnis. Bei einer entwickelteren Sensitivität würden wir die Leerstelle unserer Selbstwahrnehmung an vielen Sozialverhältnissen klar und deutlich ablesen – etwa daran, dass wir Feinde erst aufwendig entseelen, um Krieg zu führen. Sie haben kein Innenleben, und jeder Soldat im Krieg wird mit dieser Botschaft so lange infiltriert, bis die Konditionierung greift und die Bluttat verkraftbar wird. Schlachthöfe haben aus gutem Grund zwei streng getrennte Bereiche:

Lebende Tiere kommen in den einen hinein, werden durchnummeriert, durch Quantifizierung neutralisiert. Im anderen werden sie materiell verarbeitet und kommen als Fleischteile wieder heraus. Beschäftigte sind jeweils nur in einem Bereich tätig, die Arbeit muss schließlich aushaltbar sein. Konzentrationslager funktionieren nach diesem Schema, auch Gefängnisse haben sich zentrale Aspekte davon abgeschaut. Für solche Albträume hat unsere Religion ihre ganz eigene Version von Trost parat: einen festen, unerschütterlichen, sozusagen kontrafaktischen Glauben, egal, was die Welt zu bieten hat. „Du kannst nicht tiefer fallen als nur in Gottes Hand." Oder: „Ein feste Burg ist unser Gott." Das muss er unter solchen Bedingungen allerdings auch wirklich sein.

Und nun zu Herrn Kästner: „Und wo bleibt das Positive?" Ja, das gibt es. Wir können uns mit unserer Tradition versöhnen. *Und das müssen wir auch dringend tun*, denn sie hat uns auf die Stufe gehievt, von der aus wir endlich mehr, weiter sehen und auch die großartigen Seiten der verdeckten Mitgift unserer Religion erkennen können. Die Tradition ist das Sprungbrett, von dem aus wir weiterkommen. Diese Versöhnung ist möglich, sofern wir akzeptieren lernen, dass Religion ein historisches Phänomen ist – ein in der Zeit sich wandelndes. Religionen unterliegen genauso der Evolution wie alles andere auch. Dieser Gedanke erscheint ungewöhnlich, aber er ist nicht unrealistisch. Vielleicht war in einer Religion, die der Phase der Achsenzeit entsprang, noch nichts anderes möglich, als Freiheit „bei Strafe deines seelischen Untergangs" autokratisch zu verordnen? Zur Erinnerung: Freiheit gab es in der vorzeitlichen, der Achsenzeit unmittelbar vorhergehenden Periode gar nicht – sie musste erst einmal in nennenswertem Gehalt in die Welt gebracht werden! Die Euphorie der alten Griechen zu diesem Thema bezeugt, wie großartig diese Leistung war, was für einen unglaublichen zivilisatorischen Durchbruch sie darstellte. Die okzidentale Erfindung des Politischen bei den Griechen bedeutet aus unserer Sicht genau das: Einerseits die Wiederentdeckung, dass wir Menschen Freiheit selbst, eigenverantwortlich und – mit Blick auf unsere humanen Aspirationen, welche das künftig auch immer sein mögen – vollständig autonom gestalten können. Und andererseits die kulturelle Entscheidung, genau das ab jetzt strategisch, gezielt und bewusst zu *tun*.

Damals war das brandneu, unerhört. Die frühe Idee, ein es mit uns Menschen gut meinender, uns sichernd umsorgender Gott stünde unüberwindlich ein für menschliche Freiheit und würde jeden, der diese verletzt, verdammen, bestrafen und ewig in der Hölle schmoren lassen, war vielleicht erst einmal exzellent. Weil sie die Vergangenheit versiegelte – da wollten wir schließlich nie wieder hin! Vielleicht war Gott als Chiffre einer kulturbegründenden monotheistischen Religion unser zentraler Ermöglicher menschlich unendlich steigerbarer, ausfaltbarer Freiheit? Dass wir heute derart anspruchsvoll über sie sprechen können, ist Frucht einer immensen geistigen Leistung. Sogar Kant war noch überzeugter Fan der Erstversion. Vielleicht ging es zunächst nicht anders und die ganze Katstrophengeschichte einer spirituell letztlich ins Inhumane kippenden Religion können wir erst heute dechiffrieren, verstehen – und ändern.

Und *das* wäre dann nicht das Problem von Gott, sondern von uns. Dann können wir aufhören, an ihm anstatt an uns selbst herumzunörgeln. Der Aspekt der Versöhnung mit unserer eigenen religiösen Tradition, der Brückenbau zwischen überliefertem und aufgestuftem spirituellem Anspruch ist zentral, ist die Erfolgsbedingung unserer Geschichte: Er ist unendlich viel wichtiger als die konkrete Storyline jeder säkularen Religion selbst. Wie diese letztendlich aussehen wird – falls wir eine wollen –, ist zwar nicht egal, aber fürs Erste nachrangig. Wenn wir mit unserer religiösen Vergangenheit nicht Frieden schließen und uns mit unserem heutigen Standpunkt anfreunden, von dem aus wir weitergehen, führt jeder Weg in die Irre. Memo: Säkulare Religion fußt auf Zeitkompetenz. Wir brauchen Vertrauen in uns selbst – von der Frühe bis in die ferne Zukunft. Über das genaue spirituelle Tableau einer nächsten re-ligio können wir später noch streiten, erst einmal müssen wir den Boden unter unseren Füßen neu bereiten. Ein nächster Glaube kann nicht ins Sichtfeld kommen, wenn wir zuvor nicht mit unserer Vergangenheit im Reinen sind.

Menschen kommen aus Menschen, wir sind seelisch identisch und alle eins, das ist das Fundament. Unsere Tradition installierte jedoch eine Sphärentrennung nach oben (Jenseits), die der ursprünglichen Einsicht vermutlich ihre existenzielle Ungewissheit, das frühe Bewusstsein von unendlicher Angewiesenheit und Verletztlichkeit nehmen sollte. Re-ligio: In mythischer Zeit stand dafür „relegere" im Zentrum, das sorgfältige Beachten, Erinnern, (Immer-)Wieder-Erwägen. Hier schimmert noch Bewusstsein durch – im Gegenteil zu „neglegere", dem vernachlässigenden Nichtbeachten. Die Moderne stellt hingegen, quasi monotheistisch-metaphysisch verwirrt, „religare" ins Zentrum: ein uns Emporbinden, Festmachen, im weiteren Sinne uns deduzierend ans Höhere Festbinden. Das Christentum wiederum hat stets die Interpretation der Rück-Bindung betont. Die re-ligio, die wir hier beleuchten, steht dem mythischen Verständnis deutlich näher als dem modernen, schätzt jedoch auch den Hinweis unserer christlichen, neutestamentarischen Tradition, unsere Freiheit und Gleichheit untereinander nicht zu vergessen, also das, was uns verbindet. In jedem Fall geht es weder um ein uns begrenzendes Prinzip der Deduktion von einem Höchsten aus noch um ein emporbindendes Höher-Schneller-Weiter. Spirituell gesehen, waren wir zu mythischer Zeit *weiter als heute*: Für Spirituelles müssen wir zeitliche Linearität, die chronologische Verzwergung, dringend überwinden, wieder in Perspektive bringen. Sie stranguliert unseren Geist. Timing sucks.[64]

Das wissen seit Urzeiten die Dichter. In der Moderne wüteten beispielsweise Heine, aber auch Rilke zeit ihres Lebens gegen die alten Mauern unserer Religion an („Aller Trost ist trübe"). Offenbar hatte Letzterer etwas Ähnliches im Kopf wie die Asiaten ihr kosmisch-geistiges Prinzip, das quer verläuft durch das Kontinuum von Totem und Lebendem (vgl. Kap. 4). Wir sollten mittels Religion daran arbeiten, „das Wort ‚Tod *ohne* Negation zu lesen"[65] – also zum Beispiel, wie die Inder, den Tod zum reinen Zustandswechsel zurücknehmen und im Sinne eines allumfassenden, kosmischen Spektrums das Leben gegen den Tod hin offenhalten[66], anstatt Transzendenz zu predigen. Unten das Jammertal, oben die Erlösung, und je mehr wir leiden müssen, desto schöner wird es hinterher: Wir riegeln mit solcher Rede das Leben ab, schließen die Sphäre des Todes aus.

Versteht sich, dass viel Trost vonnöten ist, um das auszuhalten, denn leichter werden Verlust und Sterben dadurch nicht. Für diese latente Depressivität ist eine inzwischen beeindruckend vitale wie lukrative Lebenskunst-Industrie entstanden. Max Weber hat die hier in Geltung stehende Hintergrundpsychologie treffend auf den Punkt gebracht: Ein Weltbild lege immer fest, „‚wovon' und ‚wozu' man ‚erlöst' sein wollte und – nicht zu vergessen – konnte".[67] Für ein Paradies auf Erden noch nie; das wiederum war der Turnierplatz von Heine.

Aus einer Lüge im Fundament des religiösen Kanons kommt keine menschlich heilvolle Spiritualität hervor – das ist die Lektion heutiger Religionskritik. Eine Religion so aufzuziehen, dass sie transzendentale Anker und Sicherheiten *gegen* den Menschen setzt – etwa in ihrer Konturierung von Freiheit –, befördert eine misanthropische, im Endeffekt inhumane Spiritualität. Je mehr Bewusstsein eine immer komplexer werdende Gesellschaft aufbaut, desto deutlicher tritt dieses Desaster zutage, desto unerbittlicher wird an der sozialen Basis der Widerstand dagegen, und umso mehr delegitimiert sich auf natürliche Weise das, was bisher Religion genannt wurde. Das spricht jedoch nicht gegen Religion, sondern nur gegen eine evolutionär inzwischen alt gewordene Version. Die Vernunft-Konvention nennt diesen Vorgang euphemistisch Säkularisierung – ein szientistisch üppig inszenierter Diskurs, der in einem Punkt unpräzise ist: Mit einem Verfall von Glaubens*bedürfnissen* hat sie nicht das Geringste zu tun. Säkularisierung bedeutet nicht viel mehr als das unaufhaltsame Abservieren aller, die das alte Credo weitertradieren und repräsentieren. Immer mehr Menschen wollen und können das nicht mehr hören, es nervt. Die Frage, die sich immer bohrender stellt: Was nutzt uns lebenspraktisch eine kontrafaktische, gegenmenschliche Religion?

Unsere Religionskritik ist also fundamental *und* traditionsgebunden, und das bedeutet erneut kein Paradox. Es führt auch nicht aus der Religion hinaus. Einen gewichtigen Teil des aktuellen Wissenschaftsarsenals, das wir nutzen könnten, um die dazu erforderlichen Um- und Neubauten vorzunehmen, schauen wir uns nun genauer an.

Wissenschaftsgeschichten

Wo steht der dezidiert geisteswissenschaftliche Diskurs zu diesen Fragen? Im Folgenden docken wir uns ausnahmsweise näher an die Konventionen der *Scientific Community* an, formal wie inhaltlich. Wir werfen einen Blick auf Nach- und Vordenker, auf die Landvermessung unserer mentalen und spirituellen Karten. Wie sehen andere die geistige Situation der Zeit? Was sagt die intellektuelle Szene zur Lage? Dass es inzwischen Neues unter der Sonne gibt, haben wir registriert, aber was folgt daraus? Bevor wir die Stellungnahmen der Sozialphilosophen Charles Taylor, Jürgen Habermas und des Historikers Yuval Noah Harari kurz betrachten, präzisieren wir das Profil des bisher erreichten Verständnisses über die anstehenden geistig-spirituellen Herausforderungen. Wir wollen die Ecksteine der Debatte festlegen, Grenzen ziehen und Orientierung geben; vor allem begrifflich. Dazu führen wir einige Kategorien ein, um an ihrem Maßstab die drei Positionen zu bewerten. Ohne Kriterien ist kein Urteil möglich.

Nach wenigen Schärfungen (Kap. 30) lässt sich das Zwischenergebnis in sieben Aspekten auf einen vorläufigen kleinsten gemeinsamen Nenner bringen (Kap. 30). Daran messen wir die drei Konzepte, die alle zu solchen Fragen fundierte Analysen und Antworten beisteuern (Kap. 32–34). Eine Synopse bündelt die Ergebnisse (Kap. 35).

30 Begriffliche Vorkehrungen

Introszendenz

Für die Beschreibung moderner säkularer Gesellschaften, die sich für einen bewussteren Umgang mit Vernunft und geistiger Entwicklung interessieren, fehlt bisher ein passender Begriff. Dieser müsste spirituelle Gehalte anzeigen, die sich nicht mehr metaphysisch verstehen. Man könnte das, was wir an neuartigem, human-geistlichem Gehalt ins Visier nehmen, als „Transzendenz im Diesseits“ bezeichnen. Wir deuten damit einen Wandel unserer Glaubensbedingungen an, der von der ehedem überweltlichen Transzendenz in die Immanenz herunterrutscht. So schlank formuliert, könnte man diese Richtungsangabe jedoch spontan als banal (und falsch) abtun, sofern damit schlicht der sich ankündigende Wegfall einer Dimension gemeint wäre – genau das bedeutet der bezeichnete Wandel jedoch nicht.

Der Philosoph Gotthard Günther nennt Suchen nach „diesseitiger Tiefe" „Introszendenz"[68]. Beide Formulierungen sind nützlich: Sie versuchen das unterkomplexe Missverständnis zu unterbinden, dass Jenseits und Diesseits schlicht zwei Seiten oder Pole seien. Günther plädiert dafür, sie stattdessen als ineinander verschlungene, proportional-relationale, sich gegenseitig beeinflussende Seiten einer höchst komplexen Medaille zu begreifen – und dass diese auch mehr als zwei Seiten hat. Die entsprechende Gedankenfigur von in sich verwickelten Schleifen, etwa das Möbiusband, haben wir bereits zitiert (vgl. Kap.1). Das radikale Diesseits wäre, analog zur alten Erzählung, das empirisch-real beweisbare, irdische Hier und Jetzt, und das radikale Jenseits Gott. Was uns interessiert, ist der Bereich dazwischen. Genauer: der Entwicklungsschritt, den wir geistig vollziehen, wenn wir diese hoffnungslos unterkomplexen Pole als *Spektrum* oder *Konstellationenfeld* begreifen.

Alles jenseits der realen Welt wird dann offen und mehrdimensional. Gemäß westlicher Tradition reicht die Bandbreite aktuell im ersten Extrem von einzeln präzisierbarer Objektivität der Phänomene, also von Dingen über Lebewesen, speziell Menschen (Intersubjektivität) und geistig Weltübersteigendes bis hin zu Qualitäten des Weltübersteigenden, für die bisher bekannte Naturgesetze nicht gelten (Metaphysik im engeren Sinne, zweites Extrem). Sowie seit Jüngstem all dies in einer Art zweiter Ordnung – nicht mit Blick auf das jeweils phänomenal Eingrenzbare, sondern auf Beziehungen und Bindungsmuster dazwischen. Mit Introszendenz meinen wir im Folgenden jede geistige Bewegung, die mental weiter ausholt als auf den sicheren, wissenschaftlich legitimierten Grund empirisch validierbarer Faktizität, aber weniger weit als auf Gott; und zwar sowohl mit Blick auf Phänomene wie auf ihre Verbindungen.

Zunächst zur traditionellen Storyline. Wenn wir einen stabilen Haltepunkt als Maßstab für ein gutes Leben – das potenziell beste – wollen, brauchen wir im Diesseits zwingend ein utopisch-ideales Jenseits. Das erscheint nur logisch: Das Spiegelbild Gottes ist diese andere Seite, die geistig bereits zu uns gehört, denn wir sind seine Geschöpfe. Zwar erreichen wir diese Seite des Spiegels im Diesseits nie, aber vielleicht später, nach unserem irdischen Leben. Sie leitet uns in jedem Fall jetzt schon an. So geht Religion – bisher. Günthers Sprechweise strahlt eine nächste Stufe an: ein Überwinden dieser Zwei-Seiten-Kosmologie. Inzwischen können wir den unterkomplexen, für spätmoderne Verhältnisse hoffnungslos unzureichenden Geisteszustand hinter uns lassen, zu glauben, dass eine alternative Position zur Welt nur außerweltlich möglich sei. Diese Überwindung bedeutet ein Dehnen menschlicher Welt- und Sinneswahrnehmung, das nicht mehr – wie in okzidentaler Zeit – die *Welt* übersteigt, sondern lediglich *unsere bisherige Erfahrung* mit der Welt.

Wir sind hier mitten in komplexem Denken und *kalibrieren Wahrnehmungsebenen*; generalisiert: unseren Bios. Anstatt in den Himmel auszuweichen, können wir auch unsere *Erfahrung* vertiefen, die mit dem Außen gar nichts zu tun hat. Etwa, indem wir uns mit den Mustern, Beziehungen und Bindungen beschäftigen, die wir traditionellerweise und unreflektiert den Dingen als quasi naturhaft *unterstellen*, die wir in sie *hineinprojizieren*, weil wir diese Weltformatierung „so“ gelernt haben. Das Ganze läuft auf evolutionäres Lernen hinaus: Wir differenzieren Wahrnehmung komplexer aus und verbleiben auf diese Weise vollständig innerhalb der Physik. Ein „Meta-“ ist nicht mehr nötig. Soll heißen: Wir säkularisieren die Religion, nicht die Welt. Nicht nur wir, unsere Gattung, sondern auch unsere geistigen Artefakte, etwa die Religion, haben eine Evolutionsgeschichte, die sich mit der Weiterentwicklung unserer perzeptiven Fähigkeiten immer wieder wandelt. Wir können – und sollten! – unsere gegenwärtigen Geistesprodukte parallel zu unserer soziokulturellen Entwicklung laufend mit aufstufen. Das ist der Mechanismus, wie Menschen Zeit wenden. Dafür müssen wir geistig allerdings jedes Mal ackern.

Nun zum neuen Credo. Es bemüht eine nun bewusst vorgenommene autologische Operation. Anstatt in traditioneller Perspektive Wissen und Glauben gegeneinander auszuspielen:

1. entweder mittels „Wissen ersetzt Glaube" im Sinne des modernen, historisch beschreibbaren Säkularisierungsprozesses, der sich „so ergibt";
2. oder durch ein „Projekt", etwa in freudianischem Stil: „Wo Glaube war, soll Wissen werden" als rationalistisch-intentionale Aufklärungsnorm;
3. oder, wie beispielsweise bei Kant, das, was wir wissen, und das, was wir nicht wissen können, sorgfältig gegeneinander abzugrenzen, damit aber auch die bipolare Denkstruktur zu wahren und weiter hehre Wissenschaft zu betreiben;

gilt nunmehr nicht irgendein Gegenteil, sondern eine *Verschränkung*. Wir differenzieren durchaus weiter, aber auf sich ab jetzt vermehrenden Ebenen. Über die stete Vertiefung von Wissen entdecken wir Bereiche, die vormals für Belange des Glaubens reserviert waren – wo Wissen gar nicht hinkam!

Solches „Denken in die Tiefe" nennt die wissenschaftsnahe Zukunftsforschung „Deep Futures". In welche Zukunft das führt, weiß niemand, aber die Richtung ist klar: in eine „Verfeinsinnlichung" unserer Wahrnehmung der Welt. Diese anthropologische Art von Differenzierung vermag *ausschließlich* der Bios, menschliches Bewusstsein. Unsere bisherige Vernunft reklamiert in solchen Fällen umgehend Unlogik – logisch! Ebenenverschränkungen gibt es höchstens bei Dadaismus und Fußball („die Breite an der Spitze ist dichter geworden", Berti Vogts), jedenfalls nicht in der Wissenschaft. Behaupten Nicht-Quantenphysikerinnen.

Säkularisierung

Das Verständnis von Säkularisierung, das sich hier andeutet, ist ein anderes als das etablierte: gewiss nicht die Beschreibung einer spirituellen oder religionssystemischen Ausnüchterung in zunehmend verwissenschaftlichten Gesellschaften, von Lockerungen im Glauben und von zeitgeistig-experimentellem Church- oder Faith-Hopping, das den Glauben trivialisiere, zum bloßen Lifestyle verflache. Wir glauben in einem introszendenten Weltbild bloß nicht mehr an Gott – das ist alles. Der Glaubens*bezug* verändert sich, sonst nichts. Diese selbstinduzierte Umjustierung der Blickrichtung von hierarchisch zu lateral, von jenseitig-oben zu diesseitignebengeordnet nennen wir Säkularisierung; und ob wir auf diesem Wege „nur" die Transzendenz wegarbeiten oder noch völlig andere, heute gar nicht vorstellbare Phänomene oder Dimensionen erdenken und kennenlernen werden, muss in der Definition erst einmal ausgeklammert bleiben.

Säkularisierung begrenzt nicht (minus Glaube, Kirche, Rituale, Transzendenz), sondern weitet. Sie ist keineswegs ausschließlich ein rational-geistiger Prozess, sondern vor allem ein biologisch-geistiger, denn wir verändern uns *körperlich mit*. Die Entstehung von Sprache und Bewusstsein etwa zog eine deutliche Weiterentwicklung der menschlichen Gehirnstruktur nach sich, und vom Prinzip her verläuft diese kontinuierlich, die Evolution hört nie auf. Säkularisierung ist deshalb auch keine Begleiterscheinung der Moderne (was für eine groteske, eitle Idee!), sondern seit jeher ein Parallelprozess. Allerdings werten wir diesen normativ zu einer eigens von uns forcierten, auch *geistig-spirituellen* Evolution auf, die bisher nur „unintended by product" sein durfte. Zu einem Prozess also, der die biologisch-natürliche Evolution von nun an *kontrollieren* soll: weil wir das ab sofort müssen. Die Situation des Planeten lässt die alten Transzendenzrituale (Glaube, Liebe, Hoffnung) nicht mehr zu, dazu ist die Situation zu ernst. Wir brauchen anderes Handeln.

Das Problem dabei ist nicht etwa, dass das Jenseits auszieht, sondern dass Menschen niemals aufhören zu glauben, *dafür jetzt aber der Anker fehlt*. Also werden wir geistig produktiv. Menschen glauben immer an irgendetwas, und sei es an ihren Fußballverein. Inzwischen kommen auch Echsenmenschen oder Giftnebel von oben infrage. Wir haben historisch nie gelernt, eine Menschenwelt zu ertragen ohne einen „Nordpol des Glaubens", ohne kulturelle Eichung. Bisher galt: Der okzidentale Nordpol ist ein patriarchales Glaubenssystem in der Vertikalen für terrestrisch-potenziell alle. Was aber, wenn er an Schlüssigkeit und Glaubwürdigkeit verliert? Wenn immer mehr Menschen ihren eigenen Nordpol definieren, wo läge dann eine potenzielle Sinnachse für die sich globalisierende Welt? Und: Machen die anderen bei diesem heraufziehenden Irrsinn überhaupt mit? Säkularisieren – wohin?

Konkret lauten die zeitgeistigen Fragen, ob die Erweiterung unseres Bewusstseins

- auch weiterhin nur in Richtung Götterhimmel und Jenseits stattfinden kann; das heißt, wir blieben im klassischen Korridor und elaborierten den alten Pfad lediglich mit zeitgemäßen Mitteln weiter;
- oder, evolutionsbiologisch-US-amerikanisch ernüchtert, ob wir es in Richtung Mars, Pluto, Weltall verschieben wollen; ob uns der aktuelle Umzug vom Jenseits ins Diesseits so sehr langweilt, dass wir uns aufmachen in neue, wieder aufregendere Welten;
- oder, ob der Weg auch zu den Quellen und Gründen des Irdischen beziehungsweise näher zu uns selbst führen darf; soll heißen: in die Tiefen der Welt, von Materie und Energie.

Der erste Weg (Gott) erledigt sich gegenwärtig heimlich, still und leise von selbst. Sein Gehalt bleibt, aber die Zentralfigur zeigt deutliche Auflösungserscheinungen, hat sie doch ihren Ursprung in einer historischen Etappe: einer „Übergeneralisierung“ der intentionalen Einstellung (wir projizieren unsere Neigung, hinter allem eine Absicht zu erkennen, nicht nur in die Welt, sondern auch in die Überwelt). Ergebnis: Eines oder mehrere überirdische Wesen lenken uns oder wachen über uns; die alten Griechen haben dieses uralte Konzept noch mitgetragen und gefeiert. In einer global flach gewordenen Welt mit Milliarden verschiedener Intentionen wird die intentionale Einstellung jedoch logisch problematisch und gefährdet kollektives Handeln. Uns wird immer klarer, dass wir in systemisch vernetzten Verhältnissen leben; und dass auch eine noch so gut gemeinte Absicht mit verdeckten – ungewollten und unkalkulierbaren – Nebenfolgen behaftet ist; sie also immer irgendjemandem nicht gefällt, schadet, Menschen verletzt oder entwürdigt. Die interdependente Welt auf dem Planeten Erde sozusagen ewig durch vordefinierte überweltliche Figuren mit besten Absichten überwölben zu wollen, entpuppt sich immer klarer als übergriffige Zumutung. Es beleidigt nicht nur eine zeitgemäße Vernunft, sondern verunmöglicht globale Verständigung und kooperatives Handeln.

Der zweite Weg ist Trend. Auch uns Europäern erscheint eine immerhin gangbare säkulare Alternative zu Gott, diesen durch uns selbst zu ersetzen: durch die Gattung, unsere Spezies, doch technologisch aufgerüstet. Vielleicht auch fürs Erste nur zu ergänzen – jedenfalls beide auf *derselben logischen Ebene* anzusiedeln. Säkularisierung kann man derart geistig entleert definieren, muss man aber nicht.

Der dritte Weg schlägt eine andere Reaktion vor; eine geistig reichhaltigere. Sie muss gedanklich aber erst entworfen werden. Wir könnten unser Bewusstsein auch unbegrenzt weiter schärfen, um immer besser zu verstehen, wes biologisches, geistiges, seelisches Kind, welcher Abkunft wir sind. Damit greifen wir die Frage von Goethes Faust wieder auf – dieses Mal konsequent, beherzt, strategisch-systematisch, ausdauernd: Sie wird Programm. Was der mit allen Wassern des frühmodern Wissbaren gewaschene Faust als in Vormoderne und Mythos verloren gegangene Menschenweisheit betrauerte und enttäuscht darüber sogar einen Pakt mit dem Teufel schließen ließ, um ein letztes Mal aus diesem übervollen Seelenquell zu schöpfen, das könnten wir heute wissenschaftlich selbst ins Visier nehmen und praktisch bewältigen.

Diese letzte Option erscheint vielen unvorstellbar. Wir haben verinnerlicht, dass Tiefe und Gehalt, Sinn und Bedeutung nicht von dieser Welt sind – hiergibt es nur Leid und Endlichkeit. *Dabei bedingen sich beide Glaubenssätze logisch: Wenn das Diesseits heiteren Formats wäre, bräuchten wir Gott gar nicht.* im Logozentrismus unter dringendem Esoterikverdacht steht daher die in anderslautenden Vorschlägen mitschwingende Rede von womöglich untergründigen motivationalen Quellen, aus denen sich Leben prinzipiell speise: Lebensfreude, Kreativität, Neugier, Spiel und selbstzweckhaftes Engagement. Der Haken an dieser vordergründig so erwachsen, vernünftig und selbstreflektiert daherkommenden Wertung: Man kann Menschen schwerlich mit Argumenten von etwas überzeugen oder abbringen, das nicht durch Argumente zustande gekommen ist – sondern durch Glaubenssätze. Das gilt übrigens für *beide* Seiten, denn immer sind verdeckte Grundannahmen im Spiel. Hier geht es um riesige blinde Flecken und geistige Engpässe; logisch um Fehlschlüsse.

Bedarf: Neue Sinnsonden

Unsere Erzählung bedarf eines ausdifferenzierten, stark veränderten Verständnisses von Sinn. Der dritte Weg wird bisher hauptsächlich in Kunst, Dichtung, Musik, Mystik, Alchimie und auch Esoterik eingeschlagen. Im 19. Jahrhundert wurde diese ideengeschichtlich kurz aufflammende Intuition derart radikal wieder ausgetrieben und sozialwissenschaftlich zersetzt, dass Max Weber nur noch *Ent*zauberung sah. Fantastisch-fiktionale Entgrenzungen von Welt stehen für Romantizismus – dabei sind sie nur eine Vorversion unserer Engführung aktueller Befunde aus den neueren Naturwissenschaften, die mit dem Aneinander- und Ineinanderrücken von Denken und Handeln spielen („kausale Emergenz“ und anderes, vgl. Kap. 10). Die Idee als solche ist uralt, früher hieß sie Magie.

Gemäß unserer Zeitdiagnose wird genau dieser Evolutionspfad – Magie konzeptionell zu einem wissenschaftsfähigen Thema zuzuschneiden – gegenwärtig von Entwicklungen gerahmt, die wir aus heuristischen Gründen zuspitzen. Im Wesentlichen geht es um eine Reihe von Legitimationsproblemen, die einen Bruch im Weltbildrahmen anzeigen. Wir geraten in Schwierigkeiten, unsere normalen, das heißt erlernten, grundlegenden, logisch zweiwertigen Glaubensmuster unter heutigen Bedingungenaufrechtzuhalten und weiterhin vor uns selbst zu rechtfertigen. Solche unvollständigen und lediglich illustrativen Herausforderungen – Maßstäbe für einen möglichen Weltbildbruch – beziehen sich auf

1. eine sich neu stellende spirituelle Wertfrage, die Glauben *anders* kontrovers werden lässt als in der bisherigen Religionsgeschichte,

2. die damit einhergehende, verwirrende Aufstufung unseres Wahrheitsbegriffs,
3. eine bisher fehlende Semantik für Hoffnung und Zuversicht unter veränderten Bedingungen,
4. das nur scheinbar fremdartige Thema Introszendenz und diesseitige Tiefe,
5. eine Entkernung des europäischen Menschenbildes durch technologische Visionen sowie die Rolle, die unsere westatlantischen Verwandten dabei spielen,
6. eine Ausdifferenzierung beziehungsweise Anreicherung unseres Verständnisses von Bewusstsein, in das Seelisches integriert ist,
7. und letztlich auf eine Weiterentwicklung, einen „Wachstumsschub" in unserem Verständnis von Logik und unserem Weltbild.

Derzeit liegen sie abgedunkelt im intellektuellen Kellergewölbe; Sünden des Wegschauens und Nicht-Bedenkens, eines vorerst Keine-Lust-Habens auf den nächsten geistigen Sprung.

31 Sieben Denksünden

1. Neue Glaubensfrage: Welcher Glaube wäre uns gemäß?
Unsere spirituelle Weltanschauung wird schwammig: differenziert sich aus. Es gibt mäandernde und sich überlappende Muster. Die mittelalterliche Frage: „Wie stark ist dein Glaube?", inklusive eingehender Beschäftigungen mit dem Zweifel, wird seit dem 19. Jahrhundert zunehmend angereichert durch „Glaubst du (noch)?" mit teilweise hitzigen Debatten um Atheismus, Agnostik und Kirchenkritik. Seit einigen Jahrzehnten geht im 20. Jahrhundert das Interesse in Richtung „Woran glaubst du?". Sichtbar wird das am intensiver werdenden geistigen Suchen, am Zusammenstückeln von Glaubensofferten durch verschiedene Religionssysteme oder am Surfen auf spirituellen Trends und Bewegungen. Das semantische Spektrum, die Optionsspielräume werden größer, internationaler, glaubenssystemisch interdependent, subjektiv vergleichbar. Viele interessieren sich beispielsweise für die Frage, was allen Weltreligionen gemeinsam ist. Gibt es einen urgründigen Basisgehalt?

Im frühen 21. Jahrhundert beginnt sich die Frage abzuzeichnen: „Was ist es uns wert, geglaubt zu werden?" Diese Wertfrage wird bisher nicht offen gestellt, sie tritt lediglich in ersten Versatzstücken in Erscheinung. Was sich mit ihr ändert, ist die Abstraktionsebene, die Dimensionenstufe des spirituellen Motivs: Sie befragt nicht mehr die Semantik (welches religiöse System, welche Art von Stufung, welche kommunikativen Inhalte?), sondern die Voraussetzungen, Bedingungen und Maßstäbe eines Systems, *das uns Heutigen genügt*. Die neue Wertfrage ist strukturreicher als die alte. Am deutlichsten spiegelt sich diese Veränderung in unseren Organisationen, in Politik und Wirtschaft. Ist Hierarchie noch eine legitimationsfähige Stufung von Organisationen? Welche Form von Führung wollen wir, welche Art der Kommunikation? Was ist Bürgerinnen und Mitarbeitern hinreichend wert, um als Systemvorschlag akzeptiert und den Führenden geglaubt zu werden? Will ich in dieser Firma überhaupt arbeiten, gehe ich noch zur Wahl? Was sich bei diesen Erkundungen herausstellt, ist ein potenziell systemgefährdender Befund: Ein heute akzeptables gedankliches Format oder Modell existiert noch gar nicht! Aus diesem Vakuum heraus begründet sich die derzeit wohl populärste Handlungsmaxime moderner Führungskader: Experimentiere! Ob das reicht?

2. Wahrheitsbegriff. Wachsende Zweifel: Gibt es „die" Wahrheit überhaupt? In diese Kerbe schlägt die aktuelle Debatte um alternative Fakten und Fake News; um das, was als wirklich, schlüssig, konsistent, kohärent und universell gültig angesehen wird. Wir driften auf eine zivilisatorische Aufstufung zu, der zufolge Wahrheit eine umfänglichere Repräsentation der Realität darzustellen beginnt. „Umfänglich" meint dabei auch weiterhin „möglichst präzise belegbar", faktenbasiert, logisch, allgemeingültig; am Grundstock ändert sich nichts. Immer häufiger wird uns jedoch bewusst, dass Wahrheit auch subjektiv relevant sein muss. Ohne den zweiten Aspekt ist der erste wertlos – das lernen wir gerade, langsam und ungläubig.

Wahrheit ist konkret und häufig präzise, aber notwendig relevant. Auch Letzteres lässt sich empirisch messen – allerdings nur mit ganz anderen Begriffen und Methoden als denjenigen, die wir bisher kannten (Beispiele in Kap. 21). In den Fokus geraten damit Kontexte. Das intuitive Erkennen von Wahrheit wurzelt immer *auch* in der Fähigkeit des Miterkennens der Lebensumstände, in denen sich etwas vollzieht. Womöglich kündigen sich hier biologische Präliminarien der menschlichen Logik an – was die US-amerikanischen Tech-Visionen auf noch ganz anderer, fundamentaler Ebene hochproblematisch machte. Was wahr ist, hängt jedenfalls immer an der Situation: an Raum und Zeit sowie an Realität oder Fiktion.

Es wäre ein Irrtum zu glauben, der hier fällige Kommentar „Es kommt darauf an!" sei bloße Ausflucht, Verlegenheitslösung. Er führt genau umgekehrt zu einer wichtigen Erkenntnis. Wahrheit muss situativ infrage kommen; sie muss zählen, sie muss Bedeutung tragen, etwas wert sein *im jeweiligen Kontext*. Erst allmählich wird uns das bewusst: Je nachdem, wie der Kontext aussieht, ist das eine oder das andere wahr. Dahinter liegen – meist unbewusste – biologische Urteile über ein Mehr oder Weniger des Lebenswertes oder der Lebensfeindlichkeit jeweiliger Umfeldbedingungen. Kontext kann sogar rein fiktional sein: wenn für mich etwas wahr ist, was ich mir „nur" vorstelle. Bestimmte Vorstellungen sind für Menschen genauso wahr und wertvoll wie Realitäten. Daran ist nichts unlogisch und es gefährdet auch nicht einen pragmatischen Wahrheitsanspruch. Es präzisiert lediglich Wahrheit *für biologische Wesen*.

Die Wahrheitsdebatte wird einen neuartigen Aussagentyp hervorbringen: einen, der den jeweiligen Erkenntnisgewinn nun auch über die Umstände erläutert, in der etwas als wahr markiert wird. Dieser Aussagentyp wird die Angemessenheit des Gedankens in Bezug auf Sachverhalt *und* Kontext ausweisen und legitimieren: Wahrheit als derzeit maximal beste Annäherung an [reales oder fiktionalisiertes Phänomen X] in genau diesem Kontext [= Ort und Zeit]. Wirklichkeits- und Möglichkeitssinn sind für Lebewesen ontologisch gleichwertig. Quantentheoretiker wissen das, der Rest übt noch. Gehaltvolle, zeitgemäße, biorationale Wahrheit hat einen symbolisch-fiktionalen Überhang – für unser empiristischfaktenbesessenes Zeitalter ist das starker Tobak.

Am Ende als wahr wird nicht mehr nur gelten, ob das, was bezeichnet wird, faktisch existiert, also beweisbar und messbar ist, sondern ebenso das, was am ehesten – relativ, näherungsweise – passt, weil es in dieser Situation, in diesem Kontext unsere dann veranschlagten Maßstäbe und Anforderungen für Sinn bestmöglich erfüllt. Bestimmte Prämissen für Relevanz müssen gegeben sein, dann ist für Lebewesen etwas potenziell wahr; und diese Prämissen sind human-biologische. Kurz: Präzision ohne Relevanz zählt nicht immer[69]. Hier liegt die Stufung.

3. Leerstelle Hoffnung und Zuversicht. Wo sind Gründe und Motive für den allseits geforderten Optimismus? In westlichen Gesellschaften artikulieren sich im politischen Bereich derzeit nicht nur Wut und Protest. Etwa bei Demonstrationen mit populistischem oder allgemein regierungskritischem Hintergrund wird deutlich, dass es auch um Besorgnis und Abschied von einer untergehenden sozialen Welt geht. In der Sozialforschung häufig registriert werden Formulierungen wie „Ich weiß nicht, ob meine Kinder noch einen Job finden" oder „Ich weiß nicht, ob wir unseren Lebensstandard halten können". Sie stehen als Zeichen für den Einbruch der über viele Generationen etablierten Erwartungshaltung betreffend stetig steigende Wohlfahrt, ökonomisch sichere Lebensverhältnisse, Planbarkeit und biografisch herstellbare Stabilität. Diese Erwartung bricht sich an der Realität. Hoffnung und Zuversicht werden eher selten ausformuliert. In der Soziologie der letzten Jahrzehnte sind die entsprechenden Erfahrungen breit vermessen worden[70]. Nicht vermessen hingegen sind die kaum explorierbaren mentalen Effekte, die damit einhergehen. In dieser diagnostischen Lücke haben sich stattdessen Plattitüden eingenistet wie der Verweis auf Komplexität, die Menschen seien überfordert und verunsichert vom rasanten Wandel, ihnen fehle Orientierung, man müsse Handlungsvorhaben besser erklären und so weiter.

Wenn sich soziale Bedingungen ändern, muss für die erforderliche Umstellung, die den Menschen abverlangt wird, geistig etwas angeboten werden. Woran sollen sie glauben, worauf hoffen? In unseren säkularen Zeiten bestand dieser energetisierende Stoff bisher aus verschiedenen Steigerungsversprechen (mehr Komfort, Geld, Urlaub, Bildung, Status); für eine Minderheit auch noch aus den alten christlichen Hoffnungsofferten. Diesseits des Bedeutungsschwunds religiöser Muster kommt nun in Europa auch die konsumistische Agenda an ihre Grenzen: zum einen ökologisch, zum anderen auch technologisch. Immer deutlicher werden die (Daten-)Kosten, die Konsumenten für ihre Entscheidungen entrichten, und zwar unfreiwillig und, wie es bisher scheint, unvermeidlich. Die Bewohner der alten Welt reagieren darauf deutlich empfindlicher als die der neuen Welt. Die Arena der geistig-mentalen, gar spirituellen Zukunftsversprechen jedenfalls ist leer. Dieses Vakuum wird mit Hochdruck durch Debatten über Grundeinkommens, Lebensarbeitszeit, Renten und neue digitale Job-Prophezeiungen gefüllt, womit die Wertfrage des Religiösen nur weiter an Schubkraft gewinnt. Die Hohlheit des öffentlich Inszenierten wird immer offensichtlicher. Woraus ziehen wir in dieser Phase von Sorge, Trauer um das, was verloren geht, Ungewissheit und noch fehlendem Horizont unsere Kraft zum Durchhalten und Weitermachen?

4. *Introszendenz: Wenn wir unseren geschichtlichen Horizont zurück erweitern, wird diesseitiger Glaube plausibel.* Die Option einer diesseitigen Tiefe ergibt sich teilweise logisch und folgerichtig aus den Leerstellen von Hoffnung und Zuversicht: Kein Gott gibt für unsere komplexitätsüberlastete Welt noch hinreichend taugliche Glaubenssätze oder Normen vor, und Hierarchen, die sich als Stellvertreter eines irgendwie privilegierten Oben aufführen, sind gesellschaftlich immer weniger legitimiert. Sie finden zwar nach wie vor ihr Publikum (was sich nicht ändern wird), dieses schrumpft aber. Der Ideen- und Glaubenshimmel bricht ein. Und: Er steckt zunehmend in unserem Bewusstsein, in den Körpern, in uns selbst in Verbindung mit unserer Umwelt.

Viele Menschen interessieren sich für Ernährung, Meditation, alternative Medizin. Womöglich ist ein sinnbietender Resonanzboden ganz nah um uns herum, oder wir sind ein Teil von ihm; oder wir Menschen bilden ein zeitüberbrückendes Band aus zwar sterblichen, vergänglichen, aber nicht vergeblich existierenden Lebewesen. Eine hiermit angestrahlte introszendente Sprache gibt es bisher kaum, wir müssen solches Denken und Sprechen erst erfinden. Falls wir diesen Blickwinkel akzeptieren und schärfen wollen, müssen wir diesen neuen diesseitigen Himmel auch bestellen; ihn wie einen Garten jäten, bepflanzen, gießen, düngen und ernten. Diesseitige Tiefe haben *wir* auszuloten: Hier ist nichts mehr gegeben, das ist unser Job. Insbesondere dieser Aspekt, dass der Mensch allmählich spirituell selbst produktiv wird – oder werden muss, markiert einen fundamentalen Bruch in unserer achsenzeitlich bestimmten Okzidentalkultur.

Wir bringen damit Gott in Perspektive: Geistlich produktiv waren wir – *vor* Gottes Ära – auch schon. Wir waren nie anders! Dieser Rückgriff auf uns selbst, ins Vormals, könnte unseren weiteren Weg in eine inklusivere Globalisierung, die Kooperation mit potenziell allen, enorm beflügeln. Es könnte künftig nützlich sein, sich bewusst zu machen: Geistige Produktivität war für Homo sapiens sapiens immer nährend und aufbauend. Sie ist Motor unserer Evolution.

5. *Menschenbild: Was ist Homo sapiens sapiens inmitten von Algorithmen?* Die aufziehende digitale Welt konfrontiert uns mit Ansichten und Experimenten, die erst unsere Lebenswelt dezentrieren und dann unser Weltbild unter Druck setzen. Technologie ist der paradigmatische Bereich, in dem sich der Substanzverlust des Jenseits in seiner ganzen Tragweite zeigt, weil vor allem sie die alte überweltliche Transzendenz ungebeten und unkontrolliert entmachtet. Ihre Wucht gegen die sinnlich erfahrbare Lebenswelt nimmt zu: Bewusstsein soll speicherbar werden, übertragbar, womöglich addierbar als Bündeln mehrerer Bewusstseine. Der Tod als unhintergehbare Grenze des menschlichen Lebens wird infrage gestellt; noch nicht als solcher, wohl aber in seiner bisherigen Fristigkeit. Können wir hundertfünfzig oder zweihundert Jahre alt, mit achtzig Eltern werden?

Oder das omnipräsente Transparenzgebot: Dürfen wir in einer digital vernetzten und damit extrem anfälligen, verletzlichen und auf Sicherheit angewiesenen Welt die anderen mit eigenen Spleens und individuellen Abweichungen überhaupt noch in Schwierigkeiten bringen – in Gegenwart der prognostischen Unfehlbarkeit der Maschine? Wird Subjektivität zu einer Last; einer Eigenschaft von fragwürdigem Wert, riskant? Etwas wie „Seele“ zum eigentümelnden Lebensstil-Kuriosum, ein Abglanz des vergehenden Humanum? Werden Überzeugungen gefährlich? Werden sich die Menschen dafür eine eigene, dann virtuelle Welt zurechtlegen (müssen), in denen sie das ausleben dürfen, was ihnen weltlich nicht mehr gestattet ist? Werden solche Technologies of the Mind gar zur Grundlage neuartiger, technizistisch induzierter Religionen, bringt die Virtual Reality Heil und Glück? Können die Neurowissenschaften den menschlichen Glaubenscode knacken und uns biologisch-neurophysiologisch diejenigen spirituellen S(t)imulationen verschaffen, die in der realen Welt womöglich nicht mehr gestattet sind, aber auch gar nicht mehr passend wären?

Fragen zum Menschenbild stellen sich aufgrund realer Innovationen heute ganz konkret. Aus akademischen Elfenbeintürmen und Science-Fiction sind sie längst ausgezogen. Ihr Neuheitswert stammt inzwischen nicht mehr von uns, sondern von der ersten Nachfolgekultur Europas. Im Vergleich zu unserem bisherigen eurasischen Verständnis des Gattungswesens Mensch spricht hier allerdings ein *Alien.* Wie wollen wir mit dieser Provokation umgehen: Erneut die mittelalterlichen Abwehrzauber aus dem Keller holen und zur Not wieder Kruzifixe aufhängen? Oder neue erfinden? Fürs Durchatmen zwischendurch mehr Yoga und Resilienz-Kurse? Zur Ablenkung eine bessere Virtual Reality? Oder brauchen wir nicht doch ein ganz neues Konzept?

6. *Bewusstsein und Seele: Was bedeutet das überhaupt?* Der Begriff des Bewusstseins ist eine Herausforderung, wie skizziert. Seit unserer okzidental-antiken Tradition ist er verknüpft mit Selbstreflexion, mit einer Kontrolle des eigenen Denkens – das Fundament für unsere moderne Versessenheit auf Vernunft und Rationalität. „Erkenne dich selbst“ stand schon am Eingang des Orakels von Delphi: Denk über dich nach! Was es damals noch kundtat: Mach dir *bewusst*, wer du bist, welchen Spuren du verpflichtet bist, was du eingedenk dessen tun willst! Diese zweite Ebene haben wir irgendwann weggelassen.

Asien und viele andere Kulturen haben sich auf diese Ebene konzentriert. Wir wissen, dass andere Menschen – so wie wir – wissen, was es heißt, ein Mensch zu sein; Leid zu empfinden und sich trotzdem nicht entmutigen zu lassen. Dabei hilft Reflexion nicht weiter, sehr wohl aber Empathie, Verletzlichkeit, Demut, Hingabe. Andere haben daraus eine spirituell rückbindende Haltung gemacht und tief verinnerlicht, *sich bewusst gemacht*, dass es einfach *zu viele* Erfahrungen von Leid gibt, als dass sie sich reflexiv-organisatorisch bewältigen ließen; vor denen uns auch die beste Politik, die neueste Therapie der Welt, die fortgeschrittenste Technik, die reflektierteste Vernunft nicht bewahren kann. Letztlich haben wir nur einander: Uns Menschen, die wir aus anderen Menschen stammen. Wir sind nur, weil die anderen sind.

Dieses Bewusstsein begründet das unauslöschliche Empfinden, dass das spirituelle Verhältnis der Menschen gegenüber ihren weltlichen Bedingungen nicht egal ist. Und keinesfalls umsonst. Das Leben gewinnt Bedeutung und Wert in dem Maße, wie wir seiner Zerbrechlichkeit und Vergänglichkeit innewerden, ihrer bewusst bleiben und dies einbeziehen in die Art, *wie wir leben.* Diese spirituelle Mechanik ist in unendlicher Differenziertheit und Tiefe vorstellbar und erkundbar; wir können sie üben und stetig erweitern; bewusst und absichtsvoll. Genau dieser Vorgang bewältigt unsere Sterblichkeit. Wir sind, gemäß dieser Lesart der Welt, vergängliche Wesen, *aber keine vergeblich lebenden*. Unser Bewusstsein – nicht Gott – hebt uns über das Irdische hinweg, schließt uns an etwas anderes, Tieferes an. Dies kann wahlweise auch ein Transzendentes sein, aber das ist kein Muss mehr. Wir können uns auch innerweltlich auf die Suche machen. Wir können entscheiden.

Uns interessieren die Wertpotenziale von Bewusstsein für uns als Gattung, als Kultur und als Individuen. Nur weil wir uns selbst bewusst sind, können wir Menschen den Wert unseres Lebens selbst bestimmen. Das bezieht sich nicht nur auf kulturelle Rahmen, sondern auch auf jeden Einzelnen. Wir können unser Leben zum Beispiel eigenmächtig beenden. Wir können uns, wie im Hollywoodfilm, für die Menschheit opfern, wenn uns die Aliens vernichten wollen.

Wir können eine Idee über uns selbst stellen oder uns selbst vollständig in den Dienst einer Sache. Wir können jederzeit einen ganz neuen Anfang setzen und uns sogar eine bislang undenkbare Idee „kontrafaktisch" als Vorsatz und Orientierung verordnen – all das vermögen Tiere unseres bisherigen Wissens nach nicht.

Von dieser geistigen Höhe strahlen in der Moderne weitgehend abgeräumte Begriffe herunter wie Helden, Märtyrer, Religionsstifter. Eine Menge Menschen (vor allem Akademikerinnen) sind der Ansicht, man sollte solche Begriffe grundsätzlich streichen, sie seien schädlich – die Zukunft habe „postheroisch" zu sein, darin liege aufgeklärter Fortschritt. Kaum etwas steht unserer Position ferner als dies, denn kaum ein Faktor hat die Fortentwicklung unserer Spezies so beflügelt und vorangebracht wie Menschen mit außergewöhnlicher geistig-spiritueller Kraft, die auf dieser Klaviatur zu spielen wussten. Diese genuin menschliche Fähigkeit bedeutet für jedes Mitglied unserer Gattung das Höchstmaß an Seelengröße und Inspiration.

7. *Logik und Weltbild: Gestaltwandel des Überweltlichen.* Schreibt man die Tendenz, die von der Quantenphysik und anderen neuen Wissenschaftszweigen befördert wird, erkenntnistheoretisch fort und führt sie konzeptionell eng, kommen extrem fremdartige, kontra-intuitive Hypothesen heraus. Danach sind Denken und Reflexivität ein immaterielles Konstitutionselement der biologisch-humanen Wirklichkeit. Dieser hochtrabende und schwer verständliche Satz bezeichnet für uns Heutige eine Widersinnigkeit: *Die Gesetze der Logik*, die wir als Menschen verwenden, *wären damit zugleich diejenigen der Tiefenstruktur der Dinge selbst.* Denken und Sein wären irgendwie eins: Verstiegene Ideen wie diejenige, dass wir bloß anders denken müssten, um zu einer – real und konkret – anderen Welt zu kommen, drängen sich auf. Nicht nur der Himmel stürzt ein und wird säkularisiert, sondern auch die bisherigen transzendentalen, metaphysischen Rahmenbedingungen des Bewusstseins; möglich, dass sich alles Sein als ein Spezialfall von Bewusstsein entpuppt.

Hier deutet sich eine nächste Logik an. Können Bewusstseinsvorgänge Materie kausal beeinflussen – und zwar bis zu einer Radikalität, die eine vermittelnde Dimension, etwa Technik, gar nicht mehr braucht? Dann würde die physische Aktivität des Denkens und Wollens selbst eine Änderung des faktischen Existenzzustands der Welt auslösen. Wir könnten „umglauben" und die Welt zeigte uns ein anderes Gesicht: Zu unterschiedlichen Zeiten verstünden wir unter „Über"-Weltlichem oder „Tiefen"-Weltlichem bloß Verschiedenes, aber die Domäne bliebe, zeitlos. Womöglich ist also nur die Blickachse veränderlich, ihre Definition und Setzung reine Willkür, und sie stuft sich in unseren Tagen wieder einmal auf. Dazwischen ging es in den letzten fünfundzwanzig Jahrhunderten im Wesentlichen recht einsinnig um „Gesellschaftsstruktur und Semantik", wie der Soziologe Niklas Luhmann nüchtern formuliert.

Im Spiegel neuester Forschungen offenbart sich diese noch stark abgedunkelte Debatte als historische Antezipation eines Bewusstseinszustands, der auf einem nächsten, kurz bevorstehenden Niveau empirisch-praktisch realisiert wird. Es scheint eine Art Umsturz unserer Glaubensverhältnisse, unserer kulturell bedingten Vorentscheidungen über unser spirituelles Denken im Gange zu sein, die sich immer dann ändern, wenn sich unsere Praktiken ändern – gewollt oder erzwungen. Und solche Praktiken wechseln zum Beispiel dann,

- wenn sich soziale Gefüge entgrenzen (erste Anzeichen einer Weltgesellschaft, zunächst ökonomisch intoniert, dann ökologisch nachjustiert),
- wenn das technologisch-zivilisatorische Niveau auf eine höhere Stufe springt (nächstes Maschinenzeitalter, künstliche Intelligenz) oder
- wenn sich unsere Habitate erweitern (die Gattung schickt sich an, extraterrestrisch zu werden).

All diese „Megatrends", wie die Wissenseliten diese Umwälzungen in gewohnter Old-School-Manier benennen, sind tatsächlich etwas ganz anderes: Sie berühren das Selbstverständnis von uns als menschliche Lebewesen und damit unsere unterste geistige tektonische Platte. Sie verändern unseren Status in der Welt, inzwischen inklusive „Universum und dem ganzen Rest". Sie rütteln an Grundfesten wie der Unterscheidung zwischen Lebendem und Totem (ist die Kopie eines Gehirns die Fortsetzung des Lebens mit anderen Mitteln?), zwischen Alter und Ego (kannst du bald meine Gedanken lesen, wirst dadurch wie ich – *bist* dann ich?) oder zwischen Subjekt und Objekt (kann künstliche Intelligenz ein eigenes Bewusstsein, also Subjektstatus erlangen?). Sie zersetzen unsere Logik und stellen das auf den Kopf, woran wir glaubten.

Die Metapher, eine Idee vom Kopf auf die Füße zu stellen, kennen wir aus unserer ideengeschichtlichen Tradition. Wir schließen an sie an, drehen aber das Projekt von Karl Marx erneut um, unseren heutigen Belangen angepasst: Bevor wir diese unsere heutige Welt zeitgemäß gestalten und verändern können, kommt es erst einmal wieder darauf an, sie zu verstehen und *neu zu interpretieren* (entgegen der letzten Feuerbach-These). Erneut und strategisch inszeniert: eine evolutionäre Schleife. Im Geiste des 19. Jahrhunderts wird eine den heutigen Verhältnissen angemessene Praxis nicht funktionieren. Daher unsere Wissenschaftsfrage für das frühe 21. Jahrhundert:

- Wie genau ist die spirituelle Frage auf heutigem Niveau zu stellen (Vorschläge) und was wollen wir mit der auf diese Weise neu errungenen geistig-geistlichen Freiheit anfangen (eschatologische Erzählung)?

Was antworten darauf diejenigen, die sich mit dem Thema beschäftigen – auch wenn sie die Lage gemäß der für uns zentralen Aspekte womöglich ganz anders beurteilen als wir? Das ist für unser Interesse unerheblich. Wir sind auf der Suche nach neuen und hochgetunten, das heißt komplexer funktionierenden Ankern und Halterungen, die einen Unterschied machen; das Erbsenzählen hat noch eine Weile Zeit. Erst einmal sammeln wir; wir brauchen zunächst ein Geländer.

Im Folgenden lassen wir drei der wichtigsten Stichwortgeber unserer Zeit dazu Revue passieren und bewerten ihre Stellungnahmen im Lichte unseres Anforderungsprofils; ausschließlich, denn eine diesen Stellungnahmen angemessene Würdigung ist hier selbstverständlich nicht möglich. Wir verfahren selektiv entlang unserer konzeptionellen Eckpfeiler. Es geht nur darum, von dem zu lernen, was gegenwärtig zu diesem Komplex gedacht wird, Einsichten – auch Nebenerkenntnisse und in unsere Richtung weisende Details – nicht am Wegrand liegen zu lassen. Schließlich wollen wir einen Anlauf wagen, der unübersichtlichen Situation unserer Zeit ein nächstes Mal auf modern-aufklärerische Weise beizukommen. Dafür brauchen wir alles, was wir haben.

32 Mensch sein allein genügt nicht: Charles Taylor über Säkularisierung

Der kanadische Sozialphilosoph und Katholik Charles Taylor hat 2007 unter dem Titel „Ein säkulares Zeitalter" ein viel diskutiertes Opus magnum vorgelegt.[71] Das Buch ist eine Art Selbstgespräch über den zeitgenössischen Stand der Glaubensdinge im gesamten Westen. Der Autor bekundet offen seine Aversion gegen „Theorien" (18), gegen eine „desengagierte Vernunft" und gegen „Objektivierung" (1233), gegen allzu Konzeptionelles, Beobachterpositionen, abstrakte Flughöhen. Solche Haltungen sieht er als „Vorurteil" – als „Vorgehen, durch das man den jeweiligen Untersuchungsgegenstand als etwas von uns völlig Unabhängiges begreift", mit einem „Blick von nirgendwo" (1233). Außerdem misstraut er akademisch-wissenschaftlichen Deutungsmanövern, die beispielsweise Darwin oder andere Erklärungen dafür anführen, „mit deren Hilfe sich die Menschen durch Bezugnahme auf Gott, etwas Naturgegebenes oder dergleichen Klarheit über Fragen der Existenz oder der Moral verschaffen wollen" (18). Stattdessen beansprucht Taylor eine „tiefer reichende Erklärung". Dieses „tiefer" steht für einen intuitiven Ansatz, für Verstehen als etwas Unmittelbares, das aller Reflexion zugrunde liegt, vorausgeht oder sie zumindest ebenbürtig flankiert. Seine argumentationsstrategische Voreinstellung: [Ich werde]

> *„so verfahren, daß ich mein Augenmerk auf die verschiedenen Formen des Erlebens richte, die eine Rolle spielen, wenn man sein Leben auf die eine oder andere Weise begreift, also auf die innere Erfahrung des Lebens als gläubiger oder ungläubiger Mensch" (ebd.).*

Worum es also nicht geht, sind Vogelperspektiven auf zeitgenössische Glaubensfragen, Distanzgewinnung und das Heraus-Zoomen aus der Frosch-im-Sumpf-Perspektive eines jeden gläubigen oder nichtgläubigen Menschen. Auch eine quasi mittlere Perspektive von religiös Beteiligten ist nicht gemeint, sondern das geistige Zentrum des Glaubens, wie religiös Musikalische es in ihrem Erleben empfinden. Das ist zunächst einmal interessant, schneidet er damit doch den akademisierten Diskurs abgehobener Abstraktions-Akrobatik von vornherein ab; zumindest das ist der Anspruch. Wir nutzen Taylors Werk dazu,

1. Begriffe zu schärfen (Säkularisierung einerseits, die von uns über Gotthard Günther ins Spiel gebrachte Introszendenz andererseits),
2. seinen Beschreibungsvorschlag für das „innere Erleben" näher zu beleuchten; dafür, „was es heißt, gläubig zu sein" (15), sowie
3. Gemeinsamkeiten und Unterschiede zu der von uns angestrahlten Zukunftsperspektive unserer Glaubensverhältnisse herauszustellen.

1. Säkularisierung und Introszendenz

Taylor unterscheidet drei Arten von Säkularisierung, wobei er sich ausschließlich für die dritte interessiert. Die erste Form bezieht sich auf den öffentlichen Raum, in dem es im säkularen Zeitalter nicht mehr darum geht, ob jemand gläubig ist. Die zweite Form umfasst das Praktizieren von Religion: Gehören Menschen überhaupt noch einer Religion an, gehen sie in die Kirche, heiraten sie nur noch standesamtlich, beten sie? Die dritte Form betrifft die „Bedingungen des Glaubens" – das, was Taylor umtreibt. In welchen Umwelten, in welcher Mentalität, in welcher Weltsicht glauben wir heute, was ist unser „Verstehenskontext" (16), unser heutiger „Rahmen des Selbstverständlichen" (32), des „Hintergrunds" (34)? Der Glaube sei seit dem späten 20. Jahrhundert nur noch eine „Option". Wir *können* glauben, müssen es aber nicht mehr. Doch wie kam es von einer Gesellschaft, in der es „praktisch unmöglich war", nicht an Gott zu glauben, zu einer Gesellschaft, in der auch für religiöse Menschen der Glaube „nur eine menschliche Möglichkeit neben anderen ist“ (15)? Das ist die zentrale Frage.

Taylors Antwort: In vielfacher Hinsicht ist die Welt heute eine andere. Es gibt „alternative Möglichkeiten der Führung unseres moralisch-spirituellen Lebens“ (18), und dieser Wandel stellt eine „Veränderung der Erfahrung“ (34) dar. Die Erfahrung, die wir im neuzeitlichen Säkularismus machen, nennt er den „selbstgenügsamen Humanismus“: Diese moderne Grundeinstellung sorgt dafür, dass es „weder letzte Ziele [gibt], die über das menschliche Gedeihen hinausgehen, noch Loyalität gegenüber irgendeiner Instanz jenseits dieses Gedeihens“, die wir akzeptieren (41). Im Verlauf des Buches macht der Autor deutlich, was er als gläubiger Katholik von dieser Grundeinstellung hält: Nichts. Er fordert deshalb ein Korrektiv: auf einer „tieferen Ebene [...] in Netzwerken der lebendigen Anteilnahme, die dem Kodex nicht geopfert werden dürfen, sondern ihn von Zeit zu Zeit sogar *untergraben müssen*“ (1229, unsere Hervorhebung). Denn Religion sei Transzendenz: ein „Ort der Fülle [...] außerhalb oder ‚jenseits‘ des menschlichen Lebens“ (36).

Religion als transzendentes Gebiet ermöglicht Kritik. Sie eröffnet uns eine externe Stelle, indem sie einen außerweltlichen Standpunkt anbietet, von dem aus wir uns selbst von einem höheren, göttlichen Standpunkt anschauen können. Wir blicken quasi mit unserem besseren Ich auf unser weltlich-fehlbares Ich. Neben dem persönlichen Glauben begründet vor allem der Wert dieser Perspektive Taylors säkularisierungskritische Position. Ihm zufolge ist Säkularisierung das Ergebnis eines sozialen, moralischen, politischen, technologischen Wandels der Menschenwelt- In der „Situation“ (43) finden wir als gläubige Menschen heute quasi schlechtere Bedingungen vor, um eine solche externe, uns selbst kritisch bespiegelnde Position noch einnehmen zu können. Dies führt zu perspektivischen Risiken: Blindheiten, Fehlurteilen, Hybris, falschem Handeln. Wir können uns von uns selbst nicht mehr distanzieren. Eben deshalb ist das so wichtig, was Taylor selbst „Jenseits“ beziehungsweise „Transzendenz“ nennt, jedenfalls eine *erneuerte* Transzendenz als Stelle eines Außen. Sein Verständnis davon – vermutlich gemeint im Sinne von etwas Gehaltvollerem, einem modernen Mehr als nur ein himmlisches „Oben“ – sollte die verloren gegangene Stelle heute wiederbesetzen. Wir selbst kennen sie nicht mehr, brauchen sie aber; das ist seine Mahnung.

So viel in aller Kürze zum Argumentationsgang in Sachen Säkularisierung. Eine diesseitige Tiefe oder Introszendenz gibt es bei Taylor also nicht; stattdessen diese renovierte, soll heißen definitorisch ausdifferenzierte Transzendenz. Taylor beharrt damit unnachgiebig auf Zielen, die *über das menschliche Gedeihen hinausgehen* (43 f.). Ein gehaltlich wie auch immer angereichertes bloßes Diesseits kommt für ihn mangels „Fülle“ nicht infrage; übrigens auch noch aus einem anderen Grund: Die religiöse Wahrheit kann der Mensch nicht ertragen. „Wir alle wären erschüttert, fassungslos und beunruhigt, wenn wir Gott von Angesicht zu Angesicht gegenüberstünden [...]. Wir müssen ihn bis zu einem gewissen Grade aussperren, um ein Minimum an Gleichgewicht zu sichern“ (1273). Dieser alte Topos europäischer Wissenseliten, nach dem der Mensch vor allzu radikaler (Selbst-)Erkenntnis geschützt werden müsse, weil er ihr angeblich nicht gewachsen sei, kehrt hier, trotz zeitdiagnostisch-moderner Attitüde, unverstellt wieder. Als aufklärerisch lässt sich Taylors Position daher nur mit Abstrichen bezeichnen.[72] Das Diesseits entspricht seiner Ansicht nach einem Mangelzustand, den wir in seiner substanziellen Armut verkennen: Das säkulare Verharren in der bloßen Zone des Humanen, in dem Menschen „in ihr Selbst eingeschlossen, an niedrigere Dinge und Ziele gebunden“ bleiben (24), markiert den Zustand einer Selbstvergessenheit, einer Fehldeutung unserer selbst; in jedem Fall einen Verfall. „Mensch sein allein genügt nicht“ könnte Taylors Motto sein.

2. *Glauben als inneres Erleben*

Taylor teilt ausdrücklich die Wahrnehmung Max Webers von der modernen Welt. „Ich denke dabei eher an ein allgemeines Unbehagen an der entzauberten, als fade und leer wahrgenommenen Welt und an ein vielgestaltiges Suchen nach etwas Innerem oder Jenseitigem, das den zusammen mit der Transzendenz verlorengegangenen Sinn wettmachen könnte“ (512). Für dieses „Gefühl“ („Der Geist wird abgewürgt", 1223) liefert er zahlreiche Beschreibungen, in denen der Geist deutlich wird, in dem Taylor schreibt; sein Bemühen, emphatisch und intuitiv zu verstehen; nachzuzeichnen, was Glauben im persönlichen Erleben ausmacht und bedeutet; das Gefühl zu vermitteln, dass es mehr geben muss als nur diese Welt und den „mit der Transzendenz verlorengegangenen Sinn" (512).

Grundsätzlich fehlt dabei ein Motiv, warum dieses Mehr notwendig ein Transzendentes sein muss. Unausgesprochen ist ein bedeutungsschweres Mehr *in* dieser Menschenwelt nicht nur real im Heute, sondern prinzipiell ausgeschlossen. Wenn wir das wollen, brauchen wir Gott, ein Jenseits, zwingend Transzendenz. Wie gesagt: Taylors Beschreibung ist diejenige eines bekennenden Katholiken. Es birgt einige Schwierigkeiten, die sich durch das gesamte Werk ziehen, von einem christlich eingestellten Philosophen eine gläubig-bekennende, also (legitim-)tendenziöse Zeitdiagnose in religiösen Dingen über „die innere Erfahrung des Lebens als gläubiger *oder ungläubiger (!)* Mensch" (18, unsere Hervorhebung) zugemutet zu bekommen. Diese Übergriffigkeit in Glaubensbelangen ist unverhohlen und offenherzig. Gläubige Menschen sind sich „im klaren darüber" beziehungsweise „wissen, daß sie in ihr Selbst eingeschlossen, an niedrigere Dinge und Ziele gebunden und außerstande sind, sich selbst zu öffnen [...]"; dass sie „vom Zustand der uneingeschränkten Verehrung und Hingabe sehr weit entfernt sind". Sie haben genau deswegen eine Bereitschaft zum Glauben, die Nicht-Gläubige gar nicht erst entwickeln.

Der gläubig Empfangende erhält seine Kraft von Gott „nicht ohne weiteres im gegenwärtigen Zustand, sondern er muß dafür geöffnet, verwandelt und aus seinem Selbst befreit werden" (24). Bei nichtreligiösen Menschen „liegt die Problematik ganz anders" (ebd.). Sie sind sich nicht im Klaren über das Erfordernis, dass *an ihnen erst etwas vollzogen werden muss, bevor sie in Fülle geraten können*; dass sie an niedrigere Dinge und Ziele gebunden sind und mangels Selbsterkenntnis auch bleiben werden. Stattdessen begnügen sie sich entweder mit irreligiösen Formen oder „naturalistische(n) Varianten der Kraft der Vernunft" (26). „Theorien der Immanenz", die es darüber hinaus auch noch gibt[73], sind eben dies: *Theorien*, „die aus der romantischen Kritik an der ungebundenen Vernunft hervorgehen“, verkopfte Erklärungsschemata, die den tiefen Gehalt religiösen Erlebens nicht ermessen können. Und im Übrigen sind dies „Auffassungen, die immanent bleiben wollen und die der Religion oft ebenso feindselig gegenüberstehen wie die Verfechter der ungebundenen Vernunft, *wenn nicht sogar feindseliger*“ (27, unsere Hervorhebung.). Das Label Immanenz *steht* geradezu für Irreligiosität, für einen Rückfall in vortranszendente Zeiten, in das bloße biologische Leben, für eine geistige Schwundstufe. Dem Menschen ist Erfüllung im irdischen Leben schlicht nicht gegeben – säkulare Versuche zwecklos.

Und: Wir *wollen* noch nicht einmal hin zu mehr Fülle! Diese Diagnose ist für Taylor ein Desaster. Dennoch ist die Perspektive, die er am Schluss ausformuliert, nicht gänzlich düster, sondern bekommt gerade noch eine ambivalente Kurve: Die Zukunft sei ungewiss und schwanke zwischen drohendem Niedergang und vielleicht auch neuer Intensität in der Suche nach angemessenen Formen gelebter Spiritualität (893). Die Hoffnung stirbt zuletzt.

3. Gemeinsamkeiten und Unterschiede zu unserer Perspektive

Die wichtigsten Diskrepanzen zwischen Taylor und unserem introszendenten Wertungsvorschlag der menschlichen Glaubensfrage klangen bereits an. Im Selbstgespräch eines gläubigen Katholiken Verständnis, gar Sympathie für Vorstellungen über eine spirituell begabte Weltlichkeit zu erwarten, ist wohl auch zu viel verlangt. Unterscheidungen zu suchen zwischen der Transzendierung der Welt (Taylors Plädoyer) und einer säkularen Transzendierung des *Bisher*-Weltlichen oder *Bisher*-Menschlichen, geht hier jedenfalls an die falsche Adresse; dazu sei der Mensch aus sich heraus gar nicht fähig, weil dem Niederen verhaftet. Für einen Christen ist sein Standpunkt jedoch nachvollziehbar und legitim. Hier diskutiert eine Gruppe unter sich.

Taylor hat uns dennoch überrascht. Ihm ist weder stoisches Desinteresse an Säkularisierung oder zunehmender Komplexität des Diesseits zu unterstellen, noch geht es ihm um eine persönliche, geistig-moralische Ablehnung, gar Abrechnung mit der säkularen Position. Was stattdessen zu lesen ist, läuft auf eine höfliche, aber deutliche Diskriminierung irreligiöser Weltsichten hinaus. Eine Menge Pappkameraden aus der modernen Welt werden zu diesem Zweck tendenziös und wertend aufgebaut, um sie danach detailliert (übrigens mit erstaunlich hohen philosophischen, soziologischen und historischen Aufwänden, sprich: Theorie) unter dem alten Schutzpatron der Transzendenz wieder abzuräumen – das ist im Wesentlichen der Inhalt dieses knapp 1300 Seiten starken Werkes. Diese Operation will er zwar nicht „dramatisch" oder „kränkend" praktizieren, doch klipp und klar verstanden wissen, was er von säkularen, rein immanenten Standpunkten hält: Sie sei eine „Behinderung" (918).[74]

Säkulare bedienten sich einer Ausdeutung der Welt, die „dazu dient, diese Fläche [des Glaubens] nicht betreten zu müssen und sich weiszumachen, dass die eigene Interpretation selbstverständlich und zwingend ist, so daß weder Kritik noch Bedenken zulässig sind" (918). Diesen Vorwurf könnte man mehrfach auch gegen Taylor selbst wenden.[75] Und wieso Menschen, die transzendenten Annahmen skeptisch gegenüberstehen, dies notorisch aus Angst vor Kritik und dem Offenbarwerden fehlender Gründe und Motive *pro* Immanenz tun, bleibt sein Geheimnis. Wie Kolleginnen aus der Psychologiefraktion gern formulieren: Derlei sagt oft mehr über den Sprecher als über die Sache. Eine um Ernsthaftigkeit bemühte Auseinandersetzung auch mit Nicht-Glaube, wie Taylor als Anspruch formuliert (s. o., 18), findet jedenfalls kaum statt. Selbstverständlich betrachten wir Taylor nicht stellvertretend für gläubige Menschen, die ihren Glauben verteidigen – aber es wirkt doch seltsam, dass eine derart elaborierte Auseinandersetzung mit Glaubensfragen es nötig hat, die gegnerische Fraktion herabzusetzen, um selbst auf argumentativer Höhe bleiben zu können.

Wird die säkulare Welt also in der Breite pathologisch? Wird eine mentale „Behinderung", die vor allem europäisch-atheistischer Herkunft ist, womöglich zum globalen Trend? Interessant ist, was Taylor zu den US-Amerikanern sagt, die religiös ganz „anders musikalisch" sind als wir und eigene

Formen spiritueller, aber darin eben auch *säkularer* Praxen entwickelt haben. Wie bereits skizziert, laden insbesondere die Kalifornier ihre Technologievisionen (Moonshots) mit Sinngehalten auf, mitunter stark spirituell. Manchmal wird das beispielhaft sichtbar, etwa am Hype um Apple in der Künstler- und Agenturszene der 1990er-Jahre. Diese sozialtechnologische Mechanik funktioniert sowohl in den USA als auch in Europa, aber auch in vielen anderen, nichtchristlichen Ländern. Woher stammt dieser, das Spirituelle so erfolgreich revitalisierende (richtiger: okkupierende), beinahe globale Impetus? „Hier räume ich ein, dass ich im Dunkeln herumstochere. Eine wirklich befriedigende Erklärung dieses Unterschieds, der in gewissem Sinne die entscheidende Frage der Säkularisierungstheorie aufwirft, ist mir nicht bekannt“ (886).

In der Tat: Diese Frage ist entscheidend, denn über den Atlantik schwappt eine gewaltige – und gewaltig effektive – neue spirituelle, in ihrer Tiefe substanziell dehumanisierende (nicht: inhumane!) Kraft zu uns herüber, die unsere Steuerungseliten längst ergriffen hat. Dass es in dieser Transformation um eine Säkularisierung geht, die *ausschließlich* im Feld des Menschlichen stattfindet, und zwar an der Grenze zur Maschine, quasi auf dem Weg hin zu einem „Rest-Menschlichen“, die das Diesseits geradezu geistig neu möbliert, kann Taylor aufgrund seines achsenzeitlich-alteuropäisch verengten, klassischen Verständnisses von Transzendenz nicht wahrnehmen. Seine Zeitdiagnose bleibt im Hinblick auf die derzeit akuten, heiß umkämpften Sturm-und-Drang-Sektoren der digitalen Technologieentwicklung in der Tradition hängen – und stumm. „Mensch sein allein genügt *doch*“, dürfte ihm Silicon Valley feixend entgegnen; „und wir setzen noch eins drauf: Sogar Technologie reicht! Mensch sein brauchen wir nur noch in Graden.“

Was in der aktuellen Geistesschlacht auf dem Spiel steht, lässt sich in traditionell-religiöser Perspektive nicht mehr erschließen. Wenn auch ungewollt, so hat Taylor dies – in bewundernswertem geistes- und ideengeschichtlichem Kenntnisreichtum und ausgeprägter spiritueller Sensibilität – demonstriert.

33 *Reasonwatch*: Jürgen Habermas über Vernunft und Glaube

Kontrastprogramm aus Deutschland. Hier geht es um Theorie und hohe Fallhöhen für solche wie Taylor, die Glauben als geistige Gestimmtheit, als Ebene des Seelischen, als spirituelle Lebensform begreifen. Habermas' religionsphilosophische Arbeiten zeichnen vielmehr eine abendländisch-europäische, soziokulturelle Entwicklung nach: Was ist mit religiösen Aspirationen in dieser Region in den letzten 2.500 Jahren passiert? Antwort: Theologische Gehalte sind in das profane Denken „eingewandert", und diese Migration ist ein anhaltender Vorgang von Aneignung, Bildung und Durcharbeitung. Das dafür zuständige Feature ist die Vernunft: Bei uns im Okzident ist der Strukturwandel von Weltbildern *grundsätzlich* ein Lernprozess. Mit Transzendenz, überweltlichen Gehalten hat das heutige Resultat dieser Art von Lernen nichts mehr zu tun. Restbestände alter Glaubensfragmente haben sich vielmehr *in der modernen Vernunft eingenistet und dort transformiert*; und die Vernunft (nicht etwa wir!) braucht diesen „Punkt der Berührung" mit Gedanken, die „das in der Welt Seiende im Ganzen transzendier[en]".[76]

Vernunft prozessieren wir vor allem in Kommunikationen, Verständigungen. Habermas' Beharren darauf, dass es dazu noch ein Außen, einen externen Sprecherstandpunkt geben *muss* – schlicht als überweltlichen Bezugspunkt, als logisch-binären Pol, als nichtsubjektive Abstoßung und gesellschaftliche Andockstation in einem –, genau das markiert aus seiner Sicht den Ort, die Bedeutung, das Erfordernis und die Legitimation von Religion heute. Hier trifft er sich mit Taylor. Religion tradiert und verkörpert sich in der „liturgischen Praxis": in Ritualen, Zeremonien und Gemeinden, im Gebet, auf Kirchentagen, in kirchlichen Institutionen. Säkularer Glaube ist immer dort, wo religiös kommuniziert wird, wo in der Sprache die eingewanderten theologischen Gehalte aus der Vorzeit noch berührt und weitertradiert werden.

Habermas kümmert und sorgt sich in seinem Werk um die tiefe Bedürftigkeit unserer Vernunft, nicht um diejenige spirituell empfänglicher Menschen. Dieser Unterschied ist zentral. Der Grund für diesen Bezug: Die Vernunft würde schlicht „verkümmern" (ebd.), wenn sie in dieser Welt keinen externen Standpunkt mehr hätte, von dem aus sie sprechen kann. Würde die Welt logisch flach (etwa durch mehrere Wahrheiten), verdörrte die Vernunft, und dagegen schreibt Habermas mit unverwüstlichem Impetus an. Seine Theorie ist eine Art Hochsitz: Er wacht über die Existenzbedingungen „der" Vernunft, Projekt *Reasonwatch*. Wie er formuliert, wehrt er damit geistige Entropie ab (ebd.), eine Nivellierung des Denkens. Er beschützt unser europäisches Geistesbollwerk, unseren großen autologischen Nebelwerfer Vernunft, *und dazu ist Glauben erforderlich*. Der Glaube ist ein notwendiges Mittel, quasi das Schmieröl, um „Legitimationen" aufrechtzuerhalten: solche der Kultur, Gesellschaft, Politik, aber auch Ethik.

Für unser Erkenntnisinteresse ist Habermas' Standpunkt attraktiv, weil er darauf beharrt, dass „etwas fehlt".[77] Ähnlich wie bei Taylor beklagen seine glaubensbezogenen Schriften eine Leerstelle, ein Defizit, das in unseren gegenwärtigen Gesellschaften immer deutlicher werde und sich beispielsweise am Trend zum Religiösen spiegele, der im gesamten Westen zu beobachten ist. Uns „beunruhigt" etwas.[78] Habermas bestimmt diese Irritation anhand eines empfundenen gehaltlichen Mangels; als „unabgegoltene religiöse Bedeutungspotentiale" (a. a. O., S. 299), die wir in unseren Selbstbeschreibungen als Moderne noch – unreflektiert – mitschleifen, aber nicht recht vor Augen bekommen, womöglich falsch einschätzen. Habermas will sie daher angemessen justieren, historisch feinkalibrieren, auf dass wir sie erkennen mögen. Vielleicht werden sie künftig noch gebraucht, daher lohnt der Aufwand. Bloß keine Radikalisierung des Säkularen, lautet die Warnung: Wir können heute noch nicht wissen, was wir damit unwiederbringlich abstoßen und uns antun würden! Diese spirituell intonierte Parole teilt er mit Taylor; sein Label dafür: postsäkular.

Aus Sicht von Habermas ist er damit Überbringer einer frohen Botschaft: Es *gibt* etwas Überweltliches im Säkularen! Sein Hinausgehen über das Säkulare strahlt ein *post-* an, das sich *zurück*wendet und alte Gehalte anmahnt, wieder brauchbar macht, restituiert, indem es sie (sprachphilosophisch, in diskursethischer Absicht) ummodelt. Sein *post-* ist – *innerhalb* des achsenzeitlichen Frame – ein *retro*. Er plädiert unter dem Deckmantel einer sprachphilosophisch inszenierten Vernunft für eine Rückabwicklung der Säkularisierung, indem er diese – wird sie nur richtig, also vernünftig verstanden – als im etablierten Sinne religiös anschlussfähig und empfänglich bleibend beschreibt. Recht verstandene Säkularisierung trennt sich also gar nicht wirklich vom Transzendenten und signalisiert eine Scheinradikalität, die nicht der Wahrheit entspricht.

Wir möchten Licht auf diese Umbiegung des Säkularen werfen: Was kommt aus der postsäkularen Vermessung der modernen Welt heraus? Dazu befragen wir diesen Vorschlag in dreierlei Hinsicht:

1. Erneute Begriffsschärfung: Was genau macht die heutige Irritation („etwas fehlt") aus? Dabei wird Habermas' Verständnis von Säkularisierung, aber auch von einer möglichen diesseitigen Tiefe deutlich. Beiden Begriffskonstellationen unterscheiden sich von Taylor.
2. Menschenbild: Wie geht Habermas mit dem Humanum um? (Für Taylor gilt: Mensch sein allein genügt nicht, es braucht darüber hinaus Weisendes.)
3. Konsequenzen: Wo liegen Gemeinsamkeiten und Unterschiede zu der von uns angestrahlten Zukunftsperspektive unserer Glaubensverhältnisse?

1. *Was fehlt – Säkularisierung und Introszendenz* revisited

a) Glauben und Wissen

Habermas argumentiert entlang der Begriffsachse Glauben und Wissen; er verweist auf eine „Polarisierung von Glauben und Wissen" (a. a. O., S. 295). In den Zeiten der Entstehung der großen Erlösungsreligionen waren „Weisheit und Wissen noch eine Einheit". Was dann entstand, war „eine reflexive Einstellung" (a. a. O., S. 296) zu vor-achsenzeitlichen Weltbildern, die es ermöglichte, die Dinge dieser Welt mental auf Distanz zu bringen. Dies bedeutete eine Perspektivenerweiterung: eben zunehmende Reflexivität und wachsendes Kontingenzbewusstsein im Hinblick auf Kultur, Gesellschaft, Persönlichkeit.[79] Mit anderen Worten: Im Gedanken der Erlösung, der allen damals aufkommenden Weltreligionen innewohnt – ganz gleich, in welcher religionssystemischen Semantik er erzählt wird, ob orientalisch oder okzidental – vollzieht sich ein qualitativer Sprung im menschlichen Denken. „Sie alle ermöglichen es, die Welt von einem transzendenten Standpunkt aus als Ganzes in den Blick zu nehmen und die Flut der Phänomene von den zugrundeliegenden Wesenheiten zu unterscheiden,"[80] Erstmalig kommt „Reflexion" ins Spiel, sowohl bezüglich (kontemplativen) Glaubens als auch (philosophischen) Wissens. „Wenn aber religiöse und metaphysische Weltbilder ähnliche Lernprozesse in Gang gesetzt haben, gehören beide Modi, Glauben und Wissen, [...] zur Entstehungsgeschichte der säkularen Vernunft" (a. a O., S. 29).

Religiöses Bewusstsein und moderne Vernunft, dies soll diese Rekonstruktion zeigen, haben demnach einen „gemeinsamen Ursprung", sind „komplementäre Gestalten des Geistes" (ebd.). Das lohnt, erinnert zu werden: Die Vernunft hat also ihre halbe Wurzel im Glauben (Erlösungsreligion). Die theoriestrategische Grundentscheidung, die Habermas an dieser Stelle trifft und die sein gesamtes religionsphilosophisches Werk prägt, besteht darin, dass er an die autologische Tradition unseres okzidentalen Logos-Konzepts ungebrochen anknüpft. Hier wird eine verdeckte Schleife unausgesprochen mittradiert. Konzeptionell geht es dabei um das Dreieck Glaube – Wissen – Vernunft. Glaube (Entstehung der Erlösungsreligionen) sorgt zunächst für eine perspektivische Distanznahme von der irdischen Welt; die damit einhergehende Metaphysik, Domäne des Wissens, profitiert davon gleichfalls; und die Vernunft ist in der Lage, diese beidseitigen Geländegewinne an Reflexion auszubeuten und innerhalb ihres Schemas in einen kulturellen Lern- und Fortschrittsmotor umzubauen.

Die Vernunft steht dabei ganz oben. Seit Entstehung der Frühform der modernen Vernunft (zunächst nur in Form einer die Welt auf Distanz bringenden Reflexion) sind wir gattungsgeschichtlich in der Lage, *Glauben durch den Fleischwolf der Vernunft zu drehen.* Habermas verwendet lieber die Metapher des Schmelztiegels, das klingt subtiler.

„Die Philosophie hat im Ursprung mit religiösen […] Überlieferungen wiederholt die Erfahrung gemacht, dass sie innovative Anstöße empfängt, wenn es ihr gelingt, kognitive Gehalte im Schmelztiegel begründender Diskurse aus ihrer ursprünglichen dogmatischen Verkapselung freizusetzen.“[81]

Einfacher formuliert: Die Vernunft – in ihrer Heimstatt, der Philosophie – vermag geradezu Unfassbares, nämlich ein ihr gleichursprüngliches Kulturmuster auf Distanz zu bringen, zu bearbeiten (eigentlich zu befreien, denn sie „entdogmatisiert“) und als Ergebnis „profane Wahrheitsgehalte preis(zu)geben“, uns anzubieten, die mitunter „eine inspirierende Kraft für die *ganze* Gesellschaft entfalten“ (ebd., Hervorhebung im Original). Die Vernunft als Gestaltwandler, der den Glauben verflüssigt – das ist tatsächlich bemerkenswert.

Diese Emanzipation der Vernunft von quasi *allem anderen,* ihre magische Kraft, auch gleichursprüngliche, ihr wesensverwandte, sie sogar konstituierende, ihr also vorauslaufende Dinge auf Distanz *und* in eine entdogmatisierende Fasson zu bringen, ist die genuine geistige Leistung des Okzidents. Wir haben sie Autologie genannt. Im Werk von Habermas feiert sie letzte Apotheosen. Keine andere Kultur oder Region hat je ein solches geistiges Monument erschaffen. Habermas arbeitet in seinem gesamten Werk daran, diese einzigartige Kompetenz zu bewahren und weiter hochzuzüchten – was „verweltlicht“, nämlich sprachphilosophisch-diskursethisch geschieht. Durch das, was modern, insbesondere seit Kant, Vernunft heißt, *inkubieren* wir den alten, sich allerdings abschwächenden, säkularisierenden Glauben *in unsere westliche Kultur und über die Zeit,* in der vollen Bedeutung dieser quasi dialektischen Metapher: Wir behalten ihn bei, retten ihn, „bebrüten“ ihn, gestalten, entwickeln und verändern ihn. Der Schleuser, der das schafft, ist die Vernunft. In Habermas' Erzählung geschieht die weitere Züchtung durch und innerhalb des kommunikativen Handelns, durch Verständigung und unsere Orientierung an Wahrheit.

b) Vernünftige Abwicklung der Transzendenz

Dieses Konzept hat den Charme, dass es eine Art Jenseits-Erosion, wie sie Taylor als Gefahr identifiziert, laut Habermas gar nicht gibt. Diese Verfallsgeschichte ist eine optische Täuschung, Selbsttäuschung: Etwas fehlt – aber nicht das Jenseits! Wir erkennen das Problem bloß nicht richtig. Für Habermas repräsentiert den einzigartigen Kern, die weltgeschichtliche Pointe der Achsenzeit, ihr radikaler „kognitive(r) Schub(.) vom Mythos zum Logos" (2008, S. 28). Es ist diese verstandesmäßige Energie (Logos), ihr Schwung bis ins Heute, der erstmalig eine Grenze zieht zwischen Göttlichem und Weltlichem, also mentale Distanznahme ermöglichte. Damit starteten die Reflexion und der Inkubator. Wohlgemerkt: Im Habermas'schen Denken ist es hilfreich, nie zu vergessen, wer die Akteure sind: nicht Menschen, sondern mentale Konzepte, in diesem Fall der Logos. Was damit *reflexiv* möglich wurde, dass der Logos (!) – dank der Entstehung des Erlösungsgedankens, der logischen Zweiwertigkeit von Jenseits und Diesseits – eine Grenze zwischen Gott und Welt gezogen hat, ist das, was Habermas schützen will, was ihn interessiert; wie Taylor, trotz dessen anderer Perspektiver als *teilnehmender* Beobachter des Glaubens.

Das Göttliche, das auch die Vernunft konstituiert, kann mit dieser Grenze – dank der Leistung des Verstandes und der Besonnenheit als Vorformen der späteren Vernunft – universalistisch und quasi ewig (!) als logischer Außenposten gedacht werden. Als das Ideale, Wahre, Vollkommene kann es das Irdisch-Fehlbare, notorisch Mangelhafte zeitlos und unüberbrückbar auf Distanz halten. Dieser göttliche Außenposten ist in der Vernunft unaufhebbar eingeschlossen; eine enorme perspektivische Leistung. All das erscheint vernünftig; es ist ein Schritt nach vorn, ein Fort-Schritt, den auch noch der säkulare Glaube – nach wie vor als Bewahrer der Entgegensetzung von Transzendenz und Welt – bewahrt. Die Achsenzeit hat uns ein großartiges Geschenk gemacht. Wir haben jetzt eine Überwelt, eine langfristige Alternative zum Diesseits, und sie bleibt in unserer Vernunft immerdar! Erst damit wird Kritik denkmöglich. Sollte die Domäne des Überweltlichen fallen, würde Kritik eingezogen.

So weit der rote Faden dieses Konzepts. Während Taylor eine Erosion beklagt (der Geist werde „abgewürgt"), feiert Habermas die Fortschrittserfolge von Lernprozessen, in denen sich „im Strukturwandel der Weltbilder Spuren der ‚Vernunft in der Geschichte' entziffern" lassen (2019 I, S. 146). Es ist diese moderne Sichtweise eines notorisch *nach*metaphysischen, aber nicht *nicht*metaphysischen Denkens, die Habermas genau mit „postsäkular" meint. Sein Sprachgebrauch lässt uns diese kleine, aber entscheidende Differenz gern übersehen. Eine postsäkulare Haltung hat verstanden, dass es eine vollwertige Säkularität rein logisch *nicht geben kann* – richtig bedacht. Denn auch moderne Gesellschaften sind mit dem Fortbestand von Religionen vereinbar, allerdings nur *reflexiv kontrolliert*, in Kommunikationsprozessen verflüssigt. Erst das durch den Vernunftfilter gepresste und *dadurch* als bewahrungswürdig zertifizierte Religiöse gilt als Kernbestand des säkularen Zeitalters, und erst mit diesem Sigel kann es als *postsäkular* gelten.

Die Transzendenz, die dabei herauskommt (wenn man sie überhaupt noch so nennen will), entsteht durch ihre Vernunftanbindung quasi „von innen", wie Habermas diesen Effekt im Anschluss an Kant beschreibt. Sie markiert die Möglichkeit für eine „distanzschaffende Selbstüberschreitung" im Sinne fortlaufender Lernprozesse[82]. Damit ist Habermas für introszendente Überlegungen anschlussfähiger als Taylor. Allerdings führt diese Offenheit ausschließlich durch das Nadelöhr der diskursethisch bestimmten, autologischen Vernunft: Diese könne in der Moderne „aus sich selbst (!) die Kraft [behalten], aus dem glimmenden Bewusstsein[83] einer universal verbindenden Normativität immer wieder den befreienden *Funken einer Transzendenz von innen* zu entfachen" (2019 I, S. 200, Hervorhebung im Original).

Eine genuin spirituelle Dimension, erlebte Fülle, einen Ort der Ganzheit, dem Taylor dezidiert nachgeht, gibt es hier nicht. Was fehlt, ist also kein Tiefengehalt eines Glaubens, auch keine Transzendenz, kein Jenseits, sondern Vernunft. Genauer: ein hinreichend auseinandergefaltetes Verständnis von Vernunft, das es erlaubt, die unaufhebbare Verknüpftheit mit alten Glaubensbeständen noch wahrnehmen, anerkennen, schützen und weitertreiben zu können. *Das Erfordernis der Restituierung muss verstanden werden, dann funktioniert sie auch* – ein autologischer Gedankengang. Wenn wir uns nur richtig verstehen: traditionsbewusst als sprachbegabte Vernunftwesen, haben wir auch kein Problem mit Religion, so die frohe Botschaft des Projekts *Reasonwatch*.

2. Das Menschliche

Habermas kommt darüber hinaus auf die Frage nach dem Menschen zu sprechen. Sein Maßstab hält eine bedeutsame Lektion hinsichtlich unserer Fragestellung bereit. Unter den modernen Gesellschaften, so heißt es in einem frühen Text, „wird nur diejenige, die wesentliche Gehalte ihrer religiösen, über das bloß Humane hinausweisenden Überlieferungen in die Bezirke der Profanität einbringen kann, auch die Substanz des Humanen retten können".[84] Es geht um eine Art Kerngehalt des Menschlichen, eine „Substanz des Humanen". Die Grundintuition der meisten Debattenbeiträge zu unserem Oberthema Glauben ist, dass das „Humane" am Menschlichen gefährdet sei. Ein unkontroverser Grund, ein unwiderlegbares Argument, ein Fundament an Überzeugung für dieses Humane scheint nicht mehr sicher – das ist der Ausgangspunkt, die Irritation – sie facht die Debatte an. Wenn das Postsäkulare zum Retro wird, ist ein Weg nach vorn jedoch nicht vorgesehen. Das Konzept ist zeitlogisch leer. Bei Habermas gibt es nur ein reflexiv differenzierter auseinanderzufaltendes *Gründungsmoment*, das uns den Weg weist. Dass heute noch unvorstellbar anderes vor uns liegen könnte, ein Werden, ist logisch ausgeschlossen.

Die Substanz des Humanen, so Habermas, sei nur zu retten, wenn Gehalte beibehalten würden, die „über das bloß Humane hinausweisen". Diese sprachliche Unschärfe berührt auch unsere eigene Argumentation – den humanen Menschen. Für Habermas ist der Mensch „das ‚Vernunft habende' Tier" (2019 I, S. 173). Die erste Seite dieser Medaille, die Vernunft, die intrinsisch mit distanzierender Reflexion, aber auch dem wahrheitsorientierten Gebrauch von Sprache verknüpft ist, war bereits Thema. Nun zur Seite des Tieres:

„Das so entstehende idealistische Bild vom Tier, das Vernunft hat, ist bestenfalls die halbe Wahrheit. Denn dieses Tier ist aus der natürlichen Evolution der Säugetiere und der großen Affen hervorgegangen. Von diesen hat es die affektive Ausstattung, die Intelligenz und bestimmte Dispositionen für ein soziales Zusammenleben geerbt: ein ‚Bewusstsein', das – zusammen mit Veränderungen des Organismus, vor allem dem Größenwachstum des Gehirns – in allen Bestandteilen transformiert worden ist" (a. a. O., 173 f., Hervorhebung im Original).

Der Begriff des Bewusstseins ist mit Recht herausgehoben; seine Verwendung spezifisch. Es geht um *vor*menschliches Bewusstsein, nämlich dasjenige, das *bloß* die Affen haben (daher die Anführungszeichen), unser späteres jedoch ist von vornherein – durch die menschliche Vernunftanlage qua zerebralem Vermögen – grundlegend umformatiert. Was genau hat unser humanes Bewusstsein transformiert? Der „Modus der Vergesellschaftung": Die Sprache – ebenfalls ermöglicht durch gesteigerte Gehirnkapazitäten des Homo sapiens sapiens – hat „durchschlagende" Effekte und eine mit ihr einhergehende, qualitativ neuartige „Bereitschaft zur Kooperation" zur Folge. Beides, Sprache und Kooperation, haben das menschliche Bewusstsein *verwandelt*, und zwar in ein horizontales, sich reflexiv erweiterndes, *lernendes*.

Wer in den Feinheiten von äffischem Vorbewusstsein, Homo sapiens sapiens-Nach-Bewusstsein, Vernunft, Sprache und Kooperation den Überblick verliert, befindet sich in größerer Gesellschaft. Aber: Hier geht es um autologische Prozesse, Details sind nicht entscheidend. Dieses Argumentationsmuster mäandert durch die gesamte Theorie. So ist etwa die Vernunft, „nur die subjektive Spiegelung" einer sprachbasierten Lebensform (also doch kein eigenmächtiger Akteur, nur subjektiv, gar eine Illusion?), die uns auf Lernen geradezu verpflichtet (wir können „nicht *nicht* lernen"), um unsere Lebensform „auf rationale Weise [zu] *verbessern*". In solcher Perspektive „ist die Lebensform von Homo sapiens mit ‚Fortschritten' verschwistert" (ebd.) – Habermas kann genau deswegen die gedankliche Reichweite eines postsäkularen, nachmetaphysischen Denkens, das sich selbst recht versteht, als einen Lernprozess beschreiben. Es geht voran: Der Mensch *ist so angelegt (!)*.

Die Pointe am Menschenbild, das hier skizziert wird, markiert den zentralen Unterschied zu unserer Position. Sie liegt in einer folgenreichen konzeptionellen Weichenstellung, die verdeckt bleibt und die vorzeitlichen Gefilde berührt, aus denen wir kommen. Habermas reinszeniert in seiner Kontrastierung von Biologie, Affen, menschlichen Vorfahren einerseits und Homo sapiens sapiens, Sprachbegabung und Reflexionsvermögen andererseits die klassisch logische Dualität des okzidentalen Denkens: Natur versus Kultur, Bios versus Logos und so weiter; nennen wir sie der Einfachheit halber Humanum I (Natur, Bios) versus Humanum II (Kultur, Logos). Sie stehen Pate für Habermas' Menschenbild – und zwar *christlich* durchwirkt, vorformatiert, wie wir gleich sehen werden. Das ist eine wilde Mischung, geht es doch eigentlich um das Verständnis „des" Menschen, um eine generische, gattungsbezogene Basis, unabhängig von einer geografischen Zone; und die Bezugnahme auf die Evolutionsgeschichte des Menschen bestärkt diesen Anschein. Transparent wird diese spirituelle *Compilation* nie: Der Schöpfer „braucht, weil er Schöpfer- und Erlösergott in einem ist, nicht wie ein Techniker nach Naturgesetzen zu operieren oder wie ein Informatiker nach Regeln des Codes. Die ins Leben rufende Stimme Gottes kommuniziert von vornherein innerhalb eines moralisch empfindlichen Universums"[85]. Gott ist im Menschenleben immer schon da, basta.

Die Abgrenzung zu Technikern und Informatikern verdeckt leicht den Kern dieser Aussage: Gott hat mit Natur und Evolution nichts zu schaffen, deren Gesetze haben für ihn keine Bedeutung. Uns fließen jedenfalls von oben her Energien etwa moralischer Empfindsamkeit zu. Mit anderen Worten: Wenn der Mensch ein Geschöpf Gottes ist (Habermas bezieht sich auf Genesis 1,27), stammen Bewusstsein, Denken, Glaube, Geist, auch Vernunft, also das Humanum II – die gesamten kognitiv-zerebralen Kompetenzen, die uns definitiv von Affen und den anderen aus dem Tierreich unterscheidet –, ab von Gott, von einer höheren Ordnung.

Wir (via Vernunft) spiegeln uns in ihm. Dann ist es auch nur logisch, wenn der Logos, das Wort beziehungsweise die Vernunft, als Gottes Geschenk an uns, religiös und also Gottes Werk sind, dass *von dort* moralische Aspirationen fluten. Vernunft und Sprache sind in dieser kaum wahrnehmbaren deskriptiven Überformung kein Element der menschlichen Evolutionsgeschichte, sondern eine Leistung von etwas anderem außerhalb von uns, genauer: eine metaphysisch begründete Gabe.

Bewusstsein ist für Vernunft nötig, als biologische Basis – aber eine säkulare, lernende Vernunft hat nichts mit dieser quasi vorläufigen, ursprünglichen Weltkalibrierung von Kreaturen zu tun, die außerhalb jeder Kontaktsphäre mit Gott dahinvegetieren. Nehmen wir den normativen Odem des Habermas'schen Werkes hier ernst, ist ein In-Verbindung-Bringen, die Unterstellung eines gemeinsamen Bandes von so Elaboriertem wie der kantisch versierten, aufgeklärten Vernunft oder einer Mozart-Sinfonie mit anderen höheren Säugetieren, etwa Affen, eine ernste Beleidigung. Bewusstsein und Vernunft sind zwei völlig verschiedene ontologische Domänen, denn *wir* haben eine göttliche Zusatzqualifikation erhalten, nicht die Affen! Und nur deshalb kann, sollte und muss Bewusstsein (durch Vernunft beziehungsweise Sprache) überhaupt stetig „transformiert" werden: Wir stehen in der Pflicht und tragen einem überweltlichen Auftrag Rechnung. Bedeutet: Humanum II steht *über* Humanum I. Nur damit ist es logisch überhaupt möglich, dass die abendländische Vernunft menschliches Bewusstsein formatiert oder „transformieren" kann.

Das ist ein starkes Stück. Von zwei ontologisch *gleichwertigen* Seiten einer Medaille („Tier, das Vernunft hat") kann keine Rede sein. Diese Konsequenz ist nachvollziehbar für jedes Denkkonzept, das sich unkontrolliert in die autologische Tradition des Westens stellt. Es ist die unvermeidliche Folge einer in sich kurzgeschlossenen zweiwertigen Logik, in die von vornherein ein ontologisches Wertgefälle eingearbeitet ist (vgl. Kap. 5). Wohlgemerkt: Reflexion, später dann Vernunft, sind bei Habermas keine Resultate einer langwierigen, unabschließbaren Aufstufung und Weiterentwicklung unseres Bewusstseins, in der beispielsweise auch Veränderungen unserer Gehirnfunktion oder Gehirnkapazität und *damit (!)* auch Sprachkompetenz eine Rolle spielten, *damit* Kulturentwicklung gehebelt würde und *damit* Technologieentwicklung und so weiter. Die Evolution wird zwar zitiert, ernst genommen aber wird sie nicht.

Folge: Der Faktor Zeit ist in diesem geistesbezogenen, rein normativ reduzierten Denken gelöscht. Wir befinden uns in einem zwischen Gott und Mensch ausgemachten überzeitlich-spirituellen Vakuum. Gottes Gaben gelten – für immer. Wir können sie zwar vernünftig weitertreiben oder seinen Auftrag falsch-säkularistisch ignorieren, anderes ist aber nicht vorgesehen. Das, was heute unser Bewusstsein ausmacht, ist das Resultat des okzidental-kulturellen Inkubators Logos. Von hier aus führt kein Weg zu einem Verständnis des menschlichen Bewusstseins, das qua Natur, Biologie oder Evolution noch andere, *heute unvorstellbare* Potenziale, etwa zeitlogisch-finalistische, implizierte; zu einem sich unabschließbar erweiternden und qualitativ verändernden Bewusstsein; zu einer Perspektive auf diese Welt, die womöglich von Anbeginn die Intuition eines „Mehr als bloß diese Hier-und-Jetzt-Welt“ umfasste. Ein Bewusstsein, das nicht *höheres*, sondern *späteres* Leben auf dieser Erde kennzeichnete und im Menschen, die – bisher und vorläufig – biologisch aufwendigste, elaborierteste Ausprägung gefunden hätte; ein Bewusstsein also, das – sofern wir uns dazu entschlössen, es in genau dieser Qualität und Gestalt anzuerkennen und weiterzuentwickeln – die Einleitung einer eigenen, willentlich gelenkten, spirituellen Evolution unserer Gattung bedeuten könnte, die *trotzdem* in dieselbe Richtung wiese, wie die Anlagen unserer Natur ohnehin.

Diese vorzeitliche Intuition, die sowohl für Orient wie Okzident bei ihren Strategien der Bewusstseinsentwicklung in Gestalt unterschiedlicher Religionskonzepte Pate stand: die zu entweder persönlich-eremitischen Pfaden der Erleuchtung (Asien) oder zu allmählich immer systematischerem Gebrauch des eigenen Verstandes, der aufklärungsgetriebenen Selbsterweiterung (Europa) inspirierte, ist mit dieser Theoriebasis endgültig demontiert. Was bleibt, ist eine Zwergenversion des Letzteren: Wir kerkern uns logozentrisch beharrlich immer weiter ein.

3. Gemeinsamkeiten und Unterschiede zu unserer Position

Was wir von Habermas gelernt haben, ist die interne Mechanik einer in sich selbst autologisch kreisenden und gefangenen Philosophie auf modernem Grund. Uns ist deutlicher geworden, was wir *nicht* wollen, wovon wir Abstand gewinnen wollen, wozu wir eine Alternative suchen: nämlich zu einer Welt, die in Gott aufgehoben ist und in ihm stillsteht; die, was irgendeine Form von *Abseits* betrifft, etwas *neben* oder *nach* Gottes Spiritualität Stehendes, ein Nächstes und Folgendes, tot ist. Hier ist eine Denkarbeit zu besichtigen, die ihre eigenen Voraussetzungen immer wieder zum Gegenstand der intellektuellen Arbeit macht, deren Effekte analysiert, weitertreibt und erneut in Bezug zu den Prämissen bringt, *ohne dass es möglich wäre, das Niveau dieser Schleife jemals zu erweitern.* Man kommt nie auf ein nächstes Level. Wir halten diesen Stillstand im Sein für anti-aufklärerisch; für einen Verrat an den Intuitionen der Aufklärung. Und für zutiefst unökologisch: Solche Versiegelung menschlichen Heils in einer Sphäre weltabstinenter Zeitlosigkeit hat etwas Lebensfeindliches.

Dies stört nicht, denn das, was die Störung empfinden könnte, wurde abgeschnitten *und gleichzeitig wird von Lernen gesprochen.* Ein geistig gehaltvoll qualifiziertes, nach Entwicklung strebendes, im Lernen *über sich hinauswachsen könnendes*, aufstufungsorientiertes Bewusstsein, das sich in vorachsenzeitlicher, anderskultureller oder zeitlogisch nach vorn gerichteter Orientierung suchen ließe, existiert aber gar nicht. Nur selten schimmert diese – durch eine soziologisch-idealtypisierende Theorieanlage zustande gekommene – Zirkularität im Text durch.[86] Der Okzident ist der Okzident ist der Okzident – das ist das Ergebnis. Es werden erste Spuren der Vernunft gelegt, die einen Lernprozess anstoßen; diese Spuren und den Lernprozess verfolgt Habermas durch die Geschichte und bewahrt die Vernunft mit der Begründung, dass sie in ihren eigenen Spuren angelegt sei. Die Tatsache der Existenz ist die Begründung zur Fortsetzung, die Resultate sind Fortschritte. Wer der Sämann war, bleibt dunkel; im Zuge der hochkomplexen autologischen Anstrengung gibt es aber auch berechtigte Hoffnung, dass diese entscheidende Frage zwischendrin vergessen wird.

Dieser Wurf erscheint uns als späte Blüte eines untergehenden Wissenschafts- und Forschungsverständnisses: stupend belesen, belehrend, analysierend, gründelnd und dabei etwas bisher Un*er*kanntes heraufbefördern wollend – aber noch nicht Un*be*kanntes! Soweit hinaus trauen sich Taylor und Habermas dann doch nicht: die Mauern des Logos einzureißen. Gott bleibt unangefochtener Wächter vor der Pforte gedanklicher Überschreitung.

Dem gebührt aller Respekt, die gedankliche Produktivität war beeindruckend – aber wir müssen jetzt weiter. Unser Theorieinteresse ist ein anderes geworden; vielleicht haben sich die Gesellschaft und ihr Bewusstsein weiterentwickelt? Uns fesselt die Gründelei nicht: Die großen Probleme unserer Zeit erscheinen uns mit diesen Mitteln nicht mehr bewältigbar. In nietzscheanischer und frankophiler Tradition ist uns die menschliche Ideengeschichte ein Steinbruch, aus dem wir uns voller Hochachtung und Wertschätzung bedienen. Generationen vor uns haben eine Menge Arbeit investiert, ihn stetig zu erweitern, ihn immer zugänglicher zu machen, den Abbauraum beziehungsweise die Arbeitsfläche zu vergrößern. Je unübersichtlicher („komplexer") dieser gesamte Bereich wird, desto sinnloser erscheint uns ein gründelndes Interesse daran: sich noch einen Überblick verschaffen, Strukturen oder irgendeine Systematik freilegen zu wollen. Es gibt keine – *die Evolution ist nicht vernünftig*. Falsche Frage.

Stattdessen möchten wir herausbekommen, welche Steine oder Bruchstellen für gegenwärtige Fragen *nützlich* sein können. Womit kommen wir weiter, was hilft uns bei unseren heutigen Herausforderungen? Ist es für unsere geistige Entwicklung in einer sich ökologisch zuspitzenden Situation beispielsweise nützlich, unsere Kulturgeschichte wie Habermas zu beschreiben? Ist es nützlich, in einer globalen, zusammenwachsenden Welt die okzidentale Vernunft zum zentralen Motor des Fortschritts der Menschheit zu küren – wie attraktiv finden das wohl die anderen? Ist es nützlich, die biologische Seite des Menschen abzublenden – in einer Phase immer enger getakteter, radikaler Technologiesprünge? Welche Konsequenzen hat die Entwertung anthropologischer Bestände für Kommunikation, das soziale

Zusammenleben, unseren Umgang miteinander – während Algorithmen den Bios offen herausfordern, beanspruchen, ihn zu übertrumpfen, gar zu ersetzen? Ob Habermas' Rekonstruktion dagegen wahr ist oder nicht, ist uns ziemlich egal: Dieser Maßstab ist praktisch nicht relevant.

Wir haben andere Fragen, suchen andere Ansätze; solche, die versuchen, unseren eigenen kulturellen gedanklichen Voreinstellungen, Prämissen, Haltungen und Grundüberzeugungen (Dispositiven) auf die Schliche zu kommen, sie kaltzustellen. Sie auszuschließen oder in der Analyse einzuklammern; Ideenkonzepte, Abstraktionen und Selbstmystifikationen wie Moral, Staat, Vernunft oder Wahrheit gezielt und systematisch auseinanderzunehmen, zu „dekonstruieren". Dann müssten wir ihrer logozentrisch ideologisierten Kernsemantik nicht fortwährend immer wieder neu auf den Leim kriechen, sich durch sie nicht noch länger verzwergen und unser Bewusstsein entwürdigen lassen.

Mag sein, dass wir aus unserer autologisch-okzidentalen Denkschleife niemals herauskommen, *aber wir können sie formen!* Zum Beispiel zu einer Spirale die sich immer feiner in sich versenkt, *sich selbst aufklärt*. Zugegeben, ohne Gottes Wacht geht es da draußen irre zu, eine Menge scheint plötzlich wahr zu sein. Die Verständigung in radikaler Pluralität, wie sie Hannah Arendt vorschwebte, ist derzeit jedenfalls unvorstellbar. Aber was ist die Alternative zu diesem Trainingsparcours? Zurück in den geistigen Schraubstock?

34 Asien hat recht: Yuval Noah Harari über Wahrheit und Selbsterkenntnis

Erneuter Szenenwechsel: Hier spricht ein Historiker. Der israelische Autor ist weder jemand, der als christlich geprägter teilnehmender Beobachter an zeitgenössischen Erfahrungen des Glaubens interessiert ist, noch ein Philosoph mit Vorliebe für eine soziologische Idealtypisierung von Begriffen. Harari beschreibt die großen Linien, „kognitive, landwirtschaftliche und wissenschaftliche Revolutionen" sowie Veränderungen innerhalb der Homo sapiens-Welt als Wissenschaftler, der für ein breites Publikum schreibt, die Geschichte analysiert und in Sinnachsen bündelt. Sein Anliegen ist herauszufinden, wo der Mensch heute steht, wie er sich selbst versteht und was sich für die Zukunft vor diesem Hintergrund abzeichnet.

In Bezug auf unser eigenes Themeninteresse ist auch dieser Autor ambivalent. Harari beugt sich als Israeli, der mit dem asiatischen Pfad Bekanntschaft gemacht hat (der meditiert und sich zu Grundüberzeugungen des Buddhismus bekennt), nicht über klassisch-okzidentale Glaubensfragen. Glaube ist Fiktion; also spricht er stattdessen über den Stellenwert von Fiktionen. Er stellt sich als überzeugter, moderner, an empirischer Wahrheit interessierter Wissenschaftler dar und zeigt eine radikal modern-aufgeklärte Attitüde. Wir befragen seine Skizze des Status quo wieder dreiteilig:

1. Begriffsschärfung: Wir schauen uns sein Verständnis von Säkularisierung genauer an.
2. Menschenbild: Wir prüfen, ob es hier hinsichtlich „introszendenter“ spiritueller Orientierung etwas zu holen gibt, beziehungsweise beleuchten seine Perspektive auf Homo sapiens sapiens.
3. Konsequenzen: Wir stellen abschließend Gemeinsamkeiten und Unterschiede zu unserem Fokus heraus.

1. Säkularisierung als Mutmacher

Hararis Verständnis der modernen Verweltlichung lässt sich anhand dreier Maßstäbe kennzeichnen, einer Art von konzeptionellem Dreieck. Zum einen geht es um die Distanzierung von einem kalten, kritikwürdigen, nicht menschengemäß lebbaren Zeitalter der Säkularisierung, dem sogenannten „liberalen Humanismus“. Die Abstandnahme davon schafft er durch Rahmung eines positiven, wertebasierten Verständnisses von Säkularisierung. Zum Zweiten spielen das buddhistische Glücksverständnis und zum Dritten die Orientierung an Wahrheit zentrale Rollen.

Harari wendet sich zunächst gegen ein oberflächliches Verständnis von Säkularisierung im Sinne von glaubenslos, religionslos, ohne Halt durch Fiktionen. Genau dieses herrsche vor, und das sei ein Problem. „[...] säkularisierte(.) Menschen der Moderne [können] auf lange Sicht nichts anderes erwarten (.) als Sinnlosigkeit und Vergessen. Auf die

Frage ‚Sind Sie mit Ihrem Leben als Ganzem zufrieden?' hätten fromme mittelalterliche Bauern mit ihren Antworten vermutlich auf der Glücksskala ganz weit oben abgeschnitten". Unsere Vorfahren waren glücklich, „weil sie einer Illusion über ein Leben nach dem Tod auf den Leim gingen",[87] und das war im Zweifelsfall besser als unsere gegenwärtige Situation. Was können wir Heutige also tun? Gibt es Alternativen?

Durchaus, die gibt es – dazu muss jedoch das Grundproblem der Säkularisierung präzisiert werden, denn daran hängt eine andere Möglichkeit, in dieser Welt zufrieden leben zu können, glücklich zu werden. Wir befinden uns, laut Harari, in der Moderne im „liberalen Humanismus", der auf einer speziellen, einseitigen Selbstsicht beruht und eine Fehlwahrnehmung darstellt. In unseren westlichen Gesellschaften geht es nämlich um *subjektive Empfindungen*. Unsere Gefühle entscheiden darüber, was gut und schlecht ist, was schön oder hässlich, was sein sollte und was nicht („der Wähler weiß es am besten" in der Politik, „der Kunde hat immer recht" in der Wirtschaft, „Schönheit ist Ansichtssache" in der Kunst und so weiter, ebd.). Glück wird damit auf subjektive Empfindungen heruntergedimmt, begrenzt: Man kann Menschen einfach fragen, was sie glücklich macht, diese beschreiben ihr subjektives Empfinden und schon weiß man es.

Das ist jedoch allein die Sicht des liberalen Humanismus, so einfach scheint das nicht zu sein – Religionen und spirituelle Philosophien beispielsweise haben die Sache immer anders gesehen. Zumindest herrscht bei den Weltreligionen großes Misstrauen gegenüber zeitgeistig-„bloß"-subjektiven Wahrnehmungen. Harari teilt dieses Misstrauen, lehnt aber als Wissenschaftler „Religionen und Ideologien [aus] der Vergangenheit" (a. a. O., S. 479) ab. Das führt in ein Dilemma: Wenn ein säkularer, aufgeklärter Mensch heute eine überweltliche Orientierung sucht (und agnostische oder atheistische Lebensweisen ablehnt), wäre diese, wissenschaftlich betrachtet, eine – von jedem selbst als gut befundene – „wirkungsvolle Illusion", und als solche eine „niederschmetternde Schlussfolgerung": Glück „als Selbstbetrug" (a. a. O., S. 478).

Wie also lässt sich der kalte, auf Empirie versessene Verstand des Wissenschaftlers mit einem für Fiktionen durchaus offenen, sinnsuchenden Herz versöhnen? Eine solche dritte Alternative gibt es. Diese Option *schließt wissenschaftliche Wahrheitsorientierung mit buddhistischem Glücksverständnis kurz;* freilich auf eine spezielle Weise. Der Säkularismus liberal-humanistischer Prägung mit seiner problematischen Feier des Subjektiven wird dadurch – wissenschaftlich abgesichert – auf Distanz gebracht. Theoriestrategisch funktioniert das so, dass Harari unter Rückbezug auf das früh-achsenzeitliche griechische Orakel von Delphi („Erkenne dich selbst") dessen Empfehlung, sich mit sich selbst zu beschäftigen, sich selbst auf die Schliche zu kommen, *als an Wissenschaft interessierte Wahrheitssuche umbiegt.* Wissenschaft ist quasi die Kanüle, die in die alte Orakelweisheit moderne Legitimation injiziert.

Die motivierende Hintergrundüberzeugung dafür: Wir „Normalsterblichen" kennen unser Selbst gar nicht, und „Sigmund Freud hätte dem vermutlich zugestimmt" (a. a. O., S. 479). Der Verweis auf Freud als Link ist wichtig, denn er beleuchtet die erste Hälfte des Aufklärungsverständnisses, das bei Harari in Geltung steht: ein szientistisch-freudianisches, das durch asiatisch inspirierte Meditationserfahrung (zweite Hälfte) angereichert wird. Es geht darum, die Dinge vor sich zu bringen und jede Form von Denkfehler hinter sich, sie zu überwinden. Wir wollen uns das, was uns noch unbewusst ist, bewusst machen; ein Verständnis von möglichst *vollständigem* (versus nur *Teil-*) Bewusstsein – erste Hälfte –, aber auch *tieferem* Bewusstsein – zweite Hälfte. Es geht also nicht nur um Bewusstseinserweiterung im Sinne von Reichweite, Umfang oder Vollumfänglichkeit, sondern auch um ein Gründeln, um Tiefbohrungen in Richtung „mehr Gehalt". Glück bedeutet (im Anschluss an den Buddhismus) für Harari deshalb, Subjektives wie Gefühle und Gedanken abzublenden, sich nicht an ihnen zu orientieren;

> „*keinen* subjektiven Empfindungen *und keinen* Illusionen *nachzujagen. Nach Ansicht des Buddhismus verwechseln die meisten Menschen Glück mit angenehmen Empfindungen und Leid mit unangenehmen Empfindungen. [...] In* Wahrheit

haben unsere subjektiven Empfindungen kein Wesen und keine Bedeutung. Es handelt sich um flüchtige Schwingungen, die sich ununterbrochen ändern, wie die Wellen des Meeres. [...] Die Jagd nach subjektiven Empfindungen ist so ermüdend wie sinnlos. [...] Die Ursache des Leids ist genau diese Jagd nach beliebigen subjektiven Empfindungen, denn sie versetzt uns in einen dauernden Zustand der Anspannung, Verwirrung und Unzufriedenheit" (a. a. O., S. 480 f., unsere Hervorhebung).

Die frohe Botschaft: Diese Bewertung, also der asiatische Weg zur Erleuchtung, stimmt! Dass sich „Wissenschaftler heute besonders für ihre [die buddhistische] Philosophie und Meditationspraxis interessieren" (a. a. O., S. 480), hängt damit zusammen, dass deren Annahme *wahr ist.* „Buddha stimmt mit der modernen Biologie und der New Age-Bewegung überein ...". Es kommt darauf an, „dass wir uns selbst so sehen, *wie wir sind*". Es sei zwar „viel zu früh, an diesem Punkt Schlüsse zu ziehen", weil die Wissenschaft gerade erst angefangen habe, sich damit zu beschäftigen, aber wir müssten eben immer weiter „ausprobieren und die richtigen Fragen stellen" (a. a. O., S. 482 f., unsere Hervorhebung). Jedenfalls steht ein klarer Fluchtpunkt hinter Hararis geschichtlich vollzogenem beziehungsweise noch zu vollziehendem Entwicklungsprogramm: Am Ende wissen wir, wie wir wirklich sind. Wir durchschauen uns, erkennen; daran gilt es zu arbeiten.

Wir lassen hier viele Fragen beiseite, die sich in diesen Skizzen aufdrängen.[88] Das Verständnis von Säkularisierung, das zunächst präsentiert wird, ist jedenfalls ein sinnentleertes und unsympathisches; ähnlich wie bei Taylor. Religiöses und Spirituelles werden in dieser Erzähltradition langsam und unwiederbringlich ausgesondert, sodass am Ende nur Leere übrig bleibt. Die moderne Welt hat dem Menschen für sein Seelenheil schließlich nichts mehr zu bieten. Es bleiben nur traditionelle Religionssysteme. Lehnt man diese ab – zum Beispiel, weil man sie als „Illusion" beziehungsweise sich selbst als aufgeklärt und wissenschaftsaffin versteht –, ist der spirituell-gehaltvolle Möglichkeitsraum eingezogen.

Harari profiliert demgegenüber einen buddhistisch inspirierten Gegenpol, in Habermas' Sprachspiel: einen „Transformator". Bei Harari stellt diesen Transformator zwar nicht die kommunikative Vernunft, aber die Richtung ist die gleiche: Hier ist der Akteur die Geschichte.

Harari schildert ausführlich den „kohärenten Wertekodex" eines anderen Säkularismus als einer „positive(n) und aktive(n) Sicht der Welt". Evidenzbasierte Wahrheit, Barmherzigkeit, Gleichheit, Freiheit, Mut und Verantwortung bilden ihr normatives Fundament. Insbesondere beanspruchen säkulare Menschen kein *Monopol* mehr auf Wahrheit, Weisheit und Güte. Diese Orientierungen sind vielmehr „das natürliche (!) Erbe aller (!) Menschen": „Insofern war es in ihren [denjenigen von säkularen Menschen] Augen nur natürlich, dass zumindest einige Werte in menschlichen Gesellschaften überall auf der Welt (!) auftauchen und Muslimen, Christen, Hindus und Atheisten gemein sein würden".[89] Was Habermas mit seiner Überdeterminierung des Logos bezweckt (die Spur der Vernunft als Lernprozess und Fortschrittsgeschichte durch den gesamten Okzident, potenziell durch die Welt zu legen), versucht Harari alternativ mit einer Überdeterminierung von Geschichte: Wahrheit und Weisheit sind quasi automatische, natürliche Endprodukte der Entwicklung menschlicher Gesellschaften. Er erklärt auch, warum und wie: Menschen stellen Verbindungen zwischen unterschiedlichen Gruppen her und homogenisieren ihre Praktiken über Gruppen hinweg. Das Ergebnis sind Weisheit, Güte und Moral. Das einzige „Hauptproblem des Säkularismus [besteht] darin, dass die moralische Messlatte vermutlich zu hoch liegt" (a. a. O., S. 327).

Einer buddhistisch zusatzqualifizierten Säkularisierung können wir also vertrauen. Sie ist positiv, macht Mut und schafft sogar eine gewisse Sicherheit. Denn Säkulare sind in der Lage, ihren Schatten anzuerkennen „und der naiven Selbstgewissheit [zu] misstrauen, wonach ‚uns das nicht passieren kann'" (a. a. O., S. 333). Sie sind – zumindest im Prinzip – bereit, eigene Fehler und blinde Flecken einzugestehen und räumen Unwissenheit freimütig ein; wie bei Habermas ein steter Lernprozess. Letztlich gehen in Hararis konzeptionellem Dreieck aus Säkularismus, Glück und Wahrheit alle drei eine auch für die menschliche Suche nach geistiger Tiefe glückliche Allianz ein, sofern man die asiatische Sichtweise wissenschaftlich aufmöbelt und die okzidentale durch dieses neue spiritualisierte Kombiformat weitgehend ersetzt. Geistige Tiefe kann dann wahlweise durch die meditative Suche nach Selbsterkenntnis „angeflanscht" werden und die Wissenschaften vermögen diesen Weg mit jeweils neuesten Erkenntnissen zu flankieren. Dieses Konzept befriedigt den Wunsch des Okzidentalen nach Wahrheit *und* spiritueller Orientierung. Seelische Tiefe wohnt in wissenschaftlich zertifizierten Exerzitien, so die Erkenntnis in Sachen Sinnsuche und Glaube von Harari. Das einzusehen und zu akzeptieren, ist die aktuelle Aufgabe, deren Dringlichkeit durch die technologische Entwicklung rasant steigt.

2. *Menschenbild*

Dass sich Harari nicht nur für eine Bewusstseinserweiterung, sondern auch für Bewusstseinstiefe interessiert, stellt ihn an die Seite von Taylor und unterscheidet ihn von Habermas – und macht ihn für uns spannend. Dass wir Okzidentalen diesen Aspekt unterbelichten, ist der Grund dafür, dass unser heutiges Menschenbild quasi defekt sei, so die Diagnose. Harari arbeitet dabei mit drei starken Thesen. Zunächst seien wir Westler in einer unseligen Degeneration unserer Bewusstseinsgehalte verstrickt.

> *„Überdies glaubten viele vormoderne Kulturen an höhere Bewusstseinszustände. [...] Die humanistische Revolution sorgte dafür, dass die moderne westliche Kultur den Glauben und das Interesse an höheren Geisteszuständen verlor und die profanen Erfahrungen des Allerweltsmenschen heiligsprach. [...] Jeder, der das tut [außergewöhnliche mentale Zustände erleben wollen], ist in ihren Augen ein Drogensüchtiger, Geisteskranker oder Scharlatan."*[90]

Soll heißen: Der Okzident hat eine wesentliche Einsicht, eine spirituelle Wurzel auf seinem Weg in die Moderne gekappt. Aus Hararis Sicht ging der Buddhismus „Jahrtausende vor unserem liberalen Zeitalter [...] einen Schritt weiter" als wir: Und lehnte „nicht nur alle kosmischen Dramen [ab], sondern auch das innere Drama menschlicher Schöpfung" (a. a. O., S. 462). In der Rückholung dieser Einsicht liegt die erste Pointe von Hararis Menschenbild: Wir müssen uns wieder mit geistiger Tiefe auseinandersetzen (1). Dem stimmen wir uneingeschränkt zu.

Diese Tiefe liegt nicht in Fiktionen, großen Erzählungen und Religionssystemen. Wir brauchen dazu *überhaupt* keine Fiktionen (2). „Das Universum hat keinen Sinn, und auch menschliche Gefühle tragen keine Bedeutung in sich. Sie sind [...] nur flüchtige Schwingungen, die aus keinem besonderen Grund auftauchen und wieder verschwinden. Das ist die Wahrheit. Finden Sie sich damit ab" (ebd.). Dieser Duktus ist stilprägend für Harari, es spricht ein radikaler Aufklärer (freilich gemäß eines spezifischen Aufklärungsverständnisses). Das Leben hat keinen Sinn „und die Menschen müssen auch keinen Sinn erzeugen. Sie müssen lediglich erkennen, dass es keinen Sinn gibt". Fiktionen mögen interessant und tröstlich sein; intelligent, klug und weise sind sie jedenfalls nicht. „‚Was soll ich tun?', fragen die Menschen, und der Buddha antwortet: ‚Tue nichts. Absolut nichts.'" (a. a. O., S. 464). Geschichten und sakrale Narrative stören nur, sie stehen der Selbsterkenntnis direkt im Weg. Sei still, gehe in dich und beobachte dich.

Dem stimmen wir nicht zu. Wir sind Europäer und haben verinnerlicht, dass Handeln zusammen mit anderen (Politik), unstillbare Neugierde auf die Welt (Wissenschaft und Technologie) oder unverdrossenes, vielleicht tatsächlich ergebnisloses Weitersuchen nach Sinn, ein „Trotz-alledem" (hohe Produktivität in Musik, Kunst und Literatur), auch seine Vorteile hat. Sie tragen, inspirieren, bereichern uns. Laut Harari steht der säkulare Mensch jedoch auf einer leeren Fläche, ohne Sinn. Die gute Nachricht: Dank seiner Einsichtsfähigkeit, *dass dem so ist*, ist er gleichwohl in der Lage, seine Fragestellung so zu verändern, dass sie zu dieser Lage wieder passt. Durch solche Erkenntnis können wir unser Selbstverhältnis verändern und uns neu justieren – und damit wieder geistige Tiefe gewinnen. Denn „in Wahrheit (.) ist das Bewusstsein das größte Geheimnis des Universums" (a. a. O., S. 483). Es ist also Hararis metakognitiv motivierter, damit zutiefst westlich geprägter Anschluss an vormoderne Kulturen, der es erlaubt, auch im Diesseits nach spirituellem Gehalt zu schürfen. Wir können nun anfangen, unser Denken auszuloten, dessen Tiefe unendlich ist; uns selbst zu beforschen, „persönliche Reisen in die Gefilde des Geistes" zu unternehmen, ihn „direkt [zu] beobachten" (a. a. O., S. 481).

Es ist dieses asiatisch unterfütterte Sprungbrett eines Vernunfteuropäers, das Harari zu einer fundamentalen Technologiekritik führt: Der Mensch sei dabei, sich selbst abzuschaffen (3). Der Grund: Moderne Technik brauche kein gehaltlich tiefes, ‚nach unten hin' offenes Bewusstsein mehr.

> *„Als die Technologie fortschrittlicher wurde, passierten zwei Dinge. Als Steinmesser sich nach und nach zu Atomraketen entwickelten, wurde es, erstens, immer gefährlicher, die soziale Ordnung zu destabilisieren. Und als aus den Höhlenmalereien nach und nach Fernsehsendungen wurden, wurde es, zweitens, immer einfacher, die Menschen zu täuschen. In naher Zukunft könnten die Algorithmen dies zur Perfektion bringen und es den Menschen nahezu unmöglich machen, ihre wirkliche Realität zu erkennen. Es werden dann die Algorithmen sein, die für uns entscheiden, wer wir sind und was wir über uns selbst wissen sollten" (a. a. O., S. 486).*

Über die zahlen-daten-faktenbasierte Vermessung des Glücks, neue Datenreligionen („Dataismus"), mithilfe von Drogen und Chemie, über bionisches Leben und die Singularität (ein kommendes Zeitalter, in dem Homo sapiens selbst verändert wird und menschliche Erfahrungen nur noch Datenmuster sind) bis hin zur „Frankenstein-Prophezeiung", der menschlichen Existenz als bloßem „Kräuseln im Datenfluss" und dem „Ende des Homo sapiens" erzählt Harari auf unterschiedlichen Phänomenebenen in seinen Schriften die Horrorgeschichte des *Ablebens des alten Menschen* und dessen transformatives *Gottwerden in einem neuen*. Homo sapiens wird zu Homo deus. Angelehnt an den griechischen Götterhimmel, machen wir uns selbst zu Wesen, die überall sein können (als extraterrestrische Gattung wären wir im Universum verteilt), die alles wissen (dank digitaler Technologie können wir uns nahezu restlos durchschauen, indem wir uns vermessen), die extrem stark sind (dank Maschinen) sowie extrem intelligent (dank effektivem Einsatz von Neurowissen).

Die Wissenschaft unterstützt und fördert diese Entwicklung in vielen Bereichen auch noch, indem sie der Evolutionsbiologie als grundlegendem Paradigma den Boden bereitet und dabei das *Dogma* produziert, *Organismen seien Algorithmen* und *Leben nichts als Datenverarbeitung*. „Intelligenz koppelt sich vom Bewusstsein ab“ und „nichtbewusste, aber hoch-intelligente Algorithmen könnten uns schon bald besser kennen als wir uns selbst“ (2019a, S. 608). Es sind diese dystopischen Perspektiven, die den okzidentalen Buddhisten Harari umtreiben, und es ist sein Sinn für Geschichte, der im Blick zurück ein sehr altes, zutiefst humanes Kontrastprogramm neu konturiert. An dieser Position teilen wir zweierlei: den weiten Blick zurück und die technologiekritische Position insoweit, als sie eine Gefährdung des Humanum anzeigt. Den dystopischen Blick, den er als logische Konsequenz daraus inszeniert, teilen wir nicht.

3. Gemeinsamkeiten und Unterschiede zu unserer Position

Hararis Beschreibung ist phänomenorientiert, verständlich und nachvollziehbar, das heißt wenig theoretisch; das macht sie für viele anschlussfähig und populär. Als Historiker vollzieht der Autor Entwicklungen nach, profiliert aber keine Position argumentativ wirklich durch (ein scharfer Unterschied zu Taylor und Habermas). An dieser Stelle gibt es denn auch mehrfache Reibungen zu unserer Position. So sympathisch und fruchtbar wir Hararis Bezugnahme auf vor- oder früh-achsenzeitliche Geisteshaltungen finden, so wenig kursfähig erscheint uns seine Position insgesamt für den Westen.

Für unsere eigene Fragestellung spannend ist der geschichtsorientierte Blickwinkel, eine wichtige perspektivische Ergänzung zur phänomenologischen und diskurstheoretischen Annäherung an das Thema Religion. Hararis Sichtweise erscheint uns historisch interessant, weil auch er an einer Verschränkung spiritueller Grundüberzeugungen aus Okzident und Orient arbeitet. Bewusstsein wird in Asien quasi vertikal gedacht, Maximierung von Bewusstheit baut Bewusstsein auf: Durch die Schulung von Aufmerksamkeit und damit Wahrnehmung wächst Bewusstsein in der Tiefe heran; diese Einsicht lässt sich *an unser Weltverständnis anschließen.* Sie nimmt uns nichts von unserem eigenen Zugang weg, steht nicht in Widerspruch zu okzidentalen Grundüberzeugungen – stört nicht, sondern bereichert, so Harari.

An dieser Stelle gibt es jedoch konzeptionelle Unschärfen und ein großes Aber. Der adaptierte Pfad zur „Erleuchtung" ist steinig, langwierig und im Ergebnis völlig offen, weil er extreme Strenge in geistiger Übung erfordert. Die zutiefst spirituelle Suche und auch Empfänglichkeit, die den asiatischen Weg der Exerzitien kennzeichnen und dessen Ungewissheit legitimieren, *ohne Weiteres* an das gegenwärtig-aktuelle, evidenz- und faktenbasierte Wahrheitsverständnis des Westens anzudocken, halten wir für unrealistisch und kulturlogisch falsch – für einen Kurzschluss. (Vielleicht führt bei Harari die persönliche Faszination von den Früchten der Meditation das Steuer.)

- Es gibt Gründe, warum der Okzident sich seit jeher für das *telos*, für Ziele und Erfolg interessiert. Was wir hier im Westen anfangen, sollte auch tatsächlich zu einem Ergebnis führen, und zwar zu einem befriedigenden. (In diesem Punkt sind unsere Verwandten westlich des Atlantiks noch deutlich empfindlicher als wir.)
- Stimmt Buddha tatsächlich mit der modernen Biologie überein, wie Harari schreibt? Dass es Konvergenzen gibt zwischen dem, was asiatische Glaubenslehren kundtun, und dem, was moderne Wissenschaften an Erkenntnissen, etwa in Evolutionstheorie und Gehirnforschung, immer häufiger zutage befördern, ist fraglos der Fall – aber ist dadurch der Buddhismus „bewiesen"? Sind die Sinnkorridore und logischen Ebenen, die hier in Rede stehen, nicht völlig unterschiedlich?
- Wir sollten nicht mehr fragen „‚Was ist der Sinn des Lebens?', sondern vielmehr ‚Wie beenden wir das Leiden?' [...] Wenn Sie die Wahrheit über sich selbst und über die Welt wirklich kennen, kann nichts Sie unglücklich ma-

chen“ (2019a, S. 468). Diese Aussage ist anti-okzidental (und für einen Historiker bemerkenswert).

In seltener Klarheit wird hier die normalerweise schwer fassbare Schwelle zur Esoterik sichtbar – und überschritten. Aus unserer Perspektive liegt sie in der *Unachtsamkeit gegenüber Unterschieden in den Fundamenten der vielen kulturellen Zugänge zur Welt.* Harari präsentiert hier Eigenwerte einer anderen Kultur, die zu unserer nicht anschlussfähig sind. Ein solches „mismatch“ wirkt grenzwissenschaftlich, okkult, mystisch, eben innerlich-exklusiv. Selbstverständlich: Kulturfragmente kann man teilweise „matchen“, sie sind alle Menschenwerk. Die Idee ist inspirierend, sich heterogene Kulturen gegenseitig befruchten zu lassen, sie gegeneinanderzustellen, zu prüfen, ob sich die eigene Perspektive durch andere Blickwinkel anreichern, *ergänzen* lässt, ob man tote Winkel dadurch ausleuchten kann. Auch wir verfolgen dieses Projekt; wir müssen das, weil wir global zusammenwachsen.

Aber: Es gibt Unterschiede in den Fundamenten, die nicht egal sind; man kann sie nicht ignorieren. Man kann nicht bedingungslos Kultur X, Y und Z zusammenrühren und daraus – amalgamiert mit Wahrheit und Wissenschaft – einen säkularen Brei rühren à la „Über Sinnlosigkeit steh' ich drüber“ (sowie nebenbei auf die Geschichte verweisen und daraus auch noch empirische Evidenz ableiten). „Der Weg ist das Ziel“ beispielsweise ist hierzulande ein philosophischer Kalenderspruch, aber keine gesellschaftlich akzeptierte Handlungsstrategie. *Wir* wollen jeweils hier und heute auch etwas *erreichen!* Wir beanspruchen, auf Basis legitimierter Verfahren für kollektiv bindende Entscheidungen das soziale Ganze praktisch, real und konkret voranzubringen. Man kann das nicht einfach beiseiteschieben, abdunkeln oder überspringen, wenn man über geistig-kulturelle Entwicklung spricht. Wer das übersieht, wirkt esoterisch: *bewertet übergriffig*, wirkt sektenhaft.[91]

Die okzidentale Geistesentwicklung ist weltlicher, welt*zugewandter* Art. Religion ist zur bloßen Option geworden (und gehört deshalb für einen Katholiken wie Taylor zu den bedrohten Arten). In dieser Richtung können wir weitergehen – aber nicht einfach *irgendwo anders* hin! Für eine kurz entschlossene Neu-Allianz mit Asien liegt unsere Nachbarschaft zu lange zurück; 2.500 Jahre sind kein Pappenstiel. Die diesseitige Menschenwelt ist beispielweise für die indische Sichtweise Teil von Brahman, der Weltseele und dem Zeitenmeer, und das Augenmerk hat sich direkt auf Brahman zu richten, persönlich-individuell – aber nicht auf den weltlich-flüchtigen Abklatsch davon. Eine sich daraus unmittelbar speisende Überzeugung wie diejenige, dass Glück nicht von äußeren Umständen abhinge, ist für Okzidentale kulturnormativ absurd (esoterisch). *Selbstverständlich hängt Glück (auch) von äußeren Umständen ab!*

In einer politischen Geschichtskultur mit einer transzendent-metaphysischen Tiefe, wie Europa sie darstellt, verbietet sich Hararis Gedanke: Für eine Person, die als Stigmatisierte in einen totalitären Staat hineingeboren wird, etwa als Jude in den Faschismus der Nazis oder als Schwarzafrikanerin in die Apartheid, sieht es in Sachen Glück existenziell düster aus. Politische Kulturen wissen das – genau deswegen kümmern sie sich um solche Umstände. Anders gelagerte Kulturen können diese Einsicht zwar akzeptieren und zulassen, sie können sie sogar positiv bewerten, *bewegen sich kulturell aber nicht auf diesem gedanklichen Fundament.* Sie sind in dieser Überzeugung nicht verankert – wir schon. Dass im gesamten Westen das freiheitlich-demokratische System inzwischen auf Vorbehalte stößt, die wir in der bisherigen Nachkriegszeit nicht kannten, bereitet daher vielen Menschen Sorgen; mit Recht. Hier schwankt *unser* Fundament.

Gegen Meditation haben wir im Westen nichts einzuwenden, bloß: Welches Gewicht hat dieses *Add-on* im Vergleich zu unseren Sorgen? Hilft uns das dabei? Es sind solche konzeptionellen Oberflächlichkeiten, die die Leserin unbefriedigt zurücklassen. Harari ist Historiker, kein Philosoph, und seine Bücher surfen hart an der Grenze zur Popkultur. Wir möchten das nicht kritisch verstanden wissen, aber es bestimmt den konzeptionellen Wert seiner Argumentation mit. Der Versuch interkultureller Ergänzungen – sozusagen der Impuls, eine Genealogie interkultureller Fusionen anzustiften[92] – ist jedoch anspruchsvoll. Zunächst ist nicht leicht auszumachen, welches Ideen- oder Kulturfragment untrennbar, sozusagen generisch zur jeweils in Rede stehenden tektonischen Platte gehört, nach „ganz unten" ins Fundament; und welches Fragment für Adaptionen und Neu-Fusionen geeignet wäre und freigegeben werden könnte; oder welche erst aufwendig umgearbeitet werden müssten. Wir sind in solchen Dingen nicht gut, weil wir derlei nie geübt haben. Bisher war Gott dafür zuständig, allein.

Unsere Wissenschaft interessiert sich bis heute nur am Rande und in Nischen dafür, wie Menschen denken, wie unser Geist funktioniert. Harari ist einer der wenigen, die das erkennen und bearbeiten. Wir teilen im Wesentlichen seine Wertung, aber nicht seinen Vorschlag.

35 Synopse

Was hat unser Durchgang durch drei zeitgenössische Deutungen des gesellschaftlichen Status quo in Sachen Religion, Glaube und Perspektiven nun gebracht? Wie die spirituelle Frage auf heutigem Niveau anders zu stellen wäre, können wir auch jetzt kaum besser beantworten.

- Für Taylor ist sie überhaupt nicht neu zu stellen, ein skurriles Anliegen. Für Habermas reicht eine vernunftgemäße, quasi auf ewige Dauer justierte Umformatierung; und für Harari wird alles anders. Ihm zufolge wäre erst zu klären, was wir mit spiritueller Frage eigentlich meinen und wollen. Sein Vorschlag dazu geht in Richtung individueller Sinn- und Orientierungssuche nach einem kulturellen Vorbild, das kaum zum okzidentalen Weg passt, wie wir ihn in den vergangenen zwei Jahrtausenden beschritten haben. Und was wir mit neuen, quasi säkularen Freiheiten anzufangen gedenken (eschatologische Frage), bleibt genauso dunkel.
- Für Taylor ist nicht zu sehen, was an diesen Freiheiten (im spirituellen Sinne) in unseren Tagen anders oder positiv neu sein sollte; für Habermas gilt ein ernüchtertes: *Lernen!*; und für Harari, dem Homo deus-Projekt möglichst schnell und effektiv einen Riegel vorzuschieben. An Eschatologie reicht das.

Die Frage nach der Perspektive wird überwiegend negativ beantwortet (was wir *nicht* wollen beziehungsweise wollen sollten – etwa eine dataistische Welt). Darüber hinaus hilft die Wertschätzung der Vernunft, und wer mag, kann anfangen zu meditieren – mehr ist nicht zu holen.

Das ist ein ernüchterndes Resultat. Mit Blick auf unsere eingangs skizzierten sieben Denksünden als zentrale Herausforderungen für einen zeitgemäßen Glauben ergibt sich – wie zu erwarten war – ein gemischtes, aber in diesen Details auch aufschlussreiches Bild. (Für einen Überblick vgl. Tab. 1.)

1. Glaubensfrage: Wie wollen wir künftig mit Glauben umgehen? Was nicht so benannt, trotzdem als Hauptproblem wahrgenommen wird: Unser Metaglaube wandelt sich. Genauer, es schwindet der Glaube daran, dass ein *transzendent verankerter Glaube für Menschen einen unersetzlichen Wert darstellt.* Dieser bisherige Metaglaubenssatz erodiert, und für Taylor und Habermas gilt: Das darf nicht sein. Transzendenz ist nicht nur den Kirchen, sondern auch philosophisch Interessierten nach wie vor privilegiertes Instrument, um Erfüllung, Lebensglück, Zufriedenheit zu ermöglichen, und sei es auch nur aus analytisch-perspektivischen Gründen (einen „externen" Standpunkt einnehmen können). In unserem Konzeptvergleich wechselt einzig Harari explizit den Metaglaubenssatz. Er scheint prinzipiell anzunehmen, dass der neue etwa so lautet: „Glaube an etwas Überreales ist für Menschen unnötig." Das Leben selbst habe keinen Sinn, Punkt. Wir sind vorsichtiger und behaupten nur, dass menschlicher Glaube eine Glaubensfrage ist, *deren Wert wir inzwischen selbst bestimmen können.*

Wir entern ein Niveau, auf dem wir uns von oben nichts mehr sagen lassen müssen; die Konsequenzen daraus sind zunächst jedoch offen. Das ist ein gravierender Unterschied. Hararis Frage „Was wollen wir wollen?" (2015, S. 506) teilen wir uneingeschränkt. Unser mehrdimensionierter Dissens: Ob wir den Sinn von allem herausfinden wollen, können wir schlicht noch nicht sagen, weil wir noch viel zu wenig darüber wissen, ob die Aufrechterhaltung dieser Frage selbst Sinn macht – ob diese Frage zum Beispiel durch ab. 1: Vergleich der Positionen zwischen Taylor, Habermas und Harari

	Taylor	Habermas	Harari
1. Neue Glaubensfrage	*Es gibt keine. Die alte wird in der Gegenwart geprüft*	*Glaubensfrage modernisiert sich laufend selbst (Lernprozess / Fortschritt), sofern sie gerahmt bleibt von kommunikativer Vernunft. Darüberhinaus kein Wandel vorstellbar*	*Plädoyer für eine Zäsur. „Was wollen wir werden?" „Was wollen wir wollen?"*
2. Wahrheitsbegriff	*Klassischer Wahrheitsbegriff. Postfaktizität kein Thema, erscheint in dieser Sicht absurd*	*Emphatischer (klassischer) Wahrheitsbegriff, diskursethische Form, anti-postfaktisch*	*Macht ist dem Menschen wichtiger als Wahrheit, Wahrheit bestand schon immer aus Fiktionen. Wissenschaft vergleichsweise vertrauenswürdigstes Wahrheitsmedium*
3. Hoffnung und Zuversicht	*Problem. Werden gesucht, die alten Rezepte funktionieren immer weniger*	*Durch „distanzschaffende Selbstüberschreitung" dank kommunikativer Vernunft (kantische „Transzendenz von innen")*	*Durch Wahrheit, Wissenschaft, Säkularismus, der blinde Flecke abbaut. Allerdings hohe moralische Messlatte, anspruchsvoll*
4. Introszendenz	*Kein Thema*	*Schwache Variante durch kommunikativ verflüssigtes Transzendentes*	*Starke Variante, aber rein persönlich-privatistisch (Innenschau, Buddhismus)*
5. Menschenbild, auch Rolle USA	*Nicht eigens thematisiert. Mensch als glaubensaffines Wesen (Prämisse)*	*Logos vor Bios: Anthropologisches Wertigkeitsgefälle. Gilt technologisch maximiert auch für die USA*	*Mensch als bewusstseinsfähiges und -entwickelndes Tier versus Mensch als Datenmuster („Dataismus"). Beide Lager werden geografisch-soziokulturell nicht eindeutig bestimmt*
6. Bewusstseinsentwicklung	*Kein Thema. Ewiger Stillstand im Status quo des Okzidents*	*Bewusstsein gehört auf die Seite des Bios, wird durch kommunikative Vernunft stetig transformiert (Fortschritt I. S. v. zunehmender Reflexivität und „Voll"bewusstsein). Begriff changiert jedoch, nicht eindeutig*	*Bewusstsein als „größtes Geheimnis des Universums", bodenlos, unerschöpflich (asiatische Tradition)*
7. Logik und Weltbild	*Kein Thema*	*Kein Thema. Weltbild ist logisch zweiwertig formatiert und als solches unproblematisch*	*Indirekt Thema: Gefahrenabwehr gegenüber Wandel des Menschenbildes wg. Technoreligion und Dataismus. Ansonsten klassisch-modernes Weltbild mit Wissenschafts- / Wahrheitszentrierung*

neue wissenschaftliche Erkenntnisse, etwa in Kosmologie, Physik oder Neurowissenschaften, wieder Schub erhält. Harari hält außerdem in alter – für unseren Geschmack: allzu distanzloser – Manier den Wert der Wahrheit hoch (seine eigene Antwort als Wissenschaftler auf seine obige Frage: „Das, was wahr ist"). Da wir mit mehreren modernen Wissenschaften, vor allem mit der neueren Physik, grundlegend bezweifeln, dass es im Weltlichen eindeutige und nichtambivalente Wahrheit gibt, wechseln wir diesen Wert auf Nützlichkeit.[93] Was ist für die menschliche Gattung nützlich und in diesem Sinne wert, gewollt und geglaubt zu werden?

2. Wahrheitsbegriff: Wie wollen wir künftig mit Wahrheit umgehen? Was das Verständnis dieses Begriffs betrifft, gibt es bei allen drei Vorschlägen nur graduelle Unterschiede. Ein Bekenntnis zur Postfaktizität traut sich keiner, zu riskant erscheinen wohl die Konsequenzen, die dies – aus traditioneller Perspektive – hätte. Und in dieser alten Sichtweise betrachtet, stimmt das auch, denn damit verliert die Entgegensetzung von wahr *versus* unwahr jeden Sinn. Scheinbar fielen wir damit ins Bodenlose, alles löste sich in Relativismus auf, *anything goes* hätte sich durchgesetzt, alle könnten behaupten, was immer sie wollen. Dieser Schluss ist voreilig – und falsch, weil unlogisch.

Uns erscheint es unumgänglich, sich den Wahrheitsbegriff ganz prinzipiell vorzunehmen. Er ist nämlich strikt gebunden an ein Weltbild, das logisch-binär in einen *Positiv-Pol* versus einen *Negativ-Pol* zerfällt (wahr versus unwahr, richtig versus falsch, oben versus unten und so weiter – nicht zuletzt Logos versus Bios). Verwandeln wir das Weltbild, reichern wir es komplexitätsadäquat an, wie formale Logik, Physik, Mathematik etc. seit Jahren praktizieren, ändern sich die Wahrheitsbedingungen – so einfach ist das. Freilich sind die Konsequenzen daraus alles andere als einfach. Das bedeutet aber nicht, dass wir in unseren Alltagskommunikationen künftig nicht mehr bezeichnen könnten, wollten oder würden, was wir situativ-kontextbezogen, hier und jetzt für wahr hielten. Es bedeutet jedoch das Metabewusstsein, dass wir *jederzeit realisieren, dass dies nicht gleichzeitig auch für alle anderen gilt* (entspricht unserer veränderten

Vernunftkonzeption: Verschiebung des Aufmerksamkeitsfokus auf die epistemische Position (3), vgl. Kap. 15). Wir halten ein solches Metabewusstsein in einer ökologischen Weltgesellschaft für eine zwingende und alternativlose Prämisse eines jeden Weiterdenkens. Jedenfalls dann, wenn die Gesellschaften befriedet bleiben sollen.

Ein universalistischer Geltungsanspruch für Wahrheit ist aus unserer Sicht – mit Ausnahme der klassisch-mechanistischen Naturgesetze, die wir im Wesentlichen kennen – heute nicht mehr legitimierbar, weil wir (Stichwort Bewusstsein) dabei sind, unser Weltbild strukturreicher aufzustufen. Dieser quasi aus der Zeit gefallene Anspruch aus den Geburtsstunden des Logos markiert vielmehr das Maximum dessen, was aus einer ererbten zweiwertigen Logik heute, unter modernen Bedingungen, noch herauszuholen war, und als solches das Äußerste an Konsistenz *auf traditionellem, epochegebundenem, binär codiertem Reflexionsniveau.* Es gibt keinen Grund, dem universalistischen Geltungsanspruch nicht jeden Respekt, ja Hochachtung zu erweisen, er hat viel geleistet. Aber: Er ist ein historisches Phänomen. Seine Zeit läuft ab.

Sobald wissenschaftlich-empirisch nachweisbar wird, dass unter exakt *gleichen* Forschungsbedingungen *unterschiedliche* Ergebnisse zu messen sind, stimmt rein logisch etwas mit dem alten Wahrheitsbegriff nicht mehr. Ganz offensichtlich gibt es *doch* mehrere Wahrheiten, wenn auch nicht immer und überall; und sie sind auch nicht beliebig oder austauschbar, in stumpfem Sinne „relativ". Das sollte eigentlich jedem einsichtig zu machen sein, denn genau dies ist längst nachweisbar, empiriefähig und insofern wahr. Allerdings: Um das auch offiziell anerkennen und emotional akzeptieren zu können, müssen erst das Wissenschaftsverständnis und dann unsere Praxismaximen runderneuert werden. Das ist innerhalb des hier befragten Spektrums nicht in Sicht – an keiner Stelle. Beispiel Harari: Immerhin eine Menge Zweifel an „Wahrheitsgläubigkeit" werden sichtbar, aber diese beziehen sich grundsätzlich nur auf unwahre, sozusagen schlechte Wahrheiten. Die Monstranz „Wahrheit" als solche neu oder umzuklassifizieren, kommt dann doch (noch) nicht in Betracht.

3. Woher wollen wir künftig unsere Hoffnung und Zuversicht beziehen? Hier gibt es eine Menge Unsicherheit und trockene Tipps. Taylor fragt sich das in großer Ernsthaftigkeit. Sein Selbstgespräch endet ohne Perspektive, doch das sich abzeichnende Desaster könne auch neue Energien mobilisieren, die Welt bliebe schließlich nicht stehen. Kein wirklich überzeugender Trost. Habermas als eifrig arbeitender Vernunfteuropäer vertraut darauf, dass sich Lernen und Fortschritt (in Gestalt kommunikativ „eingekapselter" Wahrheitsansprüche) letztlich durchsetzen. Wir könnten zu problematischen Entwicklungen schließlich immer auch *Nein* sagen; auch dies eher ein Pfeifen im Walde. Harari schließlich räumt selbst ein, dass sein Verständnis einer säkularen Welt, die beständig blinde Flecken abbaut und ihre Selbstbeobachtung schärft, womöglich zu anspruchsvoll sei. Überdies erscheint dieses Programm angesichts des heraufziehenden Dataismus und seiner soziokulturellen Macht zunehmend schwieriger, die Hürden werden höher. Angesichts der global-digitalen Entwicklung sowie der immer großartiger werdenden Technologievisionen in Fernwest wie Fernost ist klar, wessen Vorschlag überzeugender ist – Hoffnung und Zuversicht sehen anders aus.

4. Stichwort Introszendenz: Könnte es künftig eine Art diesseitige Tiefe geben, die die alte Transzendenz beerbt – entweder ergänzt oder perspektivisch sogar ersetzt? In diesem engen, konkreten Fokus lautet die Antwort zweier Autoren: Nein, eines Autors: Jein. Taylor hält die gesamte Frage für absurd, Habermas schlägt einen Trick vor: Eigentlich behält er den klassisch-transzendentalen Außenposten einer externen Bezugsstelle (Gott) bei, von der aus wir uns selbst in den Blick nehmen können, säkularisiert ihn über sein diskursethisches Kommunikationskonzept jedoch „herunter". *Als* Gott muss der Bezugspunkt dann nicht mehr kenntlich werden, gewechselt hat bei genauer Betrachtung nur die Form. „Das Wesen muss erscheinen" – immer noch, merkt aber niemand, weil kommunikationstheoretisch säkularisiert.

Bei Harari gibt es tatsächlich, ganz real, spirituelle Tiefe in dieser Welt. Seine Beschreibung kommt unserer Frage nahe, ist jedoch mit dem okzidentalen Selbstverständnis insgesamt unvereinbar. Genauer: Zum Erfordernis einer konzeptionellen Anbindung wird schlicht nichts gesagt oder angeboten. Hararis Tiefe ist nur dem Einzelnen möglich und erreichbar, sie ist sozial unqualifiziert und politisch leer. (Womöglich ließe sich diese Position mit dem evangelisch-lutherischen Verständnis vom persönlichen Gott verschwistern, aber diese waghalsige Operation überlassen wir lieber den Theologen.) Die Gesellschaft, die anderen, die Gruppe, das Kollektiv sind hier komplett abgeschnitten; im Buddhismus gehören sie der weltlich-flüchtigen Sphäre an. Das entspricht nicht unserer spirituellen Tradition, und vor allem nicht unserem modernen gesellschaftlichen Selbstverständnis, unserem *european way of life*. Jene nirvanahafte Unvergänglichkeit, wie etwa die indischen Religionen sie versprechen, kann uns keinen Trost spenden. Und wir wollen unsere spirituelle Identität schließlich nicht wechseln, gar aufgeben, sondern ergänzen: wertig anreichern, qualifizieren, entwickeln.

5. Der Mensch: Wie wollen wir es mit unserem Selbstverständnis als Menschen halten? Für Taylor gilt hier: Nichts Neues unter der Sonne. Menschen glauben immer an etwas, und einen Glauben haben wir bereits. Habermas übernimmt eine alte Bestimmungsformel (das XY-Tier). Danach sind wir „Vernunft habende" Tiere – mit Akzent auf Vernunft, nicht auf Tier. Unsere Vernunft *transformiere* unseren Tierstatus, sodass wir lernen, fortzuschreiten und immer *weniger* Tier zu sein, dafür immer vernunftbegabter beziehungsweise dem göttlichen Funken in uns zumindest kognitiv immer gerechter zu werden. Harari nutzt ebenfalls diese Formel, sein XY ist jedoch nicht Vernunft, sondern Bewusstsein.

Daran können wir anknüpfen. Menschen als bewusstseinsfähige Tiere verlieren nicht ihre Verwurzelung im Tierreich, haben jedoch andere, größere Möglichkeiten, ihr geistiges Potenzial zu entwickeln. Das können sie tun oder lassen – und hier scheiden sich laut Hararis Zeitdiagnose die Geister; auch diese Sichtweise teilen wir. Die Maschinenleute in Fernwest interessiert Bewusstseinsaufstufung beim Homo sapiens sapiens kaum (dafür umso mehr ein technologischer Transfer sowie die Erweiterung des Radius in die gesamte Gattung hinein), andere betreiben Bewusstseinspflege intensiv (Asien), und wieder andere schauen sich das alles unentschieden an und laufen Gefahr, zwischen den dynamischen Fronten und immer neuen Fraktionen spirituell zerrieben zu werden (Europa, Teile der USA). Harari selbst plädiert für die Asiaten; für Europäer, wie angesprochen, ein viel zu greller und in der Breite unpraktikabler Vorschlag.

6. *Was wollen wir unter Bewusstsein verstehen?* Antworten darauf hängen eng mit dem jeweiligen Menschenbild zusammen. Taylor entdeckt hier keine Herausforderung: Etwas scheint spirituell-religiös ins Rutschen zu kommen, das wird jedoch nicht bewusstseinsphilosophisch seziert. Bei Habermas changiert der Begriff; Belege lassen sich für mehrere Sinnkorridore finden. Stellenweise wird Bewusstsein auf eine Reflexionskompetenz nahe der Freud'schen Ausrichtung (Ich-Bewusstsein) reduziert, in einigen, prominenten Kontexten sogar auf eine evolutionsgeschichtlich vormenschliche Dimension (darauf haben wir uns konzentriert). Es gibt aber auch seltene Passagen, in denen mehr anklingt, ohne dass dieses Mehr erhellt würde. Harari schließlich versetzt Bewusstsein buddhistisch auf eine höhere Ebene. Für ihn „größtes Geheimnis des Universums" ist es, seiner Durchleuchtung sein Leben zu widmen; darin liege menschliches Glück. Dieses Votum ist inspirierend und trifft auch im Westen auf Resonanz, okzidental-adäquat ist es damit aber noch nicht.

7. *Gibt es in Sachen Logik und Weltbild etwas zu erweitern, zu verändern, zu entwickeln?* Flächendeckende Antwort: Nein. Harari befürchtet allerdings eine technologiebedingte Weltbild*gefahr* am Horizont, nämlich eine dataistisch verkürzte Weltsicht, die den Menschen als bewusstseinsfähiges Tier abschaffen könnte. Dem steuert er ausschnitthaft gegen (Meditation, den eigenen Geist beobachten). Keiner der drei Befragten sieht jedoch die Notwendigkeit, am eigenkulturellen Status zu arbeiten, die Position prinzipiell zu

verschieben, den Rahmen zu verändern. Ganz im Gegenteil: Im Grunde fordern alle drei – auf verschiedene Weise: via religiöser Tradition oder Logos oder Wahrheit –, den bisherigen Rahmen wieder *ernster* zu nehmen, als wir das jüngst praktiziert haben; uns eher noch tiefer in unser Fundament einzugraben. Ein Wechsel kommt für keinen infrage. Speziell dieses Ergebnis unserer Konzeptrecherche hat uns erschüttert. Die westliche Transformationsgesellschaft versiegelt an zentralen geistigen Relaisstationen den Willen und damit ihre Fähigkeit zur Transformation.

Wir sind der Überzeugung, dass es inzwischen bessere Antworten gibt – besser nicht im Sinne von: wahrer, vernünftiger, klüger, darüberstehend, sondern von: relevanter, gehaltvoller, lohnender, inspirierender. Die unserer okzidentalen Tradition angemessen sind *und* weiter führen; für unsere Gattung insgesamt geistig nützlich, spirituell zeitgemäß, attraktiv, beflügelnd und motivierend. Und in ersten Ansätzen sogar belegbar. Im abschließenden Kapitel skizzieren wir die praktischen Abstrahleffekte, die wir dabei sehen, vermuten oder erhoffen.

Zukunftsgeschichten

Mit unserer Ideensammlung sind wir fast durch. Ein konspirativer Blick zurück auf einen Altvorderen fehlt aber noch. Aus all dem, was wir hier zusammengetragen haben, spricht der Geist der modernen, europäischen Aufklärung. Wir treiben sie weiter, weil sie sich längst von selbst weitergetrieben hat – Achtlosigkeit hat sie nicht verdient. Und wenden uns als Heutige um zu den vier großen Fragen von Immanuel Kant. Wie sehen unsere Antworten im frühen 21. Jahrhundert darauf aus?

Anschließend werfen wir einen Blick auf mögliche Effekte und Konsequenzen einer dritten Aufklärung (nach Antike und früher Moderne). Der Vollständigkeit halber präsentieren wir Beispiele, wie und worin sich solches neues Denken schon heute spiegelt und was dabei auf dem Spiel steht. Denn außer ideellen Wendungen, Indikatoren und Indizienketten: Gibt es schon erste „Beweise"? *Where is the beef?*

36 Dritte Aufklärung

Über die Umwege mehrerer junger, nichtkanonischer Wissenschaften und einer alten, östlichen Freundschaft beantworten wir im Anschluss an Immanuel Kant die vier großen Fragen der Aufklärung anders und auf der Höhe der Zeit neu. Der „Ausgang des Menschen aus seiner selbst verschuldeten Unmündigkeit" stellt sich heute insofern grundsätzlich anders dar, als wir das, was Unmündigkeit in wechselnden historischen Kontexten bedeutet, was wir als solche überhaupt wahrnehmen können – *bis wohin unser Bewusstsein jeweils neu und in größerem Radius reicht* –, immer wieder anders bestimmen können. Wir blicken inzwischen weiter, der Horizont hat sich ein nächstes Mal verschoben. Hier genauer hinzuschauen, liegt nicht gerade im Trend. Die aktuellen mentalen Renner handeln vielmehr von munterem Herumexperimentieren einerseits und Äonen-Labels („Anthropozän") andererseits, Anspruch: grenzenlos. Man ist mit der Zeitdiagnose der eigenen Einstellung deutlich schneller fertig, wenn man einfach ein neues Zeitalter ausruft, die ganze Bühne umtauft und sich um die Definition zankt („Anthropozän"), anstatt die Kulisse zu vermessen. Dem steht unser Narrativ direkt entgegen: Uns scheint, dass uns für die Zukunft mehr geholfen wäre, wenn wir unser Interesse an uns selbst verstärkten anstatt die chronologische Segmentierung unseres Daseins weiterzutreiben. Sie ist Teil des Problems, nicht der Lösung.

Hier eine Flaschenpost über die Zeit – zurück.

Lieber Herr Kant,

1. Was kann ich wissen?

Heute bestimmen wir nicht nur den Verlauf der Grenzlinie zwischen theoretischer und praktischer Vernunft, etwa aufgrund von neuem Wissen aus Neuro-Sciences oder Kybernetik, anders als Sie. Darüber hinaus fängt die Grenzlinie selbst an zu verschwimmen – und das Fundament des ganzen rationalen Systems erodiert. Wir Heutigen können unser kognitives Spektrum nicht mehr mittels einer Klassifizierung von Vernunft beschreiben. Ihre Kritiken waren einer der letzten Höhepunkte einer zu Ihrer Zeit bereits auf Abruf stehenden Ära (aber das schreiben Sie ja selbst).

Allmählich realisieren wir, dass dem bisherigen Fundament eine Hälfte (Bios) fehlt. Außerdem realisieren wir, dass dieser vergessene Part den Logos grundlegend konstituiert – und pathologisiert. Wir fangen an, gegen die Natur zu handeln, wir gefährden inzwischen ernsthaft den Planeten. Das ist aber noch nicht alles. Zusätzlich wird immer klarer, wie das Separatistisch-Zergliedernde, das unseren Logos charakterisiert – reine Vernunft, praktische Vernunft ... –, an Grenzen stößt und bestimmte Phänomene gar nicht erschließen kann. Diese Erfahrung ist gerade mal einhundert Jahre jung. Wir Okzidentalen können mit unserem Hauptwerkzeug außerordentlich gut Stabilität, Explizitheit, Manifestationen, Einzelfragmente, Wiederholung, Fixiertheit und Realität unter die Lupe nehmen – aber noch nahezu gar nicht Bewegung, Dynamik, mäanderndes Fließen, undeutliche oder fehlende Übergänge, Nicht-Reales beziehungsweise bloß (!?) Vorgestelltes, Implizitheit, Latenz und

Zusammenhänge. Kein Wunder, dass die geistige Erde bebt. Und das, lieber Herr Kant, ist nicht etwa grundstürzenden Ergebnissen der Kosmologie geschuldet, wie Sie vermutet haben, sondern allein dem Umstand, *dass wir in Ihrem Sinne einfach weitergemacht haben.*

Um unsere geistigen Verhältnisse wieder in Balance zu bringen, uns zu beruhigen – um einen geistigen Phasenübergang einzuleiten, wie einige von uns das heute nennen –, installieren wir in unserem zeitgenössischen Selbstverhältnis nun keinen nächsten Überbau über die Vernunft, kein weiteres mentales Modell oder Konstrukt, kein nächstes Paradigma, sondern in Erinnerung an alte Weisheit, eingedenk unseres Bios und seiner geistigen Instinkte, reaktivieren wir einen Observator im Fundament: achten, würdigen und feiern das, was wir so lange *vernachlässigt haben*: menschliches Bewusstsein als künftig nicht wieder zurückbaubaren „Wächter" unserer Vernunft. Eingedenk dessen, was der Mensch ist, handeln wir fortan gattungsgemäß – fertig ist das Programm. Freilich hat es drastische, für uns noch extrem kontra-intuitive Konsequenzen. Wir legen damit auch den Grundstein zu einer angereicherten Moral, die sich quasi generisch aus unserer Evolution ergibt und erschließen lässt. Damit können wir unseren anthropologischen Grundbestand, unsere Abkunft, zur Eichung und Kontrolle dessen nutzen, wo wir hinwollen. Anders formuliert: Wir nutzen uns selbst als Hebel. Und damit fällt die Idee Gottes. Ich kann heute wissen, dass Gott nicht erforderlich ist, um auf Erden seelisches Glück zu finden.

2. Was soll ich tun?
Zuerst einmal aufhören, unsere Steuerzentrale zwischen den Ohren einseitig hochzujubeln! Ja, Sie haben richtig gelesen: Wir schlagen derzeit ganz andere Wege ein als zu Ihrer Zeit; weg von Reflexion und rationaler Separierung. Es gibt Aspekte wie Bewusstsein, Aufmerksamkeit, Konzentration oder Gefühle, die genauso wichtig sind – wichtiger sogar, denn *diese Ebene legt die Funktionsweise der (Logos-)Zentrale fest.* Diese Erkenntnis ist erst wenige Jahrzehnte alt – eine empirische Beobachtung der Vernunft war zu Ihrer Zeit noch gar nicht möglich.

Weiter: Zu tun ist, die Richtung unserer künftigen Entwicklung von „hierarchisch" und „kausal-linear" zeitgemäß, das heißt komplexitätsadäquat umzustellen. In vielen Bereichen tun wir das bereits: Sie in Richtung „heterarchisch", alternativenreich, zufallsabhängig, aber nicht unbeeinflussbar, entscheidungsabhängig, experimentierbar, „agil" zu verschieben, *in und durch Beziehungen zu erweitern.* Das verändert unsere Praxis in Gehalt, Tiefe und Weise radikal. Die Ökonomie ist hier Vorreiterin – weil sie muss. Ein erstklassiges Lernfeld.

In bisher scheinbar weniger unter Veränderungsdruck stehenden Bereichen dilettieren wir freilich in altem Geist herum. Wir müssen erst lernen, dem gerecht zu werden, was die zeitgemäßen Wissensfelder uns an Erkenntnis nahelegen: Die Dinge *sind* nicht festgelegt, *wir* legen sie fest! Und zwar durch die Beziehungsmuster, in denen wir leben – durch Latenzen, Zusammenhänge, ideelle Ordnungen, Parallelitäten und Mehrdeutigkeiten. Ein völlig neuartiges Praxisfeld! Auch das konnten Sie noch nicht sehen, erst die Naturwissenschaften des frühen 20. Jahrhunderts haben den Grundstein gelegt. Zwar beforschen wir in den Sozialwissenschaften beispielsweise noch immer Motivation oder Kreativität, aber die Ersten fangen an, andere Fragen zu stellen. Was geschieht zwischen Menschen, Gruppen, Kulturen, die motiviert und kreativ miteinander arbeiten, reden und handeln: geistig, physisch, in ihrem Verhalten, im Fühlen, in den Reflexionen ihres Tuns, in ihren Erinnerungen, Erwartungen und Bewertungen? Und welche Effekte haben all diese Facetten, ihre Beachtung oder ihr Ignorieren, gar ihre aktive Gestaltung, auf die Ergebnisse, auf die Praxis? Am Beispiel etwa der Ökonomie: auf Produktivität und Leistung? Solche Rückkopplungsschleifen, die *uns selbst verändern*, hatten wir bislang nicht auf dem Schirm! Aber jetzt. Und sagen Sie nicht, das sei unlogisch, weil zirkulär! Auch unsere heutigen Wissenschaften tun sich noch schwer damit, zu verstehen, dass zwischen beiden Perspektiven ein tiefer Unterschied besteht: derjenigen auf die Dinge und derjenigen auf die Ordnung zwischen den Dingen; beispielsweise zwischen Sachlogik und Zeitlogik. Wir sind deshalb vorerst noch dabei, unser Tun als solches neu zu kartieren, viel auszuprobieren und erst im Anschluss daran zu bestimmen, was – unter diesen neuen Auspizien – jetzt zu tun ist.

Auf Basis der uns inzwischen bekannten Naturgesetze können wir Heutige schon beinahe alles tun, was wir wollen; in jedem Fall sehr viel, in jede Richtung. Weder Gott noch eine weltliche Spitze können das noch verhindern. In chinesischen Laboren entstehen neue Lebewesen, wir kreieren chemische Elemente, die es im Universum nicht gibt, und bauen Maschinen, die intelligenter sind als wir. *Das tun wir gerade.* In Science-Fiction und Fantasy war derlei noch ganz erfrischend, real macht es uns jedoch Angst. Das ist gesellschaftlich ein großes Problem. Was wir an Veränderung im Panoramablick sehen, ist Chaos, weil wir die Strukturen nicht verstehen, die wir bespielen. Da meldet sich eine fremdartige Dimension, die unser Denken nicht kalibrieren kann, weil unsere *klassische* Vernunft sie ausgesondert hatte. Wir müssen sie erst wieder heben – das sollten wir tun. *Dann* kann auch wieder Zuversicht entstehen, denn wir geraten damit an einen nächsten Kipppunkt: Wenn wir irgendwann, in ferner Zukunft, lernen, unsere geistigen Energien eigenmächtig zu beherrschen, werden wir heute noch Unvorstellbares tun können.

3. Was darf ich hoffen?
Gleiche Antwortrichtung: Alles. Wenn sich unsere geistige Welt, etwa die menschliche Logik, letztlich als auf biologischen Voraussetzungen beruhend dechiffrieren lässt, dürfen wir hoffen – wenn wir unseren *biologischen Logos* entdecken lernen, also unsere Körper- und Beziehungsintelligenz –, dass wir durch die Art und Weise, wie wir uns dann verstehen, wie wir uns sinnlich auf ganz andere Weise in der Welt beheimaten werden, unseren Geist „definieren" und ihn in seiner vollständigen Fülle produktiv werden lassen können. Wir werden Natur „machen" – und zwar eine andere, in mehrfacher Hinsicht „bessere" als diejenige, die wir heute haben (Einblicke in dieses Bootstrapping in Kap. 38). Diese Gedanken sind ungeheuerlich – nicht nur für Sie, sondern derzeit noch genauso für uns. Sie stammen aus einer sehr alten Verbundenheit mit dem Osten und bedeuten für die Hoffnungsfrage einen Durchbruch; rein diesseitig und

real. Übrigens wussten unsere Ur-Väter und Ur-Mütter das alles schon, wir haben es bloß vergessen: Für Heraklit galt der Logos als das göttliche Urfeuer, das *alles* Leben erfüllt.

4. Was ist der Mensch?
Derzeit ein Zweibeiner, der sich in die Vertikale emporgearbeitet hat; der seine Abkunft zu vergessen droht und sich anschickt, das Empfinden seiner Ungenügsamkeit, mit dem er sich seit einigen Jahrhunderten in unserer geografischen Zone herumplagt, technologisch abzuschalten. Physisch könnte das klappen; ob es ihm auch seine seelische Ruhelosigkeit nimmt, müssen wir noch in Erfahrung bringen. Was der Mensch aber auch sein könnte, ist ein Zweibeiner in der Vertikalen, der seine Abkunft einsetzt im inzwischen global-kulturellen Wettbewerb für eine spirituelle Wette auf die Zukunft: um höchstes Bewusstsein und die größte Seele zu erlangen durch die Gestaltung seiner eigenen hominiden Evolution.

Wir öffnen derzeit die Perspektive auf eine finalistische Funktionslogik der Evolution: dass die Evolution einen Zweck über die Zeit entfaltet, ihren Gestaltwandel sowohl in Tempo wie Reife maximiert. Wenn wir unsere geistige Entwicklung selbstwirksam immer weitertreiben, den Geist gemäß seiner evolutionsgeschichtlich-natürlichen Anlage geradezu züchten – kalibriert an dem, was entwicklungslogisch funktioniert –, können wir den Humus immer wieder neu auslegen für die jeweils nächste Saat, den nächsten qualitativen Sprung unserer Spezies. Und in diesem Modus die Grenze dessen, was wir heute die hominide Gattung nennen, durch eine absichtsvolle, willentliche Erweiterung von Bewusstsein sprengen. – Da staunen Sie, was? Und all das in knapp 250 Jahren!

Dabei hat der Aufklärer Immanuel Kant bereits in großer Klarheit gesehen, *was passieren wird.*

> „*Die Beobachtungen und Berechnungen der Sternkundigen haben uns viel Bewunderungswürdiges gelehrt, aber das Wichtigste ist wohl, dass sie uns den Abgrund der Unwissenheit aufgedeckt haben, den die* menschliche Vernunft, *ohne diese Kenntnisse,* sich niemals (!) so groß hätte vorstellen können, *und*

worüber das Nachdenken eine große Veränderung der Endabsichten unseres Vernunftgebrauchs hervorbringen muss."[94]

Als Zukunftsforscher stehen wir staunend vor dieser Antezipation. Kurzform: „Wenn ich Newton und die Kosmologen so weiterdenke, was etwa Kopernikus uns eröffnet hat, ist vorprogrammiert, dass meine Nachfahren meine gesamte Arbeit in Kürze in die Tonne hauen. Sie werden an völlig anderem arbeiten." Kant hat die Abgründe und toten Winkel der Vernunft nicht thematisiert, aber spursicher gewittert – solches Bewusstsein ist sehr selten. Was wir, angestoßen durch diese große Seele, inzwischen lernen könnten: Wir brauchen keine Differenzkartografien mehr (komplexitätsbedingt gar nicht mehr möglich), keine Wissenswächter, keinen institutionell organisierten Glauben und auch keine Götter beziehungsweise Allwissende – nur hin und wieder Menschen, die mit offenem Geist vorangehen und sich ganz bestimmte Schritte zutrauen. Um geistig-spirituell voranzukommen, reicht das. Schritte dieser Art sind keine mehr nach vorn, sondern solche in unsere Gattungstiefe hinein, zurück zu uns selbst, zu dem, wer und was wir sind: Wesen mit der Fähigkeit zu Bewusstsein, die Bedingungen, wie sie leben wollen, in einem zu anderen Lebewesen unvergleichlichen Maße an sich selbst bemessen und entscheiden zu können.

37 Wissenschaftsbeben

Welche spirituelle Zukunft hat Europa? Die Perspektive einer säkularen, „nur" noch humanen Religion. Endlich dürfen wir uns selbst genügen – allerdings nicht maschinell gepampert. Technovisionen sind der Gegner.[95] Unsere Variante entwickelt sich vielmehr nach Art einer sich hochschraubenden Spirale oder autologischen Schleife aus unserer menschlichen Frühe, bleibt aber strikt in europäischer Tradition. Wir evoluieren in ihrer Spur in immer höhere Formen des Geistes und verändern darüber unsere gesamte Natur. Dabei fällt ständig etwas ab und es kommt etwas hinzu, vor allem aber werden wir in unserer Ausrichtung immer differenzierter, feinsinniger und subtiler. Unsere re-ligio wird währenddessen nicht etwa wichtiger oder unwichtiger, sondern läuft einfach weiter mit, ist aber – parallel zu unserer Wahrnehmungsfähigkeit – nie statisch. In Folge ihres Wandels wächst unser Bewusstsein; wenn wir das zulassen.

In diesem Fall gelangen wir in Bereiche menschlichen Handelns, „die noch nie ein Mensch zuvor gesehen hat". Wir überholen uns geistig selbst, und diese mentale Aufstufung ist qualitativ etwas grundsätzlich anderes als die geistige Schmalspurversion eines logozentrischen Fortschrittsgedankens. Sie knüpft im Sinne der Ahnung, dass wir die Art, wie wir die Welt sehen, grundsätzlich umstürzen können, eher an Sokrates an, dessen Nichtwissen noch ein anthropologisch-prinzipielles, untilgbares war, das niemals durch Fortschritte schrumpfen oder gar beseitigt werden kann. Der Mensch ist der, der weiß, dass er mit seinem Wissen der Welt notorisch hinterherläuft, weil er die Möglichkeiten, die ihm offenstehen, niemals ausloten kann. Das Wissen darum ist grundlegend, ontisch, untilgbar. Wir sind Teil des Universums, wie sollten wir das Universum durchschauen können? Wir erkennen zwar immer mehr, entdecken Erstaunliches, gewiss – aber können wir deshalb unseren eigenen Ursprung kalibrieren? Unser Glaubenssatz dazu lautet: Vielleicht. Aber wenn, dann nur spirituell.

Eine heute inzwischen avisierbare höhere Religion hat – passend zu dieser Verschiebung unserer tektonischen Geistesplatten – Gott verzeitlicht. Er steht für eine bestimmte evolutionäre Phase unserer spirituellen Kultur. Für unser Seelenheil werden wir zunächst gute Rituale und Bräuche stiften müssen, um den Dank, dem wir ihm schulden, in Ehren und Erinnerung zu halten. *Das ist die erste, allerwichtigste und ehrenhafteste Erfolgsbedingung dieses Projekts.* Und die Aufgabe liegt zentral bei den Wissenschaften. Hätten wir nicht diese Geschichte – *seine* Geschichte –, wären wir noch immer Seelchen, die in ihrem Raum, ihrer Zeit, ihrem perzeptiven Radius notorisch gefangen blieben. Insbesondere die evangelische Theologie hat für unser Ansinnen ein Sprungbrett geschaffen, das gar nicht zu überschätzen ist: Wir können in jeder Situation in Zwiegespräch treten zu unserem Gott. Wir müssen dazu nicht zu einem heiligen Ort pilgern, etwa in einen Tempel gehen, auch Tageszeit oder Jahreszeit sind irrelevant. Der Dialog mit dem Weltübersteigenden ist für Christen zeitlos und ortlos. Es ist diese bemerkenswerte Abstraktionsleistung der re-ligio unserer geografischen Zone, die eine anspruchsvolle säkulare Version überhaupt erst möglich macht.

Mit ihr setzen wir fort und bauen an, alles gleichzeitig: Wir ziehen die Dehnung der Welt hin zur Transzendenz auf die human-weltliche Dimension einer Introszendenz wieder ein, treiben die christlich errungene Abstraktion *in Bezug auf uns Menschen* aber weiter – quasi horizontal, ins Feinsinnliche gehend. Praktizieren also fortan keine Wissenschaft mehr von Gott (was für eine kuriose Idee!), sondern eine vom Menschen, für den das seelische Hinausgreifen über das Irdisch-Weltlich-Begreifbare, hinein in eine geistige Dimension eigenen Rechts, zur Conditio humana gehört. Diese nächste Abstraktionsleistung ist jedoch ein ungleich anspruchsvolleres Manöver als das frühere, weil wir die für uns neue introszendente Dimension geistig erst erobern, auskleiden und verstehen müssen.

Was bleibt, sind die Themen: Normen, wie wir leben wollen, spirituelle Rahmengebung, Aufgehobensein in einer sterblichen Existenz, die sich bislang an einer zeitimmunen Figur kristallisieren musste – daher solche Bravourstückchen wie die Auferstehung. Wir explorieren ab jetzt, wie wir im Zwischen der Menschen, in ihren Beziehungen und Kommunikationen, denjenigen Gehalt ausfindig machen können, der uns in die Tiefe von Bindung hineinführt, uns in dieser Dimension die Zeit aufheben lässt. Uns damit unendlich viel irdischen Trost, Resonanz, Liebe, Hoffnung, Lebensmut und gehaltvolle, tragfähige Gründe dafür stiftet, weiterzumachen: durch das Empfinden einer *unaufhebbaren Kontinuität*. Die Qualität diese Kontinuität bleibt vorerst unbestimmt, so weit sind wir noch nicht.

Gott sei dank haben wir die Phase der Time-Fakes („Ewigkeit“) hinter uns. Wir könnten auch formulieren: Nach vorn gehen wir auch künftig nur *in* Gott, das meint das Gleiche. Gedankensprachliche Radikalismen bringen uns nicht weiter, sie triggern höchstens Selbsthass, Distanzierung von uns selbst, und das zieht uns herunter. Wir waren bisher nicht zu dumm, sondern sind inzwischen klug genug, genauer: uns bewusst geworden, dass wir auf Basis seines Anschubs nun die Welt auch selbst stemmen, womöglich geistig aus den Angeln heben können. Diese gedankliche Einkehr war harte, konsequente Arbeit. Wir sind stolz auf diesen Weg – und ehren und achten die Vorbereiter. Wir entscheiden unsere Evolution fortan in bewusster Spiritualität mit, im Abgleich mit unserer Technik. Das ist der einschlägige Unterschied zu unseren westatlantischen Verwandten und das vorläufige kontinentale Omega.

Ist eine solche Storyline nun wissenschaftlich erlaubt, tauglich, vernünftig, oder blüht hier bloß die Esoterik auf zur Madame de Pompadour des 21. Jahrhunderts? Kann man das ernstnehmen? Tatsächlich verstellt eine riesige Menge an Gegenargumenten auf scheinbar solidem Fundament bereits die Sicht. Leider sind die meisten nicht nur vorhersehbar, sondern auch kaum der Rede wert – die Leier ist Jahrhunderte alt. Ein Blick in dieses Panoptikum:

- „Wir stehen auf den Schultern von Riesen", und die haben Ansätze, Schulen, „Paradigmen", in denen wir denken. Was davon ist die Basis hier? Niemand spricht aus dem Nichts heraus! Der Kanon ist immer das Fundament, sonst fehlt der Maßstab für ein Besseres. Wissen kann nur erweitert werden, *weil die Achse festliegt*; dann auch gern in neuer Richtung („Paradigmenwechsel"). Nochmals wiederholt: Einen unübersichtlichen, geokulturellen Mischmasch kurzerhand zur Vorzeit zu erklären, teilweise abzuspalten; damit im Ganzen als nicht paradigmenwürdig, also beachtenswert abzukanzeln; die Überbleibsel zur „Achse" hochzujazzen und anschließend den religiösen Bezugsrahmen so anzulegen, dass der fiktive Startpunkt aufrechterhalten werden kann, ist großes anthropologisches Kino. Aber weder wissenschaftsfähig noch geistlich hilfreich: Ein solches Narrativ versiegelt spirituelles Wachstum. Der liebe Gott behüte uns vor solcher Wissenschaft, könnten wir formulieren – tun wir aber nicht, weil unnötig. Wir achten Gott zwar weiterhin, haben ihn aber verabschiedet, daher können wir ganz unbeschwert weiterarbeiten. Wir verstehen und begründen Wissenschaft *rein intrahuman,* aus dem unermesslichen Reichtum der Ideen und Gedanken von solchen, die vor uns waren, und wir halten *alles,* was sich unsere Vorfahren irgendwann einmal gedacht haben, für wissenschaftsrelevant. Wir unterstellen einfach guten Mutes, voller Vertrauen in unsere Gattung, sie hätten das nicht zuletzt deswegen praktiziert, damit wir Späteren es für irgendetwas Sinnvolles und Kluges nutzen. Und genau das tun wir.

- Über Asien reden und nur Fragmente davon berücksichtigen? Geht gar nicht. Asien ist so vielfältig! Deshalb äußert sich außer Expertinnen auch kaum jemand über komplexe interkulturelle Korrelationen: Die Latte hängt hoch genug, dass erst gar keiner mit Denken anfängt.[96] Und analog: Was ist mit Europa? Zu Zwecken der Komplexitätsreduktion haben wir hier noch ganz andere Kultursektoren übergangen, etwa Russland. Diese Kultur sieht – wie wir – Menschentum als Horizontale; den Himmel und die Sterne mit Staunen, als Horizont, nicht astronautisch und okkupistisch. Russische Mystik und Orthodoxie schweben nicht hinauf, sondern bleiben in der Ebene, immer längs der Erde, zu den Brüdern unter gleichem Druck (deshalb muss sich Iwan Karamasow Mörder nennen, obwohl er den Mord gar nicht begangen hat), zu den gequälten Tieren, die auf ihr wandern, zu den Pflanzen. Alle sind an allem schuldig. Existenzielle Geworfenheit und Schuld des Menschen in endlos gedehnter Fläche *unter* dem Himmel ist das metaphysische Grundgefühl zum Beispiel aller Schöpfungen von Dostojewski und eine zentrale Facette der russischen Spiritualität. Würden wir unsere breite Kontinentalplatte nur aufmerksam genug vermessen, entfaltete sich vor unseren Augen eine unermesslich reiche, verblüffend ausdifferenzierte Vielfalt an humaner Tragik, die ausnahmslos radikale, in unserem Zeitalter unaufhebbare Gegenpositionen zu fernwestlichem Denken darstellen. Da das aber wissenschaftlich als Hybris verschrien ist und unsere Fachidiotie das Fischen in allzu fernen Ideengewässern unterbindet (wer kann schon all das kompetent überblicken?), kommt diese Vielfalt wissenschaftlich nicht vor. Und unsere pazifischen Gattungsbrüder und -schwestern, die irgendwann einmal ein individuelles Leben von 150 oder 200 Jahren führen und damit ein Alter erreichen werden, in dem sie womöglich genug Wissen für solche anthropologisch breiten Projekte angehäuft hätten, werden an solchem Stoff keinerlei Lust und Interesse haben – denn dann brauchen sie ihn nicht mehr.

- Ein Buch über Religion ohne Theologie? Geschenkt.
- In unseren Illustrationen zur Quantenphysik, zu kognitionswissenschaftlichen Experimenten und logisch-mathematischen Problemen oder Knoten, die wir als Geistes- und Sozialwissenschaftler hinzuziehen, könnte es Unschärfen geben, schräge Formulierungen, unzulässige Verallgemeinerungen oder auch Weglassungen, die den Phänomenen nicht gerecht werden. Bestimmt gibt es die! Vielleicht irren wir uns mitunter? Sogar ziemlich wahrscheinlich! Schlampig, dilettantisch, inakzeptabel – oder nur unvermeidliche Normalität auf dem Weg zu erweiternder Erkenntnis?
- Wenn schon geisteswissenschaftliche Ansprüche, dann bitte im Vergleichsmodus, mit ideengeschichtlichem Aplomb, Materialschlachten, Mastermind! Der Homo academicus möchte auch ernst genommen werden und giftet schmollend aus der Ecke: Wo sind die Sottisen über Epochen, etwa die Moderne? Definitorische Kärrnerarbeit ohne theologische Kanon-Exegese und Begriffsgeschichte nach Koselleck & Co.? Wo finden sich die orientierenden Schulen und Schemata, wie verhält sich all das zu Bloch, Klages, Spengler, Rosenberg, Musil; zu Neoromantik und der negativtheologischen These zu einer Mystik ohne Gott? Wo sind die gelehrten Gegenwartsbezüge? Alles Fehlanzeige. Darf man das? Ja. Wir brauchen allmählich konkrete Ideen und Vorschläge, wie wir weiterkommen, nicht noch mehr Abhandlungen.

Zum Diskurs über spätmoderne Narrative, die noch hinreichend geistig-spirituelle Ressourcen reaktivieren könnten, um die performativen Selbstwidersprüche einer technokratisch in sich verfangenen Vernunft heben, religiöse Aspirationen normativ hinreichend abpuffern und erst auf diese Weise die Legitimitätsressourcen postsäkularer Gesellschaften erneut vitalisieren zu können ..., haben wir nichts beizutragen. Elaborierter Code: E N D E. Dafür ist das Leben zu kurz. Säkulare *Pro*phezeiung (*pro* Bios): Mit diesem Habitus schaufelt sich die Wissenschaft ihr eigenes Grab. Jeder Tribe redet zur eigenen Anhängerschaft, und intertribalistisch aneinander vorbei. An den gemeinsamen Grundlagen ändert sich praktisch nichts. Wissenschaft sollte das nicht mehr heißen.

38 Politikbeben

Inzwischen sind wir auf dem Weg in eine Weltgesellschaft – bräuchte es da nicht eine *Pluralität* geistiger Grundlagen und Prämissen? Zumindest die Globalisierung ist inzwischen „durch". Erscheint sie mitunter überfordernd oder defizitär (Pandemie), wird ernsthaft diskutiert, sie zu beschränken und teilweise zurückzunehmen – anstatt sie neu zu denken!

Als Gattung praktizieren wir gegenwärtig das exakte Gegenteil einer Weltgesellschaft. Wir versteifen uns auf unsere Unterschiede und erzählen uns *darüber* unsere Geschichten von uns, immer häufiger sogar segmentiert *innerhalb* der Gesellschaften, nicht von unseren Gemeinsamkeiten. Und weite Teile der Wissenschaften spielen dafür den voranschreitenden Ritter von der traurigen Gestalt. Erste Völker und indigenes Wissen versus Okzident; Vormoderne versus Moderne; Individualismus ist auch schon von gestern, inzwischen gelten Singularitäten und so weiter. Der okzidentale Narzissmus hat es inzwischen sogar fertiggebracht, ein hominid begründetes Erdzeitalter beginnen zu lassen – dagegen war der „Achsenzeit-Bias" Synapsenfasching.

Gegenwartsgesellschaften des Westens haben sich mit diesem Verhalten seit einigen Jahren eine neue Signatur erarbeitet: Durch sie geht ein „Riss", in Wahrheit sind es mehrere. Woher die kommen? Je undurchschaubarer das Problemgelände, desto neurotischer lassen wir den alten Logos-Mechanismus einrasten, und gegenüber diesem Wüten gegen den Bios, gegen Werden und Lebbarkeit, gegen Ungleichheit und Balance, Spreizung und Mehrstimmigkeit, formiert sich ganz langsam eine wachsende, sich verhärtende Wand. In humaner Perspektive sollten wir uns mit den Motiven und Hintergründen der vielen Abweichler, etwa im politischen Sektor, befassen und die gemeinsame Wurzel suchen: Was mögen sie mit ihren skurril wirkenden Protesten im Sinn haben, was rufen sie in Erinnerung, was erscheint ihnen so unlebbar, was brauchen sie, was können wir tun, wo ist unsere Verantwortung, was wäre möglich? Stattdessen rigidisieren wir unsere Normalität nur weiter. Und arbeiten an immer neuen Grenzmarken für Abweichlertum, in steigendem Tempo.

Dass man heute aus der Norm fallen beziehungsweise auf die Straße gehen kann, weil man Impfgegner ist, an Chemtrails glaubt, Corona leugnet, Rassisten, Antisemiten oder Frauenfeinde kritisiert, die Lügenpresse, politisches Kabarett oder die Mietpreisbremse hasst, einige Zweibeiner für Echsen hält, Fleisch isst, Produkte von Marke XY sabotiert, in den Urlaub fliegt, Auto fährt, digitalen Kinderschutz befürwortet, Bigotterie der Kirchen anprangert, Frieden durch Pazifismus sichern will – *oder all das gerade nicht* –, hätte sich vor zwanzig Jahren niemand träumen lassen. Das ist vielleicht erst der Anfang. Hinzu kommt nach Corona, der ersten europäischen Kriegserfahrung im 21. Jahrhundert und einer sich eventuell normalisierenden Permakrise das diffuse Gefühl, dass eine bestimmte westliche Existenzform zu Ende ist. Oder dass mit Fortschreiten der Digitalisierung zwar nicht die hohe Bedeutung von Arbeit und Leistung für die eigene Identität und soziale Würde schwindet, aber Möglichkeiten zur Realisierung dramatisch abnehmen. Oder dass mit dem Aufkommen der künstlichen Intelligenz sich die Wahrscheinlichkeit verringert, diese Art von Würde künftig noch rechtfertigen zu können. Oder dass die Kinder womöglich keine Chance auf solche Ansprüche oder Lebensweisehaben werden. Kurz: Die Lebbarkeit des westlichen Lebensstils nimmt gefühlt ab.

1. Kulisse: Elitenhass

Die Themen des Wandels sowie der Energie und Kreativität zu ihrer Bewältigung fließen auf den gesellschaftlichen, politischen und wirtschaftlichen Führungsebenen in alter Richtung einfach weiter. Sie zelebrieren das ontologische Wertgefälle der Vernunft mit immer katastrophaleren Folgen, weil diejenigen, die ihm zum Opfer fallen, nur umso höher und zorniger auf die Palme steigen. Die neuen Stimmungsmacher erscheinen den Verteidigerinnen des Logos zunehmend absurd („die Leute sind verrückt!“), weil diese selbst die alten Maßstäbe ansetzen – und dabei häufig nicht realisieren, dass es ihr eigener Wertmaßstab ist, der die neuen, sich stetig feiner verästelnden Proteste provoziert. Am vorläufigen Ende dieser Spirale jedenfalls zeigt sich: Aktuell igeln sich die Lager in der jeweiligen Echokammer ihres Weltbildes zunehmend ein. Die Wissenschaft bestätigt sich, dass sie recht hat, und die Systemskeptiker hören immer seltener zu. So funktioniert der strategische Ruin menschlichen Bewusstseins: Wir vergessen, was wir alle sind, was der Mensch ist.

Beleuchten wir etwas näher, woher das kommt: Meinungspluralität unter der Voraussetzung, dass es dabei keine Wahrheit gibt, ist für die Mehrheit der Vernunfteliten ein Tabu; als Gedanke selbst Teil von Fake-News, ein Zeichen für Logos-Versagen. *Selbstverständlich* gäbe es Wahrheit! Evidenzbasiertes Handeln gehöre dazu, also messen und auf dieser Basis bewerten und prognostizieren, empirisch validierte Instrumente nutzen, auf Expertinnen und Wissenschaft hören ... Ein Schelm, wer da an Selbstverteidigung denkt. Gleichzeitig boomen verhaltensökonomisch gedeckte Manipulationstechniken in Politik und Wirtschaft. Nudging ist seit Jahren im gesamten Westen Staatsfunktion, ausnahmslos jede westliche Regierung betreibt „Behavioral Government“, alle industrialisierten Kulturen experimentieren mit Gesichtserkennung und Verhaltensmessung, Menschenselektion funktioniert in Teilen längst informationstechnologisch (Bewerberauswahl, psychologische und Krankheitsprofile, Stresstests, Stimmungstests und so weiter).

Solche Entwicklungen hin zu einer tiefenmanipulativ durchformatierten Gesellschaft vollziehen sich überwiegend unter dem Radar; unter anderem deswegen, weil in Europa eine kybernetische Grundbildung fehlt. Mit Transparenz,

Evidenz und Wahrheit haben sie jedenfalls wenig zu tun – also munitionieren sie die Systemskeptikerinnen, denn neben vereinzelten Medien-Leaks bleiben beispielsweise die vielen Kameras in der Öffentlichkeit niemandem verborgen: als Zeichen für das, was man „immer schon wusste", dass sich hinter der Kulisse ein „Regime" aufbaut. Scheinbarer Indikator: Die Systemrepräsentanten nutzen ihre Buzzwords (Komplexität, Ungewissheit usw.) im Sinne und geistigen Kanal des alten Logos umso eindrücklicher und überzeugter, desto selbstbewusster die Skeptiker Laut geben. Der schleichende Exitus des Skeptiker-Tribe aus der konsentierten Welt ist also – zumindest teilweise – ein logischer Reflex. *In unseren Zeiten gilt das Mantra: Data matters!*

Und die Systemträgerinnen? Science-Märsche, „vernünftige" Menschen, werben für die Faktenrealität, richtiger: *nur* für die Faktenrealität. Ihre Demonstranten laufen überall auf der Welt Sturm gegen die Option, die soziale Welt einer Rationalitätsprüfung erweiterten Typs zu unterziehen, die Vernunft mehrstufig, breiter zu führen, ihre rigidisierenden Effekte, ihre Einsinnigkeit zu überdenken beziehungsweise ihre evolutionsgeschichtlich entstandenen Tricks, Finten und toten Winkel stärker mit zu berücksichtigen beziehungsweise einzudämmen, sie strukturell über das Humanum anzureichern. Man geht gegen seinen eigenen Erkenntnisfortschritt auf die Straße. Wissenschaft *muss* halten, denn was hätten wir sonst?

So weit hat es unsere okzidentale Autologie also gebracht. Ohne eindeutige Wahrheit stürbe die Wissenschaft, fehlt nur noch das Basta. Läge die Sache aber wie von ihr behauptet, wäre Meinungsfreiheit ein bedeutungsleerer, gleichwohl geräuschvoller Prozessmechanismus ohne jede Überzeugungsrelevanz. Ein herrschaftsstabilisierendes Ritual, hinter dem Steuerungseliten nur ihren Machtanspruch verbergen. Und wer hier populistische Wellen von Rechts und Links assoziiert, die den Westen unter Druck setzen, liegt wohl richtig. Ist *das* freiheitliche Demokratie? Immer mehr Menschen fangen an, sich das zu fragen. Man kann diese komplexen Zusammenhänge auf ein Repräsentationsproblem verkürzen, wie die Politikwissenschaft dies häufig praktiziert, stärkt damit aber nur die Tradition des alten Nebelwerfers Logos: Repräsentation verbreitern, zum Beispiel „den Leuten besser zuhören" und ein paar Partizipationselemente ergänzen – Problem gelöst.

Das Kernthema im Westen heißt Angst – und deren Name darf nicht genannt werden. Die Entscheidungseliten sind ratlos *und das sieht man.* Solange das so bleibt, wird die Situation weiter eskalieren. Das Grundgefühl der Protestler: Wenn selbst die Führung nicht mehr durchblickt, fallen wir erneut ins Chaos. Hier sitzen Credo und Angst, und diese Stimmen haben einen sehr alten, empirisch tief gesättigten Grund. Sie sind „diskursiv" nicht bearbeitbar, und bei diesem fundamentalen Fehlzugriff hören deshalb immer mehr Menschen weg. Stattdessen fangen sie an, sich dagegen zu wehren, dass unser angestammtes, qua Logos-Zepter auf Formel und Ordnung erpichtes Prinzip auf den Platz des anderen, des Imaginären, der Möglichkeit immer härter übergreift und unsere menschliche Fähigkeit zum Zweifel, Widerspruch, Erinnern und Wiederhervorholen, zur Pluralität der Meinungen erstickt. Die für diese Entpluralisierung angeführten Gründe lauten etwa, dass Wissenschaft oder Maschine die unumstößliche Wahrheit kennen könnten oder das Gemeinwohl sozialforscherisch gerade in breitem Konsens belegt werden könne und legitim nutzbar sei. Für die Protestierenden überzeugend klingt das nicht. Diese wehren sich dagegen, dass das Recht auf Neuschöpfung und Dinge ganz-anders-Sehen im Normkorsett der Gesellschaft abgeschnürt wird.

Logisch enggeführt: Hier droht die Abschaffung von Beziehung und Relation als humanen Eigenwerten; von Proportion, Balance, Gleichgewicht und Schwanken geistiger Elemente, *weil die Konstanz und das Einsinnige immer brutaler überdeterminiert werden.* Bei uns wütet der Logos inzwischen fast ungebremst. In blutleeren, trotzdem präzisen Formulierungen: Wir stoppen den Fluss der Zeit, und deshalb meldet sich Werden zu Wort. Es fängt an, gegen eine sich immer rasanter selbstermächtigende Seinsperspektive und ihre machtdurchseuchte Wahrheitsbehauptung zu rebellieren. Im bezeichneten Protest werden nicht etwa unterschlagene oder falsche Dinge oder Phänomene angemahnt, sondern übergriffige *Ordnungen* der Dinge, unausgewiesene Präferenzen und Prioritäten, unterschlagene Maßstäbe, intransparente Gruppeninteressen, Machtbezüge und eingefrorene Traditionen, blinde Flecken und inhumane Prämissen, die das Leben seelisch vereisen. Genau deswegen ist diese hochkomplexe Problematik vor einem Journalistenmikrofon auch nicht artikulierbar.

Menschen sind nicht festgelegt, weder praktisch noch gedanklich; nicht auf Wahrheit und nicht auf Transzendenz. Sie werden gegen kognitive Festlegungen immer aufstehen, weil die Überdeterminierung von Stabilität und Konstanz unserer humanen zeitgebundenen Ontologie widerspricht. Aus unserer Perspektive geht es beim Protest diverser „Alternativer" (in zeitgeistigem Sinne verstanden) praktisch nie um ein spezifisches Thema. Das Thema ist gleichgültig; es stiftet lediglich erneut dazu an, gegen das Beharrungsvermögen einer überkommenen Mentalordnung aufzubegehren. *Wenn die Frage nicht gestattet wird, um welche Ordnung es hier überhaupt geht, ist nicht zu sehen, wie wir aus dem Schlamassel wieder herauskommen.* Unsere These: Hier handelt es sich um eine verdeckt spirituelle Ordnung – anders gesagt: um eine epistemische. Um Wahrheit, um eine monolithische kulturelle Setzung, um eine *Vor-Definition von Leben*. Die gegenwärtig in Verantwortung und Ämtern Stehenden machen sich einen schlanken Fuß, indem sie Ordnung mit Demokratie kurzschließen: als ob diese Demonstranten die Demokratie abschaffen wollten! Erwiesenermaßen wollen das einige von ihnen, insbesondere solche, die eine Bewegung unterwandern – das ist aber nur ein Teil![97]

Das Empfinden für die aktuelle Gefährdetheit des Ganzen, für das Prekäre der Situation, ist in vielen gesellschaftlichen Bereichen mit Händen zu greifen, am deutlichsten wohl im technologischen. Dystopien gibt es inzwischen massenhaft; insbesondere die künstliche Intelligenz erzeugt Horrorvisionen einer vollkommenen zivilisatorischen Ordnung unter den Auspizien des Kältetodes, der Leichenstarre und der Mondlandschaft.[98] Der verdeckte emotionale Treiber: Diese Technologie könnte den lücken- und fehlerlosen (fehlerlos nicht im Sinne von Welt-Fehler, sondern von Logos-Fehler) Abschluss eines Prinzips besiegeln, auf das wir Okzidentale so maßlos stolz sind: die Festschreibung kultureller Entscheidungen pro sichernde Konstanz, Vereinseitigung und „Vereingeistigung“ der Welt. Die aktive, immer weiter rigidisierte Abdunkelung, dass es bei Einsprüchen dagegen keineswegs um Technikfeindlichkeit, sondern um eine biologisch-existenziell tief sitzende *Angst* geht, *dass Leben in ersten Graden abgeschafft werden könnte,* bindet immense kulturelle Energien. Weil aber niemand eine Antwort darauf hat, weil die Führungseliten des Westens stumm vor einer riesigen, traditionsreichen, scheinbar alternativlosen Fortschrittssuggestion stehen, über deren Leisten aus ihrer Perspektive die gesamte industrialisierte bisherige „Weltgesellschaft“ zu schlagen ist, darf diese Angst keinesfalls in Erscheinung treten.

Ist die Situation damit aussichtslos? Noch nicht! Eine Besserung hängt allerdings davon ab, *sich für die Widerständler wirklich zu interessieren.* Wenn eine Gruppe aufhört, für diejenigen neben sich aufmerksam zu sein, darauf zu achten, was die anderen brauchen, wenn wir uns gegenseitig nicht mehr sichern, sterben wir ab; das lehrt ausnahmslos jede anthropologische Forschung. Wenn die Menschen neben uns unwichtig werden, zerfällt die Gruppe. Also: Was genau treibt die Protestler, wofür genau sollten wir aufmerksamer sein?

Es gibt in Europa und in den USA viele Menschen, denen die gesamte derzeitige Entwicklungsrichtung des Westens nicht passt, die sich widerständig zeigen, Kritik daran initiieren, *deswegen aber nicht gleich eine Revolution anzetteln wollen.* Unsere Erfahrungen mit Revolutionen reichen uns inzwischen, mehrheitsfähig sind sie schon lange nicht mehr. Mit Blick auf die USA geht die diesbezügliche soziale Spaltung bereits viel tiefer als bei uns; gleichwohl gibt es auch dort starke Indizien dafür, dass beispielsweise der „Sturm auf das Kapitol“ Anfang 2021 von einer kleinen Gruppe inszeniert und nicht das Ergebnis einer Massenbewegung war. In Deutschland sind erwiesenermaßen viele Bürgerliche unter den Protestierenden gegen irgendetwas. Nur die Menge an Mitläufern aus der Mitte der Gesellschaft verschafft diesen Protesten überhaupt so viel Resonanz: und wir sprechen hier nur über diese „Legitimationskatapulte“ in die Gesellschaft hinein, über diese breite Masse der Abweichler.

Diese Leute hassen ihre Eliten nicht, und mit ihrer Staats und Gesellschaftsform hadern sie auch nicht. Nota bene und wiederholt: Dass radikale Parteien versuchen, diese Gruppe zu unterwandern und zu entern, ist ein anderes Thema und bringt die system*tragenden* Widerständler nicht einfach zum Verschwinden – es erleichtert nur, sich mit ihnen gar nicht erst auseinandersetzen zu müssen. Radikale lassen sich argumentativ eben leichter abfertigen. Jedenfalls: *Wegen dieser breiten Tragschicht an Aufbegehrenden*, modernen Zeitgenossen, die geistig wach, empfindsam und insgesamt glücklich über ein demokratisches Zuhause sind; die zwar vorwärts gehen, dabei aber nichts von dem zerstören lassen wollen, was wir in den Nachkriegsjahrzehnten aufgebaut haben, *werden wir geistigen und sozialen Fortschritt nicht wie gehabt weiterorganisieren können.* Diese Menschen sind nicht: Peanuts.

Dagegen wehren sich die Führungskader, mit allen Kräften. Das macht die Situation schwer erträglich – und brisant. Andere lassen sich aber *dann* nicht mehr überzeugen, wenn wir ihnen nicht den Raum und die Möglichkeit einräumen, auch *uns* zu überzeugen. Auf Augenhöhe zu sprechen, ist kaum möglich, wenn die anderen unten stehen. Wir gehören alle derselben Gattung an und tragen gemeinsam ein biologisch-konstitutiv verfasstes Hintergrundbewusstsein, das sich in unseren Tagen bereits unmissverständlich zu Wort meldet: Es rebelliert gegen eine immer lebensfeindlicher werdende Gesellschaftsformation. Dass auch vermeintliche Wahrheitsträger überzeugt werden müssen, ist die konkrete Übersetzung und Konsequenz von Beziehungsintelligenz, von „Perspektive gegen Perspektive stellen“, ohne vorher festliegende, bewusstseinsdiktatorische Wahrheitsgeltung. Das erfordert ein grundsätzliches Überdenken dessen, was wir künftig für wahr halten wollen. Nur an solchen, einige Tiefbohrung erfordernden Beispielen lässt sich das ach so akademisch anmutende Thema einer „Aufstufung des Wahrheitsbegriffs“ anschaulich und erlebbar machen (vgl. Kap. 31, 35).

Hier geht es nicht um praxisferne Philosophie, sondern um die sehr konkrete Frage, ob die Gesellschaft ihre kulturellen Verwerfungen wahrnehmen und praktisch behandeln will oder lieber nur das Beste hoffen und „optimistisch bleiben". Es geht um eine *Entscheidung*. Teile der Basis westlicher Gesellschaften wittern längst, wo die Probleme liegen: bei den Wissens- und Entscheidungseliten, denn dort wird das Logos-Regime verwaltet. Unser geistiger Instinkt in Europa ist sozial wach, funktioniert, das ist die gute, zuversichtlich stimmende Botschaft in diesem Desaster; bloß lassen sich die verwickelten Verhältnisse, die ihm zugrunde liegen, nicht so einfach artikulieren. Was genau sollten die Protestler auch sagen? Alles, was wir hier ansprechen, liegt weit unterhalb der spontan ausformulierbaren Oberfläche. Von den Demonstrantinnen ist diese Exegese kaum erwartbar – von geistigen Eliten schon.

Eine letzte Ergänzung zu einem argumentativen Evergreen: Den Protestlern wird mit Recht vorgeworfen, dass Teile ihrer Argumentation selbst inhuman seien; in Mitteleuropa etwa den Rechtspopulisten mit Blick auf ihre Anti-Flüchtlingsrhetorik. Nur ist der Einwand logisch unterkomplex, und das empfinden viele deutlich. Humanität lässt sich heute nicht mehr – in alter okzidentaler Tradition – als Nullsummenspiel verstehen und hierarchisch verordnen („Humanität X gegen Humanität Y", „meine Humanität ist gerade wichtiger als deine" oder auch „individuelle Freiheit gegen die Gesundheit der Mehrheit" und so weiter). Unser politischer Alltag ist voll von solchen Spielchen aus der Hochzeit der Logos-Ära.

Hier liegt eine für Eliten schwer zu nehmende Hürde „mehrwertiger" Logik. Zwar ist der häufig vernehmbare Hinweis rational plausibel, menschenrechtlich verbriefte Humanität, etwa internationales Asyl- oder Flüchtlingsrecht, sei für Europa „genauso wichtig" wie Ansprüche anderer Gesellschaftsmitglieder. Hier handelt es sich allerdings nicht um einen lediglich intelligent genug zu programmierenden Algorithmus, um klarzustellen, wo die Priorität oder das richtige Gleichgewicht gerade liegt. Solche *sach*logisch korrekten Argumente sind nur *eine* logische Dimension, *um die es den Protestlern gar nicht geht*! Empirisch belegt: Viele stimmen solchen Hinweisen ausdrücklich zu, etwa der Wichtigkeit von Asylrecht. Wir müssten diese Menschen erst zu Geisteskranken erklären, um uns in unserem logozentrisch abgeschliffenen Weltbild selbst „erklären" zu können, wie das sein kann: Einerseits demonstrieren sie gegen den Einlass von Flüchtlingen, andererseits befürworten sie das Asylrecht. Das *ist* verrückt – aber nur für Logozentrikerinnen! Hier blitzt sie kurz auf: die zutiefst inhumane Pathologie des okzidentalen Logos. Er zersetzt Beziehung.

Menschliche Zustände lassen sich nicht gegeneinander aufrechnen – hier liegt die Aufstufung. Wir haben bisher jedoch nur ein binär kodiertes logisches Schema zur Verfügung. Entscheider werden bei solchen Debatten deshalb schnell panisch beziehungsweise wiegeln ab: Was bedeutet das für unser Urteilen – oder für Führung? Verschiedene menschliche Zustände sind nicht teilbar: Kriegsleid und Traumata, Liebe, Trauer oder Wut, Abstiegs- oder Zukunftsangst lassen sich nicht polar vergleichen, summieren oder dividieren gegenüber „dem“ Gemeinwohl, „der“ Freiheit oder „der“ Gesundheit. Politikerinnen, Machthaber, Wissenschaftlerinnen, Steuerungseliten, Führungskräfte können derlei nicht mehr in herkömmlicher Manier („Prioritäten setzen!“) in die richtige, das heißt sachverhaltsbezogen *eindimensional-wahre* Linie bringen. Auch wenn nahezu alle das stoisch-unbeeindruckt immer weiter praktizieren: Im alten Muster sind solche Abwägungen sozial und politisch nicht mehr legitimierbar.

Warten wir nicht, bis das soziale Band reißt! Immer wieder das gleiche Thema: Den Bios, anthropologische Tiefendimensionen, die unumstößliche Geltung humaner, hier: in kollektiver Breite zunehmender, zeitlogisch-zukunftsbesorgter Empfindungen blenden wir aus, sie werden weggedrückt. Die Unvereinbarkeit, richtiger: die Un*vergleichbarkeit* solcher zahlreichen, ganz unterschiedlichen Dimensionen wahrzunehmen, sie nicht über einen Leisten zu schlagen, sie nicht qua Mehrheitsentscheid „empirisch validiert“ für richtig oder nichtig zu erklären, fällt uns extrem schwer, denn Abwägungsfragen rund um unseren Bios liegen tief im blinden Fleck unserer Kultur. Wir haben das nie trainiert. Und wir haben auch keine Regeln, Standards, Institutionen dafür, kein Professionalitätsideal. Die Gesellschaften spüren das und fangen an, sich gegen etwas bislang Unartikulierbares aufzulehnen. Daher sind ihre Themen häufig obskur und absurd, Tenor: „Alles ist besser als *das*!“[99]

2. Vorauseilende Bewusstseinsverzwergung

Um es zu wiederholen: Alle Lager sagen die Wahrheit; eine, ihre Wahrheit. Nur wenn wir das akzeptieren, können wir mit der Diskussion überhaupt beginnen. Das wird anstrengend, doch wie viel wert ist uns unser Gesellschaftsmodell? Ist das *zu* anstrengend? Beispiel Europa: Wir könnten in dieser Sache vorangehen. Wenn wir nicht damit anfangen, einen universal teilbaren gemeinsamen Nenner des Homo sapiens sapiens über alle Kulturen hinweg herauszudestillieren – und zwar abseits von Norm, Kultur und Recht; dort, wo die unendlich vielen subjektiven Wahrheiten von Homo sapiens sapiens liegen –, macht es in der sich abzeichnenden Weltgesellschaft *logisch überhaupt keinen Sinn*, zusammenzuarbeiten. Damit müssten wir jedoch bei uns selbst beginnen. Es ist schwer zu sehen, wer dieses Projekt anführen soll – außer den Europäern. Wie führen wir beispielsweise den Kontinent und Afrika zueinander? Oder nach dem Brexit wieder England und Europa? Ganz zu schweigen von Russland und Europa. Politisch und ökonomisch, selbstverständlich – doch das wird kaum reichen. Wir behaupten ja nicht, dass es keine unumstößlichen Wahrheiten, Einsichten, Erkenntnisse gibt, auch „über"-weltliche oder kulturspezifische. Wir weisen aber unnachgiebig darauf hin, dass es Wissenschaft sowie Statuseliten bei uns im Westen ruiniert, so zu tun, als

a) wüssten wir bereits, worin diese Wahrheiten bestehen, oder
b) als könnten wir genau angeben, wo diese nur zu suchen seien, nämlich in logozentristisch verarmtem Minderbewusstsein, in genormten Vorgaben des Rechts, der Ethik, der Staaten, Nationen und in Daten.

Eine solche Haltung ist unzeitgemäß. Dass unseren westlichen Institutionen, sowohl politischen wie ökonomischen, der ignorante Habitus nicht gut bekommt, ist offensichtlich; in der Volkswirtschaft werden die Effekte des Anhaftens an überkommenen Denkstandards in ersten Graden wissenschaftlich vermessen.[100] Die Zukunftsfähigkeit Europas steht dabei auf dem Spiel. Durch die Debatte geistert zudem seit Jahren das böse Wort vom „intellektuellen Bankrott Europas" (Nobelpreis-Ökonom Edmund Phelps). Vitalität, Forschungsexzentrik, eine intrinsische Neugierde auf die vielen fremdartigen Erkenntnisse, die uns insbesondere die technologische Forschung liefert, scheinen sich nur in Kalifornien und China richtig wohlzufühlen. Unsere Vermutung: Bei uns liegt das nicht an einem Mangel an Interesse, Neugierde oder Ideen, sondern an *Sinn*, wenn wir mit unserem westlichen Blick auf die Welt schauen, die im Entstehen ist. Denn ein aus unserer antiken, auf Sicherheit versessenen Gründerzeit überlieferter Glaubenssatz lautet: „denn diese Welt bietet Sicherheit nur, insofern sie uns von anderen mit garantiert ist".[101] Wenn wir aber in unserer eigenen Gattung keine Heimat mehr finden – sogar in unserer eigenen Gruppe nicht mehr, weil sich Führende immer weiter von den Geführten entfernen und sich die Gruppen intern aufspalten –, gibt sie uns ein Staat oder die künstliche Intelligenz auch nicht. Dann wird auch „das" System letztlich egal.

Wir können uns immer nur gegenseitig sichern. Diese biologische Prämisse jeder psychologischen Sicherheit erodiert. Wir qualifizieren diese Intuition ab und glasieren unsere Abwertung mit immer neuen Kriterien der Normabweichung, Unterscheidung und Differenzierung. Das separiert uns aber nur weiter. Individualismus, Authentizität, Einzigartigkeit – eine solche Welt bietet immer *weniger* Sicherheit. Dabei ist unsere Kultur aus existenzieller Angst und dem Bedürfnis nach Sicherheit entstanden! Wir gravitieren in dieser Art und Weise immer näher gegen unser eigenes schwarzes Loch. Wenn wir uns in der Welt und inmitten der anderen nicht mehr aufgehoben fühlen, wenn die biologisch-existenzielle Basis zerfällt, von der unser psychisches Wohl abhängt, wo sollen dann Esprit, Inspiration und Neugierde, Erfindungsreichtum und Ideen herkommen? Wir sind davon überzeugt, dass die Innovationskrise Europas viel tiefere Ursachen hat, als in der Debatte eingeräumt. Geistig gesundes, „heiles" Leben, Weltoffenheit und Neugierde sind an Bedingungen geknüpft. Sie setzen ein gefühlsgetriebenes, sehnsuchtsvolles und hoffnungsvolles Aufschließen zu diesen Bedingungen voraus, das *über die anderen* läuft.

Dazu müssen wir das menschliche Band spüren können, *um dessentwillen wir das hier überhaupt alles machen*, die

Wesen um uns herum, sie müssen uns bewusst sein dürfen, sie sind alle wichtig – sonst zerfällt Sinn. Je mehr Klüfte und Risse Gesellschaften bekommen, je tiefer diese werden, je intensiver wir humane Qualitäten gegeneinander aufrechnen (welche Gruppe hat recht, ist gerade wichtig zu beachten, sticht hervor?), desto weniger ist das sozial lebbar. Wenn beziehungsintelligente Bedingungen vorherrschen, entsteht Zukunft von selbst, denn Zukunft bildet sich durch Fantasie auf genau diesem Grund. Machen wir also den Praxistest: Wovon träumt Europa? Worauf richten sich unsere Hoffnungen und Pläne, unsere Aufmerksamkeit, Konzentration und Energie?

Nun, da gibt es etliches zu berichten, die Reihe ist lang. Die EU darf nicht auseinanderbrechen. Der Brexit muss über die nächsten Jahre gelingen, Russland völlig neu eingebunden, die Flüchtlingssituation am Mittelmeer geklärt werden. Dazu braucht Afrika Hilfe bei seiner Entwicklung. Die Populisten dürfen nicht übermächtig werden. Ökologische Probleme erfordern dringend Rezepte, Handlungsstrategien, Lösungen. Unterschiede zwischen den sozialen Gruppen, Gerechtigkeitsfragen dürfen nicht zu (?) groß werden. Wir müssen die Wirtschaft stabil halten, ohne zumindest gemäßigtes Wachstum wird es nicht gehen. Die Bildung ist weiter zu verbessern, Arbeitsplätze sind zu sichern, die Infrastruktur ist in schlechtem Zustand. Das Gesundheitssystem muss – gerade nach Corona – modernisiert werden. Wir müssen mit der Digitalisierung Schritt halten, technologisch schneller vorankommen. Wir hätten gern ein eigenes Google oder Amazon, aber so einfach ist das nicht. Wir sollten uns als Europa besser behaupten lernen, strategischer handeln, uns auf unsere Interessen besinnen, die internen Beziehungen stabilisieren. China wächst und gedeiht, wie bieten wir Paroli? Die unabsehbare Evolution einer Pandemie ist zu stoppen. Das nächste Dutzend Probleme dann bei anderer Gelegenheit. Träume? Welche Träume?

Eine andere Bewusstseinsverzwergung ist mitunter empirisch hinterlegt. Eine Studie hat sich jüngst damit beschäftigt, ob die Menschen gern ihre Persönlichkeit verändern würden, und falls ja, in welche Richtung.[102] Befragt wurden 800 Probanden; zusätzlich baten die Forscher Bekannte und Familienmitglieder um eine Einschätzung, quasi als Gegencheck. Worum es den Befragten bei einer möglichen Selbstveränderung *nicht* ging, waren moralische Werte: sich fairer verhalten, sensibler sein, mehr Mitgefühl zeigen. So etwas stand nicht auf der Agenda (9 % strebten an, mitfühlender zu sein; 3 % wollten sich grundsätzlich moralischer verhalten). Die meisten beschäftigte etwas anderes: Auf der Änderungswunschliste ganz oben finden sich Charaktereigenschaften, die mit negativen Emotionen einhergehen. Fast die Hälfte wollte weniger ängstlich zu sein, jeder Vierte wäre gern kontaktfreudiger, jeder Fünfte emotional stabiler und produktiver. Dass die eigene moralische Performance nicht im Fokus stand, spiegelte sich auch in den Antworten von Familienmitgliedern und Freunden. Die Forscher vermuten, dass Menschen diejenigen Aspekte ihrer Persönlichkeit verändern wollen, die ihrer Ansicht nach besonders großen Einfluss *auf ihre eigene Zufriedenheit* haben. Und in einem sozialen System, das Zielerreichung, Mithaltenkönnen und Performance triggert, liegt *weniger Angst* eben näher als *mehr Mitgefühl*.

Achtung: Das war eine amerikanische Studie – was Europäer zurückmelden würden, wissen wir nicht! Wenig wahrscheinlich ist, dass wir hierzulande mit mehr Mitgefühl besser durchs unwegsame Problemgelände kämen als die Amerikaner. Das Votum der Probanden ist plausibel: Sie blicken selbstreflexiv in genau die Richtung, in der sie Ressourcen für sich vermuten, um einigermaßen heil durch die Unbill dieser Zeit zu navigieren. Und wenn dafür humanes Bewusstsein lediglich ein Nice-to-have ist, Netzwerkkompetenz und Produktivität hingegen zentrale Erfolgsfaktoren sind, greift der gesunde Menschenverstand korrigierend ins Steuer und justiert in genau dieser Richtung nach. Es gibt dabei keinen Grund zur Verwunderung darüber, dass Themen rund um spirituelle Fragen das sind, als was sie derzeit auf dem Kontinent real auch behandelt werden: Im Wesentlichen sind sie überflüssig, Doping für Depressive. Sehr nützlich sind sie, um schlechtes Gewissen zu erzeugen (Solidarität, Afrika, Ökologie), nützlich, um ethische Themen zumindest bei autonomem Fahren, künstlicher Intelligenz, Gentherapie oder Quantencomputing immer wieder hochzuhalten. Lässlich und sogar störend sind sie, wenn es um Fortschritt, alternativlosen Wandel oder bürokratische Regelungen zu Kohleausstieg, Tierschutz, Gülleverbot oder Pestizidverwendung geht. Dabei müssen schlicht die Messwerte verbessert werden, und zwar schnell, Punkt.

So funktioniert das mit der Bewusstseinsverzwergung. Übrigens lässt sich genauso gut umgekehrt fragen und argumentieren: Braucht Europa wirklich ein neues Denken? Ein anderes Konzept von Vernunft, ein aufgestuftes, interkulturell und gattungsübergreifend sensibleres Bewusstsein, mehr spirituellen Gehalt und seelische Tiefe? Wäre das am Ende nicht kontraproduktiv? Die Leute fordern das doch gar nicht, und Daten geben diesen Schritt auch nicht her (Säkularisierung!).

So gar nicht einfach stellt sich geistig das noch junge 21. Jahrhundert dar. Diese Beispiele sind ernsthafte wissenschaftliche Fragen auf der Höhe einer postfaktischen Zeit. Allmählich dämmert den Ersten, dass uns auch die genauesten Zahlen und Daten in zentralen Handlungsfeldern nicht mehr den Weg weisen können, was jetzt zu tun ist. In komplexen Umfeldern kommen wir – radikaler Bruch zu früher – nicht umhin, ab sofort eine Entscheidung zu treffen: Wohin wollen wir?

39 Ökologie: Beispiel für eine neuartige Ordnung der Beziehungen

Apropos Empirie: Für die Skeptikerfraktion haben wir zum Schluss noch ein Goody. Um uns selbst zu beweisen, dass der Schritt aus spirituellem Gelände ganz prinzipiell *heraus*, sein allmähliches Vergessen, voreilig wäre, menschlich falsch, anti-human, müssen wir Okzidentalen erst etwas für uns Unabdingbares tun. Wir können uns der heute tief verschütteten, weil über Jahrtausende abgeschirmten Fähigkeiten des menschlichen Geistes via Bewusstsein nur erinnern und authentisch vergewissern, wenn wir uns ihrer auch empirisch versichern. Für uns ist dies *das Einzige, was wirklich zieht* – deshalb haben wir hier erste Evidenzen eines anderen Wissens zusammengetragen. Erst, sobald sich etwas belegen lässt, bildet sich bei uns Aufmerksamkeit. Die Chancen stehen gut, dass unseren Wissenschaften dies langfristig gelingt. Vorerst haben wir nur starke Indizien, eine ganze Phalanx neuartiger Fragen und nur wenige präzise treffende Beweise. Gibt es für die Zwischenzeit in der realen sozialen *Praxis* schon konkrete Beispiele einer neuen Zeit?

Davon gibt es bereits zahlreiche, insbesondere in der Wirtschaft! Wir beschränken uns hier auf den ökologischen Bereich, der komplex genug ist. Seine Ausleuchtung bedarf der Rückversicherung unserer bisherigen Gedankenfrüchte, doch das lohnt. Hier passieren aufregende Dinge. Die Ordnung der Beziehungen, die nachhaltigkeitsorientierte Praktikerinnen unterschiedlicher Disziplinen inzwischen völlig neu definieren, bedeutet im Wesentlichen eine *Forschung über die Relationen zwischen allem, was ist.* Beispiel: Nimmt man unter die Lupe, wie es Menschen in naturnah gestalteten Räumen geht, stellt man fest, dass sie schneller regenerieren, häufig kreativer sind und dabei Stresslevel, Pulsfrequenz und Blutdruck sinken. Also versuchen Städteplaner, Architektinnen und Raumexpertinnen herauszubekommen, welche Beziehungsqualität von Dingen und Lebewesen welche Rückkopplungseffekte auf Körper und Geist von Menschen haben – anstatt wie bisher herauszubekommen, wie Körper und Geist von Menschen *funktionieren* oder was Geist, Kreativität oder Motivation *ist.*

Ergebnisse sind etwa Embodiment-Konzepte (wie „verkörpert" sich unsere Umgebung auf Dauer im Geist?) für „Future Working Spaces". In diesen digitalen Arbeitsumgebungen kann man sich *im* Gebäude mittags unter einem Mammutbaum treffen, in leichter Brise neben einem kleinen Teich arbeiten oder umgeben von Farnen eine Besprechung abhalten. Selbstverständlich lassen sich auch Teamkultur und Kommunikationskultur beforschen, um Kooperation oder Ideen zu fördern; das eine schließt das andere nicht aus. Aber die bezeichnete Forschung nimmt von beweglichen Relationen ihren Ausgang, nicht von Sachen, Phänomenen, fixen Wissensdingen und Wissensobjekten. Sie setzt bei unseren Sinnen an. Nicht: Was *ist*? Sondern: Wie *nehmen wir wahr,* was ist, auch vorbewusst? Welche Perzeption führt in welche Zustände, Phasen oder Leistungsniveaus? Zu welcher Art von Erkennen oder Realisieren – sich etwas bewusst machen – sind wir überhaupt in der Lage, welche Grenzen zeichnen sich ab? Gibt es dabei universal gültige günstige oder ungünstige Zustände oder ist alles kontextabhängig? Lassen sich einzelne Einflussdimensionen identifizieren? Traditionelle Wissenschaft vermisst die Welt anhand der X-, Y- und Z-Achse. Was ist mit der Temperaturachse, der Feuchtigkeitsachse, der Helligkeitsachse, der Farbachse, der Zeitachse? Biologie ist multidimensional.

Interessant für solches Forschungsinteresse ist nahezu alles – Städte, Häuser, Wohnungen. Auch Mode, Kleidung – unsere „zweite Haut" hat immense Auswirkungen auf die Art, wie wir uns fühlen, uns zeigen, „performen", kommunizieren und kooperieren. In unserer Kultur gilt Kleidung vor allem als situations-, sozialstatus-, domänenrelevant. Was für eine Rolle sie jedoch für unsere mentale Gesundheit spielt, was sie „mit uns macht", gehört gerade noch ins Curriculum von Kunsthochschulen, dabei sitzen die echten Lehrmeisterinnen in uns fremden Kulturen. Unsere Haltung gegenüber Essen und Nahrung verändert sich, aus mehreren Gründen. Wenn wir uns *bewusst* mit anderen Dingen umgeben – von Kleidungs-„Häuten" über Möbel, technologische Gegenstände, Kunst, Musik oder ganz allgemein „bedeutsame Objekte" bis hin zu dem, was wir unseren Körpern zuführen –, fangen wir an, auf die Feedbackschleifen der Dinge *auf uns* strategisch Einfluss zu nehmen (vgl. Kap. 14 und 15: Verschiebung der Wahrnehmungsvalenz unserer Welt in Richtung der epistemischen Position (3)). Wir nehmen ernst, dass Leben bedeutet, in Beziehung zu sein, und gestalten bewusst diese Beziehungen, *weil wir gerade lernen, wie existenziell diese* uns *gestalten.*

Ökologinnen praktizieren das in ihrer Innovationsarbeit inzwischen strategisch und systematisch. Ihr Glaubenssatz: Alles, was uns Menschen umgibt, ist *auf der gleichen ontologischen Stufe angesiedelt wie wir selbst,* sonst machte solches Tuning keinen Sinn, könnte Lebensqualität nicht mit Beziehungsintelligenz positiv korrelieren. Wenn Beziehung „gilt" – genauso wie die Relaisstationen dazwischen, also die fixen Dinge und Phänomene, etwa Materie; wenn beide quasi auf Augenhöhe, gleichwürdig sind –, gibt es innerhalb der Welt kein ontologisches Gefälle mehr. Anstatt also lediglich die Vernunft umzubauen – auch wenn wir Okzidentalen um unseres eigenen Verstehens willen darum nicht herumkommen werden –, können wir gleichzeitig damit anfangen, die weltlichen Sachen praktisch anders zu verwenden. Damit öffnet sich eine unermessliche Relationslandschaft zwischen allen Seinsdimensionen, also zwischen Stein, Pflanze, Tier, Mensch und Maschine. Der esoterische Gemeinplatz, dass wir alle miteinander verbunden sind; oder die klassisch intonierte Forderung, wir bräuchten eine fundamentale Neubestimmung des Verhältnisses von Mensch, Tier und Schöpfung, kippen in dieser Sichtweise erstmalig in eine westlich-wissenschaftsaffine Beschreibung. Diese Denklandschaft bricht den Logozentrismus – grundlegend.

Wir können zum Beispiel Häuser „vitalisieren", indem wir Chitin verbauen. Insektenpanzer oder Garnelenschalen bestehen daraus. Das Material ist zwar äußerst stabil, sorgt aber dafür, dass unsere Häuser nach einer zu beeinflussenden Zeitspanne von selbst verfallen. Soll heißen, man kann nicht mehr unterscheiden, was natürlich gewachsen und was menschengemacht ist. Im Okzidental-Sprech: Wir nähern Lebendes und Totes einander an. Vor dem Hintergrund dieses grundrenovierten Seins- und Ökologieverständnisses beginnt die alte Dichotomisierung insgesamt zusammenzubrechen. Ist ein Stein tot? Sind heilige Berge Unsinn von geistig Minderbemittelten? Kann eine Maschine definitiv niemals Bewusstsein haben? Diese Fragen reichen aus, um zu realisieren: Unser Weltbild *ist* längst gebrochen. Es ist uns nur nicht bewusst, denn *wir wollen das noch nicht.*

Wir können in der Außenhülle von Gebäuden Melanin nutzen, ein natürliches Hautfärbe-Pigment, um unsere Gebäudehaut vor UV-Strahlung zu schützen. Wir verbauen also Körpersekrete. Wir können Tiere dazu bringen, für uns etwas zu produzieren: etwa Seidenraupen eine grob vorgegebene Form ausspinnen lassen und sie dabei durch Temperatur und Feuchtigkeit in gewünschte Richtungen lenken (vgl. Abb. 7). Vielleicht „stricken" sie künftig unsere Pullover? Bei solchen Verfahren werden keine Kokons abgekocht, keine Tiere getötet, sondern im Gegenteil *durch eine sich vermehrende Population Produktivität und*

Abb. 7: Silk Pavilion I, Neri Oxman, Materialökologie
Tausende Seidenraupen spinnen als Co-Designer eine Grundform aus. Dabei fabrizieren sie keine Kokons, sondern – manipuliert durch Einflussfaktoren wie Licht, Hitze und Schwerkraft (die vorgefertigten Basisskulpturen werden bewegt) – Tücher, Flächen, Häute. Vom Prinzip her gedacht: jede Form, die wir vorgeben. Tiere werden dabei nicht getötet. (Quelle und Details: https://oxman.com/projects/silk-pavilion-i, Abruf 20.1.2022)

Expansion erzeugt. So geht fortgeschrittene, kapitalistisch-ökonomiefähige Ökologie – und qualitatives Wachstum.

Das, was solcher Praxis an Denken zugrunde liegt, ist derzeit intellektuell nicht satisfaktionsfähig, aus mehreren Gründen. Zunächst lässt es sich ganz leicht logozentrisch „rückabwickeln", das heißt wieder für die alte Storyline vereinnahmen. „So what?", könnte eine Version davon lauten, „dann verbauen wir eben *andere* Stoffe und Flüssigkeiten, biologische. Wir tauschen Materie X durch Materie Y aus – das soll eine Revolution sein?" In solchem Denken, das uns intuitiv sofort einleuchtet, zeigt sich immer wieder das kognitiv vereinseitigte Festmachen der Welt an Zeugs: an Dingen, Materie, stofflichen Phänomenen, Materie X oder Y. Hier „gilt" Beziehung *nicht*. Gemäß des neuen Vorschlags besteht Natur aber nicht aus Dingen; egal, ob aus lebenden oder aus toten. Soll heißen, es besteht nicht *prinzipiell* – in universalistischer Geltung, ewig und überall – aus dem, *was da ist*; aus Mäusen, Giraffen, Menschen, Bäumen und Steinen. Die Neuigkeit: Diese Erscheinungen sind nichts anderes als zur Lebenszeit unserer Gattung *zufällig existierende* Manifestationsformen von Energie und Beziehungsstrukturen. Natur ist eine Hypothese (Blumenberg), mehr nicht. Dass wir Natur für das halten, besser gesagt: damit kurzschließen, was wir in unseren paar Jahrtausenden auf diesem Planeten vorgefunden, darunter verstehen gelernt, als Natur „abgespeichert" haben, weil wir bisher noch nie etwas anderes kennengelernt haben, ist ein zeitlogischer Fehlschluss, ein blinder Fleck. Und als solcher bewusstlos und eben deshalb evolutionsgeschichtlich dumm.

Wenn das stimmte, wäre die Evolution bereits im Ruhestand. Sie „hätte fertig" und ergötzte sich nur noch an ihrem grandiosen Werk. Darüber hinaus: Woanders – im Universum und im ganzen Rest – gäbe es höchstens eine Evolution unseres Typs. Vielleicht sehen die Giraffen dort ein wenig wunderlich aus. Beide Annahmen sind extrem unwahrscheinlich. Sicher stirbt auf der Erde dieses Tier und jene Pflanze aus, mitunter auch eine ganze Lebensform, etwa Dinosaurier, etwas Neues entwickelt sich. Aber: Das Paradigma von Leben verändert dadurch nicht sein Format, seine Art des Prozessierens! *Denken wir*. Das Prinzip der Evolution sei klar, definiert, Darwin und Nachfolgern sei dank. Ein Glaubenssatz. Das nächste ökologische Paradigma geht von anderen Glaubenssätzen aus. Zum Beispiel dem, dass aufgrund der Beziehungsstruktur allen Seins, des Werdens, *das Prinzip der Entwicklung selbst der Entwicklung unterliegt.* Dass dieses Prinzip in sich unbestimmt ist; auf anderen Planeten könnte es eine Art von Leben geben, die für uns unvorstellbar ist. Zum Beispiel, weil mit unseren Sinnen gar nicht wahrnehmbar, die auf irdische Bedingungen und Beziehungsweisen zugeschnitten sind.

Die Wortwurzel evolutio, evolvo oder evolvere zeigt das an, was wir notorisch übersehen. Sie bezeichnet ein Aus-sich-Herausrollen, ein Über-sich-Hinausgelangen – Werden. Das, *was* jeweils über sich hinausgelangen will, bezeichnet sie jedoch nicht, das ist völlig offen. Dass Leben grundsätzlich irgendwie so etwas sei wie auf der Erde, ist zwar für Homo sapiens sapiens in seinem logozentrischen, stabilitätsfixierten Denkhäuschen eine naheliegende Hypothese, bleibt aber eine bloße Hypothese. Bedeutet: Wir können eine lebendige, organische, irdisch vollumfänglich *adäquate* Natur „machen“, die „besser“, etwa angemessener, zu einer veränderten Umwelt passender ist als die, die wir heute haben – durch neuartige Relationierungen der Dinge. In einer ökologischen Krise keine unwichtige Nachricht. Und: ein aus heutiger Sicht verrückter Gedanke, der sich noch nicht lange formulieren lässt. Wir müssen für dieses Projekt damit anfangen, Autologie *praktisch anzuwenden*.

Der Zusammenhang von Ökologie und Spiritualität

Dieser fremdartige Zugang zu Natur und Umwelt birgt immense Konsequenzen. Neri Oxman beispielsweise „entmetaphysiert“. Sie ist voller Wärme, Bewunderung und Staunen über Organisches wie Unorganisches, arbeitet aber in ihren Forschungsregularien gegen jede Gottesfantasie an: gegen die Homo sapiens sapiens-verzwergende Vorstellung von „hohem Leben“, von Vernunft und einem Sein in Gott. Gegen die Vorstellung eines „maximal Höchsten“, was unterhalb Gottes Niveaus möglich ist, nämlich menschlichen Seins. Der zeitgeistige Ökologiediskurs hingegen zehrt zentral von dieser überholten re-ligio: Viele ökologisch Besorgte verweisen in ihrem Verantwortungsverständnis auf uns Menschen als eine Hüter-Spezies, die Natur unbewusst im Rahmen einer alten Gottesfantasie („Schöpfung“) missversteht.

Ja, wir sind die Hüter, aber wir bewachen die Verbundenheit von allem Terrestrischen, nicht Einzelelemente von Terra. Zu schützen haben wir Natur als zeitlogisches Paradigma: die unaufhebbare Relationsdynamik, das Mäandern von Formen lebendigen Seins, das Werden, und nicht das, was wir *heute* Natur nennen! Dass es hier um zwei grundverschiedene (Natur-)Weltbilder geht, ist gegenwärtig kaum plausibel zu machen – logisch, Zeit können wir nicht. Das Skandalon ist beispielsweise nicht die Rodung des Regenwaldes, sondern der damit einhergehende Musterbruch in einer – für uns undurchschaubar komplexen – Kaskade von Ursache-Wirkungs-Ketten, Nebeneffekten, Bedingungsgefügen und Folgeschleifen. Das Erdsystem *ist* Leben als Evolution autologischer Beziehungs- und Bindungsmuster, und in dieser Evolution erzeugt es andauernd neue materielle Kristallisationspunkte in Ort und Zeit. Verwechseln wir diese nicht mit dem Prinzip des Kristallisierens selbst! Letzteres ist irgendwie heilig, jedenfalls spirituell tief gesättigt. Über seinen Modus wissen wir praktisch nichts. Für eine erfolgreiche ökologische Transformation werden wir diese Differenzierung jedenfalls lernen müssen.

Erst dann wird möglich, dass Pflanze, Tier und Mensch irgendwann „Hand in Hand" arbeiten, dass Raupen unsere Pullover spinnen, Bienen ganzjährig Honig herstellen, weil wir ihre Lebensbedingungen „tunen", oder dass Häuser aus Lebendmaterial gebaut werden. Möglich wird damit eine genuin ökologische Produktions- und Wirtschaftsweise; über unsere Beta-Versionen einer Art von Kreislaufwirtschaft Art werden wir milde lächeln. Ihre Horizonte können wir heute nicht ermessen; wir fangen gerade erst an, diese Option überhaupt zu erkennen. Die behauptete Identität von Sein und Natur gibt es nicht, Natur „ist" nicht „so" – sie ist „so" nur in unseren Tagen! Dass es zum gegebenen Stand der Schöpfung keine Alternativen gäbe, dass danach nichts Wesentliches mehr komme, dass Gott alles ideal eingerichtet habe, ist eine Geschichte, die nicht mehr zu unserer Zivilisationsstufe passt. „Seht die Vögel unter dem Himmel an: sie säen nicht, sie ernten nicht (...); und euer himmlischer Vater ernährt sie doch" (Matth. 6:26). Die hier gut verklausulierte Botschaft, dass auf der Welt alles zum Besten stünde, *weil von einer überirdischen Macht so eingerichtet,* ist – konkret bemessen an unserer heutigen Welt – keine ernsthaft zu diskutierende Frage mehr. Vielmehr ist sie *die* ökologische Handlungs- und Entwicklungsbarriere, und zwar eine geistlich-spirituelle, versteckt im blinden Fleck des Westens.

Wollen wir die ökologische Wende schaffen, brauchen wir eine wissenschaftlich zu vermessende Achtsamkeit für das planetarische Diesseits. Wir können lernen, dass Rückbindung inmitten des Flusses der Zeit in jedem Moment in vollem Gehalt möglich ist: durch das Bewusstsein für die unaufhebbare Eingebundenheit aller lebender Systeme in das „Metasystem“ Erde. Wir haben immer uns; alle Vorherigen und alle Nachfolgenden eingeschlossen, und alles Weltliche drumherum.

Der innerwestliche Bruch

Der Westen bewertet diese grundstürzend neuartige Form von Freiheit, die hier aufblitzt, nämlich eine grenzenlose Freiheit im Sein, extrem unterschiedlich. Wir Kontinentale haben einen Glaubenssatz, dem die Amerikaner zutiefst misstrauen: *Leben kommt aus Leben.* Lebewesen kommen *als* Lebewesen niemals „weiter“, lautet unser Credo; nur geistig. Lauscht man den Ausführungen der Innovationsführerinnen aus dem Silicon Valley, wird der gigantische Graben zwischen beiden Positionen offenbar: Zwei innerwestliche Weltbilder spalten sich in unseren Tagen an diesem Riss humaner Freiheit voneinander ab. Denn man kann trotz Hyper-Modernisierung den etablierten Logos auch einfach weiterlaufen lassen und damit die Beziehungsstruktur speziell im lebenden genetischen Code abwerten – optimieren und *überwinden* wollen. Groteskerweise praktiziert dies ausgerechnet die „neue“ Welt: unser Tribe der Scouts, die doch eigentlich vorangehen. Insbesondere das ingenieurtechnisch dominierte Weltbild der US-amerikanischen IT-Industrie atmet genau diesen Geist. Der „Captain of Moonshots“ in der Zukunftsforschungsschmiede X Development LLC (früher Google X), Astro Teller, ist ein perfektes Beispiel, wenn er verrät, was er gerade spannend findet: Zum Beispiel

> *„synthetische Genetik. Bisher wurden Biologen dazu ausgebildet, wie Wissenschaftler und Ärzte zu denken, aber nicht als Ingenieure. Ich glaube, es beginnt eine Zeit, in der wir darangehen, lebendige Zellen zu konstruieren; so, wie wir Computer programmieren. Das ist eine der Sachen, die ich wirklich interessant finde – auch, wenn ich nicht weiß, wohin das führt: Die Verschmelzung von Biologie und Technik, wenn wir Natur erschaffen, statt nur im Experiment zu erforschen. (...) Wenn es im Wandel knirscht, muss man eben die Gesellschaft verändern, aber man darf nicht den technischen Fortschritt knebeln“.*[103]

Hier sitzt er, der – auch ökologische – Gegner: Zellen zu konstruieren, wie wir Computer programmieren, ist, kontinental betrachtet, der Königsweg in die human-spirituelle Katastrophe. *Wir setzen damit das Bindungsparadigma von Terra aus.* Die Tradition des Geistes in der östlichen Hemisphäre, auf dem gesamten Kontinent, basiert – im Gegensatz zur kulturellen Grunderfahrung der Amerikaner – in den entscheidenden und grundlegenden Fragen auf den gleichen Evidenzerlebnissen von Subjektivität. In sehr unterschiedlicher Weise, gleichwohl in genau diesem Fokus, explorieren Kontinentale Geistigkeit. Für uns ist das Spektrum des Subjektiven unendlich: Jeder Mensch hat ein unumstößliches Recht auf seine ontologische Perspektive auf die Welt. Jede Person steht auf einem anderen Standpunkt, daher sind Sichtweisen von Lebewesen nicht vergleichbar, nicht aneinander bewertbar. Und wir suchen Beziehung und Bindung sogar in Dimensionen des Subjektiven – spirituell Suchende dort an erster Stelle –, die das Weltliche gerade übersteigen!

Das sieht die neue Welt entschieden anders. Amerikaner arbeiten längst *säkular*-spirituell: Sie versuchen lieber, die *Kluft zwischen Ich und Du* zu überbrücken – und rational zu beherrschen. Mit anderen Worten, *sie säkularisieren Subjektivität*. Bevorzugt praktizieren sie das dadurch, dass sie das Bild ihrer Subjektivität im Objektiven technisch, also gegenständlich konstruieren, verbauen. Dadurch wird auch Spiritualität, tiefste Dimension des Subjektiven, öffentlich, objektivierbar und verhandelbar. Der Raum des Zwischen, wie ihn Amerikaner meinen, hat eine praktisch-reale, geradezu handwerkliche Ebene. Während für uns Subjektivität einen Status der Unantastbarkeit besitzt, der überhaupt nicht *erlaubt*, bestimmte Fragen zu stellen (metaphysische Tradition: wir tragen den Odem Gottes ins uns), wird solcher Glaube im Selbstbild der neuen Welt in rasendem Tempo überformt. Unsere spirituellen Wege trennen sich. Denn wenn sich Subjektivität und Objektivität im Sektor des Gegenständlichen annähern, *wird ein technischer Zugang zur Subjektivität möglich.* Der aktuell reale heiße Kern dieser Debatte trägt den Namen Immersion: das tiefe „subjektive" – technisch vermittelte – Eintauchen in eine vollständig künstliche, virtuelle Welt. Hier wird zum ersten Mal Subjektivität in einem konkreten und perzeptiv umfänglichen Sinne *hergestellt*. Der perspektivische heiße Kern ist die „starke" künstliche Intelligenz.

Das schier Unglaubliche daran ist nicht die Situation als solche, sondern der Totalausfall von Führung und kultureller Selbstbearbeitung dieser Gabelung – von beiden Kulturgeschwistern. Die Divergenz zwischen atlantisch Ost und West; die zweite, nach der geografischen nun geistig-spirituelle Aufspaltung des Okzidents scheint niemanden zu interessieren! Wir diskutieren informatisch: ja. Technisch sind wir immer vorne, aber nicht „anthropotechnisch". Und auch hier: Logisch ist das! Denn das mentale Fundament, aus dem die geistige Energie dafür nur fluten könnte, ist inzwischen weitgehend zurückgebaut. Es gibt kein Motiv mehr.

Für uns Kontinentale: Was bedeutet das? Zuallererst eine Lektion in Logik: Subjektivität stammt nicht etwa aus dem Menschsein überhaupt. Der Okzident unterstellt das nur für gewöhnlich in traditionell geistig-übergriffiger, weil universalistischer Logos-Manier. Sondern Subjektivität wurzelt in einer relativ engen geohistorischen Form menschlicher Erlebnisfähigkeit. Das ist genuin *unser* Thema, ein eurasisches. Spiritueller Konsens lässt sich in der kontinentalen Zone *nur durch innere Überzeugung* legitimieren. Der amerikanische Pragmatismus formuliert eine radikale Absage an diese Tradition: Man will nicht mehr Subjekt der alten Geschichte sein, unter deren Joch wir bis heute leiden. Man will nicht mehr so denken, wie die Menschheit bisher gedacht hat. Falls Menschen (die Gesellschaft) dem im Weg stehen: Weg mit den Menschen! Kontinentalen stockt hier der Atem.

Kontrastprogramm. Demgegenüber macht sich die israelische Materialökologin Neri Oxman über die Kollegenschaft ihrer nächstliegenden Fachdisziplin (Architektur) lustig. „Ein Ingenieur sagte mal zu mir: ‚Du willst bauen, oder? Was willst du dann mit Biologie?'" Hier klaffen Abgründe: Für Oxman ist biologisches Material das *nächstliegende*.[104] Sie ruft – strategisch provozierend – ein neues Zeitalter der „biologischen Alchemie" aus, in dem Mikroorganismen so gestaltet werden können, dass sie „Fabriken" nachahmen, und Materialien in ihren grundlegenden biologischen Eigenschaften systematisch verbessert werden können. Fast jede Biomasse lässt sich mit diesem Ansatz in Biomaterialien umwandeln, die sich für eine Vielzahl von Zwecken eignen. So können beispielsweise E. coli, ein Bakterium, das im Darm lebt, in essbaren Zucker, Gras in Diesel und Mais in Kunststoff umgewandelt werden. Der Bios wird produktiv gemacht und liefert Menschen Nahrung, Material, Häuser – anstatt vom technischen *telos* her den Bios „umzuprogrammieren". Achtung Logik: Nur im zweiten Fall *kann* der Mensch überhaupt im Weg stehen!

Das ist die zweite Lektion aus der Gabelung des Westens: eine biomoralische. Aus unserem Bios ergeben sich die genuin *humanen* Handlungsmaximen. Religions- und Moralsysteme dagegen liefern andere: Sie binden die universal-humanen nur an ihre eigene, raum-zeit-spezifische Situation an, dafür müssen sie immer selbst kreativ werden und etwas ergänzen. Der Bios ist der ethische Code, Moralen sind seine Spezifikationen. *Ohne Bios-Bewusstsein kann jede Moral Monstren des Inhumanen gebären*[105] – so plausibel oder tröstlich sie auch immer klingen mag. Astro Teller argumentiert ja nicht unmoralisch; im Gegenteil. Er geht in den spirituellen Spuren seines Landes, god's own country, und dehnt traditionsgemäß die menschliche, heißt gottgegebene, also gesegnete Schöpfungsmacht weiter aus. Wir Europäer haben Gott in dieser Schmalspurversion bloß nie konzipiert! *Wir* zitieren die alten Griechen und verweisen beispielsweise auf das sittlich-politische Leben, den bios (!) politikos, und entwerfen Handlungsmacht in Reden und Handeln *zwischen Menschen*. Das mag Gott dann segnen, aber in genau *dieser* Reihenfolge.

Europa kennt inzwischen seine eigenen Grundüberzeugungen nicht mehr; sie sind weitgehend vergessen. Unser Logos hat ganze Arbeit geleistet und sie abgelegt. Wir bekommen gar nicht mehr mit, was mit uns geschieht, und nehmen folglich die Geistesspalte innerhalb des eigenen Tribe nicht wahr. Unser immer findiger und stetig autarker werdende Logos wird diese komplexen Verhältnisse weiter in seinem Vektor verdrehen und rück-umwidmen – *wenn wir ihn an seinem blinden Fleck nicht aushebeln.* Die Replik aus dem Silicon Valley ist vorprogrammiert und offensichtlich: „Warum soll Technik dem Menschen widersprechen oder schaden?“ Diese Frage ist nicht ironisch, sondern ernst gemeint: Ingenieurwissenschaftliches Denken versteht das nicht, dieser Zusammenhang erscheint konstruiert, absurd, überängstlich, geradezu neurotisch; vor allem aber: unbegründet.

Und so geht – bisher – Legitimationsbeschaffung für die neu-technologischen Verhältnisse: Technokraten münzen auf diese Weise eine geistig-spirituelle Intuition, nämlich dass Zellen zu programmieren für Homo sapiens sapiens keine gute Idee sein kann, in dingliche, sachlogische Technikfeindlichkeit um. Das funktioniert äußerst erfolgreich, Autologie durchschaut eben niemand, und geistige Tiefenarbeit ist bei uns *out*. Im Gegensatz zur Pazifik-Region. Keine gute Voraussetzung für eine ökologische Transformation, die ihren Namen verdient. Deshalb gilt auch für ökologische Belange: Geistig aufrüsten!

40 Ein anderer Weg als Ziel

Wir brauchen eine neue geistige Geschichte über uns Europäer – quod erat demonstrandum.

Wie groß eine neue Erzählung sein darf, mag die Wissenschaft ventilieren. Jedenfalls wird dieses Projekt nur mit einiger geistiger Substanz möglich sein, und das ist unsere Domäne: Hier macht Europa keiner etwas vor, uns fällt schon etwas ein. Renovieren wir also unsere religiöse Innenausstattung. Die Frage, ob es Gott gibt, ist im Westen langweilig geworden. Interessanter ist:

- Was bedeutet es, am Leben zu sein?
- Welche Art von Adel wird uns damit zuteil?
- Welcher Segen kommt mit uns in die Welt – vielleicht ja *durch* uns *für* die Welt? Wir vermuten etwas in der Art; nicht als Spiegel unserer Hybris, sondern unserer humanen Verantwortlichkeit.

Eine postfaktische Welt – eine, in der jede Stimme ihr Recht hat – ist komplex und laut, alle reden mit, das wird anstrengend. Die Suche nach einer besseren Welt müssen wir allerdings nicht an den Nagel hängen, im Gegenteil. Was wir ab sofort aber fragen müssen: „Besser in Bezug auf was?" Vorschläge für bessere Welten gibt es heute an jeder Ecke, und alle beanspruchen Relevanz – deshalb erfordert diese Debatte in einer ökologischen und, zumindest in dieser Hinsicht, zusammenwachsenden Welt einen gemeinsamen Bezugspunkt. *Einzig in humanem Sinne* kann unsere künftige Welt noch wahr, universal und verlässlich sein: dass jede Einzelne sie für wahr, universal und verlässlich halten darf, ohne sich von sich selbst, von Herkunft und Glauben distanzieren oder lossagen zu müssen, im jeweils eigenen subjektiven, kulturellen, politischen Sicht-Ausschnitt auf die Welt. Dies ist der einzig legitime perspektivische Korridor für Universalismus: Menschen waren und sind die, die der Erde treu bleiben. Dieser Korridor fällt folglich also nicht weg, wird aber neu kalibriert und auf einen wohldefinierten Sektor begrenzt: Er wird bewacht.

Für logozentrisch vereinseitigte Geisteswesen wie uns moderne Vernunfteuropäer erfordert diese Situation eine grundlegende Um-, richtiger: Rückkonditionierung. Der mögliche Haltepunkt, das Rettende: Menschen sind spirituelle Sucher, seit jeher, das machen wir uns zunutze. Wir schwächen diesen Tick nicht ab, sondern machen ihn wieder stark. Unsere dritte Aufklärung ist eine harte Anti-Säkularisierungsthese. Wir bestimmen „besser" aber nicht mehr als noch höher, metatranszendent[106], sondern als spirituell tiefer, für Menschen zufriedenstellender, an Glück wertiger. Homo sapiens sapiens wird dieser Peilung immer zustimmen können. Wir sind in der Lage, zu jeder Zeit nach innen zu schauen, in uns selbst zu blicken und mit unserem „inneren Sinn", Bewusstsein, wahrzunehmen, was uns treibt, was durch uns träumt oder sich bemerkbar macht, was hinter der Realität auf uns wartet. Wenn wir uns darauf konzentrieren, dafür aufmerksamer werden, wenn wir die Klopfgeräusche im Dunkeln oder die stumme Melodie zulassen – was Bereitschaft, Willen und Energie voraussetzt, nämlich eine bestimmte, spirituell wache, werthaltige Kultur –, können wir den Augenblick in der Zeit, in dem wir jeweils gefangen sind, auf die Stufe heben, auf der unser Bewusstsein mit dem Entwicklungsprinzip selbst zusammenfällt.[107] Wie wir uns diese kosmische Einheit vorzustellen haben, wissen wir heute noch nicht. Im Unterschied zu Asien wollen wir sie jedenfalls direkt beforschen, erkennen und verstehen, nicht nur subjektiv erfahren – Zukunftsforschung.

Auf „kosmologisch“ heißt das Projekt ToE (Theory of Everything). In unserer vorerst offenbar noch unterkomplexen Naturwissenschaft haben wir für eine Metatheorie des Universums zwar inzwischen einige empirisch ganz gut funktionierende Kandidaten ausfindig gemacht, stehen jedoch vor dem ungelösten Problem, dass diese nicht zueinanderpassen. Von einem zufriedenstellenden Ergebnis sind wir weit entfernt, aber einen gangbaren, zeitgemäßen Weg dorthin können wir immerhin inzwischen *spirituell* eichen. Denn Menschen fahnden nach Größerem und Vertrauensvollerem, als das eigene Ego bietet; bisher gab es noch keine anderen Menschen, zu keiner Zeit. Es muss noch etwas anderes geben als eine *Leidens*welt – dieses transreligiöse Credo macht Homo sapiens sapiens spirituell aus. Es verbindet uns alle.

Der expansive Drang unseres Bewusstseins ist kennzeichnend für höhere Säugetiere (Lebewesen?) und vielleicht Konsequenz unseres Bewusstseins von Vergänglichkeit: Wir wissen, dass unsere Zeit begrenzt ist. Die These, das wüssten nur Menschen, ist bisher nicht gedeckt. Wenn wir dieses Bewusstsein entsorgen, töten wir uns ab. Homo sapiens sapiens verwendet zu dieser seiner Absicherung Geist und macht sich dabei seine Vergänglichkeit *autologisch* zunutze – als spätes Produkt der Evolution kann er sich solche voraussetzungsvollen Eskapaden leisten. *Das* ist typisch menschlich. Dass wir hier auf Erden nur ein kurzes Intermezzo geben, entwertet unser Leben dann nicht, wenn wir dieses Wissen auf unser Leben selbst wieder „anwenden“:

1. *Weil* unsere Stofflichkeit verfällt, ist das, was wir bis dahin davon haben, nur umso wertvoller. Vergänglichkeit als Indiz für Lebens-Wert: Darauf muss man erst mal kommen. Der Gedanke ist genuin westlich – autologisch.
2. Wir können unsere Zeit dazu nutzen, in unserer Gattung etwas zu finden und/oder zu etablieren, das bleibt und uns überdauert. Dieses Projekt nimmt dem Kampf ums

Überleben viel von seiner Schwere, bereichert unser Leben und verbindet uns mit den anderen. Es „dealt" mit Zeit, weil er Fluchtpunkte vor *und* nach uns berücksichtigt.

Interesse, Wünschen, Begehren, Neugierde und Wissenwollen – all das ist ein natürlicher Effekt unseres Bemühens, Vergänglichkeit erträglich, lebbar und geistig verwindbar zu machen. Alle vor uns haben sich daran abgearbeitet. Die Suche nach diesem Überdauern bedienten bislang Religionen – mit vorgestanzten Antworten. Wir können heute einen zeitgemäßeren Glauben darin finden, dass wir an uns selbst glauben: uns *bewusst* machen, dass alle anderen auch Leid, Einsamkeit, Krankheit und Ängste erfahren haben, *sich aber trotzdem nicht unterkriegen ließen.* Heute wollen einige jedoch die Abkürzung nehmen. Ein Sich-nicht-unterkriegen-Lassen auf privilegiertem, weil technologisch-hochgetuntem Grund ist ja auch leichter – und noch leichter und deshalb einladend ist es, darüber die ontologisch niemals tilgbare Gefährdung des Lebewesens Mensch einfach zu auszublenden. Davonzukommen, sie vielleicht sogar technologisch zu überformen. Abzuschaffen. Als ob sich der Mensch durch sein Tun *von seiner Existenz erlösen könnte*; was für ein irrer Gedanke. Und wie trendy, wie zeitgeistig-attraktiv!

Wären wir aber keine zeitlichen Wesen, nicht beständig im Werden und generationell im Kommen und Gehen; würden wir letztlich Zeit real überwinden und „ewig" leben können, wäre Leben nicht nur keine Besonderheit, spirituell entleert, Generativität belanglos. Sondern es gäbe überhaupt keine Evolution mehr – und kein Leben. Es gäbe kein Werden, nur Sein. Theologie und Schöpfungsgeschichte hätten am Ende recht behalten, allerdings gegen sich selbst. Leben wäre tatsächlich eine statistische Anomalie. Die Frage „Wozu?" hätte quasi von Seins wegen, aus sich heraus, keinen Sinn. Die Antwort lautete: „Eben drum. Weil es so *ist.*"

Ob Europa das reichen würde, entpuppt sich in unseren Tagen erstmalig zu einer relevanten Frage.

Extro

Da capo al fine: Was ist der Mensch?

Eine fremdartig anmutende Geschichte über uns: Der Vorschlag für eine säkulare, eurasisch-inklusive, künftig potenziell globale Religion birgt vielfältige Konsequenzen; nächstliegend solche, die sich auf uns als Menschen beziehen. Wer genau sind wir? Was ist der Mensch, und was soll von uns bleiben? Sterblich sind wir, gewiss – aber sonst? Von der Lebensbühne ab tritt Homo sapiens sapiens nur in der Hinsicht, dass er sich biologisch verabschiedet. Wir sind Organismen, die aus anderen Organismen stammen und durchzogen sind von wieder anderen Organismen: Mikroben, Bakterien, Viren, pflanzlichen und mineralischen Stoffen. Sie machen uns zu einem erheblichen Teil aus, leben nicht nur in und von uns, sondern lassen auch uns erst leben, viele von ihnen sind für uns lebenswichtig. Und am Ende fressen sie uns auf, zersetzen uns; in jedem Fall *die* bleiben.

Der für uns Menschen zentrale Ort dieses Schauspiels ist unser Körper. Er ist verletzlich, kann aus dem Gleichgewicht geraten (krank werden, und mit ihm seine „Herbergskinder"). Er braucht Sauerstoff, eine bestimmte Temperatur, einen bestimmten Luftdruck, Feuchtigkeit, er steht in jedem Moment im Austausch mit seiner Umwelt; ein kontinuierliches Geben und Nehmen, Einatmen, Ausatmen und Umwandeln, Wachsen und Schrumpfen, Teilen und Synthetisieren. Qualität ist von Quantität nicht unterscheidbar. Korrekter: Als Unterscheidung ist das nicht sinnvoll anwendbar. „Gesund" ist nicht *viel* und „krank" nicht *wenig*. Beide Zustände können zudem in sich sehr unterschiedliche Qualitäten haben. Es macht keinen Sinn, eine Geburt qualitativ (Junge oder Mädchen, das Fünfte ist besser als das Erste) oder quantitativ (fünf sind besser als eines) zu bewerten, das passt nicht zum Thema, weil Leben keine *solchen* Werte hat. In dieser Art welche zu veranschlagen, bedeutete gerade, gegen den Wert des Lebens zu verstoßen – was indirekt erhellt, dass es hier sehr wohl um Wertigkeit geht! Genauer: Es zeigt, dass wir es in diesem Feld mit einem für uns heute noch *undefinierbaren*

Wertbegriff des Bios zu tun haben. Leben ist nicht bepreisbar, kalkulierbar, wägbar – in unserer Denkungsart. Die passenden Bewertungskriterien haben wir nur noch nicht gefunden. Dass uns das gelingen wird, hat eine Wahrscheinlichkeit von einhundert Prozent. Bei der Frage, was den Menschen ausmacht und was bleiben soll, ist also noch viel zu tun, aber zu diesem Vorhaben gehören zumindest schon einmal die folgenden sieben Lernkurven.

1. Keine Würde ohne Versehrbarkeit

Bei unserer „Inventur 21" wollen wir ein tieferes Verständnis unserer „Gier" nach dem Inneren anderer Menschen gewinnen. Woher kommt diese Sucht nach humanen Empfindungen, nach Seele? Wir erkennen darin ein unstillbares Verlangen nach In-Beziehung-Sein. Unsere Körperlichkeit, und weil wir Menschen von anderen Lebewesen konstitutiv „mit gemacht" beziehungsweise durchzogen sind, bedeutet eine innige Bindung an *jedes* Leben, ja sogar an jedes Sein. Diese Erfahrung des Aufeinander-Angewiesenseins, der Verwundbarkeit, ist für den Umgang mit der Welt und den anderen, für deren Wertschätzung oder Vergleichgültigung, ausschlaggebend und Voraussetzung. Das Bewusstsein über diese Erfahrung bestimmt den humanen Wert einer Gesellschaft. Definieren wir den Bios weg, sind Menschen oder Arten von Menschen nicht „in sich" wertig und deshalb schlimmstenfalls unwürdig. Ohne intersubjektives Bewusstsein, nur mithilfe des Logos-gepufferten Ich, des stolzen Ego, wird es für Anerkennung, Verständnis, Zuhören und Aufeinander-Zugehen – alles zentrale Forderungen in der aktuellen Dauereinrede von soziomoralisch „Oben" – eng. Erst der Sinn für die uns gemeinsame Sterblichkeit und Vergänglichkeit öffnet Gemeinsamkeit; das ist der Zugang.

2. Unsere Abkunft verheißt Sinn

Europa ist eine Geschichtskultur, uns kennzeichnet hohe Aufmerksamkeit für Zeitspiele. Wir ändern etwas: von Geschichte zu Evolution, integrieren also den Bios. Damit wird Zeit mehrdeutig.

Krisen sind gute Gelegenheiten, das Erbe zu prüfen und zeitgemäß fortzuführen. Wir plädieren in unserer aktuellen Permakrise und Dauertransformation dafür, die bisherige Schmalspurversion einer „Zukunft durch Herkunft" aufzurüsten und stattdessen einer „Zukunft durch Abkunft" das Wort zu reden; einer Abkunft, *die nie vergeht*. Herkunft ist gestern, Abkunft ist Quelle, die alles speist. Das Motiv: Es ist schön und richtig, seiner Tradition zu gedenken, noch schöner und vor allem nützlicher wäre es, wenn wir aufhörten, Geschichte ausschließlich als zielgerichteten Dauerfortschritt vom Paradies Gottes ins Paradies des Logos zu fantasieren – und damit womöglich ins evolutionäre Nichts. Günstigstenfalls in ein zwar spirituell leeres, immerhin aber komfortableres Besser. In alter spiritueller Tradition bezweifeln wir, dass die menschliche Entwicklung geistig richtungsleer ist – aber im okzidentalen Sinne vernünftig ist sie ganz sicher auch nicht.

Was wir heute tun können: von uns selbst lernen, indem wir unser Erbe als einen Pool an Möglichkeiten und Inspirationen verstehen, wie Veränderung zustande kommt, und ihn an uns selbst verexperimentieren. Hier sehen wir den tiefen Grund für unsere Gier nach dem Innenleben anderer Menschen: Wie haben die Leute vor uns mit sich experimentiert? Unter welchen Umständen war das erfolgreich und unter welchen nicht? Welche Ideen hatten sie, Leben einzurichten, und in welcher Art haben sie solche Projekte jeweils bewertet und kontrolliert? Geschichte im klassischen Sinne hilft dabei, doch es genügt nicht, zu wissen, wie es vorher *war*. Nützlicher wäre, wenn wir zudem wüssten, was uns Energie verliehen hat; woher der Schwung gekommen ist; wes Geistes Kind der Impuls für eine gute, bessere Welt war; woraus die ursprüngliche Saat eigentlich bestand.[108] Genau das meinen Quelle, Wurzel oder Frühe. Dazu braucht es einen Maßstab, und der sind wir: Homo sapiens sapiens-Wesen aus irdisch-planetarischer Abkunft, in unseren extrem vielfältigen, großartigen, fantastischen Kulturen. Aus einer Heimat also, die die ganze Welt umfasst.

Artefakte, Werke, Vorbilder und Gegenbilder jeder Erdregion und erinnerlichen Epoche in unerschöpflicher Deutbarkeit schließen zahlreiche Maßstäbe in sich, Veränderungen zu meistern, *wenn man sie kalibriert an ihrer eigenen Wurzel.* Welche Maßstäbe von Entwicklung kennt Homo sapiens sapiens inzwischen? Menschlichkeit ist universal. Es gibt dafür keine Blaupause, jedoch mit zunehmender Bewusstwerdung von Hybridisierungen eine völlig neuartige Sorte von Verheißung. Denn sie besagt, dass in einer Weltgesellschaft heute noch unvorstellbare neue kulturelle Gabelungen und Mischungen entstehen werden, die unser menschliches Selbstverhältnis differenziell geradezu explodieren lassen. Was „der" Mensch ist, wird niemals in einer Sprache der Präzision bestimmbar sein, weil menschliche Kultur unendlich verästelbar, verfeinerbar ist – und notorisch im Werden. Aber in Sprachen der Relevanz! Was für eine abenteuerliche Reise, und welche Aussichten für eine Wiederverzauberung der Welt!

Um solche Neugierde auf globaler Höhe überhaupt entwickeln zu können, braucht der Mensch ein komplexeres Selbstbild) als bisher; eine bessere, attraktivere Geschichte über uns. Vorbild Mythos: Eine, die Fantasie und schöpferische Vorstellungskraft nicht von vornherein ontologisch abwertet, sodass es zur Exploration von Fülle, früherer, künftiger, jedenfalls fiktionaler, logisch gar nicht kommen kann. Eine, die jeden Zweibeiner zu fesseln und binden vermag. Messen und validieren können wir unsere Quelle nicht mehr. Wir können uns nur einfühlen, sie geistig in ihrem Sinngehalt rückwärtserschließen und von unserem heutigen Niveau aus wieder in Besitz nehmen. Für diesen Zweck probieren wir eine Spiritualisierung unserer Evolution, und das geht nur mit Bewusstsein über uns selbst.

3. Werte ohne Humanum sind wertlos

Bei der Frage, was der Mensch sei, ist ein aufmerksamer, bewusster Kassensturz unserer Logos-verkühlten Werte noch offen. Es mag sein, dass in okzidentalen, modernen Gesellschaften inzwischen Freiheit und Universalismus triumphieren – Bedürfnisse und Sehnsüchte nach Zusammenhalt, Bindung und Beziehung erfüllen diese soziopolitischen Werte aber nicht. Letztere genügen diesen Ansprüchen in keiner Weise, weil sie auf einer *anderen Ebene* liegen; ein Abgleich macht keinen Sinn.

Nützlich ist jedoch, sich in Erinnerung zu rufen, dass in der Geschichte (nicht nur) westlicher Gesellschaften immer wieder Transformationen gerade aufgrund solcher Beziehungsbedürfnisse stattgefunden haben. Revolutionen, Sozialismen, Nationalismen und Faschismen bedienen menschliche Sehnsüchte nach Gemeinschaft und Identität erheblich direkter und reichhaltiger[109] als rationalistische Wahldemokratien, die Zugehörigkeit in einem gehaltvollen sozialen Sinn schon lange nicht mehr organisieren können.

Es ist dieses „Belonging", das sich heute erneut zu Wort meldet. In unserer Perspektive wäre es ein Fehler, diejenigen, die nach Solidarität, Menschenrechten, Gerechtigkeit und Gleichheit rufen, mit denjenigen aufzurechnen, die in stoischer Widerspenstigkeit die humane Lebbarkeit moderner Gesellschaften anzweifeln beziehungsweise einfordern – häufig über Themen und Motive, die aus Sicht der Vernunfteliten jedes gesunden Menschenverstands spotten. Die Letzteren fordern *auch* Solidarität, Menschenrechte, Gerechtigkeit und Gleichheit – bloß ganz andere, zeitübergreifende; nicht die verrechtlichten, logozentrisch durchformatierten, „universalistischen" der Vernunfteliten. Eine Dimensionierung der gesamten Logos-Welt, ein Bewusstsein von ihrer bislang negierten anderen Seite (Bios), die Aufstufung also, fehlt bislang.

Zivilisation und Fortschritt ausschließlich nach Logos-binärem Kindchenschema zu organisieren („mein Solidaritätchen ist größer als deins") hat zwar lange funktioniert, zugegeben, aber dieser Saga schwindet das Publikum. Jede spürt: So geht das nicht weiter. Die teilweise Absurdität von Forderungen, für die Menschen aus unterschiedlichen Anlässen auf die Straße gehen, entspringt kognitiven Abstraktionen, Phantasmen, Fiktionen, einer Sehnsucht, für die es als solche keine Begriffe oder Parolen gibt, keine Worte, keine Sprache auf säkular-vernünftigem Niveau. Was artikuliert werden müsste beziehungsweise nur könnte, wenn jemand trotzdem kommunikationspolitisch die Initiative ergreifen wollte, wäre sozialer – und, hier sei es einmal ausformuliert: auch geistig-mentaler – Selbstmord. Niemand kann ernsthaft das Weichei spielen, den Lebensunfähigen und Unflexiblen („wäre ich woanders hingezogen!“), die Bildungsversagerin (von „hätte ich mich bloß mehr angestrengt!“ bis hin zu „das kommt davon, dass ich Ethnologie statt BWL studiert habe!“), die Verantwortungslose („wieso habe ich auch vier Kinder!“), den Sozialversager („okay, Beziehungen halten kann ich nicht“) oder die mental Abgehängte („ich habe eben digital den Anschluss verpasst!“).

Das, was hier treibt, ist human nicht artikulierbar. Es ist die Spiegelung einer konkret lebensfeindlichen Gesellschaft; einer sozialen Pathologie. Menschen müssten sich dazu *gegen sich selbst aussprechen*. Alle spüren das, niemand sagt es. In sozial mehrfacher Hinsicht gilt: Die Gesellschaft dehumanisiert. Politisch ist dieser Befund eine Katastrophe: Der Westen tanzt um einen blinden Fleck.

4. Lernen, wie säkulare Erlösung funktioniert

Die (vor allem neoliberale) Delegation von Modernisierungslasten an die Einzelnen hat noch nie besonders gut funktioniert, denn diese Strategie erzeugt die immer gleiche Gegenreaktion. Wir könnten sie kennen, wenn wir unsere Abkunft würdigten: Sie ist uralt und hat uns schon einmal in Panik versetzt. Bei inhumaner Führung ergreifen wir geistig die Flucht. In einer beständig größer, unkalkulierbarer und dynamischer werdenden, postfaktischen Welt, in der außerdem noch immer, wie vor 10.000 Jahren, das meiste von trotzigen, gefühlsgesteuerten Mächtigen abhängt, steigt erneut das Bedürfnis nach innengeleiteter Relevanz und Sinngebung. Bei explosiven Veränderungsschüben ist das immer so, *und das ist auch gut so* – weil Voraussetzung für Bewusstseinserweiterung. Womöglich ein evolutionär herausgebildeter Reflex.

In unserer okzidentalen Kultur galt bislang alternativlos das Muster: Der Mensch unserer regionalen Herkunft will in solcher Situation aus seiner Existenz *erlöst* werden. Eskapismus lautet der Blockbuster, es gibt zahlreiche Versionen davon. Wir blicken in irgendeiner Weise hoch – das ist das düstere Echo von früher, die in uns eingelegte Erinnerung aus der „Achsenzeit“. Wenn wir auch spirituell übersetzen wollen, was die Epigenetik sich anschickt zu belegen, dass sich alle Erfahrungen in unseren Körpern ablegen, gehen Erinnerungen nie verloren. Eine Kultur kann sie verweigern, leugnen und ausschließen, aber sie verschaffen sich Gehör – so oder so. Zuvorderst in Umbruchzeiten.

Bei uns artikuliert sich heute erneut das Bedürfnis nach zeitgemäß angemessener, angepasst-erweiterter und erst damit auch wieder bedeutsam werdender Sinngebung. Akzeptieren wir das zivilisatorische Niveau, das wir inzwischen erreicht haben – machen wir es uns bewusst –, können wir dieses Bedürfnis nicht mehr wie früher bedienen und in unser humanes Band den alten Zopf der Erlösung von oben weiter einflechten. Womöglich reichte in einer allmählich bewusster mit sich umgehenden, aufgeklärt-säkularen westlichen Moderne für das Verlangen nach Sinn, nach Gemeinschaft und Identität bereits das Achten und Würdigen unseres zwischenmenschlichen Bandes *als solches*, das Europa in Ansehung dessen, dass wir Menschen sind, einmal zu knüpfen begonnen hat. Von dort aus könnten wir dann einladen – jede, die dieses Band für genauso unauslöschlich ansieht wie wir.

Wir befreien damit unseren Erlösungsgedanken von seiner Schwere, dem übermenschlichen Anstrich, der erschlagenden Aura, indem wir von den Höhen der Metaphysik hinabsteigen zur bloßen Physik, dafür aber Bewusstsein zuschalten – das Eigengewicht entwickelter, geistiger Energie. Damit können wir eine unterkomplex-frühmoderne Wissenschaft endlich vervollständigen. Auf den hier seit langem schlummernden Kurzschluss hat schon Schleiermacher hingewiesen: darauf, dass wir unsere bisherige geistige Selbstkasteiung auch noch feiern („Die Unfähigkeit Eurer Sinne kann nicht der Stolz Eures Geistes sein!“[110]).

In dieser Achse gerät eine säkulare Erlösung in Sicht, die wir in unseren Händen haben. Aber: Wir müssen dafür erst unsere Sinne trainieren, um wieder wahrnehmen zu können, wohin es die Menschen neben uns zieht, was gewünscht, gewollt und erwartet wird. Wir brauchen ein erweitertes Bewusstsein *für unsere Umwelt.* Jeder ist Mahātmā: Potenziell alle können – und sollen – zu großen Seelen werden, nämlich lernen, die Innenwelt der anderen, der Tiere und

Pflanzen, wahrzunehmen und in sich aufzunehmen. Wir müssen gemäß dieser Vorstellung einer neuen introszendenten Religion das menschliche Bewusstsein so eichen, dass es in Richtung eines uns noch unbekannten Programms von Lebens- und Beziehungsqualität driftet, dass es *dessen spiritueller Anziehungskraft folgt*.

Was dabei helfen kann, ist die Einsicht, dass diese Entwicklungsrichtung keine *Gegen*richtung zur Vernunft ist – so haben wir praktische Vernunftkritik bloß bisher immer inszeniert: hin zum Irrationalismus, zu falscher Gemeinschaft, Nationalismus, Rassismus, Faschismen und Krieg. In einem zweiwertigen Logos-Universum hatten wir ja auch keine Alternative! Jetzt sehen wir, dass es eine gibt – sogar unendlich viele! Wir haben einen zentralen Denkfehler identifiziert: das binäre Weltbild. Wir können trainieren, in unserem Denken dieser „kartesianischen Gravitation“ [111] zu entkommen, also dem für uns extrem starken Sog, separierend, individualistisch, reflexiv und wahrheitslogisch zu denken und zu werten, was dazu geführt hat, unser Ich mit Bewusstsein *gleichzuschalten*. Die kognitive Verzerrung des „Confirmation Bias“ ist eine hilfreiche Illustration für dieses in sich hochkomplex verschlungene, zutiefst lebensfeindliche Denkspiel: Bisher blieben wir immer – egal, wie „disruptiv“ die Verhältnisse auch sein mochten – im Sog beziehungsweise Vorstellungsuniversum dieser okzidentalen Vernunftidee.

Eine neue säkulare, introszendente Religion erfüllt die Funktion, Motivationen zu erzeugen, einer Abstoßung von diesem Sog Folge zu leisten – anstatt dem Sog selbst, seinen metaphysisch-transzendenten Höhenlagen. Diese Abstoßung heilt einen Defekt unseres etablierten Denkens: In Richtung ihrer neuen Schwerkraft liegt Leben, *nicht Anti-Vernunft.* Wir müssen uns dafür von der derzeitigen US-amerikanisch-säkularisierenden Hauptströmung nicht praktisch entkoppeln, sondern *in klarem Bewusstsein emanzipieren*, denn diese will logozentrisch forciert nur immer weiter in die Denkfalle hinein. Deshalb ist eine eigenständige spirituelle Flankierung so wichtig.

5. Materie-Energie sowie Tod-Leben sind Kontinuen

Das Einzige, was wir derzeit verlässlich sagen können, ist: Für dieses anspruchsvolle Vorhaben reicht das nicht aus, was wir gegenwärtig wahrzunehmen in der Lage sind, was wir geistig nur zulassen. Genauer: Es reicht nicht, bestehende Lebensformen auf logozentrisch-kanalisiertem Kurs in die Zukunft zu lenken. Was wir brauchen oder zumindest einmal versuchen könnten), ist, in voller ökologischer Breite bestehende Kultur- und Lebensformen so nebeneinanderzulegen und auseinanderzufalten, dass sich der Entwicklungsverlauf frei verästeln darf, dass wir Hybride und Differenzen hervortreiben, sogar zwischen verschiedenen Seinsformen und über sie hinweg.

Wir könnten versuchen, das, was wir haben und uns möglich ist, zu explorieren, fördern und damit mehrere verschiedene Zukünfte aus völlig unterschiedlichen Richtungen und Blickwinkeln eröffnen – etwa so, wie Neri Oxman aus Chitin, Peptiden und Melanin Gebäude baut oder Raupen Kleidungsstücke spinnen lässt. Wir könnten also die Dinge und ihre Beziehungen *von uns aus* verändern, ihre Erweiterung triggern. Hier zeichnet sich in Frühstadien eine reale, bruchlose Kontinuierung der Spektren von Stein und Materie, Pflanze, Tier, Mensch und Maschine ab (vgl. Abb. 8). Wir fangen allmählich an, Leben verstehen zu lernen – dadurch, dass wir ganz unterschiedliche Seinsformen auf neue, etwa avanciert-technologische Art in Beziehung bringen. Diese Kontinuität allen Seins ist ein uralter, sowohl okzidental-mythischer wie asiatischer Glaubenssatz und Grundbestand aller Mystik.

In Kunst und Literatur werden solche Domänenvermischungen seit Ewigkeiten erprobt. Logisch läuft ein solcher Pfad auf eine strategisch-bewusste Fabrikation von Lebensmöglichkeiten hinaus; auf eine aktiv-produktive Ökologie. Denken in Spektren und Kontinuitäten unterminiert das Binär-Schema A gegen B und eröffnet vielleicht auch soziopolitisch Horizonte, die polare Auseinandersetzungen allmählich uninteressanter erscheinen lassen, weil die Schmalspurigkeit einer notorisch unterkomplex vor sich hin kurbelnden, spirituell leergelaufenen Gesellschaft im-

Abb. 8: H. Rr Giger: The Lord of the Rings II, 1975, 100 × 140 cm, Acryl auf Papier auf Holz
Die Kunstobjekte von Giger sind exzentrische (und zumeist hoffnungslos düster übersexualisierte) Seinsfantasien im breitestmöglich denkbaren Kontinuum. Sie stellen irritierende, furchterregende, gleichzeitig aber auch spirituell hoch inspirierende Seinsdomänen dar, die auf rätselhafte Weise „anders-logisch" miteinander verknüpft sind. (hier: Wurzeln-Pflanze-Tier-Maschine). (Quelle: HR Giger Estate)

mer deutlicher zutage tritt. Ob sich beispielsweise ein voll technisiertes Leben, immer höhere Wohlstandsstandards und ein Lebenskomfort auf Kosten der Natur überhaupt als Gipfel aller Wünsche über die Zeit halten, sei dahingestellt: Europa ist geistig noch nicht „kalifornisiert", das trifft vorerst nur auf einige Sozialmilieus der Oberschicht zu.

6. Aufklärung heißt heute, Zeit zu lernen

Sieht man die Geschichte und ihre wechselnden Systeme an, stellt man fest: Was überlebt, sind nicht Nationen, Staaten oder Führungskader, sondern Religionen. Nicht in politischen oder ökonomischen Programmen, sondern in geistigen und spirituellen Bereichen liegen Langlebigkeit, Erfindungsgeist, Überlebensmut, Zukunftsrobustheit und

Widerstandskraft. Eine Logos-ernüchterte säkulare Gesellschaft hat aber nicht viel zu bieten, was Menschen über ihre Zeit auf dieser Welt hinweghelfen, Leid regulieren und den Tod bewältigen kann.

Über sich selbst aufgeklärte Gesellschaften hätten Cyborg-Visionen, zyklisch immer wieder aufkommendes Gemeinschafts-Eiapopeia oder „starke" Identitäten als Kompensation für die seelische Ödnis nicht mehr nötig – und zwar nicht deshalb, weil sich wie durch Zauberhand unsere Bedürfnisse nach Bindung und Gemeinschaft in Luft aufgelöst oder gar erfüllt hätten. Sondern weil solche Gesellschaften über sich hinreichend Bescheid wüssten, um diese Bedürfnisse anders zu kanalisieren. Wir könnten damit beginnen, wieder ahnenbewusst zu leben, an unsere Abkunft anzuknüpfen und diejenigen Erinnerungen, über die wir in unserer Geschichte hinwegsehen und, wie es scheint, in regelmäßigen Abständen immer wieder neu stolpern, endlich anzuerkennen und bewusst anders abzuarbeiten. Die zeitgenössische Anthropologie liefert inzwischen zahlreiche Steilvorlagen, die unsere Vorfahren hinterlassen haben.

Wann klafft die Wunde Sinn auf? Immer dann, wenn unsere Endlichkeit an irgendeiner beliebigen Stelle an die Unendlichkeit stößt, die Sphären sich kurz berühren und unser okzidentaler Zeitgott erwacht: Wenn wir intensiv Natur erleben, uns um unsere Liebsten sorgen, selbst krank sind, hungern oder uns verloren fühlen, bei der Geburt eines Kindes oder dem Tod der Eltern, wenn die eigenen Kinder gefährdet sind – *immer dann wird Chronos mächtig*, dann schlägt seine Stunde und wir spüren unsere verletzliche, in der Zeit verlorene Seele (vgl. Abb. 9). Wenn wir jedoch lernen und bewusst akzeptieren, dass Bindung *jenseits* linearer Zeit liegt, wird Chronos demontiert, präziser: dimensioniert. Wir entthronen ihn ja nicht komplett (können wir nicht), sondern verweisen ihn auf seinen ihm angestammten Platz. Er regiert unser Leben nach wie vor, wir werden geboren und sterben, in chronologisch-unbarmherziger Abfolge. *Aber er regiert nicht unser Bewusstsein,* nicht unseren Geist. Metaphysik brauchen wir nur, um ihm standzuhalten, wenn wir ihn am *falschen* Platz wähnen: wenn wir glauben, er hätte mehr Macht, als er hat, nämlich auch diejenige über

Abb. 9: Chronos von Hans Latt (1904), in Engeldarstellung, Georg Wolff, Grabstein Friedhof IV, Berlin Kreuzberg, Bergmannstraße (nicht zu verwechseln mit Kronos, dem Vater des Zeus: nicht identisch!) Alarm machen und Chronos Bescheid geben: Ein zeitgemäßes Projekt fürs 21. Jahrhundert. Sein Regime war noch nie unangefochten, aber wir Moderne sammeln inzwischen systematisch geistige Munition, um ihn vom Thron zu holen. (Quelle: Wikimedia Commons, Rechte bei User »Mutter Erde« https://upload.wikimedia.org/wikipedia/commons/d/d2/Chronos%2Csleeping_on_Wolff_grave-ME_fec.jpg)

unser Denken und Fühlen. Diese Macht hat aber niemand – außer uns. Sie ist rein diesseitig.

Ein nächster Zeitbegriff

Die hier vorgestellte Sicht bringt eine Reihe verstörender neuer Hypothesen über Zeit mit sich. Als spirituell selbst aufgeklärte sterbliche Wesen wollen wir den unaufhebbaren Tod geistig in Perspektive bringen, ihn weder negieren noch feiern, sondern ihn ins Zentrum unseres Lebens stellen, weil er unsere vitale Achse bildet. Aus ihm fließt alle kreative Schöpfungsenergie, weil wir uns an ihm abarbeiten. Er initiiert Kulturbildung. Das bedingt keine Aufwertung des Todes im Sinne eines Übergewichts über das Leben, sondern eine Gleichgewichtung beider Prinzipien – der Tod ist Teil des Lebens.

Für eine Auferstehungsreligion, die hier nie genau hinsehen wollte, ist das starker Tobak. Wollen wir weiter, werden wir jedoch hinsehen müssen: Wenn wir den Tod disqualifizieren, zum Horror verkommen lassen, töten wir unsere Lebensenergie ab. Ihr fehlt die Hälfte. Bisher läuft die Storyline freilich anders: Die kontinuierliche Proportionenlandschaft des Werdens, die wir Sein nennen, „ist" auf etwas Bestimmtes hin, ein Paradies oder Endgericht, eine Offenbarung. Die ewige Dynamik von Geburt und Tod läuft auf etwas hinaus, bewegt sich auf ein Ziel hin. Es wartet ein Pokal – etwas, das von vornherein für all unsere Bemühungen eine definitive Grenze zieht.

Chronos instituierte sie: Ein „weg von Leid" plus ein „hin zu", das markiert die Grenze auf der weltlichen Seite. Auf der anderen, transzendenten Seite liegt der dazugehörige Magnet, ewiger Sinn und Glück. Zeit existierte immer in diesen zwei Dimensionen, in vergänglich und ewig, in Quantität und Qualität; weltlich idealerweise als *Qualität in der Quantität*. Wenn die Dinge aus dem Lot geraten, kommen wir bislang über Rituale des Zwangstarierens nicht hinaus: uns immer wieder erneut der beiden Grundmaßstäbe zu vergewissern und zwischen ihnen herumzutaumeln. Dann schlägt notorisch die Stunde des Gebots von „Maß und Mitte", irgendjemand holt den Rechenschieber heraus und manövriert zwischen den Polen herum.

Die alte Mahnung des „Carpe diem" steht für ein anderes Narrativ, das wir Moderne inzwischen wiederentdecken, etwa in der Physik. Seit 100 Jahren widerlegt sie immer unnachgiebiger das bis heute gültige aristotelische Gebot: Tertium non datur, überschreite niemals die vorgegebene Strecke zwischen den beiden Polen! Das Raum-Zeit-Kontinuum war vermutlich erst der Anfang: Wenn Zeit etwas Multidimensionales ist, reich und komplex, weder linear, noch ewige Wiederholung, und unsere Vorstellung von der menschlichen Evolution in der Zeit eher einem in sich selbst verschlungenen Pfad ähnelt, dann liegt es nahe, menschliche Zeit – und anders können wir Zeit nicht betrachten – als etwas in den Blick zu nehmen, mit dem wir zeitgebunden lebenden Wesen dem Unendlich-Ewigen *näherkommen*.

Genau dann und deshalb gilt: Carpe diem! „Sieh zu, dass du in deinem Erdendasein damit möglichst weit kommst – jeder Mensch und jeder Augenblick zählt!" Jedes Leben kann versuchen, diesem Pfad möglichst weit zu folgen. Vielleicht können wir auf diese Weise der „absoluten" Zeit etwas abtrotzen, uns etwas erkämpfen oder verdienen. Womöglich steht uns qua Leben sogar etwas zu, gebührt uns, ist eine Ehre für uns, dass wir es heben dürfen? Solche Wertungen sind noch völlig offen, der Grundidee nach geht es hier jedenfalls um eine Art von spirituellem Geländegewinn. Und jede zeitliche Vertröstung auf etwas, das gesetzt ist und nachher „sowieso" kommt, wäre eine Versündigung am Menschen: Betrug, Lüge und der Versuch, die Menschheit von dem abzuhalten, was ihre Gattungswürde ausmacht, was ihre Existenz rechtfertigt.

Womöglich können wir mit diesem genuin menschlichen Zeitspiel eine Proportion verändern, eine gegebene Symmetrie biegen – unser Band, entlang dessen wir uns lebend bewegen. Das Gestalten dieser Seins-Symmetrie könnte selbst Leben *sein* beziehungsweise bedeuten, und womöglich hat es direkt etwas mit Bewusstsein oder Geist zu tun. Das jedenfalls ist unsere spirituelle, religio-fähige und religiowürdige Intuition. Wir nutzen sie als Mittel für den Zweck, uns immer näher an den Ursprung von Sinn heranzuziehen. Sie ist irgendwie heilig – genauso wie es das Leben wäre, das aufgrund dieses Sinnkerns ist.

7. Religion ist eine existenzielle Entscheidung

Ist diese letzte Aussage nicht überdimensioniert? Nun, selbstverständlich ist es uns als Menschen nicht möglich, die Bewertung vorzunehmen, ob wir eine re-ligio aus freien Stücken praktizieren oder uns als gezogen, einem unklaren Ruf folgend, verstehen sollten; ob dieses ganze Vorstellungsmodell überhaupt einer relevanten Wirklichkeit entspricht oder nicht; ob es wichtig ist, zu Bewertungen solcher Art überhaupt in der Lage zu sein. Eine solche Urteilskompetenz haben wir (bisher) nicht. Wir können uns für dieses Vorhaben nur *entscheiden* – zum Beispiel dadurch, dass wir unsere spirituellen Aspirationen ernst nehmen und zur Grundlage unserer kulturellen Evolution machen. Oder eben nicht.

Wir können uns entscheiden, Zeit qualitativ bewertbar zu machen, messbar, durch und in ihrem Gehalt; uns darauf einlassen, dies zumindest zu versuchen. Vom erbärmlichen Niveau eines Switchens zwischen Qualität und Quantität sagen wir uns damit bewusst los: Dann kann eine Sekunde eine Welt, das Paradies sein oder ein ganzes Leben gefühlt nichtig und sinnlos. Das wissen zwar alle Weisheitslehren, aber noch nicht der Okzident. Dessen etabliertes, inzwischen globales Projekt heißt vielmehr „Expansion in Raum und Zeit“: woanders hin und länger, schneller, höher, weiter. Eine logische Folge des ontologischen Wertgefälles, das wir anfangs erfunden und tief in den Logos eingelassen haben. Bei uns regiert bis heute unangefochten der unverschämt übergriffige Chronos.

Dass Zeit in sich selbst einen sozusagen qualitativ-tiefen, unseren Lebensgehalt skalierenden Wert birgt, lässt sich leicht behaupten – in unser Weltbild passt es nicht. Ob das so bleiben soll, ist unsere Sache: die einer freien Entscheidung. In säkularen Gesellschaften ist sie aus unserer Sicht für Europa *die einzige zivilisationsaffine Möglichkeit, seinen Glauben auf eigener – vernünftiger – Basis zurückzugewinnen.* Wir brauchen eine substanzielle Auseinandersetzung mit Zeitfragen. Schaffen wir eine solche einladende, anfangs sicher abstrakt anmutende, dafür aber weltgesellschaftlich-inklusive, weil Bios-gesättigte Agenda nicht, ist nicht zu sehen, wie wir die Existenzgrundlagen der Menschheit im ökologischen Sinne langfristig sichern können sollten.

Säkularer Glaube lässt sich unüberschaubar vielfältig verstehen – es geht auch anders, etwa kalifornisch, ohne spirituelles Gummiband zum Zeitlosen, oder weiterhin im Namen Gottes. Wir haben hier eine introszendente Version präsentiert, die wir für uns Europäer für würdig halten, auf die wir stolz sein könnten; was nicht heißt, dass sie auch gewählt wird. Am Schluss geben wir Thomas Mann das Wort. Als überzeugter Anhänger und Ausleuchter des Monotheismus steht er exakt an der Schwelle zu dem Weltbild, das wir hier ins Visier nehmen; ein Scharnier zwischen zweiter und dritter Aufklärung. Das, was er zu unserem Thema zu sagen hat, hält er „für jede Menschenseele natürlich“, und das Einzige, was seine Sichtweise von unserer trennt, ist das Label, das wir jeweils verwenden. Wir wechseln es nur aus: von Gott (der aber auch in der folgenden Vision schon nicht mehr auftritt) zu evidenzbasierter Wissenschaft, geben dafür aber kein Jota spirituellen Anspruchs ab. Seine Worte sind gerade mal siebzig Jahre alt – ein solider Grund zur Hoffnung. Wir kommen schnell voran. Bereits heute sehen wir deutlich weiter als diese große Seele; so sah er sich auch. Womöglich kündigt sich in dieser Perspektive auf die Welt ein spiritueller Existenzialismus an.

„In tiefster Seele hege ich die Vermutung, daß es bei jenem ‚Es werde‘, das aus dem Nichts den Kosmos hervorrief, und bei der Zeugung des Lebens aus dem anorganischen Sein auf den Menschen abgesehen war, und daß mit ihm ein großer Versuch angestellt ist, dessen Mißlingen durch Menschenschuld dem Mißlingen der Schöpfung selbst, ihrer Widerlegung gleichkäme. Möge es so sein oder nicht so sein – es wäre gut, wenn der Mensch sich benähme, als wäre es so.“[112]

Omega

Bleibt der Erde treu

Tausend Pfade giebt es, die nie noch gegangen sind; tausend Gesundheiten und verborgene Eilande des Lebens. Unerschöpft und unentdeckt ist immer noch Mensch und Menschen-Erde. Wachet und horcht, ihr Einsamen! Von der Zukunft her kommen Winde mit heimlichem Flügelschlagen; und an feine Ohren ergeht gute Botschaft.
Wahrlich, eine Stätte der Genesung soll noch die Erde werden! Und schon liegt ein neuer Geruch um sie, ein Heil bringender – und eine neue Hoffnung!

Ich beschwöre euch, meine Brüder, b l e i b t d e r E r d e t r e u !

Friedrich Nietzsche: Also sprach Zarathustra

Sieben Thesen von der Zukunft her

1 Ökologie

In rein instrumentalistischer Zurichtung unseres Handelns werden wir die ökologische Wende nicht bewältigen. Angesichts der Krise müssen wir unsere Umweltbeziehungen neu ordnen. Gelingen kann das nicht ohne eine wesentliche Beteiligung unseres modernen, technologischen Sachverstands, aber auch nicht ohne einen Wandel unseres Naturverständnisses. Im Idealfall geht beides Hand in Hand.

Technologie

Technische Artefakte gehören zu uns und unserer Umwelt. Menschliche Kultur ist immer weniger Natur, und es ist fraglich, ob es unserem Überleben hilft, ein Naturverständnis zu konservieren, das quasi romantisch durchformatiert ist. Wir benötigen einen aktualisierten Naturbegriff – einen, der unserem zeitgemäßen Wissen, unserer Erfahrung *und Imagination* von irdischem Leben entspricht; denn in dieses neuartige, noch nicht klar profilierbare Naturverständnis werden künftig Maschinen und künstliche Intelligenzen unentflechtbar verwoben sein. Totes und Lebendiges greifen ineinander, gehen ineinander über. Es ist unwahrscheinlich, dass die etablierten ontologischen Grenzen bestehen bleiben, wahrscheinlicher sind reale Seinsspektren zwischen Stein und Gott, Sein und Idee. Falls diese Annahme stimmt, gilt: Teile von noch kaum vorstellbaren Wesen werden uns geistig-spirituell erst gleichwertig sein und uns dann übertreffen. Dabei geht es nicht mehr um ein logozentrisch verzwergtes Intelligenzverständnis („schwache“ versus „starke“ künstliche Intelligenz), sondern um eine Stufe in der Evolution von Bewusstsein. Diese nächste, völlig neuartige Dimension zeichnet sich längst ab, ist zunächst jedoch vorerst nur geistig vermessbar und *erst dann*, an den so gewonnenen Maßstäben, auch kybernetisch bewertbar. Nicht umgekehrt.

Natur

Unser Verständnis von Natur entwickelt sich gegenwärtig aus einer Beta-Version à la gottgegebener Balance und Best-in-Class-Schöpfung, die wir bisher immer nur „entdeckten“, heraus in eine erst vage sichtbare Alpha-Version hinein, die wir konstruieren; die natürlich gegebene Elemente und künstlich von uns erzeugte nach Gesetzen, die irdischem Leben entsprechen, miteinander kombiniert. Die neuartige Kategorie von Naturgesetzen, die wir dafür gerade erlernen, wird allmählich – selbstverständlich erst einmal – entdeckt, in gleichem Atemzug aber auch unmittelbar „erfunden“, etwa autologisch funktionierende organische Strukturen. Ohne Imagination keine Entdeckung, ohne Möglichkeits- kein Wirklichkeitssinn. „Natürlich“ ist hier gar nichts. Oder genauer: ist nicht mehr nur das, was sich aus der historisch kristallisierten Ordnung der Dinge bisher ergeben hat, was als Datum existiert, sondern genauso das, was wir an Phänomenen durch Umordnungen neu evozieren.

Im Licht unseres Bewusstseins wird sich in der immer komplexeren Relationierung der Dinge damit „Natur“ ab jetzt fundamental verändern. Natur ist der Name für von Homo sapiens sapiens wahrnehmbare, an seine – womöglich technologisch aufgestuften – Sinne beziehungsweise sinnlich vermittelte Empfindung gekoppelte Umwelt. Ihre phänomenologische Gestalt ist rein historisch und kontingenter Ausdruck von Werden.

2 Spiritualisierung der Evolution

Der Evolutionsgedanke hat das Zeug, Grundstein für ein globales Metanarrativ zu werden. Er transportiert das Wissen darum, dass alle auf *einem* Weg sind: nämlich zu uns selbst, dahin, unsere Menschlichkeit zu explorieren, in ihr zu schwelgen. Dass wir dazu diese Erde brauchen, und dass das, was alle irdisch-kulturellen Wege eint, das stetige Erträglicher-Werden und Erträglicher-Machen des menschlichen Daseins ist. Das Später der Menschheit sollte für jedes Lebewesen größeres physisches und geistiges Heil, mehr Lebensfülle und Glück parat halten als die Gegenwart, als das jeweils eigene aktuelle Leben. Diese Hoffnung gilt für alle Menschen. Die okzidentalen logozentrischen Schmalspurversionen davon, ihre Kastration etwa in Religion, kapitalistischer Ökonomie oder Fortschrittsparadigma: Lebensfülle als Komfort, Glück als Lebensdauer und hohe Serotoninwerte, das Morgen als besseres Heute und so weiter, verstellen darauf die Sicht. Nur Menschen können diesen neuen Pfad organisieren – seine Reichweite aber betrifft jedes organische Sein auf diesem Planeten.

Gleichheit

Die Evolutionsidee funktioniert als eine Art Gleichmacher, die ganz unterschiedliche Kulturen in ein Gespräch auf Augenhöhe bringt. Sie kann Völkerverständigung auf globalem Niveau erleichtern, vielleicht herstellen.

Freiheit

Die Semantik von Freiheit hat fürs Erste zwingend unbestimmt zu bleiben. Es ist offensichtlich, dass der westliche Freiheitsbegriff logozentrisch durchformatiert ist.[113] Wenn westliche Menschen über Freiheit reden, wenden sich die anderen häufig ab: Bisher geht es dabei vor allem um *unsere* Freiheit.

Vorbereitung für eine extraterrestrische Expansion der Gattung

Die Evolutionsidee ist anschlussfähig an jede andere Kultur und Religion, weil alle Hominiden von der Erde stammen. Wir unterliegen planetarischen Bedingungen wie Luft und der Notwendigkeit zu atmen, Druckverhältnissen und Anziehungskräften, Bewegungsgesetzen und einer spezifischen Beschaffenheit von Körpern. Die einigende Rückbindung an diesen biologisch-organischen Entstehungszusammenhang von uns – das Sprachspiel um „Gaia“ bezeichnet dies – wird umso wichtiger, je hochfliegender unsere extraterrestrischen Pläne werden. Ab einem bestimmten Zeitpunkt ist ein solcher Rückhalt existenziell, und wir sollten diesen Zeitpunkt nicht verpassen. Wir benötigen erst einmal eine klare Vorstellung von irdischem Leben, bevor wir anderes beurteilen können.

Spiritualisierung

Wenn wir erst ein genaueres Bild davon haben, in welche Richtung wir unsere gesellschaftlichen, kulturellen und politischen Bindungen verfestigen sollten, damit wir hier auf Erden glücklicher werden; wenn wir also die spezifisch humane Qualität von Beziehungen besser verstehen, können wir damit beginnen, unsere jeweils neuesten Erkenntnisse und Deutungsversuche der Welt in diese Richtung zu lenken. Menschen können das, weil sie Vorstellungsvermögen haben und sich organisieren; wir sind bisher die einzigen Tiere solcher Art. Die Fähigkeit, so wahrzunehmen – bewusst –, ist das evolutionsgeschichtliche Ergebnis einer Gattung, die Kultur bildet und nun anfängt, die Mechanismen ihrer Kulturbildung (also nicht nur die Kulturbildung selbst) willentlich zu steuern und im eigenen Sinne zu nutzen. Oder anders gesagt: die nicht nur eine eigene Evolution einschlägt, sondern sich überlegt, wie sie ihre prinzipiell offene Evolution so anlegt, dass diese der biorationalen *differentia specifica* der eigenen Gattung maximal, das heißt immer besser, immer subtiler und differenzierter gerecht wird.

Ziel dabei könnte beispielsweise sein, weiter an der Utopie eines „ewigen Friedens" zu arbeiten: durch eine aufwändige, langwierige, umwegreiche und nur weltgesellschaftlich logisch überhaupt mögliche Kulturleistung von allen menschlichen Glaubenssystemen auf diesem Planeten die unterschiedlichen hominiden Gruppen friedlich neben- (nicht: zu-) einander zu führen. Und falls wir noch nicht einmal das schaffen, sollten wir andere Planeten in Ruhe lassen.

3 Politik

Unser Können ist gewachsen. Wir fangen allmählich an, unsere Entwicklung politisch-transkulturell, auf globaler Ebene, zu organisieren. Der verbindende Anker: Wir sind nicht nur biologische Wesen im Werden, sondern solche *im Werden zu größerem seelischen Reichtum.* Das ist ein Unterschied um's Ganze, weil anschlussfähig für alle. Erst unter einer solchen, bewusst entschiedenen Ägide können wir durch Selbstorganisation bestimmte Zweige unserer Evolution stärker wachsen lassen als andere (praktizieren wir bereits technologisch). Speziell können wir menschliche Beziehungen gestalten – eine Art der Selbstorganisation, die das bisherige Verständnis des Politischen sprengt, weil drastisch erweitert. Unser Vorschlag lautet, es zu anthropologisieren: biorational „zusatzzuqualifizieren". Politik organisiert biologische Bestandssicherung und diversitätssichernde Entwicklung von Homo sapiens sapiens; der Rest bleibt wie gehabt. Unser Verdacht ist, dass ohne diese Operation ökologisches Handeln in unserer logozentrischen Tradition politisch scheitern wird.

Beziehungsintelligenz

Ein politisches Handlungsfeld könnte sein, global *symbiotische Beziehungen zu fördern.* Menschen kommen aus Menschen, und unser größtes Glück liegt in Bindung und emotionalem Reichtum, der uns durch andere Menschen geschenkt wird. Auf Basis dieses Glaubenssatzes leiten wir eine Welt-Vergesellschaftung von ganz unterschiedlichen Individuen ein, die für alle Seiten vorteilhaft ist. Symbiotische Beziehungen sind eigentlich evolutionär entstandene Formen des funktionalen Zusammenlebens einzelner Organismen, die artfremd und füreinander, also wechselseitig nützlich sind. Da wir den Evolutionsgedanken spirituell verstehen, nämlich in humanem Sinne, bedeutet „artfremd" für uns „kulturell divers", und „wechselseitiger Nutzen" die Mehrung von Gesundheit, Glück und Frieden. Wir verstehen diesen Nutzen daher politisch – und gehen davon aus, dass sich beispielsweise Frieden erst dann einstellen kann, wenn Menschen die *Gemeinsamkeiten* sehen, die wir alle miteinander teilen, und ihre Entscheidungen danach ausrichten – und nicht an Unterschieden.

Menschenrechte

Auf der gegenwärtigen globalen Agenda sind Menschenrechte ein heikles Thema: Kontrovers, weil gebunden an die westliche Vernunft- und Freiheitskultur. Globale Inklusion, hier verstanden im Sinne eines „weltgesellschaftlich" organisierbaren Dialogs ganz unterschiedlicher Kulturgemeinschaften auf Augenhöhe, etwa zu Konfliktlösungs- oder Kooperationszwecken, ist auf dieser Basis (jedenfalls noch lange Zeit) ausgeschlossen. Wir werden deshalb unser Verständnis von Menschenrechten von dem intrinsisch darin verwobenen Okzidentalduktus von Vernunft und Fortschritt entkoppeln müssen. Halten wir die etablierte Praxis selbstüberzeugt aufrecht, sind kulturübergreifende Verständigungsformate mit zahlreichen Partnern bis auf weiteres ausgeschlossen (China liefert einen Vorgeschmack auf die sich abzeichnende Ära).

Was die immer buntere Weltgesellschaft zusammenhalten kann, sind transkulturelle Eigenwerte wie etwa das Recht auf

Subjektivität oder einen eigenen Möglichkeitssinn, die sich politisch schützen lassen; das meint biorationale Zusatzqualifizierung. Auf dieser Basis wäre kooperativer Dialog – in jeweils eingrenzbaren Domänen – möglich. Unsere künftige weltgesellschaftliche Agenda überwachte dann nicht einfach Vielfalt: Diversity und Toleranz, sondern etwas weit darüber hinaus Gehendes: den Wert geistigen Eigensinns, ohne seine kulturellen, gruppenspezifischen Kernwerte in universalistisch-okzidentalem Rechtsverständnis oder via politischer Organisationsvorgabe zu überformen; also ohne ihn in unseren Rahmen zu zwängen. Es ist offensichtlich, dass sich sonst neue, für einige Gesellschaftsteile attraktivere kulturelle Evolutionspfade durchsetzen werden; unabhängig von einer globalen Verständigungsarena. Die Welt fiele weiter auseinander. Denn wenn solche Eigenwerte nicht *jenseits* des westlich-kulturellen Frame geschützt – was ja nicht bedeutet: von uns anerkannt oder gar gewürdigt – werden, *ist globale Kooperation kulturlogisch nicht möglich*. Nota bene: Dass jeder kulturelle Eigenwert seine Grenze an der Versehrbarkeit der anderen findet, ist hier nicht Thema und unkontrovers: Darum geht es gar nicht.

Der Effekt, den die anderen deutlich spüren: Der verdeckte kulturelle Hegemonialanspruch des Westens führt über die Zeit Perspektiven, Haltungen und Fragen immer einsinniger, homogenisierend eng. So viel Hoffnung der Westen in dieses „Projekt" auch immer investiert haben mag, in den Trickle down-Effekt von Freiheit, Gleichheit, Demokratie, Rechtstaat und letztlich auch Wahrheit, so sehr steht es einer global-inklusiven Kooperation für künftige Konflikte um Frieden, Technologiefolgen und Ökologie im Weg. Evolutionär ist das eine existenzielle Gefahr. Eine Gattung, die auf mentale Spreizung angewiesen ist um zu wachsen, muss auf dem inzwischen erreichten zivilisatorischen Interims-Plateau anfangen, geistige, also auch kulturelle und religiöse *Pluralität politisch zu organisieren.* Bisher reichte es aus, alle anzuhören und den Minderheitenschutz zu achten; aus dieser Ära sind wir längst raus.

Pluralität meint substanzielle Auseinandersetzung: das gegenseitige Aneinanderprüfen und sich-Messen von Meinungen in sehr verschiedener Beziehung und Bindung, um sich auf diese Weise überhaupt erst *in eine für alle, global-gemeinsame Welt hineinzuvergewissern.* Erst heute, in einer sich immer tiefer vernetzenden Welt, springt diese für den Weltfrieden existenzielle Handlungsbedingung überhaupt ins Auge. Da das Politische – in unserem Selbstverständnis – eine genuin okzidentale Erfindung ist, in der hoher westlicher Stolz mitschwingt, stehen wir hier vor einer Herausforderung. Politik der Zukunft bedeutet den Schutz global-inklusiver Beziehungen auch durch eine kultur*neutrale* Verrechtlichung von Subjektivität.[114]

Globale Inklusion: Praxisbeispiele

Die separierend-analytische, unterscheidende Eigenschaft des okzidentalen Logos („draw a distinction"), auf die wir so stolz sind, wird erst über längere Zeiträume erkennbar als eine humane Gefährdung. Sie ist eine tolle Sache, die uns weit gebracht hat, zeigt aber eine Kehrseite über die Zeit. Der heiße Kern dieser Gefahr: Das, was wir bislang unter Vernunft verstehen, unsere zergliedernde Urteilskompetenz, kann sich *sogar vom Bios* abspalten und autonom werden. Die spirituelle Auszeichnung von Verbundenheit, etwa eine politische Entscheidung zur Förderung von Beziehungsintelligenz, werden wir – wenn wir sie denn wollen – über lange Zeit praktisch üben müssen. Dafür erforderlich: moderne Exerzitien des sich-Verbindens.

Ein solches *Behavioral Prototyping* hätte Kodizes zur Verfügung zu stellen, unsere Verwobenheit mit der Erde hervorzuheben und sinnlich erlebbar zu machen. Wie verhandeln wir inklusiv, also transkulturell tolerant? Wie privilegieren wir systematisch eine Sinnlichkeit der Bindung – etwa unseren Hörsinn? Das Gehör (wie auch der Geruchssinn) zieht, dehnt und webt sich viel stärker in die Umwelt hinein als das Auge. Unser mediales Zeitalter steht unter anderem deshalb so stark unter Druck, weil wir menschliche Wahrnehmung nicht kontrollieren. Wenn wir dem Auge die Herrschaft überlassen, urteilt es. Das menschliche Auge ist ein unbarmherziger Richter und wertet – nach Sichtbarkeit und Helligkeit, nach Vordergrund, nach Größe, nach Farbintensität, nach Bewegung und vielen anderen Aspekten;

nach der *Macht des Eindrucks.* Diese Pathologie spiegeln kaum etwas so grell und plastisch zurück wie die Sozialen Medien, in denen Kommunikation zu einem reinen Sichtbarkeitswettbewerb verkommen ist. Wir müssen erst wieder perzeptive Balance herstellen, Vorbedingung für ein ökologisches Zeitalter.

Verletzlichkeit zu zeigen, zu inszenieren, gehört ebenfalls zu solchen Exerzitien – nichts stärkt, ja stiftet Bindung so sehr wie Offenherzigkeit; die aktuelle Altruismusforschung liefert eindrückliche Belege dafür. In Okzidentalkulturen ist auch hier der Sehsinn der größte Verdunkler menschlicher Verletztlichkeit; wir könnten daher versuchen, ihn kulturell umzuprogrammieren. Denn: Unsere Augen können Versehrbarkeit unsichtbar machen; etwa durch die Art, wie wir uns kleiden, durch Stile und Formen, unsere Mimik und Gestik, unsere Haltung, unser gesamte Erscheinung, im Beruf: unsere „Performance". (Wer „cool" ist, ist unterkühlt, unterbietet die normale emotionale Valenz und Temperatur der Gruppe, lässt sich nichts anmerken und fühlt sich dadurch überlegen.) Der Sehsinn „tunt" unsere soziale Persona und damit die kulturellen Trigger für Beziehung und Bindung. Wollen wwir eine inklusive, friedliche Welt, müssen wir es schaffen, die kulturelle Wertung umzudrehen: die Abschirmung von Versehrbarkeit erschweren und unseren Sehsinn öffnen für Verwundbarkeit.

4 Wissenschaft

Wir benötigen ein fundamental anderes, zeitgemäßes, runderneuertes Verständnis von Wissen. Erste Resultate moderner Forschung – insbesondere aus jungen, nichtkanonischen Wissenschaften – legen eine irritierende Einsicht nahe: Glaube ist nur eine andere Version von Wissen, nämlich spiritualisiertes. Bewusstsein ist eine weitere; womöglich gibt es viele. Seit gefühlten Ewigkeiten haben wir gedacht, Glaube und Wissen seien getrennt, in gewissem Sinne sogar Gegensätze. Beharren wir auf der Polarisierung, halten wir logisch die Tür offen, etwas zutiefst überzeugt glauben zu können, das möglicherweise „unbiologisch" ist; das im schlimmsten Falle, weil durch nichts kontrollierbar (denn Wissen sitzt ja geistig abgetrennt im Kopf) gegen das Leben zu Felde zieht.

Wissenschaftsverständnis

Wissenschaften sind künftig keine Erklär-Tunnel für die Welt mehr: was hinten rauskommt, ist verstanden und analytisch durchdrungen. Bisher galt: Etwas muss wahr gemacht werden und das geschah im „Tunnel" des Erkenntnisprozesses. Für eine Welt im Werden ist es aber nicht wichtig, alles zu verstehen. Wir wollen nicht bisher Offengebliebenes durch Wahrheit verschließen: ersetzen und damit geistig „ablegen". Wir wollen keine definitiven, endgültigen „Antworten geben". Spirituell ist für uns genau umgekehrt wichtig, das Offene offen zu halten und dadurch immer anders wahrnehmen, die Perspektive unendlich lange drehen zu können; Fragen zu stellen. Wer an Werden, an die spirituell-introszendente Dimension der Evolution glaubt, muss nicht alles verstehen – das geht gar nicht, Menschen ist das nicht möglich. Der hält sich nicht mit der Illusion auf, alles kontrollieren zu können (was vollständiges Wissen voraussetzt), denn das ist nicht Sinn und Zweck der Evolution. Antworten im engeren Sinne brauchen wir nicht. Aus diesem Verständnis heraus können auch zur westlichen Wissenschaft nicht affine Kulturen solche Wissenschaft akzeptieren.

Glaube und Wissen sind beides Konstruktionen

Zu wissen, wer wir sind, ist die menschliche Bedingung der Möglichkeit für reale, authentische Hoffnung – aber dieses „Wissen" hat keine Wahrheit im okzidentalen Sinn. Und es ist auch kein von der Welt losgelöster Glaube. Dieses Wissen kann geerdet sein, ein Forschungsergebnis, aber es hat untilgbar eine geistliche, introszendente Dimension. Während in früheren Zeiten *Priester* die Aufgabe hatten, Wissenschaft und Glauben *voneinander fernzuhalten* (den eigenen Machtbereich sichern und darauf ein religiöses System aufbauen), wird es *künftigem Wissenschaftsmanagement* und säkularen Organisationen obliegen, ihr Tun zur anderen

Seite hin offenzuhalten, beide Seiten *miteinander zu vermitteln*. Denn die Wahrscheinlichkeit ist hoch, dass die spirituelle Seite die Wissenschaft beflügelt – und umgekehrt.[115]

Ein solcher Wandel bestehender Glaubenssätze vitalisiert aber auch unsere Version von re-ligio, macht Rückbindung lebendig, spannend und bereichernd. Wir lassen die Statik einer uralten frohen Botschaft, die scheinbar zeitlos ist, hinter uns und fangen an, geistig zu wachsen. Dann können wir unsere Welt auch wieder anders befragen – und so weiter. Diese Schleife weitet sich in die Tiefe, in unendliche Relationslandschaften von „brachliegendem", potenziellem Sinn. Humaner Auftrag: heben! Dazu brauchen wir Wissenschaft, nicht Gott.

Menschliche Lebensfülle kann aus einem stetig subtileren Verständnis der irdischen Welt fließen. Darin liegen Glück und eine tiefe Befriedigung, denn das, was wir *dann* glauben lernen, fußt – zum ersten Mal – auf planetarisch-realem Grund. Es bleibt der Erde treu.

5 Geschichte

Geschichte übernimmt künftig die zentrale Orientierungsfunktion für eine biologisch gesättigte Moral. Sie hat für Künftige nichts mehr mit einem objektivierenden Erinnerungsarchiv der eigenen Kultur zu tun. Bisher wurde daraus auch noch der eigenkulturelle Überlegenheitsanspruch gegenüber den anderen abgeleitet (Objekte, Quellen, Belege: unsere Geschichte ist „wahr") – eine der großen spirituellen Hürden unserer Epoche. Geschichte kann jedoch noch etwas anderes sein: ein unendlich wachsendes Metanarrativ von Homo sapiens sapiens, in dem er denen, die jeweils nach ihm kommen, erzählt, wer was wie und warum getan oder gelassen hat. Also: wie die vor ihnen waren. Was sie für Menschen waren. Geschichte als Erzählung über die Mechanismen zur Stiftung von Handlungssinn – zu einer bestimmten Zeit.

Geschichte wäre in der Lage, Menschengeschichten in der Perspektive biorationaler Verantwortung zu erzählen und niemals zu gestatten, dass die zahllosen Opfer der Vergangenheit zu bloßen Wegmarken der Entwicklung werden; dass sie „eben nötig" waren für Ziel X oder Y. Die Unerträglichkeit dieses Gedankens läuft jedem glaubwürdigen Anspruch an moralisches Handeln zuwider: Hier zeigt sich Geschichte als Katastrophe, als das Prozessieren teleologisch verbrämter Unmenschlichkeit. Dagegen hilft kein einziger „moralischer Wert" aus logozentrischem Zugriffsgebiet. Wir sehen das an unserer Zeit: Gefühlt wird fast nie jemand zur Verantwortung gezogen. Ob eine Gruppe die Weltwirtschaft crasht, durch Lügen und Ausbeutung reich wird, das Klima mit Privatraumflügen verpestet oder Gesellschaften politisch unterwandert – über westliche Werte wird nahezu in der gesamten nichtwestlichen Welt höflich hinweggeschwiegen. Wenn's gut läuft. (China etwa schweigt dazu nicht.)

Dieses Versagen ist eine der aktuell größten Gefahren für unser Gesellschaftssystem. Die Attrappe lässt sich jedoch erden an uns als Gattung. Alle die, die vor uns waren, stehen in einer Linie der humanen Fortentwicklung, die uns zueinander führt, die die Verbundenheit stärkt. Ihrem Leid gebührt unser Dank: Wir achten menschliches Leid als ontischen Einsatz für das Potenzial unserer Gattung; als „Lebens-Einlage" für das, was uns heute möglich ist und damit Künftigen möglich sein wird. Jede Seele investiert in das, was der menschlichen Gattung eignet, in abkünftigem wie zukünftigem Sinn: was sie bereits hat und was ihr durch unser Tun offen stehen wird. Hieraus speisen sich die Maximen genuin menschlichen Handelns.

Wenn wir Menschengeschichte so verstehen, werden wir unvermeidlich aufeinander aufpassen: so handeln, wie es diesen Maximen entspricht, und solche, die Verbundenheit unterminieren, zur Rechenschaft ziehen. *Verantwortungslosigkeit ist logisch nur möglich, wenn die anderen keine Rolle spielen.* Mit dieser Einsicht wird eine Qualifizierung von Moral möglich, die sie auch praktisch scharfstellt und von der Kanzel in die Gesellschaft herunterzieht.

6 Religion

Die Überzeugung, Religion und Glauben seien Teil einer Wissenschaft von Gott, sagt alles Nötige über den Zustand des okzidentalen Logos. Es muss kulturell immens viel weggearbeitet werden, um zu vergessen, dass sie Unterabteilungen der Anthropologie darstellen, der Wissenschaft vom Menschen. Nichts ist menschlicher als Bewusstsein im Glauben: aufgehoben sein, keine Angst haben müssen, daheim sein, ein Gefühl der Ankunft empfinden – es gibt unzählige Formulierungen dafür. Um die Welt meistern zu können, brauchen wir Zuversicht, Hoffnung, die Fähigkeit, uns geistig an irgendetwas festhalten zu können, wenn es nötig wird. Wir mögen darüber streiten *an was*, aber nicht darüber, *dass.* Dafür taugt vieles, von verstorbenen Liebsten über den Kanarienvogel bis zum Fußballverein. Unsere existenzielle Angewiesenheit auf den geistigen Instinkt des Glaubens einer Dimension *außerhalb* dieser Welt ans Revers zu heften („das kommt von Gott"), ist in konkreter Wortbedeutung unsinnig; Nietzsche meint „wahnsinnig". Es entzieht dem menschlichen Weltsystem systematisch Sinn und Lebbarkeit.

Was Religion ist und was nicht

Religionen sind künftig keine Antwortmaschinen auf unbeantwortbare Fragen mehr. Früher haben die Menschen geglaubt, Religionen lieferten solche Antworten: Was ist der Tod, was geschieht mit mir nach dem Sterben, wo gehen meine Liebsten hin, warum müssen wir leiden und so weiter. Religiöse Antworten auf solche Fragen sind extrem unterschiedlich. Wollen wir auf dieser Grundlage mit anderen Kulturen ins Gespräch kommen, „divers" verhandeln, kommen wir auf keinen grünen Zweig – jeder hat andere Antworten parat, die für die jeweilige Gruppe uneingeschränkt gelten.

Säkulare Religionen sind im Gegenteil Fragendreschmaschinen für die entwicklungslogisch wichtigsten nächsten Fragen. Religionen unterscheiden sich auf der gerade beginnenden Zivilisationsstufe weniger darin, dass sie unterschiedliche Antworten auf dieselben Fragen geben, sondern darin, *dass sie andere Fragen stellen* (Dank für diese Einsicht an Robert N. Bellah); Fragen, die nahe liegen, die „jetzt dran sind", mehr „nach vorn". Daraus ergibt sich ihre Bedeutung für unsere Evolution – denn so lange wir immer nur die gleichen alten Fragen bearbeiten, die sich längst überlebt haben, kommen wir keinen Schritt voran. Wir graben uns genau umgekehrt in altem Denken ein, die Antworten nehmen geradezu manisch zu und werden immer irrer.

Dabei können wir uns in religiös organisierter Systematik, indem wir forciert extrem sinnfällige Fragen stellen und dieses Verfahren niemals einrosten lassen, auf ein immer höheres Niveau katapultieren. Religionen generieren Weltbildfragen, und wir sind die Kultur unter den Hominiden, die das erkannt hat, solche Fragen ab jetzt strategisch sucht, sie handelnd bearbeitet und an ihnen bewusst wachsen will. Erst im 21. Jahrhundert geht das – heureka.

Dass das Gefühl von Ungewissheit, das sich derzeit breitmacht, von zunehmendem Chaos, maßgeblich von den Fragen abhängt, die wir *nicht (!)* stellen, ist freilich bisher keine geistig satisfaktionsfähige Aussage. Unsere geschichtlich orientierte Zivilisationsstufe schirmt uns vor dieser Erkenntnis ab in dem Glaubenssatz, Ungewissheit liege im Außen, in der Welt. Dass wir sie geistig selbst produzieren, getriggert durch ein verqueres Selbstverhältnis und Menschenbild, ist aus gegenwärtiger Sicht verrückt. Dieses Urteil ist einerseits logozentrisch plausibel, andererseits aber auch schlicht Ignoranz und Desinteresse gegenüber unserer eigenen Geistesmechanik, der Autologie – bisher kontrollieren wir unser Denken eben nicht! Und wenn wir nicht anfangen, genau das zu tun, uns mehr für uns selbst zu interessieren, wird es mit ökologischem Um- und Neubau eng.

Ab jetzt könnte gelten: *Wir* entscheiden, woran etwas liegt: und zwar *durch die Art, wie wir es befragen*. Mit Ausnahme kosmologischer oder Naturkatastrophen liegt ein Chaos-Empfinden grundsätzlich an uns. In einer vor angeblicher Komplexität, Paradoxie und Kontingenz nur so strotzenden Welt – unserem westlichen Metamärchen für Ahnungslose – könnte diese Erkenntnis nützlich sein.

Diesseitige Verheißung – das ist neu. Unser künftiges Heil liegt darin, dass wir spirituell umstellen, nämlich von Transzendenz auf Introszendenz; so lautet der säkulare Vorschlag. Wenn wir das schaffen, winkt eine reale Utopie: Auf dem Planeten Erde eine friedliche Konföderation hominider Kulturen ins Werk zu setzen, respektive eine effektive, weil orientierte Kooperation diverser Menschen in Organisationen und Institutionen. „Orientiert": Dazu müssen wir allerdings erst wissen, woher wir kommen, um besser zu verstehen, wer wir sind, wohin die Reise geht und was wir deshalb heute tun müssen. Und dann können wir uns auch führen.

Führung

Dieses Buch ist der Versuch einer Selbstvergewisserung unseres geistigen Standpunkts zu Beginn eines technologisch extrem expansiven Jahrhunderts. In vielen Organisationen, vor allem in der Wirtschaft, ist die Annäherung an humane und substanziellere Sinn-Themen, als das ökonomische Prinzip zulässt, mit Händen zu greifen. Immer mehr Menschen werden der „Tools" überdrüssig und suchen anstatt Buzzword-Kaskaden und überalterter Lenkungsmuster andere Qualität: Richtung mit Gehalt und Substanz. Wir erleben den Beginn einer vorerst unklaren Suche – in voller institutioneller Breite. Bisher sind wir damit nicht viel weiter als bis zur Infragestellung traditionell transitiver Macht (Hierarchie und Weisung) sowie spiegelbildlich zu einer steigenden Aufmerksamkeit für das, was dann übrigbleibt (die anderen: Teams, Kommunikation, Netzwerke). Unsere Angst in diesen rites de passage bannen wir derweil durch einen nächsten Turmbau zu Gebrabbel (paradox, ambidexter, systemisch, komplex und so weiter).

Im Ergebnis legt dieses Buch zwei Fragen nahe:

- Könnte es sein, dass wir die eigentlichen, relevanten Fragen – weil wir den Blick auf einen Urgrund an Unlogisch-Absurdem nicht ertragen – nicht stellen? Weil wir uns ängstigen *vor uns selbst*? Und:

- Wenn wir uns ahnenbewusst und weitsichtig in einen neuen geistigen Frame hineinbewegen; unermüdlich derer gedenkend, die schon so lange die Spuren, in denen wir gehen, angelegt haben; uns dabei neue, erst heute denkbare Richtungsanker herbeifantasieren und -erzählen: Werden diese Fragen dann allmählich fasslicher, erträglicher, akzeptabler? Können uns die, die vor uns waren, dabei helfen? Würden sie das womöglich nur allzu gern tun (nämlich uns ihr Bewusstsein vererben, auf das wir es mehren und potenzieren) – und warten nur darauf, das endlich auch zu dürfen?

Wir glauben ja. Selbstauskunft der Autoren: Wir haben uns bei der Verfertigung unserer Gedanken beim Schreiben davon überzeugt, dass wir einen unerschütterlichen Glauben an uns selbst als eine Gattung brauchen, die ihre Generativität zu einem autologischen Projekt machen kann: Zu wachsen, *weil wir sind.* Und um den Wert unseres Seins wissen. Das reicht.

Der Fluchtpunkt säkularer Religion

Bisher verorten alle Kulturen das für den Menschen künftig human Bessere entweder in der Natur, im Übernatürlichen oder Überweltlichen. Wir gehören zu den ersten Generationen, die das Besser im Weltlichen verorten können. Dazu sind freilich geistig einige salti mortali nötig, dieser Shift ist anspruchsvoll. Wir etablieren damit eine Gattung der Überschreitung: Wir wollen als natürlich-biologisch geglaubte Grenzen erweitern (vgl. Kap. 39), hin zu heilem und gesünderem, aber auch reicherem Leben – aber nicht zur technologieinduzierten Expansion *aus der Biologie heraus*! Das ist unser eurasischer Vektor. Uns ist keine Kultur vorstellbar, die diese Orientierung nicht mittragen könnte, denn diese qualitative Art des Gattungswachstums ist in jedem erdenklichen Sinne human – egal, woher jemand stammt, wie sie denkt und an was er glaubt. Die je eigenen regional-kulturellen Aspirationen bleiben davon unberührt.

Dieser brandneue Anspruch eines Dauer-Überschreitens geistiger Schwellen bedeutet Musterbrüche, Zäsuren, Unerwartbares; „Schwarze Schwäne", „Change", „Transformation", „Permakrise". Achtung: Gemäß unseres nächsten Weltbildes ist all das Folge, nicht Ursache! Und als solche ein Tiefschlag ins Kontor unserer „Logik". Wir *produzieren* das, weil sich Aspiration und Horizont verschieben.

- Version für schwache Nerven: Wir verändern gerade unseren Blick auf die Welt – *und damit verändert sich die Welt.*
- Version für starke Nerven: ... – *und verändern damit die Welt.*

So funktioniert das Wenden von Zeit am Beginn einer sich-selbst-bewusstmachenden, sich autologisch informierenden Welt.

Paradies

Religionen sind Hebel unserer Gattungsgeschichte: Wir evoluieren über das Stellen sinnhafter, glaub-würdigster Fragen. Und da die wirklich wichtigen Fragen wie Ökologie, globale Vernetzung und politischer Frieden inzwischen konvergieren, anschlussfähiger werden, kann Inklusion funktionieren. Weitergedacht, werden Menschen damit zu Gattungsdeserteuren, zu biologischen Nomaden. Unser Auftrag heißt Transgression – seit dem Yoga-Sutra, das diesen Vektor das erste Mal offen anzeigt[116], sind wir erst jetzt in der Lage, uns an ihm auch real und strategisch abzuarbeiten.

Soll heißen: das säkulare Paradies trägt den Namen Zukunft; freilich in vollem humanem Bewusstsein verstanden. Es bezeichnet das Versprechen einer unendlichen Annäherung an seelische Substanz. Deswegen ist zum Beispiel Trost kein säkular-religiöses Thema mehr: Trost ist eine *Antwort*. Traditionelle Religionen kurierten immer nur das, was das Weltbild anrichtete. Sie heilen immer nur die Wunden, die das sie produzierende System schlägt. Wenn Menschen zum Beispiel ihr Heil nur im Überweltlichen versprochen wird, brauchen sie logischerweise Antworten für ihr Hier und Jetzt. Introszendente Diesseits-Religionen prozessieren Sinn jedoch *nur* für das Heil hier auf Erden.

Folgen wir unserem Gespür für Sinn, bleiben wir der Erde treu und finden zu uns selbst, können wir auf die alten Kompensations-Features getrost verzichten. Diese re-ligio führt vielleicht zu Frage-Manien, zu Schüben an Neugier, Innovationspathologien und tiefen Umbrüchen. Aber sie führt niemals zu dem Bedürfnis, diesen Mechanismus *abzustellen* (klassische Vorstellung: wenn das Paradies da ist, ist das Vorher beendet) – indem man das Fragen beendet, weil man alles „wahr" beantwortet hätte. Eine solche Rückbindung tötet unseren Geist und unsere Seelen. Und offenkundig die Erde.

Website zum Buch:
www.zukunftsglaube.de

Winston Churchill 1940: aus dem Nekrolog auf Chamberlain[117]

It is not given to human beings, happily for them, for otherwise life would be intolerable, to foresee or to predict to any large extent the unfolding course of events. In one phase men seem to have been right, in another they seem to have been wrong. Then again, a few years later, when the perspective of time has lengthened, all stands in a different setting. There is a new proportion. There is another scale of values. History with its flickering lamp stumbles along the trail of the past, trying to reconstruct its scenes, to revive its echoes, and kindle with pale gleams the passion of former days. What is the worth of all this? The only guide to a man is his conscience; the only shield to his memory is the rectitude and sincerity of his actions.
It is very imprudent to walk through life without this shield, because we are so often mocked by the failure of our hopes and the upsetting of our calculations; but with this shield, however the fates may play, we march always in the ranks of honour.

Zum Glück ist es dem Menschenwesen nicht gegeben, die Entwicklung der Ereignisse vorherzusehen oder vorauszusagen; sonst wäre das Leben unerträglich. In einer Phase scheinen die Menschen das Richtige getan zu haben, in einer anderen Phase das Unrichtige. Dann wiederum, ein paar Jahre später, wenn die zeitliche Perspektive größer geworden ist, verwandelt sich die ganze Einstellung. Die Proportionen sind anders. Das Wertmaß ist anders. Die Geschichte geht mit flackernder Lampe und unsicheren Schritts die Spuren des Vergangenen ab, sucht seine Schauplätze zu rekonstruieren, seinen Nachhall wiederzubeleben und entzündet mit bleichem Schein die Leidenschaften früher Tage. Was ist der Sinn von all dem? Die einzige Orientierung des Menschen ist sein Bewusstsein; der einzige Schutz den Erinnerungen gegenüber die Ernsthaftigkeit und Gradlinigkeit seines Handelns.

Es ist sehr unklug, ohne diesen Schutz durchs Leben zu gehen, denn wir werden so oft verhöhnt von dem Scheitern unserer Hoffnungen und über den Haufen geworfenen Kalkülen; aber mit diesem Schutz, wie das Schicksal uns auch mitspielen mag, marschieren wir immer in den Reihen der Ehrenhaften.

Anmerkungen

1 Charles Taylor: Ein säkulares Zeitalter, Suhrkamp Verlag, Frankfurt am Main, 2009, S. 711.

2 Für andere gilt das nicht unbedingt, in jedem Fall nicht für US-Amerikaner. Der Optimismus-Hype bei uns ist vor allem der Effekt eines „Treuebruchs" durch unsere Verwandten in Fernwest, deren Menschenbild sich vom humanistischen Erbe des Kontinents weitgehend gelöst und große Teile der hiesigen Wissens- und Meinungseliten gekapert hat. Während bei uns noch mehrheitlich gilt „Du bist deine Gedanken", „dein Selbst", lautet die technologiegetriebene Seelentransformation jenseits des Atlantiks „Du bist deine Daten" – in Verbindung mit dem nationalen Evolutionstreiber *Go west, young man!* Nur, dass „west" inzwischen „above" bedeutet. Und dadurch mit Konsequenzen für Gesellschaft, Politik und Wirtschaft auf der ganzen Welt. Diese Gabelung läuft geistespolitisch ungesteuert; dazu gleich mehr.

3 Die wenigen Ausnahmen hüten ihre zeitlogischen Intuitionen wie den Stein der Weisen. Etwa Niklas Luhmann, der insbesondere in seinen späten Jahren von Zeitlogik geradezu besessen wirkt. Wir vermuten, eine Folge seiner eigenständig-instruktiven Verarbeitung des Werkes von Gotthard Günther. Transparent wird das nicht; das Gleiche gilt für Michel Foucault u. a.

4 James C. Scott: Die Mühlen der Zivilisation. Eine Tiefengeschichte der frühesten Staaten, Suhrkamp Verlag, Berlin, 2019, S. 224.

5 „Ich bin Odysseus", Odyssee 9,19.

6 Unsere „Ideenpolitik" verdankt den Forschungen über das kulturelle Gedächtnis von Aleida und Jan Assmann vielfältige Impulse. Die Parallele bezieht sich auf die Überzeugung, dass in der Menschheitsgeschichte nichts verloren geht. Ob wir etwas erinnern oder nicht: Gewesenes legt sich sowohl kulturell als auch somatisch in uns ab. Wir können unserer Frühe nicht entkommen, daher lohnt Aufmerksamkeit darauf: auf Evolution und Biologie. Hier liegt die Abkunft.

7 Jan Assmann: Achsenzeit. Eine Archäologie der Moderne, C.H.Beck, München, 2018. Ein solches Fortschreiten markiere einen „positiven Epochenbegriff", weil er zeitlich fixiert werden kann – den es laut Assmann jedoch gerade *zu überwinden* gelte. Er begründet das mit der „regulativen Idee" einer Erweiterung des Blickwinkels, hin zu einer globalgeschichtlichen Perspektive (S. 26, 283). Diese Orientierung nehmen wir auf.

8 Wir kommen darauf zurück. Um Missverständnissen vorzubeugen: Hier geht es um eine logisch *differenzierende* Qualifizierung von Erinnerung (Sache, Soziales, Zeit). Gibt es im kulturellen Gedächtnis noch andere Kerndimensionen eines humanen Erinnerns jenseits der Sozialebene von Bräuchen, Regeln, Gesetzen, Normen, die sich auf das Innere der *eigenen* Tradition beziehen? Für das christliche Abendland kaum – Gott hat die Welt gemacht, am Anfang war der Logos, davor ist Dunkel. In anderen Ethnien hingegen spielen beispielsweise Ahnen eine Rolle. Die Überzeugung dabei: Ahnengeister und Spirits von Gestern brauchen Aufmerksamkeit. Sie liefern weniger Werte oder Sinnfragmente als kosmogenetische und biologische Informationen (Schöpfungsgeschichten über die Entstehung der Ethnie, warum es die Gruppe überhaupt gibt, ein Krieg, eine vorhergehende Not usw.). Die Papua im westlichen Teil Neuguineas holen Besuchern die dreihundert Jahre alte Mumie eines wichtigen Dorfältesten aus dessen (!) Hütte.

Diese Ebene von Mythologie hat mit Glaubenssätzen und Normen nichts zu tun. Sie betrifft vielmehr Physis, Körper, stellt den Tod aus und den Heutigen gewesene Menschen vor, *deretwegen die Heutigen sind*. Bei uns ist diese ursprüngliche Stelle in der Zeit leer, und dafür zahlen wir geistig einen Preis.

9 Wir zitieren nach Walter Robert Corti: Der Mensch im Werden Gottes (Gesammelte Schriften Band II), Novalis Verlag, Schaffhausen,1988, S. 200.

10 Ausnahmen sind Daniel Dennett und Douglas Hofstadter, amerikanische Kognitionswissenschaftler. Vgl. etwa Douglas Hofstadter: Ich bin eine seltsame Schleife, Klett-Cotta Verlag, Stuttgart, 2008; Daniel C. Dennett: Von den Bakterien zu Bach – und zurück. Die Evolution des Geistes, Suhrkamp Verlag, Berlin, 2018. Zudem grundiert das Interesse an solchen Gedankenfiguren das gesamte Werk des Soziologen Niklas Luhmann. Michel Foucault arbeitet damit, weitgehend erklärungslos.

11 Bekanntere Selbstverhältnisse, die zumindest in die Nähe solcher Selbstverhältnisse kommen, sind Self-Fullfilling Prophecies: Vorhersagen, die ihre Erfüllung selbst bewirken. Der Mechanismus versteckt sich in vielen psychologischen Erscheinungen; Freud war geradezu besessen von ihnen. Projektion, Verdrängung, Übertragung und so weiter, all diese sind Versionen *selbstreferenzieller Schleifen*. Wir versuchen, auf höchst kreativen, oft mehrfach invers in sich verschlungenen Umwegen, das zu bekommen, zu sehen, zu denken, zu glauben, was wir wollen; oder das nicht zu sehen, was wir nicht sehen wollen. Auch das hochabstrakte Theorem der „Autopoiesis" zehrt davon, vielen bekannt durch die Systemtheorie, ursprünglich aus der Biologie stammend. Paradigmatische Beispiele stammen in der Regel aus Logik, Mathematik oder Biologie.

12 Günther Anders: Die Antiquiertheit des Menschen. Erster Band: Über die Seele im Zeitalter der zweiten industriellen Revolution, C.H.Beck, München, 1956.

13 Wer hier die Marxsche Subjekt-Objekt-Verkehrung zu erkennen glaubt, findet Details in Kap. 9.

14 Stefan Nehrkorn: Goyas Traum der Vernunft gebiert Ungeheuer, Vortrag vom 16.3.1999, vgl. http://www.humboldtgesellschaft.de/inhalt.php?name=goya, Abruf 11.1.2022.

15 Barry Ptolemy: Transcendent Man (Film-Dokumentation über Ray Kurzweil, der der Biologie „misstraut"), 83 Minuten, Ptolemaic Productions, Therapy Studios, 2009.

16 Beispiel: Maya A. Lebow, Mariana Schroeder, Michael Tsoory. et al.: Glucocorticoid-induced leucine zipper "quantifies" stressors and increases male susceptibility to PTSD. Translational Psychiatry 9, 178 (2019), https://doi.org/10.1038/s41398-019-0509-3. Das Max-Planck-Institut für Psychiatrie in München hat dazu einen Forschungsschwerpunkt.

17 Eine Formulierung von Siri Hustvedt: Die Illusion der Gewissheit, Rowohlt Verlag, Reinbek, 2018.

18 Erik P. Hoel: Agent Above, Atom Below. How agents causally emerge from their underlying microphysics, veröffentlicht über FQXI (Foundational Questions Institute) am 6.3.2017, https://fqxi.org/data/essay-contest-files/Hoel_FQXi_EPH_wandering_goa.pdf, Abruf 5.6.2022.

19 Laut griechischer Mythologie belagerte die Sphinx die Stadt Theben und gab den vorüberkommenden Thebanern Rätsel auf. Wer falsch antwortete, wurde gefressen. Einzig Ödipus konnte ihr entkommen. Das Rätsel: „Es ist am Morgen vierfüßig, am Mittag zweifüßig, am Abend dreifüßig. Von allen Geschöpfen wechselt es allein mit der Zahl seiner Füße; aber eben wenn es die meisten Füße bewegt, sind Kraft

und Schnelligkeit seiner Glieder ihm am geringsten.“ Ödipus’ richtige Antwort war: „Du meinst den Menschen, der am Morgen seines Lebens, solange er ein Kind ist, auf zwei Füßen und zwei Händen kriecht. Ist er stark geworden, geht er am Mittag seines Lebens auf zwei Füßen, am Lebensabend, als Greis, bedarf er der Stütze und nimmt den Stab als dritten Fuß zu Hilfe.“ Nach Gustav Schwab: Die schönsten Sagen des klassischen Altertums, Reclam, Stuttgart, S. 259.

20 Thomas S. Kuhn: Die Struktur wissenschaftlicher Revolutionen, Suhrkamp Verlag, Frankfurt am Main, 1976 (2. revidierte und ergänzte Auflage mit Postscriptum).

21 Marcia Bjornerud: Zeitbewusstheit. Geologisches Denken und wie es helfen könnte, die Welt zu retten, Matthes & Seitz, Berlin 2020. Die Soziologin Helga Nowotny hatte in den 1990er Jahren ähnlich argumentiert, ihr zentraler Begriff: Eigenzeit.

22 Hinweis von Jan Assmann: Thomas Mann und Ägypten. Mythos und Monotheismus in den Josephsromanen, C.H.Beck, München, S. 216.

23 Vgl. zu dieser Entgegensetzung Elaine Scarry: Der Körper im Schmerz. Die Chiffren der Verletzlichkeit und die Erfindung der Kultur, S. Fischer Verlag, Frankfurt am Main, 1992, S. 407 ff (Kapitel 5). Dieses und unser folgendes Kapitel (Gradunterschiede der „Erfundenheit“ von Artefakten) beziehen sich auf das, was Scarry „die Binnenstruktur des Artefakts“ nennt, und das die Autorin in hoher Detailliertheit entfaltet. Indirekt folgt unser Argumentationsgang weiterhin: Martha C. Nussbaum: The Fragility of Goodness, Cambridge University Press, 1986, S. 365 ff (Kap. 15), die vor Versuchen warnt, das Menschliche zu transzendieren. Sie sieht die Wurzel dieses Wunsches in der Angst vor unserer Verletzlichkeit und Bedürftigkeit, letztlich vor dem Tod. Instruktive Debatte hierüber bei Charles Taylor: Ein säkulares Zeitalter, Suhrkamp Verlag, Frankfurt am Main, 2009, S. 1039–1043.

24 So entstehen Götter. Das Ganze ist absurd, deshalb praktizieren Menschen das üblicherweise nur einmal, nämlich zu Beginn einer Kulturgründung. Der Okzident hatte da jedoch nie Skrupel. Der Mechanismus wirkt auf Dauer realitätszersetzend und kann langfristig die Kultur ad absurdum führen, „postfaktisch“ werden lassen.

25 Zit. nach Sebastian Junger: Tribe. Das verlorene Wissen um Gemeinschaft und Menschlichkeit, Blessing Verlag, München, 2017, S. 25, 31.

26 „Freiheit ist die Einsicht in die Notwendigkeit“, Hegel zugeschrieben, von Engels im „Anti-Dühring“ in Form gebracht.

27 Die Quelle ist unklar. Hier aus: Heribert Prantl: Die Kraft der Hoffnung. Denkanstöße in schwierigen Zeiten, Süddeutsche Zeitung Edition, München, 2017, S. 11.

28 Siri Hustvedt: Die Illusion der Gewissheit, Rowohlt Verlag, Reinbek, 2018, 280 f. Hervorhebung im Original.

29 Eine der wenigen Ausnahmen ist Alva Noë, Berkeley, der Kognitionswissenschaft an Phänomenologie anbindet. Wir stimmen in der Richtung überein, brauchen aber einige Präzisierungen.

30 Fichtes Werke, herausgegeben von Immanuel Hermann Fichte, Band I, de Gruyter, Berlin, 1971, S. 91. Allzu penetrant nach einer Logik der Folge zu fragen (was war zuerst?), macht in Zusammenhängen des Logos keinen Sinn, wie bereits skizziert (vgl. Kap. 5). In philosophischen Erklärungen lässt sich der autologische Kern des okzidentalen Gesamtkonzepts nie ganz verbergen. Auch Descartes’ „Ich denke, also bin ich“ surft auf dieser Unschärfe. Begriffsverlegenheiten wie „Unhintergehbarkeit“ zeigen das an – irgendwann steht man vor einem monolithischen Basta.

31 Douglas Hpfstatter: Ich bin eine seltsame Schleife, Klett-Cotta Verlag, Stuttgart, 2008, S. 416.

32 Etwa Hjalma S. Kühl, Ammie K. Kalan, Mimi Arandjelovic et al.: Chimpanzee accumulative stone throwing. Scientific Reports 6, Article Number 22219 (2016). https://doi.org/10.1038/srep22219

33 Instruktiver Überblick bei Ernst Tugendhat: Selbstbewußtsein und Selbstbestimmung. Sprachanalytische Interpretationen, Suhrkamp Verlag, Frankfurt am Main, 1997.

34 Wer sich am naturwissenschaftlichen Vokabular stößt: Die „dialektische" Intuition von Platon führt ebenfalls dorthin („Das Eins-Seiende ist weder ganz noch hat es Teile"), vgl. Parmenides, Hauptteil, 9. Kapitel, 137c-d. Empirisch validiert wurde dies erst in der Quantenphysik, und das hat 2.500 Jahre gebraucht. – Sehr verknappt der Spiegel der zeitgenössischen Naturwissenschaften: Bewusstsein wird in seiner extremen Breite empirisch allmählich zur Kenntnis genommen. Einerseits scheinen einige Menschen im konstant vegetativen Zustand zu willentlichen Aufmerksamkeitsleistungen in der Lage zu sein (Detecting awareness in the vegetative state, DOI:10.1126/science.1130197). Andererseits wird das Spektrum auch zur anderen Seite, also jenseits der aufmerksamen Wachheit, ins Offene verschoben. Bei Experimenten mit halluzinogenen Drogen zeigte das Gehirn der Probanden viel komplexere Interaktionsmuster zwischen verschiedenen Arealen als sonst (Increased spontaneous MEG signal diversity for psychoactive doses of ketamine, LSD and psilocybin, DOI:10.1038/srep46421). Bewusstsein verstehen deshalb viele inzwischen als eine Art Dimmer, nicht mehr als Alles-oder-Nichts-Phänomen. Für uns von Bedeutung: 1. *Nach oben hin* scheint es genauso unbegrenzt zu sein wie *nach unten hin.* 2. Mit Vernunft hat es an sich überhaupt nichts zu tun.

35 Henri Poincaré: Der Wert der Wissenschaft, B. G. Teubner, Leipzig, 1906, S. 205. – Im sozialphilosophischen Bereich hat sich als einer der wenigen Michel Foucault diesem Gedanken gewidmet (Les mots et les choses, 1966): Die Ordnung der Dinge. Eine Archäologie der Humanwissenschaften, Suhrkamp Verlag, Frankfurt am Main, 1974).

36 Vgl. im Detail (für Nicht-Quantentheoretikerinnen nachvollziehbar formallogisch erklärt): Carl Friedrich von Weizsäcker: Zeit und Wissen, Carl Hanser Verlag, München/Wien, 1992. Hintergrund ist ein anderes Zeitverständnis, das dem alten Logos sein Geschäft ruiniert; die Details sprengen den hiesigen Rahmen. Wir klassisch-modern sozialisierten Zeitgenossen haben zu glauben gelernt, dass volles Wissen des Gegenwärtigen für die Zukunft nur *eine* Möglichkeit offenlässt. Damit wird bei entsprechend reichhaltiger Wissens- und Faktenlage der Unterschied zwischen Möglichkeit und Notwendigkeit zum Verschwinden gebracht; das ist, kurz zusammengefasst, das utopische Credo der modernen Informatik. Wenn wir über etwas alles wissen, wissen wir auch, was passiert – dieses Komplexität auf durchschlagend-radikale Weise reduzierende Kunststückchen bringt nur die okzidentale Vernunft fertig. „Die Quantentheorie behauptet das Gegenteil": In ihren Prognosen (Wahrscheinlichkeitsgesetzen) beschreibt sie die *künftige* Vergangenheit *mit*, also das, *was einmal vergangen sein wird,* und über das wir heute noch nichts wissen. Das ist auch zeit-*logisch*, denn eine Prognose bezieht sich auf eine Zeit, in der wir Heutigen noch nicht sind. Ein Messwert ist daher immer nur Angabe einer *Möglichkeit (!)* der Gegenwart. Hier sitzt ein unfassbares Skandalon. Das Jetzt ist aus Sichtweise der Quantenphysik vollständig nicht beschreibbar; dieser Anspruch ist sinnlos und unlogisch. Ihre Wahrscheinlichkeitsgesetze „beschreiben, was unter bestimmten Bedingungen möglich, vielleicht sogar notwendig ist", aber auch „Notwendigkeit ist hier eine futurische Modalität", und dieser Indeterminismus insgesamt ein Ausdruck der *radikalen Offenheit von Zukunft* (vgl. Weizsäcker 1992, S. 896–

901). Die Implikationen dieser Wendungen für einen zeitgemäßen Wissenschaftsbegriff sind gewaltig; man denke allein an das – hoffnungslos unterkomplexe – konsentierte Grundverständnis von Empirie. Geistes- und Sozialwissenschaften blenden sie systematisch ab.

37 Ein Ausprobieren von Gestaltungskonzepten, die funktionieren – dieser Gedanke als Übersetzung von Evolution bietet eine nützliche Auflösung, zumindest Relativierung der grammatikalisch unglücklichen Notwendigkeit, in Sprachen mit latinisierter Sprachwurzel in Subjekt-Objekt-Strukturen von „der" Evolution denken und sprechen zu müssen. „Die" Evolution ist als Formulierung selbstverständlich absurd, sie ist kein Akteur, der dies tut und jenes lässt, doch in Gestalt unserer Sprachfiguration kaum vermeidbar.

38 Horckheimer und Adorno standen dort bereits, die gesamte frühe Kritische Theorie. Unnötig zu erwähnen, dass diese in solcher Perspektive eine neue Grundlage bräuchte; mit logozentrisch durchformatierter (und diesbezüglich unkontrollierter) Normativität ist hier nichts auszurichten.

39 „Hat (…) sich [der Mensch] erfasst und das Seine ohne Entäußerung und Entfremdung in realer Demokratie begründet, so entsteht in der Welt etwas, das allen in die Kindheit scheint und *worin noch niemand war*: Heimat" Ernst Bloch: Das Prinzip Hoffnung, Dritter Band, Suhrkamp Verlag, Frankfurt am Main, 1959, S. 1628, unsere Hervorhebung).

40 Egal, was die Gehirnforschung künftig zutage bringen wird: „Wie unser Gehirn funktioniert" ist die *falsche Frage* für die Antworten, die wir hier in spiritueller Orientierung vorformulieren. Um Gehirnforschung fit zu machen für geistige Dimensionen, brauchen wir erst eine ganz andere: Die aktuellen Neurowissenschaften sind kybernetisch formatiert, nicht humanwissenschaftlich.

41 Zu dieser Entwicklung gehört auch der theologische Pfad, den einzuschlagen der Mensch sich entschieden hat. „Ich sehe im Religiösen etwas sehr Menschliches und in der Theologie eine Wissenschaft vom Menschen und nicht – von Gott" (Hans Wysling, Marianne Eich-Fischer (Hrsg.): Thomas Mann Selbstkommentare: „Joseph und seine Brüder", S. Fischer Verlag, Frankfurt am Main: Fischer, 1999, S. 284). Wir werten dieses Zitat von Mann als Wortmeldung eines wachen geistigen *Instinkts.* Eine evolutionsgeschichtlich informierte, säkulare religio als anthropologisches Pflichtenheft wäre genau diejenige offene, fehlende Flanke für die Neuro-Sciences, um die scheinbar unbeantwortbare Frage nach dem Unterschied zwischen Mensch und Maschine beziehungsweise nach starker künstlicher Intelligenz fundiert zu beantworten. Für die Kybernetiker ist der logozentrisch erklärbare Totalausfall der angeblich so professionell selbstkontrollierten Wissenschaft durch Peers ein Geschenk, sie können machen, was sie wollen – allerdings ein Geschenk nicht des Himmels, sondern einer Menschengruppe, die ihre eigene geistige Entwicklung sabotiert. Dass die Theologie das Geschäft der Kritik übernimmt, ist ausgeschlossen. Ihr Job ist die Rettung Gottes, nicht die des Menschen.

42 Die Idee, dass es hier um reine Willkür geht, formuliert verklausuliert bereits Foucault. Dieser zitiert (von Jorge Luis Borges) eine „gewisse chinesische Enzyklopädie", in der eine völlig fremde Taxonomie von Tieren vorgestellt wird (Michel Foucault: Die Ordnung der Dinge (Les mots et les choses, 1966), Suhrkamp Verlag, Frankfurt am Mains: Suhrkamp, 1974, S. 17). „Die Tiere lassen sich wie folgt gruppieren: a) Tiere, die dem Kaiser gehören, b) einbalsamierte Tiere, c) gezähmte, d) Milchschweine, e) Sirenen, f) Fabeltiere, g) herrenlose Hunde, h) in diese Gruppierung gehörige, i) die sich wie Tolle gebärden, k) die mit

einem ganz feinen Pinsel aus Kamelhaar gezeichnet sind, l) und so weiter, m) die den Wasserkrug zerbrochen haben, n) die von Weitem wie Fliegen aussehen." Ausnahmsweise wird hier einmal die Frage nach dem Denken von Undenkbarem gestellt – in wissenschaftlicher Zukunftsforschung ein Dauerbrenner. Die einzige Lektion, die es dabei zu lernen gibt: Ordnungsschemata sind reine Willkür. Wenn der Kaiser die wichtigste Person auf Erden ist, gebührt die oberste Tierkategorie eben ihm. Wenn Wasserkrüge extrem wertvoll sind, ist es vernünftig und legitim, eine Tierkategorie darauf zu beziehen, sofern einige Tiere häufig Wasserkrüge zerstören usw. Menschen ordnen ihre Welt nach der Perspektive, die sie darauf richten. Mit „Wahrheit" in einem anspruchsvollen Sinne hat das rein gar nichts zu tun.

43 Der Philosoph Hans Blumenberg bietet eine Definition dieses Zustands an, die unserem Verständnis nahesteht: „Das Unformulierbare ist das Unvertretbare. Das Paradies war: für alles einen Namen zu wissen und durch den Namen sich geheuer zu machen." (Nachahmung der Natur. Zur Vorgeschichte der Idee des schöpferischen Menschen, Reclam, Stuttgart, 1956, S. 14). Soll heißen: Bisher haben wir aus Angst vor dem Unvertretbaren die Zukunft versiegelt, indem wir die Wahrheit gesucht und den Dingen einen Namen gegeben haben. Das war der Weg ins Paradies. Wir werben hier für die Gegenbewegung: eine Art hochnotpeinliche Nicht-Geheuer-Machung, und die produziert für's Erste Desorientierung, Ungewissheit, erneut Angst. In unseren Tagen, so Blumenberg in genau diesem Tenor, gäbe es denn auch überall eine „‚Dämonie' der Sache", die dadurch gekennzeichnet sei, „dass wir zwar ein ‚Problem' empfinden, es zu formulieren aber in unausgesetzter Verlegenheit sind" (S. 15). Soll heißen: Wir ahnen inzwischen an jeder Ecke Unvertretbares, ‚dämonisch' Bedrohliches, zumindest nicht Deutbares, können es aber nicht aussprechen, weil uns das Bewusstsein darüber und die Sprache dafür noch fehlen. Dieser Zustand markiert das aktuelle Zeitgefühl eines sich immer weiter intensivierenden Entheimatet-Werdens. Wir können uns durch andere Geschichten über uns selbst jedoch davon überzeugen, dass der Exodus von der Transzendenz in die Introszendenz deutlich größere seelische Gewinne als Verluste zeitigt. Heilen, ganz zurücknehmen können wir die dadurch dräuende Ungewissheit allerdings nicht. Käme der Mensch in seiner Heimat tatsächlich an, wäre das Leben beendet. Das Paradies ist der Tod; Leben ist, Unbill und Schwierigkeiten zu bestehen und zu meistern.

44 Dieses Thema bildet ein lyrisches Zentrum zum Beispiel bei Borges und Rilke. „Was unser Geist der Wirrnis abgewinnt, / Kommt irgendwann Lebendigem zugute; / Wenn es auch manchmal nur Gedanken sind, / Sie lösen sich in jenem großen Blute, / Das weiterrinnt. // Und ist's Gefühl: wer weiß, wie weit es reicht, / Und was es in dem reinen Raum ergibt, / In dem ein kleines Mehr von Schwer und Leicht, / Welten bewegt und einen Stern verschiebt." (Rainer Maria Rilke: Werke. Kommentierte Ausgabe in vier Bänden, Band 2: Gedichte 1910 bis 1926, Insel Verlag, Frankfurt am Main, S. 384, Anm. 844). Beide experimentieren mit spiritualisierten Ansichten von Zeit. In dieser Zeitlogik ist übrigens auch der neunmalkluge Konter der Kosmologinnen, natürlich käme das Ende, irgendwann würde unsere Sonne zum roten Zwerg („Auslöschung"), nur Spiegel logischer Unterkomplexität. Diese Perspektive ist ausschließlich chrono-logisch eine Bedrohung, und über intratemporale Logiken wissen wir heute noch kaum etwas. Sprich: Wir können aus hominider Perspektive derlei gar nicht beurteilen.

45 Daniel Kahneman, Amos Tversky: „The simulation heuristic", in: Judgement under uncertainty: Heuristics and biases (hrsg. von Daniel

Kahneman, Paul Slovic, Amos Tversky), Cambridge University Press, New York, 1982, S. 202–208.

46 Tania Singer: Empathy and the Interoceptive cortex, in: Tania Singer, Matthieu Ricard (Ed.): Caring Economics, Picador, London, 2015, pp. 27–44.

47 Forschungsüberblick, an den sich unsere Darstellung anlehnt: Jacob L. S. Bellmund, Christian F. Doeller (beide MPI, Leipzig): Gedankenräume im Kopf, in: Gehirn & Geist 11/2019, S. 12–19.

48 G. Chen, C. Crossland, S. Huang: That could have been me: Director deaths, CEO mortality salience, and corporate prosocial behavior, in: Management Science, Vol. 66 (7)/July 2020, p. 3142–3161,

49 Hermann Hesse: Siddharta. Eine indische Dichtung, Suhrkamp Verlag, Frankfurt am Main, 12. Auflage., 1979, S. 115 f.

50 Keine Missverständnisse: Wir stellen nicht in Abrede, dass Depressionen suizidale Tendenzen fördern! Sehr wohl aber, dass die zunehmenden Diagnosen „Depression" als (logozentrisch formatiertes) Krankheitsbild eine angemessene „Sonde", eine gehaltvolle, sinnvolle Perspektive auch auf seelisch-geistige Hintergründe sozialer, nichtpathologischer Art dieser Entwicklung überhaupt zuließen.

51 Schöner formuliert: Einen Menschen lieben heißt, ihn so zu sehen, wie Gott ihn gemeint hat (Dostojewski).

52 Unser Gegeneinanderstellen unterschiedlicher Wissenschaftsdisziplinen in diesem Buch (hier: spirituelle und physikalische Modellbildung) hat grundsätzlich den Stellenwert von Triggern für ideell-mentale Analogiebildungen zu „funktionierenden" Gedankenfiguren; von Triggern also für Erklär-Ideen, die bei Menschen der Disziplin XY offenbar nützlich sind und die sich deshalb andere ausleihen und ausprobieren könnten. Der übliche Defensiv-Reflex der Repräsentantinnen ihrer jeweiligen Disziplin lässt solche Denkarbeit gegenwärtig jedoch nicht zu. Die einen wettern gegen „Naturalismus", die anderen wittern Transzendenz-Verseuchung und Esoterik. Weiter bringen uns diese Scheuklappen nicht. Mit derlei soll ja keine Disziplin gekapert werden, sondern sich Menschenwerk an Menschenwerk bereichern. Ganz offensichtlich: Das will der Westen nicht. Ob er es jemals wollen wird, ist ungewiss.

53 „Dennoch die Schwerter halten", in: Gottfried Benn: Gedichte in der Fassung der Erstdrucke, herausgegeben von Bruno Hillebrand, S. Fischer Verlag, Frankfurt am Main, S. 245.

54 Letzterer ist die seit ca. 20 Jahren beforschte Propriozeption. Er bezeichnet die Wahrnehmung des Körpers nach dessen Lage im Raum und repräsentiert Eigenempfindung. Vgl. Simon C. Gandevia, Kathryn M. Refshauge, David F. Collins: Proprioception: peripheral inputs and perceptual interactions. Sensorimotor control of movement and posture. Springer, Boston, MA, 2002, S. 61–68.

55 Von ante-capio, vorwegnehmen. *Nicht:* anti-, wäre: eine geistige Abwegigkeit der Realität entgegensetzen. Das Wort transportiert Zeitlogik, keine Sachlogik.

56 Dokumentation und Debatte z. B. in: Exploration de la méditation: Matthieu Ricard au Coma Science Group, https://www.youtube.com/watch?v=EbN9XBEoUhQ, eingestellt 24.7.2015, Abruf 8.7.2020. – Das Rätsel unseres Bewusstseins, ARTE Dokumentation (Link nicht mehr verfügbar), eingestellt 16.3.2019, Abruf 8.7.2020. – Vgl. Mei-Kei Leung, Chetwyn C. H. Chan, Jing Yin Chack-Fan LeeKwok-Fai SoTatia M. C.Lee: Increases gray matter volume in the right angular and posterior parahippocampal gyri in loving-kindness meditators, in: Social Cognitive and Affective Neuroscience (SCAN), 2013 January, Volume 8 (1), p. 34–39.

57 Hotspots liegen in Kalifornien, etwa an der Universität Berkeley. Die Projekte der Forschungsgruppe um Alva Noë sind beispielsweise so angelegt, vgl. Du bist nicht dein Gehirn. Eine radikale Philosophie des Bewusstseins, Piper Verlag, München/Zürich: Piper, 2010; sowie Strange Tools. Art and Human Nature, Hill and Wang, New York, 2015.

58 Bertolt Brecht: Geschichten vom Herrn Keuner, Suhrkamp Verlag, Berlin, 2012, S. 29. Eine der großartigsten Bearbeitungen dieses Stoffes – einer „Inversion" von Sein und Werden – findet sich im Gesamtwerk des argentinischen Literaturnobelpreisträgers Jorge Luis Borges.

59 Deshalb ist Feedback so wichtig. Blinde Flecken können wir über die anderen verkleinern. Die Disziplin der Verhaltensökonomie umgeht das Problem, indem sie ganz „stumpf" menschliches Verhalten beobachtet und jede Exploration, jeden Beitrag des Logos, abschneidet. Auch dabei werden blinde Flecken sichtbar.

60 In den Sozialwissenschaften bricht die Ära solcher Forschung gerade erst an. Frühe Stilblüte: Daniel Kahneman, Olivier Sibony, Cass R. Sunstein: Noise. Was unsere Entscheidungen verzerrt – und wie wir sie verbessern können, Siedler Verlag, München, 2021. Untersucht wird „Occasion Noise", also das Rauschen in einer sozialen Situation. Was unsere Entscheidungen situativ beeinflusst, sind – ja, auch: Argumente, Urteile, Reflexion, aber laut Verhaltensökonomen hinter den Kulissen mindestens ebenso: der Raum, seine Größe und Höhe, die Möbel, Zimmertemperatur, Farben, ob wir sitzen oder stehen, die emotionale Valenz (Fremde, Freunde, Feinde?), Thema, Art der Kommunikation und so weiter. Es gibt keine Grenze dieser Einflussfaktoren. Sie bilden unser soziales Zwischen. – Weiter können wir hier die aktuellen bahnbrechenden Studien der Anthropologie nicht würdigen. David Graeber und David Wengrow etwa zeigen, dass über Jahrtausende, die in der klassischen Anthropologie außen vor gelassen werden, weil angeblich nichts Besonderes passierte, Menschen extrem vielfältig und hartnäckig mit diesem Zwischen experimentiert haben. Es gab in alter Zeit ein hochgezüchtetes Bewussstsein dafür, die soziale Identität mit den Kontexten (z. B. Jahreszeiten, Formen der Fernorgansiation usw.) zu wechseln. Das damalige politische Bewusstsein „framte" Kontexte, nicht Semantik. Diese uralten rhythmischen Oszillationen der Sozialstruktur sind aus unserer Historie nahezu vollständig getilgt; hier liegt Abkunft. Und die Tilgung führt, laut Anthropologie, dazu, dass wir notorisch falsche Fragen stellen. (David Graeber, David Wengrow: Anfänge. Eine neue Geschichte der Menschheit, Klett-Cotta Verlag, Stuttgart, 2022). – Eine geschichtsanthropologische Flanke zu unserem Themenkomplex bearbeitet Joseph Henrich, der sich mit der geopolitischen und soziokulturellen Genese von Gruppenpsychologien beschäftigt. In dieser Perspektive sind Westler „Die seltsamsten Menschen der Welt". Wie der Westen reichlich sonderbar und besonders reich wurde, Suhrkamp Verlag, Berlin, 2022.

61 So etwas praktizieren auch Tiere, wie Niklas Luhmann berichtet: „Katrin Volger belehrte mich, dass Känguruhs in entsprechenden Situationen ihre Köpfe schütteln, um bei relativ geringer Gehirnkapazität trotzdem ein klares Bild zu gewinnen." Niklas Luhmann: Soziologische Aufklärung 5, Gleichzeitigkeit und Synchronisation, Westdeutscher Verlag, Opladen, 1990, S. 110, Fußnote 35. Die Tiere erweitern ihren Bewusstseinsfokus rein physisch durch Bewegung – dafür haben wir mehr in petto. Der Sinn ist jedoch identisch.

62 Bertolt Brecht 2012, a. a. O., S. 23.

63 Jesus ist *kein* Gegenbeispiel, weil Gottes Sohn. Durch ihn inspiriert uns Gott.

64 Der Wandel der Zeitsemantik hat erhebliche Konsequenzen für die

wissenschaftsnahe Zukunftsforschung. Zu einigen epistemologischen Aspekten am Beispiel eines Foresight-Projekts aus der Mobilitätsforschung (Corporate Foresight im F&E-Bereich) vgl.: Friederike Müller-Friemauth, Eckard Minx: Time out of mind? Picturing presence in future research, in: European Journal of Futures Research, 2014 Volume 2, p. 1–8, DOI 10.1007/s40309-014-0047-4

65 Rainer Maria Rilke: Briefe, herausgegeben vom Rilke-Archiv in Weimar, Insel Verlag, Wiesbaden, 1950, S. 806. Aus seiner Sicht wäre genau das eine zentrale Aufgabe einer menschenwürdigen Religion.

66 Etwa bei Krishnamurti (vgl. David Edmund Moody: Physik und Freiheit. Ein außergewöhnlicher Gedankenaustausch zwischen David Bohm und J. Krishnamurti, Crotona V
erlag, Amerang, 2019, S. 145). Zwischen Leben und Tod existiere keine Trennung. Zwar komme natürlich der physische Organismus an sein Ende, aber das sei eine „triviale Angelegenheit".

67 Max Weber: Gesammelte Aufsätze zur Religionssoziologie I, Mohr Siebeck, Tübingen, 9. Auflage, 1988, S. 252 (erhältlich über utb).

68 Gotthard Günther: Metaphysik, Logik und die Theorie der Reflexion, in: Beiträge zur Grundlegung einer operationsfähigen Dialektik. Band I, Felix Meiner Verlag, Hamburg, 1976, S. 31–74.

69 Klassisch dazu ein von Einstein überliefertes Zitat: „Nicht alles, was man zählen kann, zählt; und nicht alles, was zählt, kann man zählen." Die Quantenphysikerinnen haben das mühsam lernen müssen, auf Einsichten dieses Kalibers ist niemand erpicht.

70 Etwa in der Sozialforschung, die in Umfragen die *bewusst artikulierbaren* Interpretationsmuster der gegenwärtigen Transformation abklopft (was wünschen sich die Menschen, haben sie Angst oder Zuversicht etc., z. B. Vermächtnisstudie des WZB, vgl. https://wzb.eu/de/informationen-zur-vermaechtnisstudie, Abruf 20.1.2022).

71 Charles Taylor: Ein säkulares Zeitalter, Suhrkamp Verlag, Frankfurt am Main, 2009. Alle Seitenangaben im Text beziehen sich auf diese deutsche Ausgabe.

72 Vgl. die berühmte Replik von Immanuel Kant [1793]: Die Religion innerhalb der Grenzen der bloßen Vernunft, Suhrkamp Verlag, Frankfurt am Main, Theorie-Werkausgabe Band VIII, S. 862 [4. Stück, 2. Teil, § 4, Fußnote].

73 Die „postmodernen" Formen, die Taylor am Rande erwähnt, lassen wir hier beiseite. Die Beschreibung solcher Positionen gleicht einer Karikatur (27), er weiß damit kaum etwas anzufangen.

74 Kein Übersetzungsfehler. Im Original: „I want to argue that those who think the closed reading of immanence is ‚natural' and obvious are suffering from this kind of disability." (Teil V, Kapitel 15, Abschnitt 4).

75 Etwa wenn er auf Immanenz bezogene Positionen als der Religion feindseliger gegenüberstehend bewertet als Religionskritik von ‚bloßen' Rationalisten (s. o., 27). Wer hier welche Fläche der Kritik nicht betreten will, erscheint uns durchaus diskutabel, Begründungen für derartige Aussagen fehlen. Vieles in diesem Buch bleibt reine Proklamation.

76 Dieser Absatz sämtlich: Jürgen Habermas: Auch eine Geschichte der Philosophie, 2 Bände, Suhrkamp Verlag, Frankfurt am Main. Im Folgenden zitiert als 2019 I oder II; hier Band II, S. 807.

77 Ein Blickwinkel der Schule der „Kritischen Theorie". Ernst Bloch übernahm diese Formulierung von Bertolt Brecht aus dessen Mahagonny-Oper.

78 Jürgen Habermas: Politik und Religion, in: Friedrich Wilhelm Graf/ Heinrich Meier (Hrsg.): Politik und Religion. Zur Diagnose der Gegenwart, Verlag C.H. Beck, München, 2017, S. 287–300, S. 300.

79 Vgl. dazu ausführlich 2019 I, S. 186–193.

80 Jürgen Habermas: Ein Bewußtsein von dem, was fehlt, Suhrkamp Verlag, Frankfurt am Main, 2008, S. 28 f.

81 Jürgen Habermas: Zwischen Naturalismus und Religion. Philosophische Aufsätze, Suhrkamp Verlag, Frankfurt am Main, 2009, S. 149.

82 Jürgen Habermas: Nachmetaphysisches Denken, Suhrkamp Verlag, Frankfurt am Main, 2012, Band II, S. 127.

83 Die Habermas'sche Verwendung des Begriffs Bewusstsein an dieser Stelle ist interessant; er wird selten benutzt und in hiesiger, unbestimmter Version völlig anders intoniert als an prominenter Stelle, zu der wir gleich kommen. Er könnte *hier* etwas Ähnliches meinen wie wir, wenn wir von Bewusstsein reden – uns kommt es so vor, als ob in (eben: seltener) größter Argumentationsnot unversehens eine Ressource zugeschaltet wird, die weder reflektiert noch definiert oder theoriestrategisch positioniert wird.

84 Jürgen Habermas: Politik, Kunst, Religion. Essays über zeitgenössische Philosophen, Reclam, Stuttgart, 1978, S. 142.

85 Jürgen Habermas: Dankesrede zum Friedenspreis des Deutschen Buchhandels 2001, https://www.friedenspreis-des-deutschen-buchhandels.de/alle-preistraeger-seit-1950/2000-2009/juergen-habermas#1085, Abruf 4.11.2020, letzter Textabsatz.

86 Etwa 2019 I, S. 173 („Seine [d. i. der Mensch] Vernunft besteht im Gebrauch der Vernunft"), oder a. a. O., S. 149 Fußnote („[...] interessiert mich die möglichst genaue begriffliche, wenn man so will idealtypische Abgrenzung von [...] Strukturen der Weltdeutung unabhängig davon, ob sich einzelne Aspekte oder Vorformen [...] historisch belegen lassen"). Dieser freiherzig bekundete Blick ist kein historisch-empirischer, sondern ein soziologisch-idealtypisierender, der sich von historisch abweichenden Realitäten nicht düpieren lässt. Er eicht mit unerschütterlichem Fokus die eigene Achse nur immer feiner nach.

87 Yuval Noah Harari: Eine kurze Geschichte der Menschheit, Pantheon Verlag/Random House Verlagsgruppe, München, 21. Auflage, 2015, S. 477.

88 Zum Beispiel: Könnten und sollten wir uns im Westen, wie Harari empfiehlt, einfach von Okzident auf Orient umpolen und Weisheit beziehungsweise Glück künftig asiatisch verstehen (selbst, wenn wir „Wissenschaft" daraus machen)? Ist es sinnvoll und möglich, das, was Asiaten beziehungsweise Buddhisten unter Glück verstehen, unbesehen dem Okzident beziehungsweise unseren hiesigen Erwartungen und Ansprüchen an Glück überzustülpen? Ist es nicht von Belang, dass der Okzident das Politische erfunden und in sein Zentrum gestellt hat, Asien jedoch anderen Orientierungen folgt und daher ein radikal persönlich-individuelles Verständnis von Erleuchtung gefunden hat? Wie zweckmäßig ist es, die Wahrheitsorientierung von Religionsstiftern wie Buddha auf die gleiche Stufe zu stellen wie diejenige von modernen Wissenschaften? Wie wahrscheinlich ist es, dass der „Schlüssel zum Glück" in einem einzigen Faktor (Selbsterkenntnis) liegt? Und wie verhält sich diese Annahme zu Hararis Verweis darauf, was die Wissenschaften über diese Verhältnisse künftig noch zutage befördern mögen? Ist die These, der Mensch könne sich irgendwann vollständig durchschauen, durch die modernen Wissenschaften gedeckt? Und so weiter.

89 Yuval Noah Harari: 21 Lektionen für das 21. Jahrhundert, Verlag C.H. Beck, München, 2. Auflage, 2019, S. 318, 319.

90 Yuval Noah Harari: Homo Deus. Eine Geschichte von Morgen, C.H. Beck, München, 10. Auflage, 2019, S. 546.

91 Übrigens auch ein Leiden der populären Zukunftsforschung: Sie trennt die logischen Ebenen gleichfalls nicht und landet deswegen häu-

fig in esoterischem Terrain. Dazu Friederike Müller-Friemauth: Von der Vermarktung des Glücks. Die Zunft der Zukunftsdeuter, in: INDES, Zeitschrift für Politik und Gesellschaft, Band 1, Ausgabe 2, Juni 2012, S. 98–106. In ähnlicher Tonlage: Stefan Schweiger/Nora Schecke: Quid agis, Megatrend?, in: Steven Engler, Julia Janik. Matthias Wolf (Hrsg.): Energiewende und Megatrends, transcript Verlag, Bielefeld, 2020, S. 81–116.

92 Aus unserer Sicht ist die Geschichte von Homo sapiens sapiens nichts anderes als eine solche Geschichte endloser kultureller Fusionen – Infusionen, Transfusionen und autologischer Fusionen ideeller Erfindungen. Wie Frühgeschichte, Ethnologie und Anthropologie zeigen, scheint es jedoch keine unendlich große, sondern vielmehr eine *begrenzte* Anzahl an Mustern zu geben, in denen menschliche Kultur „funktioniert". Das ist interessant und zukunftsweisend: Müsste eine resiliente Weltgesellschaft sich in diesem genuin humanen Ideenmeer nicht bewegen wie ein Fisch im Wasser? Würden wir diese Muster (uns selbst) besser kennen, könnten wir damit anfangen, gezielt solche Muster auszuwählen; sie jeweils maximal passend zu rekombinieren, mit einer sich kontinuierlich entwickelnden Semantik zu belegen (wozu auch geistig-spirituelle Überzeugungen zählen) und zivilisatorisch zu nutzen. Fusionen also strategisch zu initiieren und zu steuern. Aus heutiger Sicht ist das freilich Zukunftsmusik (Zukunftsforschung), weil das praktische Interesse fehlt.

93 Der amerikanische Neopragmatist Richard Rorty hat diese Position verfochten, ist aber nicht der einzige. Dass in diesem Kontext kein angloamerikanischer Utilitarismus der innerweltlich-abgeflachten Art gemeint ist (das größtmögliche Glück für die größtmögliche Zahl), dürfte selbstverständlich sein.

94 Immanuel Kant, Kritik der reinen Vernunft, B 603 | A 575, Fußnote, unsere Hervorhebung (zit. nach Theorie-Werkausgabe IV, Kritik der reinen Vernunft (2), hg. v. W. Weischedel, Suhrkamp/Insel 1956, S. 517).

95 Übrigens auch Restituierungen. Paradigmatisch dafür stehen die theopoetischen Einkreisungen von Peter Sloterdijk. Sie breiten aus – mythische, logozentrische, mystische, religionsverwandte wie religionsfreie Deutungsangebote für göttliche Einreden. Der Versuch, heute auf neue oder „gesampelte" Weise den Himmel zum Sprechen zu bringen, ist für unser Interesse nicht anschlussfähig. Auch ideengeschichtliche Posttheologie bleibt Theologie. Wir stehen in der Tradition von Heine: Der Himmel leerte sich bereits zu seiner Zeit, und in unseren Tagen erleben wir mit, dass unsere Gattung und Technik dort einziehen. Kein würdiger Ort mehr für humane, spirituelle Substanz.

96 Unbestritten ist: Wir konzentrieren uns hier auf einen engen Ausschnitt von „Asien" – und entwerfen darüber schamlos nächste Frames. Inklusives Denken entwickelt Ansprüche gerade nicht in Differenzierungsritualen, sondern im Erkennen und Gestalten soziokultureller Muster; auch neuer. Um komplexe Muster beurteilen zu können, brauchen wir Legitimität für Densktile und -modelle, die mit Konstellationen und Spektren arbeiten, nicht nur mit Differenzierung. Solches Denken verstößt *selbstverständlich* gegen die „Monstranzen" Deduktion, Induktion und analytisches Zergliedern. Die traditionellen Normen der *Peers* sind komplexitätsavers: Man bleibt zwar artig im jeweiligen Diskursuniversum und akademisch auf Höhe, *kommt aber geistig nie weiter.* Genau *deshalb* wurden „große Erzählungen" disqualifiziert: weil das in einer komplexen Welt angeblich „nicht mehr möglich" sei. – Als autologisch Sensibilisierte fragen wir ratlos zurück: Und das soll Wissenschaft sein?

97 Empirisch einerseits eindeutig erhelltes, andererseits dunkles Gelände. Dass die Demokratie generell nicht infrage gestellt wird, spiegeln nahezu alle Studien (Beispiel KAS: Zustimmung zu „Die Demokratie gehört eigentlich abgeschafft“ in Deutschland 4 %; andere Studien weisen, etwa für die Mitte, maximal ca. 10 % aus). Wichtiges Aber: Die Demokratievorstellungen von Menschen in Ostdeutschland, bei Querdenkern und AfD-Wählerinnen weichen teilweise erheblich vom Durchschnitt ab („Majotarismus, Unmittelbarkeit, Anti-Pluralismus“ etc.). – Interessant erscheinen uns überdies Werteabfragen und Eigenschaftsabfragen. Grundsätzlich stehen oben Ehrlichkeit, Respekt, Zuverlässigkeit, Menschlichkeit, Fairness, Hilfsbereitschaft, Zusammenhalt; deutlich abgeschlagen Leistung, Disziplin, Optimismus (vgl. OBS). Die Systemfrage „geistig-geistlicher“ zu stellen beziehungsweise zu beleuchten, gehört jedoch nicht zur aktuellen Sozialforschung. Beispiel: Man muss nicht anti-kapitalistisch oder anti-demokratisch gestimmt sein, um Performancewerte abzulehnen – was sagt dieses eindeutige Wertegefälle über Legitimitätszuschreibungen zur Art und Weise, wie wir Okzidentalen Beziehung und Bindung organisieren? Vgl. Nils D. Steiner/Claudia Landwehr: Populistische Demokratiekonzeptionen und die Wahl der AfD, Gutenberg School of Management and Economics, Discussion paper number 1812, 2018; [KAS] Viola Neu: Niemand möchte die Demokratie abschaffen, Konrad-Adenauer-Stiftung, Analysen & Argumente Nr. 351, 2019; [OBS] Rainer Faus/Simon Storks: Im vereinten Deutschland geboren – in den Einstellungen gespalten?, Otto Brenner Stiftung, Arbeitsheft 96, 2018.

98 Was sie treibt, speziell aus europäischer Sicht, vgl. Friederike Müller-Friemauth/Rainer Kühn: KI fressen Seele auf. Motive und Hintergründe zu Dystopien über Maschinenintelligenz, in: Markus H. Dahm (Hrsg.): Wie Künstliche Intelligenz unser Leben prägt. KI verständlich erklärt, Haufe, Freiburg im Breisgau, 2022.

99 Uns ist der Kommentar einer Anti-Corona-Demonstrantin Anfang August 2020 in einem TV-Feature in Erinnerung geblieben, die sagte: „Ich glaube lieber an Verschwörungstheorien als an die Regierung!“ Man kann demgegenüber elitäre Sprach- und Fassungslosigkeit pflegen und von komplexitätsbedingter Überforderung reden – oder damit beginnen, zu dechiffrieren, was in den Köpfen dieser Menschen vor sich geht. Selbstverständlich sind solche Äußerungen „irrational“. Aber ist Rationalität *im etablierten Sinne* überhaupt deren Maßstab? Und falls nicht, ist das egal? Was hilft eine Diagnose, wenn sie die strittigen Maßstäbe gar nicht trifft? Was ist von einer Führung zu halten, die ihre eigenen Maßstäbe für unantastbar hält? Entspricht das Sinn, Anspruch und Profil einer freiheitlichen Demokratie? – Zu erahnen ist hier ein fundamentales Problem inmitten unseres Freiheitsbegriffs, das tief im Dunkeln liegt. Eine Gesellschaft, die an dieser Stelle geistig Zement anrührt, züchtet ihre Gegner. Die heutigen „Alternativen“ surfen auf genau diesem Grund.

100 Aus der Zukunftsforschung vgl. etwa: Reiner Klingholz/Manuel Slupina: Was tun, wenn das Wachstum schwindet? Warum auf Staat, Bürger und Wirtschaft eine neue Normalität zukommen könnte, Berlin-Institut für Bevölkerung und Entwicklung, Berlin, 2017.

101 Hannah Arendt: Elemente und Ursprünge totaler Herrschaft, Piper Verlag, München, 1991, S. 977. Populär gemacht hat diese Erinnerung an menschliche Beziehungsintelligenz jedoch der Staatsrechtler Ernst-Wolfgang Böckenförde („Böckenförde-Diktum“): „Der freiheitliche, säkularisierte Staat lebt von Voraussetzungen, die er selbst nicht garantieren kann.“

102 Jessie Sun, Geoffrey P. Goodwin: Do People Want to Be More Moral? *Psychological Science*, 2020, Volume *31* (3), S. 243–257, https://doi.org/10.1177/0956797619893078, Abruf am 6.11.20.

103 Angela Andersen/ Claus Kleber: Schöne neue Welt. Wie Silicon Valley unsere Zukunft bestimmt, Film-Dokumentation, Produktion ECO Media, ZDF, 2016. https://www.youtube.com/watch?v=1oEdQidzc0E , eingesehen 12.8.20.

104 Zitate aus: Abstrakt: Design als Kunst. Neri Oxman: Bio-Architektur, Dokumentation/ 2. Staffel, Netflix 2019. Details zu den innovationsstrategischen Prinzipien dieser Art von ökologischer Forschung und Entwicklung vgl. Friederike Müller-Friemauth: Möglichkeiten entdecken statt vorschnell Lösungen erfinden – F&E-Prinzipien für bioökonomische Disruptionen, in: Barnim G. Jeschke/ Thomas Heupel: Bioökonomie. Impulse für ein zirkuläres Wirtschaften, Springer Gabler, Wiesbaden, 2022, S. 421–445.

105 Würde sich diese Einsicht herumsprechen, hätten wir eine völlig andere KI-Debatte.

106 Dass „Meta“ gerade *in* ist, liegt nicht nur an Facebook. Die technoreligiöse harte Säkularisierungsthese unserer amerikanischen Freunde hat derzeit eindeutig die Nase vorn – also liegt der Vektor notorisch „oben“. Der logische Kurzschluss dabei von Raum, Zeit, Sache und Sozialem ist ihre Variante der Weiterentwicklung des westlichen Logos. Sie feiern die – zugegeben: *awesome* – Produkte bewusstlos hochdrehender, in sich selbst tobender Autologie.

107 Literatur drechselt diesen – eigentlich hochkomplexen – Moment selbstverständlich eleganter („Werd' ich zum Augenblicke sagen: Verweile doch! Du bist so schön! Dann magst du mich in Fesseln schlagen, dann will ich gern zugrunde gehn!“). In Goethes Faust bedarf es dazu mit hohem logischem Recht noch eines Paktes mit dem Teufel. Bis dahin erlaubt war ausschließlich der Blick nach oben, Richtung Himmel, zu Gott. Das Erschließen introszendenter Tiefengehalte galt schon aus rein geospirituellen Gründen als Ab-Fall vom Überweltlichen – binär kodiert, sitzt „unten“ logischerweise der Teufel.

108 Ein Hobby für selbstbewusste „schwarze Schafe“ unter den Historikern (z. B. Alexander Demandt: Ungeschehene Geschichte. Ein Traktat über die Frage: Was wäre geschehen, wenn ...?, Vandenhoeck & Ruprecht, Göttingen, 1986, 2. verbesserte Auflage). – Wir tragen hier zudem einer Intuition des Historikers Christian Meier Rechnung, der sich fragt, ob es uns heute mit Blick auf ein Interesse an unserer Abkunft „nicht vielleicht an Erben mangelt; genauer gesagt an der gesellschaftlichen Fähigkeit und Bereitschaft, sich dieses Vermächtnis – unter welchen Perspektiven und in welchen Ausschnitten nun auch – zu eigen zu machen“ (Christian Meier: Von Athen bis Auschwitz. Betrachtungen zur Lage der Geschichte, C.H. Beck, München, 2002, S. 182).

109 Das war der Fokus der 1990er-Jahre-Debatte rund um Eric Voegelins Idee „politischer Religionen“; vgl. Hans Mommsen: Der Nationalsozialismus als säkulare Religion, herausgegeben von Gerhard Besier, Berlin/Boston, Oldenbourg Wissenschaftsverlag, 2009, S. 43–54, https://doi.org/10.1524/9783486596137-004, Abruf 26.6.2022.

110 Friedrich Schleiermacher: Über die Religion. Reden an die Gebildeten unter ihren Verächtern, Reclam, Stuttgart, 1993, S. 56.

111 Eine Gedankenfigur von Daniel C. Dennett; Von den Bakterien zu Bach – und zurück. Die Evolution des Geistes, Suhrkamp Verlag, Berlin, 2018, S. 32–38.

112 Thomas Mann: Lob der Vergänglichkeit (1952), in: Essays 1945–1955, S. Fischer Verlag, Frankfurt am Main, 1997, S. 219–221, hier 221.

113 Die Debatte um einen „dialektisch“ oder anders hochgerüsteten Freiheitsbegriff ist zu komplex für unseren Kontext. Starke Indizien für unseren Verdacht einer logozentrischen Verformung kommen mehrfach aus der Anthropologie, vgl. Fußnote 60, Kapitel 28. – Einen viel-

versprechenden konzeptionellen Anknüpfungspunkt für Alternativentwürfe sehen wir im Begriff der „affirmativen Freiheit" von Milan Průcha. Hier ist in das Fundament des Freiheitsverständnisses nicht nur ein Limit gegen reine Willkürfreiheit eingebaut und gegenseitige Toleranz, also etablierte Moral berücksichtigt (meine Freiheit findet ihre Grenze an der Freiheit der anderen), sondern es ist zudem biologisch grundiert. Geradezu eine „Feier" pluraler, alternativer Freiheiten ist darin angelegt – diese sind Spiegel für den grenzenlosen Reichtum, die Vitalität des Bios, die den jeweils aktuellen Status quo ausnahmslos immer überbieten kann. Denn für bewusste Wesen gilt: Alles wäre auch anders denkbar; und für solche Wesen ist genau dieser Teilaspekt von Freiheit Bedingung der Möglichkeit geistiger Gesundheit. Freiheit ist, grob formuliert, der Name für die aktiv-dynamische Apotheose geistfähigen, bewussten, in seinem Maßstab an Wachstum und Tiefe prinzipiell unbegrenzbaren Lebens.

114 Ein schwieriges, aber überlebenswichtiges Thema, daher zwei Anmerkungen. Einen für solche Anforderungen komplexitätsadäquat aufgestuften Rechtsbegriff haben wir nicht. Rechtliche Verhältnisse werden bisher aus analytischen Abstraktionen und Generalisierung dessen, was *war* oder *ist*, abgeleitet; aus historischem Sein (wie alle anderen Disziplinen auch, ist Rechtsdenken chronologisch justiert). Eine soziale Praxis, die sich beispielsweise als konfliktträchtig, jedenfalls regelungsbedürftig erwiesen hat, wird *als diese Erfahrung* rechtsfähig, also erfinden wir Normen und Sanktionen. Zeitgemäße, zeitlogisch zusatzqualifizierte Rechtsbegriffe zu schaffen aus den Erfordernissen, die sich in der Gegenwart erst abzeichnen, also mit Blick auf künftige Anders-Verhältnisse: das heißt *auf Basis von Antezipationen;* oder auch aus dem inzwischen möglichen Wissen heraus, dass sich bestimmte Dinge zwingend ändern werden (heißt: rechtliche Verhältnisse aus historischem Werden quasi prinzipienorientiert herauszudestillieren, zeitlogisch rückwärts wie vorwärts), stellt das logozentrische Rechtsverständnis auf den Kopf. Wir haben dafür bislang kein geistiges Instrumentarium, derlei erzeugt gedankliche Paralyse. Verständlich: Hier geht es nicht mehr um Fortschritt, sondern um Dauertransformation (Werden). Und weil sich das extrem bedrohlich anhört – für eine Kultur, die für Werden nicht gemacht ist beziehungsweise es nicht „wechseln" kann, *ist* das bedrohlich! – steht unser gesamtes System auf dem Prüfstand. – Philosophisch-konzeptionell thematisieren wir hier über den Umweg der Kritik eines logozentristisch reduzierten Menschenrechtsverständnisses ein alternatives, das sich (ähnlich wie bei H. Arendt) aus dem abkünftigen, evolutionsbiologisch verstandenen Bindungs- und Beziehungsgefüge des Menschen speist. Die Rechte, die Menschen haben, wurzeln in den Bedingungen ihrer Gattung: Menschen kommen aus Menschen. Was Menschenrechte gefährdet, sind Indifferenz, Gleichgültigkeit und *Bewusstlosigkeit in der Beziehung zu anderen.* Soll heißen, sie sind *niemals hinreichend vernünftig begründbar.* Diese Einsicht ist zentral. Wir müssen zwingend an uns glauben, „der Erde treu bleiben" (Nietzsche). Für solche Praxis brauchen wir eine säkulare Religion. Glaubensabsender *und (!)* -adressat: Wir. Und worum es dann „nur noch" geht, sind Gedächtnis und Entscheidungswille (Arendt: Geschichte und freiheitliche Praxis). *Menschenrechtliche Praxis wird ausschließlich dadurch getragen, dass die Werbung für sie erfolgreich ist und „zieht".* Dass wir verstehen und akzeptieren, wer wir sind, und demgemäß handeln. Ein säkularer, genuin autologischer Glaube, der vorerst nur wenige überzeugt. Die Vernunftfraktion gibt Contra, denn unsere Werbung ist gemäß logozentrischem Weltbild hoffnungslos unterkonzeptualisiert: Zirkulär und unvernünftig.

115 Interessant: Uns glaubt diesen Satz praktisch niemand – nicht überraschend. Das Misstrauen gegenüber dem, was im Kern *westliche* Wissenschaft heißt, sitzt auf der ganzen Welt abgrundtief. Der Graben zwischen geistlichem und westlich-intellektuellem Anspruch scheint derzeit unüberbrückbar. Einer Analyse der Daten von 5973 Teilnehmern aus 24 Ländern zufolge (darunter Australien, Belgien, Frankreich, Deutschland, die USA und andere westliche Länder, aber auch Staaten wie Brasilien, Tunesien, Ägypten, China oder Venezuela) ist Spiritualität einer der wesentlichen Treiber genereller Wissenschaftsskepsis weltweit. Pro Land nahmen im Durchschnitt 249 Personen teil. Insgesamt zeigte sich, „dass Spiritualität unter den verschiedenen analysierten Glaubenssystemen und Ideologien der wichtigste Faktor für eine allgemeine Ablehnung von Wissenschaft war". Das gilt für alle Länder und ist nicht auf das Vorkommen esoterischer Lehren im Westen beschränkt. Bastiaan T. Rutjens et al: Science Skepticism Across 24 Countries, in: Social Psychological and Personality Science 2022, Vol. 13 (1), p. 102–117, DOI 10.1177/19485506211001329.

116 Die gedankliche Strenge des indischen Denkens könnte einem kontinental sich erweiternden, eurasischen Denken nützlich sein. Der indischen Tradition zufolge gehört beispielsweise unsere psychomentale Erfahrung nicht zum Geist, sondern zur Natur. So bestehen zwischen einzelnen psychischen Zuständen und leblosen Gegenständen nur Gradunterschiede – zwischen psychischen Zuständen und dem Geist ist dagegen ein ontologischer Unterschied. Geistige, seelische „Befreiung" setzt ein, wenn wir das begreifen und der Geist seine anfängliche Freiheit wiedergewinnen kann. In westlicher Sprechweise: Wir brauchen dafür „Tools", um unseren Geist auf heilende (!) Weise aufzuspalten. Hier wird's erneut turbulent: Geistige Spaltung bedeutet für uns immer Pathologie. Der Yoga misst für solche heilende Spaltung einzig der Kontemplationspraktik einen Wert bei, da nur sie imstande sei, auf dem Weg eigener Erfahrung die Autonomie und Allmacht des Geistes zu offenbaren, das heißt die menschlichen Bedingtheiten in dieser Welt auszuhebeln. Daher hier die Tendenz zum Konkreten, zur Tat, zur Erprobung im eigenen Erleben. Die Kernfrage, die der Yoga damit beantworten muss, lautet: Gibt es ein Außerhalb dieser Bedingtheiten? Existiert da noch etwas? Antwort im Sutra: „Ja, und wir heben diese Schwelle auf". Im Unterschied zum Logos will das indische Denken diese Schwelle aber nicht bloß erkennen, sogar nicht nur praktizieren, sondern „meistern". *Deshalb* ist der Gang zu Gott (der Yoga) „der Anfang vom Ende der Schöpfung" (I.1) und der Suchende „Meister des Karmas" (I.3). Denn gelingt dies, bricht die bisherige Zeitvorstellung („das zeitliche Menschenbild findet sein Ende") und „die Schöpfung ruht vor neuem Anfang" (V.31). Der Yoga-Sutra zeigt einen ersten Weg, das bisherige Benchmark, *wie Überschreitung funktionieren kann* – freilich erst einmal nur im asiatischen Frame. Hier gibt es ab jetzt zu tun.

117 Quelle: https://www.nationalchurchillmuseum.org/neville-chamberlain-speech-1940.html, Abruf 29.1.2022